管理优化与决策

MANAGEMENT Optimization and Decision

周　林
翟　佳 ◎主编
覃燕红 ◎主审

中国财经出版传媒集团
经济科学出版社
Economic Science Press

图书在版编目（CIP）数据

管理优化与决策/周林，翟佳主编．—北京：经济科学出版社，2022.7

ISBN 978－7－5218－3860－2

Ⅰ．①管…　Ⅱ．①周…②翟…　Ⅲ．①管理学　Ⅳ．①C93

中国版本图书馆 CIP 数据核字（2022）第 124531 号

责任编辑：刘　丽
责任校对：齐　杰
责任印制：范　艳

管理优化与决策
周　林　翟　佳　主编
覃燕红　主审
经济科学出版社出版、发行　新华书店经销
社址：北京市海淀区阜成路甲 28 号　邮编：100142
总编部电话：010－88191217　发行部电话：010－88191522
网址：www.esp.com.cn
电子邮箱：esp@esp.com.cn
天猫网店：经济科学出版社旗舰店
网址：http：//jjkxcbs.tmall.com
北京季蜂印刷有限公司印装
787×1092　16 开　22.5 印张　560000 字
2022 年 7 月第 1 版　2022 年 7 月第 1 次印刷
ISBN 978－7－5218－3860－2　定价：68.00 元
（图书出现印装问题，本社负责调换。电话：010－88191510）

前　言

著名的管理学家、诺贝尔经济学奖获得者赫伯特·亚历山大·西蒙（H A Simon）说过“管理就是决策”，决策涉及企业生产经营、经济与社会发展的各个方面。特别是近年来随着科学技术的发展和社会环境的变化，管理者面临越来越复杂的决策问题，由于决策质量决定管理活动的成败，因此，管理人员迫切需要掌握现代决策方法开展高质量决策。管理优化与决策作为一门方法应用类课程，有助于提高管理人员在复杂管理环境中开展有效决策的能力。

本书针对工商管理类专业特点，将管理问题、决策理论和求解方法相融合，按照“案例引导—理论讲述—案例分析—工具实现”的教学设计逻辑开展教材内容编排，将管理方法和计算机技术相结合，理论性与实践性并重，旨在培养学生应用计算机技术解决管理、经济、金融等专业领域问题的能力，契合智能化和数智化时代对管理人才培养的需求。

本书较为系统地介绍了科学的管理决策程序、决策模型与决策方法，教材编写注重方法及其实际应用，不过度关注理论推导过程，力图简明实用，具有较好的启发性、可读性与可操作性。本书可作为高等院校工商管理、管理科学与工程专业高年级本科生和研究生教材，也可以作为经济管理类其他专业以及MBA、EMBA研究生的教学参考用书，还可以作为需要开展定量分析和基于模型决策的企业管理人员的自学读物。

本书共11章，周林编写第1章、第7章、第8章和第9章，翟佳编写第2章、第3章和第10章，覃燕红编写第4章、第5章、第6章和第11章。全书由覃燕红负责统稿和定稿工作。

本书获得重庆理工大学研究生教育高质量发展行动计划（2021—2025）资助，也得到了重庆理工大学管理学院的各级领导和老师的关心与支持。在编写过程中，参阅和引用了大量的文献资料，为本书的编写提供了宝贵理论和案例支撑，在此向各位作者致以诚挚的感谢。

由于编者的水平、学识有限，书中难免存在疏漏之处，敬请广大读者提出宝贵的意见，以便后续修改和完善。

编　者

2022年5月

目　　录

第1章　管理决策概述

【教学目标】

（1）理解管理科学的概念。

（2）掌握管理决策的概念及其基本要素。

（3）了解管理决策问题的分类及方法体系。

（4）掌握管理决策分析的程序及应遵循的原则。

【导入案例】

西藏自治区位于青藏高原西南部，平均海拔在4000米以上，有“世界屋脊”之称。全区面积120多万平方公里，约占全国总面积的1/8。西藏北邻新疆，东接四川，东北紧靠青海，东南连接云南；周边与缅甸、印度、不丹、尼泊尔等国家及地区接壤，陆地国界线4000多公里，是中国西南边陲的重要门户。

和平解放前的西藏，交通运输极端落后闭塞，基本无现代交通可言。整个西藏仅有1000多米便道可以行驶汽车；水上交通工具只有溜索桥、牛皮船和独木舟；作为“空中禁区”，无任何航空线路通过。因山高坡陡，多为羊肠小道，崎岖难行，运输全靠人背畜驮。由内地运往西藏的茶叶、瓷器、绸缎和日用工业品等物资，都是从四川雅安、青海西宁或云南大理，通过崎岖山路，依靠牦牛驮运，从雅安或西宁到拉萨往返一次需一年之久。

20世纪50年代起，党中央在百废待兴、百业待举的情况下，把改善西藏交通状况当作发展经济、改善人民生活、巩固国防安全、加强各族人民团结的大事列入重要议程。1950年至1959年3月，国家对西藏投入了巨额资金，加快了交通基础设施的建设，驻藏部队和中央进藏工作人员在这期间修筑了举世闻名的康藏、青藏两条公路，接着又修筑了新藏、拉亚、拉泽等公路，创建完善公路运输体系。1956年我国民航人员克服重重困难，第一次突破了被称为“空中禁区”的青藏高原上空，试航成功，开辟了空中通道。

但公路运输和航空运输远远不能满足西藏的人员往来、货物交流和经济发展的需要。西藏整个公路等级低、通行能力差，因多种灾害阻断情况严重、运输耗能大，载重小、运输成本高，不适宜大运量长途运输，这与西藏内外交流物资运输距离长恰恰相左。航空运输受气候影响大，运输量小，是奢侈型的运输方式，这与西藏经济落后的情况相斥；而铁路运输，运输能力大、运输成本低、运行速度快、运输经常性好、能耗低、受自然环境影响小。因此，迫切需要改写西藏没有铁路的历史，修建进藏铁路，把铁路修到拉萨去。

青藏铁路西宁至格尔木段1958年开工；几经周折，于1979年铺通；1984年交付运营，总长814千米。但限于当时的国家经济实力和进藏铁路建设面临的“千里多年冻土、生态脆弱和高寒缺氧”三大世界性工程难题，格尔木至拉萨段被迫停建，但对进藏铁路的方案研究和工程试验从未停止过。1994 年开始，国家有关部门又加快了进藏铁路项目前期准备工作，最重要的是线路走向的确定和设计方案的选择。衡量标准是，要对发展沿线经济有利，工程要合理、可靠，能保持畅通，然后是投资尽可能节省，建设时间尽可能缩短。

铁道部提出了分别由青海、甘肃、云南、四川四省进入西藏的青藏线、甘藏线、滇藏线和川藏线这四种进藏铁路方案。

（1）青藏线方案：自青海省格尔木南山口站引出后，溯格尔木河而上、沿青藏公路南行，翻昆仑山，跨楚玛尔河，经五道梁，越可可西里山、风火山、通天河，越唐古拉山进入西藏，从当雄穿羊八井峡谷至拉萨，线路全长 1080 千米。全线海拔最高点为 5072 米，途经海拔 4000 米以上地段约 960 千米，经过多年连续冻土地段 550 千米。预计建设工期需要7 ~8 年，总投资按 1995 年静态估算为 194 亿元（比国务院批准的 262 亿元少 68 亿元）。

（2）甘藏线方案：自甘肃兰州附近的永靖县引出，经广河、和政、临夏、合作、碌曲、久治、班玛、达日、石渠、玉树、杂多、索县，到那曲与青藏线相接至拉萨，线路全长 2126 千米。线路海拔高度大于 4000 米以上地段长 1394 千米，占全线总长的 65.6%。桥隧总长 438.7 千米，占线路总长的 20.6%，有 5 段共计 1771 千米通过多年冻土区。总投资按 1995 年静态估算为 638.4 亿元。

（3）滇藏线方案：自云南广（通）大（理）铁路大理站西端接出，沿点苍山东麓、洱海西岸北行。经黑惠河，跨澜沧江，穿梅里雪山进入西藏，跨怒江后经久拉垭口，下至雅鲁藏布江畔林芝附近的中沙坝，再经米林、朗县、加查、桑日、泽高、扎囊、贡嘎，至终点拉萨，线路全长 1594.4 千米。桥隧总长 600.7 千米，占线路总长的 37.7%。全线总工期 10 年，按 1995 年静态估算总投资为 635.91 亿元。

（4）川藏线方案：由四川成都附近的都江堰站引出，向北经汶川转西，穿越邛崃山脉至阿坝州的马尔康，西行经观音桥、甘孜，在河坡过金沙江进入西藏的江达，在昌都跨澜沧江，经桑多、通道波密至沙坝后，走上述滇藏线，线路全长 1927 千米。其中西藏境内 1243 千米，海拔 3000 ~4000 米的线路为 1180 千米，海拔 4000 米以上的为 132.5 千米。桥隧总长 819.24 千米，占线路总长的 42.5%。总投资按 1995 年静态估算为 767.87 亿元。

之后，国务院多次组织有关部门和铁路内外专家学者，对青藏线、甘藏线、滇藏线和川藏线这四种方案进行了论证暨预可行性审查。

（1）甘藏线沿线地形复杂，崩塌、滑坡、泥石流、地热、岩爆及雪害等地质灾害频发。线路长度长，建设工期长，工程投资大。

（2）川藏线沿线地形特别复杂，崩塌、滑坡、泥石流等地质灾害频发，所经八度地震烈度区地段长，工程艰巨，新建线路长，投资大，工期长。

（3）滇藏线穿越横断山脉大小山脊 6 次，多次跨越澜沧江、怒江、雅鲁藏布江等河流，山高谷深，地质地形和气候条件复杂，工程浩大，投资较多。

（4）青藏线除冻土外，已绕过了大部分不良地质地段，全线无雪崩、沙漠、沼泽等，不良地质现象较少。前期工作准备充分，有关高原和冻土两个问题，经过几十年的科研攻关、基地试验，也已经有了初步解决的办法和经验。线路短，地势平缓，施工较易，全长

1080千米的青藏线格拉段，是目前进藏铁路四种方案中最短的，只有甘藏线的1/2，比川藏线短847千米，比滇藏线也短514.4千米。桥隧不多，投资较小。

参加方案论证的专家、学者认为，上述四种方案各有所长，作为分阶段的远景规划，都是可行的，在路网规划和交通布局方面，也都十分重要，特别是滇藏线和青藏线，各有其修建意义和作用，不能够相互替代。从前期准备、工程难易、投资多少、工期长短和国家当前财力物力的实际情况看，多数专家主张近期以首选青藏线为宜。中央最后决定先修建青藏铁路。

2001年6月29日，青藏铁路格拉段在青海格尔木和西藏拉萨同时开始开工建设。2005年10月12日，青藏铁路格拉段（实际长度1142千米）全线铺通。

2006年7月1日，青藏铁路（西宁至拉萨，全线1956千米）全线通车，正式结束西藏不通火车的历史。

2016年9月12日，历时7年，青藏铁路无缝钢轨换铺工程完成，全线1956千米的青藏铁路实现了“千里青藏一根轨”，列车的平顺性和安全性有了很大的提高。

青藏铁路被誉为天路，是世界上海拔最高、在冻土上路程最长的高原铁路，是中国21世纪四大工程之一，2013年9月入选“全球百年工程”，是世界铁路建设史上的一座丰碑。青藏铁路推动西藏进入铁路时代，密切了西藏与祖国内地的时空联系，拉动了青藏铁路沿线的经济发展，被人们称为发展路、团结路、幸福路。

资料来源：金玉兰，沈元蕊．管理决策模型与方法［M］．北京：清华大学出版社，2019.

江世杰．进藏铁路有望动工 专家论证四种方案［N/OL］．(2000-12-15)［2022-01-28］．https：//news.sina.com.cn/c/158918.html.

基于该案例，思考以下问题。

（1）青藏铁路建设决策有哪些特点？

（2）青藏铁路建设过程中存在哪些类型的决策？

（3）还有哪些类似青藏铁路建设的重大决策？

1.1 管理决策的基本概念

1.1.1 管理科学

管理科学（Management Science）是研究管理理论、方法以及实践活动的一般规律的科学。管理科学的发展始于19世纪末20世纪初，以美国工程师费雷德里克·泰勒于1911年发表的代表作《科学管理原理》为标志，泰勒因此被誉为“科学管理之父”。管理科学的第二个里程碑创立于20世纪20年代，以美国哈佛大学教授乔治·埃尔顿·梅奥和费里茨·罗特利斯伯格等的“行为科学理论”为基石。现代管理理论以“系统理论”“决策理论”“管理科学理论”等学派为代表，其特点是以系统论、信息论、控制论为其理论基础，应用数学模型和电子计算机手段来研究和解决各种管理问题。

在美国，管理科学有其特定含义，运筹学（Operations Research，OR）被认为是管理科学的传统名称，如今 OR 还在商学院以外被广泛使用。在我国，管理科学的含义则更加广泛，以致无法确切定义。在很大程度上可以说，管理就是决策，因此管理科学是一门决策科学，即帮助人们正确地决定应付各种复杂情况及解决各种复杂问题的方针和行动，以便有效地管理各种复杂系统使之有序运行的一门科学。而运筹学的首要特点就是能提供科学决策的依据，因此运筹学是管理科学的重要基础，是实行科学管理的强有力工具。

管理科学学科主要的国际性专业协会是运筹学与管理科学协会（Institute for Operations Research and the Management Sciences，INFORMS），总部设在美国，有 1 万名以上会员。该协会每年都会在美国举办大型研讨会，偶尔也会在其他国家和地区举办。该协会还出版了一些著名的学术期刊，包括 *Management Science*、*Operations Research* 和 *Interfaces*，发表管理学科领域最前沿的研究成果。

1.1.2 管理决策

管理决策活动普遍存在于人们生活及企业、政府部门等广义组织的日常及重大事务处理过程中。由于它的普遍性和涉猎的学科广泛，直至 20 世纪 70 年代左右才得到普遍认识，“决策”一词才出现在中国字典上，在《辞海》和《辞源》中都没有解释。但我国古人很早就使用了决策的概念、决策的方法。如《史记·高祖本纪》：“夫运筹帷幄之中，决胜千里之外，吾不如子房”，这里的“运筹”就是决策。在国外决策即“decision making”，该词首先是美国管理学者巴纳德（C Barnard）和斯特恩（E Sterne）等在其所著的管理著作中所采用，用以说明组织管理的分权决定问题。后来美国著名的管理学家赫伯特·亚历山大·西蒙（H A Simon）进一步发展了组织理论，提出了“管理就是决策”的著名观点。中国学者在翻译时最初用“作出决定”，后来有人用“决策”，该译法简练而又确切，因此被广泛采用。

决策的字面意义就是“作出决定”，俗话称为“拍板”，其含义是在几种方案中进行选择。这是对“决策”概念最狭义的理解。从广义上来讲，有的学者提出决策的定义是“为实现某一特定目标，借助一定的科学手段和方法，从两种或两种以上的可行方案中选择一种最优方案，并组织实施的全部行为过程”。也有学者在定义中包括了更详细的内容，将决策定义为“决策是为了按预期的目的去完成某项任务或解决某个问题，运用各种方法，在系统地分析主客观条件之后，考虑到未来的状态，根据决策准则，对提出的多种可行方案，进行优选评比，选择合理方案的一种分析过程”。

虽然国内外对决策的概念还没有一个统一的界定，但都具备以下特点。

（1）决策都有一定的目标。如果没有目标，决策就无从谈起。

（2）决策是需要落实执行的。没有执行的决策是多余的。

（3）决策是在一定条件下搜索更加优化的目标。不进行优化，决策就失去了意义。

（4）决策是从若干种备选方案中进行筛选和择优。如果只有一种方案就无须决策。

【例 1-1】（企业生产决策问题） 设某个生产型企业可以生产 n 种产品，需要 m 种生产要素的投入，即包括人、财、物的投入，虽然可通过购置增加资源，但是有限。每种产品市场销售价格和投入要素的价格随市场供需平衡关系变化而变化。各种产品的生产能力可以通过技术投入和加强管理得到提高，但也有限。同时，某种产品的生产要素投入也可通过技术改造进行调整。

例 1 -1 属于典型的决策问题，显然具备决策的四个主要特点。管理者最典型的管理决策活动就包含了产品生产计划、市场促销、资源投入、技术改造和提升管理水平等，活动的目标就是追求企业利润最大化。

运用管理科学方法开展科学决策，在不同的企业和产业有大量的不同类型的实践应用，并取得了巨大的经济和社会效益。INFORMS 及其下属的管理科学实践学会为奖励管理科学应用的卓越成就，设立弗兰茨·厄德曼（Franz Edelman）奖，为管理科学应用领域的最高奖项，该奖项每年评选一次。为了增进大家对管理科学决策应用的认识，表 1 -1 列举了获得该奖项的部分优胜者项目。

表 1 -1　　获得弗兰茨·厄德曼奖项的部分项目

组织	应用	效果
美国疾病控制与预防中心	为根除脊髓灰质炎使用集成分析模型做更好的决策	有效提高疫苗的利用率，节省数百万美元，推动全球根除小儿麻痹症行动
配对捐赠联盟	利用优化匹配克服肾脏配对的不相容性	2006—2012 年拯救了 220 个生命
美国能源部	水电发电和水路优化	提高大坝安全性、供电可靠性，可以根据风电和太阳能电源的资源量及时调整水力发电量
格雷迪卫生系统	改进医院的急诊部门工作效率和护理流程	在亚特兰大市医院减少病人 33% 在院天数，减少急诊科的非急诊护理 32%，急诊效率提高 16.2%，实现医院年营业收入 1.9 亿美元（增长 72%）
澳大利亚国家宽带网络公司	优化光纤网络设计	节约 3.75 亿美元建设成本，使光纤服务模块的设计从原先的 145 天变为 16 天
Twitter	利用用户推荐系统提高用户参与质量	10 亿美元的年收入绝大部分来自该系统的产品推荐，1/8 的新用户关系都依赖于该系统
荷兰三角洲工程委员会	将荷兰防洪保护标准从 10 个降低为 3 个	减少 78 亿欧元投资成本
宝钢集团	新型优化算法和决策支持系统取代人工规划	2007—2012 年累计产生 7681 万美元效益，提高 16.8% 的 IT 和运营管理能力，CO_2 排放每年下降 575770 吨
雪佛龙	饲料采购、产品销售、资本投资决策工具	年收入近 10 亿元美元
戴尔	挖掘整个价值链进行渠道转型	企业解决方案和服务占公司收入的 1/3 和利润的 50%，世界财富 500 强公司 95% 以上依靠其 IT 解决方案和服务

续表

组织	应用	效果
克罗格	设计仿真优化模型优化 1950 个药店的库存管理	无库存处方每年减少 1.5 万例，降低库存 1.2 亿美元，人力成本每年减少 8000 万美元
麦克森	利用解决方案系统提出优化医药全供应链管理决策	2009—2013 年节省了 10 亿美元的承诺成本
TNT 集团	建立基于事实的全球供应链优化决策系统	2008—2011 年节省超过 2.07 亿欧元
卡尔森国际酒店集团	通过需求管理和价格优化使利润最大化	2008 年开始每年收入达到 2% ~4% 的高速增长，每年增收 1600 万美元
惠普	决策分析帮助企业进行商业转型	2002—2012 年电子商务业务翻 3 倍

资料来源：韩伯棠．管理运筹学［M］.4 版．北京：高等教育出版社，2010.

1.1.3 模型

定量分析的主要内容是建立模型和求解。模型是对客观实体或事态的描述。主要有形象模型（如汽车模型和人物模型等）、模拟模型和数学模型。模拟模型与形象模型一样是实体模型，但是却不像形象模型那样是真实物体的仿造，温度计就是一种模拟模型，类似的还有车辆的油表等。

数学模型是定量分析的关键。它用数学的符号和数学关系描述事物。比如用 u 代表消费者效用，用 p 代表商品的单位价格，用 x 代表商品数量，用 y 代表消费者收入。则一个简单的消费者效用函数模型可以表达为

$$u = U(x) \quad px \leqslant y \tag{1-1}$$

建立模型的意义在于通过对模型的研究和分析，人们可以总结出真实事物的规律特征，进而对现实情况作出一定预测。简而言之，建立模型的目的就在于预测，因为人们总是在对未来情况有所预计的基础上作出最合适的决策。建立模型的另一个好处在于研究模型比研究现实的成本要低得多，而且风险也较小。

一般来说，越接近于实际情况的模型，由它得出的预测也就越准确。但是有时为了确定主要的控制因素，可以先建立一个比较简单的模型解释问题的主要矛盾。然后再不断补充进新的因素，再一次分析预测。在经济学中这是常用的方法。最常见的例子就是对市场的研究，从两个极端完全垄断市场和完全竞争市场开始，而事实上，这样完美的市场是不存在的。但经济学家认为，在这些强限制情况下更容易得到关于消费者、生产商等的普遍规律。

基于模型解决问题的一般流程如图 1 -1 所示。

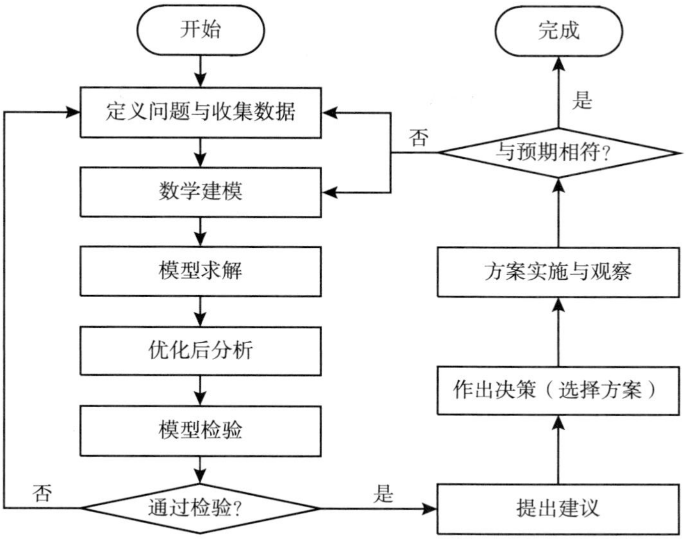

图 1-1　基于模型解决问题的一般流程

1.2　管理决策的基本要素

无论哪种决策，都包含决策最基本的构成要素。为了说明决策分析的基本要素，决策理论家萨维奇（Savage）曾举了一个鸡蛋煎饼的无数据决策的例子来说明决策的内容和过程。

【例 1-2】（做鸡蛋煎饼打蛋问题）　一名家庭主妇准备用 6 个鸡蛋和一碗面粉做鸡蛋煎饼。她的做法是先把鸡蛋打到碗里，然后向碗里搅入面粉。当她已经向碗里打了 5 个鸡蛋（假设这 5 个鸡蛋的质量都是好的），准备打第 6 个鸡蛋时，由于不知道第 6 个鸡蛋的质量是好是坏，她将面对以下可能的状态。

状态 1：第 6 个鸡蛋的质量是好的；

状态 2：第 6 个鸡蛋的质量是坏的。

由于鸡蛋状态的不确定性，她将面临以下三种不同的可供选择的方案。

方案 1：将第 6 个鸡蛋直接打入已有 5 个鸡蛋的碗里；

方案 2：将第 6 个鸡蛋打入另外一个碗里以便检查其质量好坏；

方案 3：将第 6 个鸡蛋扔掉。

将上述每一种打蛋方案和鸡蛋质量状态列成表格来进一步分析每一种方案在每种状态下的结果，如表 1-2 所示。

表 1-2　　各种打蛋方案的结果分析

打蛋方案	状态 1(好蛋)	状态 2(坏蛋)
方案 1：直接打入碗里	做成 6 个鸡蛋的煎饼	5 个好蛋受到污染，做无蛋煎饼
方案 2：打入另外一个碗里	做成 6 个鸡蛋的煎饼，多洗一个碗	做成 5 个鸡蛋的煎饼，多洗一个碗
方案 3：将鸡蛋扔掉	做成 5 个鸡蛋的煎饼，浪费一个好蛋	做成 5 个鸡蛋的煎饼

三种方案如何决策，涉及不同决策者不同的评价准则。从例 1 - 2 可以看出，决策分析包括以下几个基本要素。

（1）决策者。决策者即决策主体，可以是个体，也可以是群体，如某上市公司的总经理（个体）或董事会（群体）。决策者受社会、政治、经济、文化、心理等因素的影响。例 1 - 2 中，决策者为家庭主妇。

（2）决策目标。决策问题对于决策者所希望达到的目标，可以是单个目标，也可以是多个目标。例 1 - 2 中，决策者的目标表现为希望做成的煎饼含的鸡蛋越多越好，所付出的劳动越少、越方便越好。

（3）行动方案。实现决策目标所采取的具体措施和手段。行动方案有明确方案和不明确方案两种。前者是指包括有限种明确的方案，如例 1 - 2 中决策者有 3 种可供选择的方案；后者一般只是对产生方案可能的约束条件加以描述而方案本身可能是无限种，要找出合理或最优的方案可借助运筹学的线性规划等方法。

（4）自然状态。决策者无法控制但可以预见的决策环境客观存在的各种状态。自然状态可能是确定的，也可能是不确定的，其中不确定的又分为离散的和连续的两种情况。例 1 - 2 中的自然状态是鸡蛋的质量状态，它是不确定的和离散的，即好的和坏的两种。

（5）决策结果。各种决策方案在不同的自然状态下所出现的结果。例 1 - 2 中 3 种可能的方案在两种可能的自然状态下对应 6 种可能的结果。

（6）决策准则。评价方案是否达到决策目标的价值标准，也是选择方案的依据。一般来说，决策准则依赖于决策者的价值取向或偏好。

1.3 管理决策的类型与方法体系

1.3.1 管理决策的类型

决策的广泛应用及人类经济与社会活动的复杂多样性，使得决策的种类繁多。为了便于研究和掌握决策的特点和规律性，以有助于人们正确地选择决策方法，做到决策的科学化，就应当从不同的角度对决策进行分类。

1. 按决策的影响范围和重要程度不同分类

按决策的影响范围和重要程度不同分类，分为战略决策、战术决策和业务决策。

（1）战略决策指对企业发展方向和发展远景作出的决策，是关系到企业发展的全局性、长远性、方向性的重大决策。如对企业的经营方向、经营方针、新产品开发等决策。战略决策由企业最高层领导作出。它具有影响时间长、涉及范围广、作用程度深刻的特点，是战术决策的依据和中心目标。它的正确与否，直接决定企业的兴衰成败，决定企业发展前景。

（2）战术决策主要指为了实现既定战略决策目标，解决如何配置组织内部资源的问题，以及为提高工作效率，合理优化与再造组织业务活动的决策。例如，企业的生产经营计划、库存管理优化、生产与技术管理等。

（3）业务决策指组织日常经营管理中为提高生产效率、工作效率而作出的决策，往往只对组织产生局部影响。如工作任务的日常分配和监督、库存的控制和原材料的采购等。业务决策则往往是具体部门在未来较短时期内的行动方案。

战略决策是战术决策的依据，战术决策是在其指导下制定的，是为战略决策服务、实现战略决策的手段和环节。业务决策所要解决的问题往往是明确的，一般可以采用分析工具进行选择。战略决策、战术决策和业务决策一般分别由高层、中层、基层管理者作出。

2. 按决策的主体不同分类

按决策的主体不同分类，分为个人决策和集体决策。

（1）个人决策指由企业领导者凭借个人的智慧、经验及所掌握的信息进行的决策。决策速度快、效率高是其特点，适用于常规事务及紧迫性问题的决策。个人决策的最大缺点是带有主观和片面性，因此，对全局性重大问题则不宜采用。

（2）集体决策指由会议机构决策和上下相结合决策组成的决策。会议机构决策是通过董事会、经理扩大会、职工代表大会等权力机构集体成员共同作出的决策。上下相结合决策则是领导机构与下属相关机构结合、领导与群众相结合形成的决策。集体决策的优点是能充分发挥集体智慧，集思广益，决策慎重，从而保证决策的正确性、有效性；缺点是决策过程较复杂，耗费时间较多。它适宜于制定长远规划、全局性的决策。

3. 按决策的问题是否经常出现分类

按决策的问题是否经常出现分类，分为程序化决策和非程序化决策。

（1）程序化决策指决策的问题是经常出现的问题，已经有了处理的经验、程序、规则，可以按常规办法来解决。故程序化决策也称为常规决策。例如，企业生产的产品质量不合格如何处理，商店销售过期的食品如何解决，就属程序化决策。

（2）非程序化决策指决策的问题是不常出现的，没有固定的模式、经验去解决，要靠决策者作出新的判断来解决。非程序化决策也叫非常规决策。如企业开辟新的销售市场、商品流通渠道调整、选择新的促销方式等属于非常规决策。

4. 按决策问题所处条件不同分类

按决策问题所处条件不同分类，分为在完全确知条件下的决策、风险型决策和在未完全确知条件下的决策。

（1）在完全确知条件下的决策。它是指决策过程中，提出各备选方案在确知的客观条件下，每种方案只有一种结果，比较其结果优劣作出最优选择的决策。该决策是一种肯定状态下的决策。决策者对被决策问题的条件、性质、后果都有充分了解，各种备选的方案只能有一种结果。这类决策的关键在于选择肯定状态下的最佳方案。

（2）风险型决策。在决策过程中提出各种备选方案，每种方案都有几种不同结果可以知道，其发生的概率也可测算，在这样条件下的决策，就是风险型决策。例如，某企业为了增加利润提出两种备选方案：方案一是扩大老产品的销售；方案二是开发新产品。不论哪一种方案都会遇到市场需求高、市场需求一般和市场需求低等几种不同可能性，它们发生的概率都可测算，若遇到市场需求低，企业就要亏损。因而在上述条件下决策，带有一定的风险性，故称为风险型决策。风险型决策之所以存在，是因为影响预测目标的各种市场因素是复杂多变的，因而每种方案的执行结果都带有很大的随机性。决策中，不论选择哪种方案，都存在一定的风险性。

（3）在未完全确知条件下的决策。在决策过程中提出各种备选方案，每种方案有几种不同的结果可以知道，但每一结果发生的概率无法知道。这类决策又称为不确定型决策。它与风险型决策的区别在于：风险型决策中，每一方案产生的几种可能结果及其发生概率都知道，不确定型决策只知道每一方案产生的几种可能结果，但发生的概率并不知道。这类决策由于人们对市场需求的几种可能客观状态出现的随机性规律认识不足，就增大了不确定性程度。

5. 按决策的动态性分类

按决策的动态性分类，分为静态决策和动态决策。

（1）静态决策亦称为单阶段决策，是某个时期或某个阶段的决策问题。

（2）动态决策亦称为序贯决策或多阶段决策，是不同时期或不同阶段的决策问题，它是指一系列在时间上有先后顺序的决策，这些决策相互关联，前一项决策直接影响后一项决策。

6. 按目标决策所要求达到的目标的数量不同分类

按目标决策所要求达到的目标的数量不同分类，分为单目标决策和多目标决策。

（1）单目标决策是指所欲达到的目标只有一个的决策。这种决策目标单一，制定和实施较为容易，但多数带有片面性。

（2）多目标决策是指所欲达到的目标是多个的决策。一般来说，这些目标之间具有相互联系与相互制约的关系，需要决策者全面考虑各个目标之间的综合平衡，以作出总体最优决策。实际中，多目标决策比单目标决策更具有实用价值，单目标决策向多目标决策的发展是决策发展的趋势。

7. 按决策问题的量化程度不同分类

按决策问题的量化程度不同分类，分为定性决策和定量决策。

（1）定性决策是指决策问题的诸因素不能用确切的数量表示，只能进行定性分析的决策。

（2）定量决策是指决策问题能够量化成数学模型并可进行定量分析的决策。一般的决策分析都介于两者之间，即定性中有定量，定量中有定性，两者在决策分析中所占比重会随着决策问题量化程度的不同而不同。

8. 按对决策问题的逼近性不同分类

按对决策问题的逼近性不同分类，分为一次决策和渐进决策。

（1）一次决策指对决策问题进行一次性谋划就能达到决策目标的决策。

（2）渐进决策是对决策问题进行多次谋划逐步接近决策目标的决策，如邓小平提出“摸着石头过河”的改革开放发展战略就是渐进决策。

一般来说，不论哪种决策，最终都归结为对各种行动方案的选择。单目标、单阶段、确定型决策情况比较简单，每一种行动方案仅有一个确定的结果，可以用结果值的优劣来判断，建立决策模型进行评价分析；多目标、多阶段、风险型决策情况较为复杂，每一种行动方案涉及的自然状态不确定，条件结果值有若干个，建立选择最佳行动方案的决策模型比较困难，必须建立专门的理论和方法，这就是决策分析所需要研究的问题。

1.3.2　管理决策的方法体系

现代决策理论的发展是与主观概率及效用理论的发展密切相关的。早在 18 世纪，伯努利（Bernoulli）在解决圣彼得堡悖论时提出了效用的初步概念及用概率反映不确定性的思想，为效用的概念及效用函数可能形式的提出奠定了基础。20 世纪二三十年代，拉姆塞（Ramsey）首先认识到了概率与效用具有内在相关性，可以通过人们的偏好推断主观概率和效用值，提出了构建基于这两个概念的决策理论。在此期间，现代化大生产与科学技术的发展迫切需要科学决策理论，以减少失误和风险损失，现代科学的发展为决策理论提供了工具和方法，信息论、控制论和系统论为决策理论提供了新的思维，现代决策理论的基础也逐步奠定，1944 年，冯·诺伊曼（Von Neumann）和摩根斯坦（Oskar Morgenstern）出版了《博弈论与经济行为》一书，该书是决策理论发展史上一个重要的里程碑，奠定了现代决策分析的效用理论基础，1947 年在该书的第 2 版给出了期望效用模型的公理体系。由冯·诺伊曼、摩根斯坦，萨维奇、普拉特（Pratt）等建立的决策理论的公理体系为分析决策问题提供了基础。20 世纪 50 年代，萨维奇建立了贝叶斯（Bayes）决策理论，对期望效用理论模型进行了拓展，给出了将主观概率与效用理论融合的公理体系。沃尔德（A Wald，1950）提出了统计决策的基本理论。阿罗（K J Arrow，1951）提出了多人决策的公理体系，并证明了此组公理条件下，当备选方案数大于等于 3 个时不存在群体一致的选择原则，这一定理为群体决策的研究发展奠定了重要的理论基础。20 世纪 60 年代，哈佛商学院的施莱弗（Schlaifer）、雷法（Raiffa）、普拉特等在主观期望效用模型和贝叶斯统计决策理论的决策分析研究方面取得较大发展。

20 世纪 60 年代以后，决策理论研究的领域逐步扩大。例如，多目标决策、群决策、主从递阶决策、模糊决策、序贯决策（含马尔可夫决策）和决策支持系统等都被引入决策的研究范畴。

20 世纪 80 年代以后，随着计算机和信息、通信技术的发展，决策分析的研究也得到了极大的促进，并产生了计算机辅助决策这一新的研究方向。许多大型决策优化问题在计算机的帮助下也得以解决，复杂的群决策问题在计算机和通信技术的辅助下，在应用方面也取得了很大的进展；决策支持系统在信息系统的基础上增加了模型库和知识库，使得整个系统具有一定的人工智能功能，因此能够从一定程度上代替人们对一些常见问题进行决策分析。在这一时期，伴随着决策理论的发展，决策行为方面的研究也取得了丰富的研究成果。大量的实验和观察表明，现实中的决策者的行为并不完全与规范性决策理论预期的一致。1961 年，爱德华兹（Edwards）在论文标题中首次使用了“行为决策理论”，丹尼尔·卡尼曼（Daniel Kaknemann）和阿莫斯·特沃斯基（Amos Tversky）对人的判断启发式和偏见进行了大量的开创性研究，在 1979 年提出了期望价值理论，指出人们即使拥有良好的信息也会由于各种因素的影响而难以作出理性选择，由此建立了行为决策理论体系。

20 世纪 80 年代以后的决策分析研究与 20 世纪六七十年代的研究的最大差别是，前者有了一定的实践经验基础，这些决策分析实践经验不仅对已有的决策理论进行了一定的检验，还为研究者提供了新的思维空间和研究课题，这样就不断丰富了决策分析研究的内容，促进了理论研究向深度发展，同时决策分析研究的应用性也得到了加强。这时的决策分析在研究方法上的一个变化是包含了行为科学和心理学的内容，试图从人类行为的根本上探讨决策行为的一般性规律。将决策分析研究过程和内容总结如图 1－2 所示的形式，行为科学和心理学方面的内容主要包含在选择和偏好的研究中。

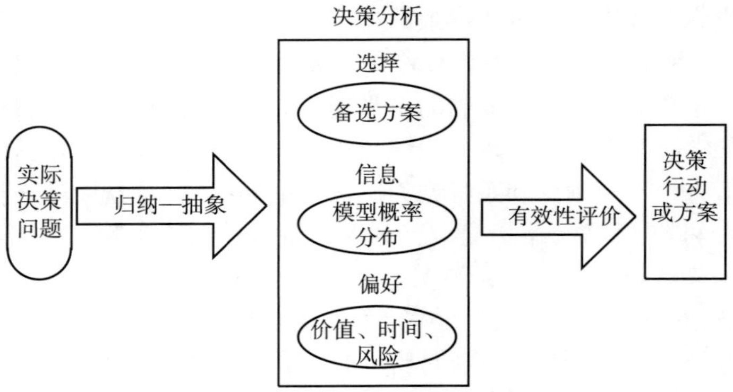

图 1－2　20 世纪 80 年代后决策分析研究的基本模式

20 世纪 90 年代以后，决策分析研究取得的比较重要的理论成果主要集中在“选择理论”方面。选择理论研究内容包括个人和群体的选择行为以及选择行为背后的价值偏好、判断、风险行为等。

管理决策理论与方法的发展脉络如图 1－3 所示。

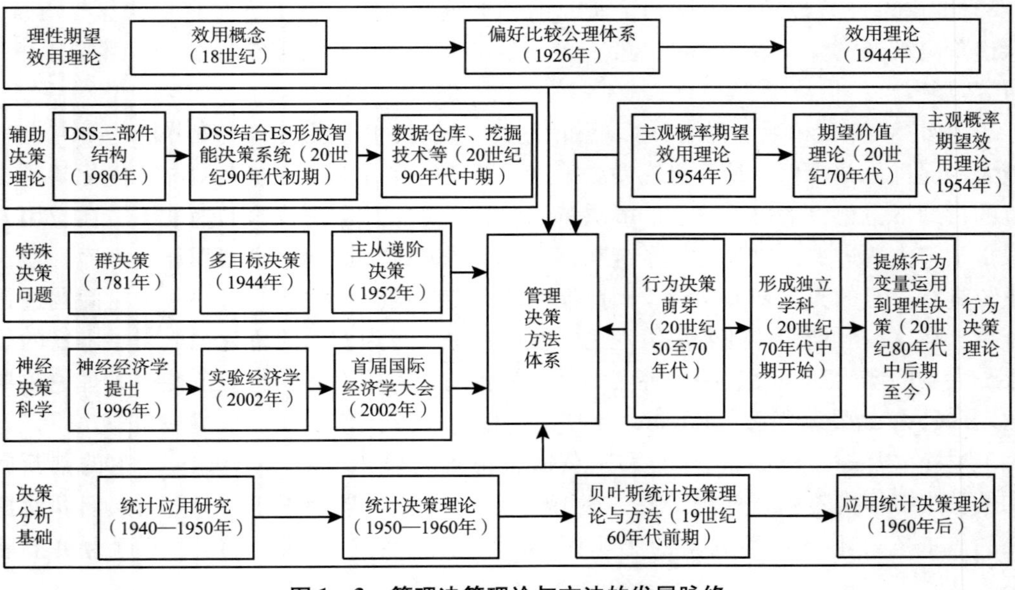

图 1－3　管理决策理论与方法的发展脉络

从管理决策理论发展的脉络来看，存在两个不同的主要研究方向。第一个研究方向是从理论上探讨人们在决策过程中的行为机理，这一方向又分为两个问题，即描述性决策分析与规范性决策分析。描述性决策分析是研究人们实际上是按照什么准则、什么方式进行决策，这主要是决策心理学探讨的问题；规范性决策分析是研究人们应当按照什么准则、什么方式作决策才是合理的或理性的，期望效用理论就是这一方面研究的主要成果。第二个研究方向是对实际决策问题的研究，如将一些典型的具体问题模型化，以指导实际决策过程。这些实际问题涉及如新产品开发、新技术推广、企业战略、冲突决策等许多方面。

决策分析困扰人们的主要问题是决策复杂性的处理和研究，这里的复杂性是指实际决策背景往往比决策分析模型要复杂。复杂性的研究主要分析其从哪些方面影响决策过程和决策模型，以及决策过程和模型在哪些方面不能满足实际决策问题的复杂性要求。从概念上来说，决策复杂性可以分为规范复杂性、描述复杂性和沟通复杂性。规范复杂性和描述复杂性与决策分析中的规范性研究和描述性研究相对应，而沟通复杂性是指在决策分析研究中存在的学科交叉问题。

未来的发展，首先，不断完善与决策实践相符的决策公理化体系，如决策及其解的定义、知识和理论方法的公理化建设等。其次，多目标规划理论（向量极值）已深入到一般偏序和无限维目标的抽象空间中，新的更实用的决策模式与方法将兴起；把计算机专家系统和多目标决策结合起来，即研究具有自动决策支持功能的专家系统、计算机支持合作工作的研究与应用也将逐渐开展起来；多目标动态决策、时序决策、信息不对称决策、风险（不确定性）决策和非线性决策等问题的研究也将迅速发展起来。另外，随着经济学、熵与混沌理论、合理预期学说、心理行为科学、认知科学和神经经济学等在决策理论中的渗透，支持决策者对半结构化和非结构化问题作有效决策的决策支持系统的发展，决策科学将被更广泛地被应用到国民经济和社会发展的各个领域，如金融市场的风险分析、社会福利（保险）和社会选择问题的决策分析、高科技和统计决策风险分析等。21 世纪是管理决策与相关学科间的积极交流、融合的新时期，管理决策也将因此发展成为一个具有庞大分支、广泛实用的崭新学科。

1.4　管理决策过程及原则

1.4.1　西蒙决策过程

决策学家西蒙在其著名的决策过程模型论著中指出，决策过程属于一个连续的统一体，这个连续区间的范围从高度的结构化到高度的非结构化。该过程被分为以下几个阶段，即信息阶段、设计阶段、选择阶段和实现阶段。

（1）信息阶段。信息阶段用于寻求要求决策的条件。该阶段需要面对现实，即对决策者所处环境进行分析、考察，找出要求作出决策的情况，即对问题进行确认和定义。这时，决策者需要获取、处理、检查数据，以便确认存在的问题或发现机会，具体包括发现问题、问题分类、问题分解和问题归属。该阶段也被称为情报阶段。

（2）设计阶段。设计阶段用于创立、发展和分析可能的行动方案。该阶段涉及建立、开发和分析各种可能的可行方案，其中包括理解问题、产生方案、测试方案的可行性等活动。在这个阶段，问题模型也要被建立、测试和验证。建模涉及问题的概念化处理和将其抽象为数学模型或符号形式。对于数学模型，要说明各种独立的非独立的变量，建立描述各变量之间关系的方程，必要时还要通过一系列假设进行简化。

（3）选择阶段。选择阶段用于从那些可行方案中选择一个令决策者满意的行动方案。对于不同的选择原则，可能有不同的选择结果。一般来说，有两种选择原则：规范性原则和描述性原则。规范性原则是力图在允许条件内选择一种最优的或是局部最优的方案，而描述性原则强调能否得到一个足够好的或者说是满意的方案。

（4）实现阶段。因为实现过程是一个漫长的复杂过程，边界也不十分明确，因此实现阶段的定义也比较复杂。简而言之，实现阶段可以定义为“使一个推荐方案付诸实施”。在实施过程中，总要不同程度地引入一些变革，因而也会出现很多一般性的问题，如反对变革、支持高层管理部门的程度、用户培训等。

1.4.2 管理决策程序

决策应遵照一定的程序进行，大体可分为明确问题、确定目标、提出方案、评价方案、选择方案、实施方案和反馈修正七个步骤。这七个步骤及其之间的相互关系如图 1－4 所示。

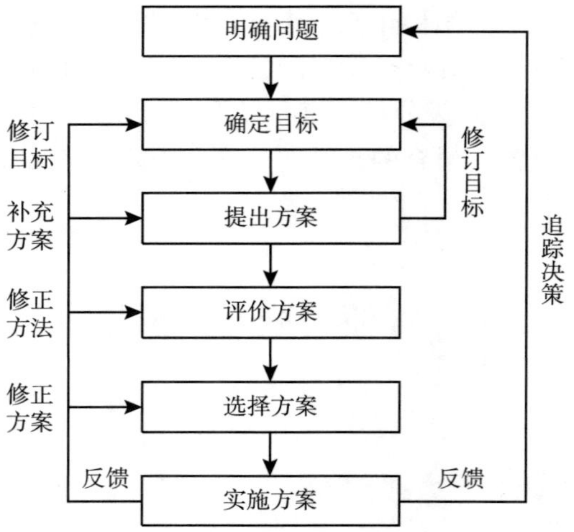

图 1－4 管理决策分析程序

各步骤有以下具体说明。

1. 明确问题

爱因斯坦曾说：“提出一个问题往往比解决一个问题更为重要。”理性的决策过程开始于对问题的分析和判断，明确问题优先于对问题的解决。所谓明确问题，就是确定问题所限定的范围和问题的核心所在。

明确问题要从我们遇到的困难的、不确定的问题中，经过调查研究、分析、归纳和创造性思维，找到其中的主、次要矛盾，厘清导致问题的原因，把握问题的实质，使问题的症结清晰化、具体化。客观存在的问题只有当人们能够清楚地表达出来时，才构成决策问题。

2. 确定目标

确定目标需要考虑到希望决策达到什么效果或者应该朝什么样的目标前进。目标的设定通常是为了消除现实的与希望达到的状态之间的差距。经过分析后得出的目标必须达到以下要求。

（1）目标完成要可考核。对于目标是否完成，要有具体的、数量化的衡量标准。

（2）目标要含义明确、清晰，不能是模糊的、多义的或歧义的。

（3）目标要可实现，即在各种约束条件下是合理的，能够达到的。

（4）目标要可落实。目标可以是一个由总目标（或大目标、上级目标）到具体目标（小目标、下级目标）所构成的一个层次复杂的体系。通过实现具体目标来实现总目标。

3. 提出方案

提出方案的过程是在明确问题的基础上、根据决策目标的要求和所掌握的信息，提出各种设想，然后分类、筛选、集中、整理形成不同的方案。提出的方案应具有实践性和可操作性，并且尽量用简单的方法解决复杂问题。要提出有创意的、新颖的方案往往是不容易的，这需要决策者能够对问题进行全面的思考，具有广博的知识、敏锐的洞察力和创新的精神，并掌握一定决策方法和技术。

这一过程就是要尽可能多地找出能够解决问题的各种方案。这些方案可能相互之间互补，也有可能是互斥的，一般而言都会有各自的优缺点。有了足够多的不同方案，才有可能从中选择出理想的方案。

4. 评价方案

在拟定出备选方案后，下一步就是根据决策目标来评价各种方案的可行性，推测其预期效果，衡量它们对决策目标的满足程度，审视其可能产生的不良后果和潜在问题，研究各方案实施后会出现什么差错。

5. 选择方案

选择方案是在多个备选方案中选择最优的方案加以实施。多方案的选择常常是一个复杂的系统工程，涉及许多因素。这些因素不仅包括经济因素，还包括方案本身以及方案内外部的其他相关因素。可以采用适当的评价方法来对这些因素进行评价，评价时还要确定科学合理的指标体系。

6. 实施方案

实施方案时要对目标要求、实施步骤、组织领导、经费保障和监督检查等各个环节都作出具体明确的安排和落实。对于复杂的实施方案，有必要采用网络计划技术等项目管理技术来计划和控制方案的实施进度。确保方案能在规定的时间内，利用有限的资源保质保量地实施完成。

7. 反馈修正

在实施方案后，要注意跟踪检查，密切注意决策实施过程中的情况和问题，把每个环节的实际效果与预期目标进行比较。一旦发现差异，就要及时反馈，查明原因，采取必要措施进行有效控制和适当调整修正，保证决策目标的实现。

1.4.3 管理决策原则

决策者要作出正确的决策，除了掌握决策分析的理论与方法外，还要求决策者具有丰富的经验、遵循正确的决策原则和决策程序。作出正确决策需要遵循以下基本原则。

1. 信息充分原则

信息是决策的基础。决策信息包括决策问题全部构成要素的数据、资料、结构、环境及其内在规律性。准确、及时、完整的信息是决策的物质基础，没有充分的信息就不能作出正确的决策。可见，科学的决策需要大量的信息，决策者必须具备收集处理信息以及挑选重要信息的能力，并对决策环境保持高度的警惕性和敏感性，及时地掌握充足而可靠的信息，为正确决策提供有力的保障。

2. 经济效益原则

决策的最终目的是要提高决策部门的经济效益，包括决策过程本身的效益和决策所要取得的效益两个层次。所以，决策者在进行决策时，既要尽量减少决策的时间，保证决策方案实施的及时性，提高决策过程的经济性，又要合理地组织人、财、物等资源，以取得最佳的效益。

3. 系统分析原则

所谓系统，是指由相互依赖相互作用的若干部分构成的有机整体。决策过程坚持系统分析的原则，就是用系统的思想和方法，分析决策对象内部各要素之间的结构和联系，寻求决策目标、决策环境、决策准则和内部条件之间在整体上的动态平衡，使决策分析取得令人满意的结果。从决策系统内部看，决策主体必须紧密配合，协调决策对象内部各个要素之间的关系及各决策环节之间的关系，统筹规划，以满足系统优化为目标，强调系统的完整与平衡；从决策系统与外部环境的关系看，决策主体必须使自己的决策目标与其所从属的更大的系统的要求、目标或规划相适应，以达到两者相互促进、共同发展的动态平衡。

4. 科学原则

正确的理论和方法是作出正确决策的保障，决策分析应采用科学的决策方法和先进的决策手段。决策问题的日益复杂化使我们仅凭自己的经验、直觉和智慧作决策变得越来越困难，必须善于运用各学科的知识，尤其是运用运筹学、计算技术、概率统计等方面的知识作出定量决策，以提高决策的科学性。

5. 定性和定量分析相结合原则

决策分析中经常使用定量分析方法，但是，在社会经济问题中存在大量不能量化的非数量性指标，如市场前景、社会稳定程度等，通常用经验分析和主观判断等方法对这些指标作出定性分析。事实证明，只有对社会经济系统构成要素和内在规律性作出透彻的定性分析，定量的机理分析才是真实有效的。因此，定量分析与定性分析相结合是决策分析的基本原则之一。

6. 反馈原则

坚持反馈原则的目的是对决策导致的后果进行调整，以使管理工作更科学、更合理、更完善。由于影响决策的诸因素是复杂多变的，而进行决策时往往又难以预料到一切可能的变化情况，在决策实施的过程中难免会出现一些意想不到的问题。为了不断地完善决策，始终保持决策目标的动态平衡，并最终真正地解决决策问题，达到决策目标，就必须根据决策执行过程中反馈回来的信息对决策进行补充、修改和调整，必要时甚至要作出各种应变对策。所以，决策分析中坚持信息反馈原则是非常必要的。

7. 民主集中原则

重大社会经济问题决策必须建立有效的决策体制，利用“智囊团”完成决策工作。由于重大决策具有涉及面广、结构形态复杂、不确定性因素多等特点，决策时仅靠个人是不行的，要坚持民主集中的科学原则。只有建立一个充分发挥集体智慧、重视智囊和信息作用的现代化的民主决策体制，充分调动各系统、各类人员的积极性、主动性和创造性，才能保证重大社会经济问题决策的正确性。

所有这些原则都是指导管理决策活动的共同的、基本的原则，而不是管理决策过程中某个环节或个别管理决策类型的具体原则。管理者只有认真掌握这些原则的基本内涵，并紧密联系管理实践，才能不断提高决策水平。

习　　题

1. 什么是管理决策?
2. 管理决策的基本要素有哪些?
3. 试论述基于模型解决问题的一般流程。
4. 试论述管理决策的程序。
5. 试论述管理决策分析时应遵循的原则。

第 2 章　线性规划决策

【教学目标】

(1) 了解一般线性规划问题的数学模型。

(2) 掌握求解线性规划的图解法。

(3) 理解单纯形法原理，掌握单纯形法的计算步骤。

(4) 掌握大 M 法及两阶段法。

【导入案例】

某厂生产甲、乙两种产品，每种产品所需原材料、可获得的利润以及生产资源所受到的限制如表 2－1 所示。

表 2－1　　每种产品所需原材料、可获得的利润以及生产资源所受到的限制

指标	甲	乙	资源限制
设备/台时	1	2	8
原材料 A/kg	4	0	16
原材料 B/kg	0	4	12
单位利润/百元	2	3	

请问：如果你是厂长，会怎样安排生产计划，使工厂的利润最大？

2.1　线性规划的数学模型

先通过两个简化版的现实管理问题，介绍线性规划的基本思想。

【例 2－1】（餐桌椅生产问题）　A 家具厂专注于实木餐桌和餐椅的生产与销售，其生产的餐桌和餐椅属于标准化的产品。具体来说，家具厂生产 3 种规格的餐桌：两人餐桌、四人餐桌、六人餐桌；它们共同配套同一种餐椅。一般情况下，餐桌椅都是成套销售的：两人餐桌配套 2 把椅子，四人餐桌和六人餐桌配套 4 把椅子，但是有些情况下，购买六人餐桌的消费者会多购买 1 把或者 2 把餐椅，因为购买餐桌椅的客户大多是刚完成新房装修的消费者。在房地产经济下滑的背景下，A 家具厂出现了部分产品过剩的局面。临近年底，厂长成立了一个代号为“管理提升”（management plus，以下简称 M +）的项目组，希望对下一年度的生产计划进行事先安排，从而提升家具厂的经营绩效。

M + 项目组需要回答以下问题。

（1）各种规格的餐桌和餐椅分别生产多少？

（2）需要向经销商采购多少橡胶木？

（3）预计下一年度的营业收入有多少？

为回答上述问题，项目组通过走访各个部门（包括人力资源部门、运营部门、市场营销部门），收集到如表 2 -2 所示的数据。

表 2 -2　　*A* 家具厂的主要数据

指标		产品				当前能力
		两人餐桌	四人餐桌	六人餐桌	餐椅	
资源	木工工时	4	5	6	5	16000
	油工工时	4	5	5	3	12800
	杂工工时	2	2	2	2	8000
	设备工时	2	2	2	3	10000
	木材	7	8	9	5	6000
当前存货		50	20	25	280	
单位毛利		800	950	1250	400	
预测需求		250	1200	300	N/A	

M + 项目的主要目标应该是找到一种最优的安排，能使得 *A* 家具厂未来一年的利润最大化。不妨采用一个数学模型来描述这个问题。首先，M + 项目组需要决定的是下一年度各种产品的生产量和木材的采购量。定义如下：

x_1 = 下一年度生产的两人餐桌数量（张）

x_2 = 下一年度生产的四人餐桌数量（张）

x_3 = 下一年度生产的六人餐桌数量（张）

x_4 = 下一年度生产的餐椅数量（把）

y = 下一年度采购的木材数量

如果用 z 表示下一年度的净收益，那么其表达式为

$$z = 800x_1 + 950x_2 + 1250x_3 + 400x_4 - 50y$$

上述表达式的一个前提假设是生产出的产品总能销售出去；其中，$50y$ 对应的是采购木材的成本。直观上，四种产品的产量越高，则营业收入越高。但是，产量决策必须遵循一些限制条件（称为“约束条件”），体现在以下几个方面。制定的生产任务必须是工人能完成的，即

$$\text{木工：} 4x_1 + 5x_2 + 6x_3 + 5x_4 \leqslant 16000$$

$$\text{油工：} 4x_1 + 5x_2 + 5x_3 + 3x_4 \leqslant 12800$$

$$\text{杂工：} 2x_1 + 2x_2 + 2x_3 + 2x_4 \leqslant 8000$$

制定的生产任务必须是设备能完成的，即

$$设备：2x_1+2x_2+2x_3+3x_4\leqslant 10000$$

制定的生产任务必须要有足够的木材供应，即采购的木材需要满足生产需求，即

$$木材：7x_1+8x_2+9x_3+5x_4\leqslant 6000+y$$

要考虑三种餐桌需求的限制，多生产意味着库存浪费，因此

$$两人餐桌：50+x_1\leqslant 250$$

$$四人餐桌：20+x_2\leqslant 1200$$

$$六人餐桌：25+x_3\leqslant 300$$

对于餐椅，考虑到其和各种餐桌的配套关系（六人餐桌最少配套 4 把餐椅，最多配套 6 把餐椅），有

$$餐椅最少：2(x_1+50)+4(x_2+20)+4(x_3+25)\leqslant x_4+280$$

$$餐椅最多：2(x_1+50)+4(x_2+20)+6(x_3+25)\geqslant x_4+280$$

最后，必须确保决策变量中没有任何变量出现负数，因此需要加入非负性约束，即

$$非负性：x_1，x_2，x_3，x_4，y\geqslant 0$$

将上述目标函数和约束条件汇总到一起，就完成了对 A 家具厂生产安排的完整模型，即

$$\max\ z=800x_1+950x_2+1250x_3+400x_4-50y$$

约束条件为

$$
\begin{aligned}
&木工：4x_1+5x_2+6x_3+5x_4\leqslant 16000\\
&油工：4x_1+5x_2+5x_3+3x_4\leqslant 12800\\
&杂工：2x_1+2x_2+2x_3+2x_4\leqslant 8000\\
&设备：2x_1+2x_2+2x_3+3x_4\leqslant 10000\\
&木材：7x_1+8x_2+9x_3+5x_4\leqslant 6000+y\\
&两人餐桌：50+x_1\leqslant 250\\
&四人餐桌：20+x_2\leqslant 1200\\
&六人餐桌：25+x_3\leqslant 300\\
&餐椅最少：2(x_1+50)+4(x_2+20)+4(x_3+25)\leqslant x_4+280\\
&餐椅最多：2(x_1+50)+4(x_2+20)+6(x_3+25)\geqslant x_4+280\\
&非负性：x_1，x_2，x_3，x_4，y\geqslant 0
\end{aligned}
$$

要进行最优的生产计划，就是要在同时满足上述所有约束条件的所有方案中，找出一个使得目标函数值 z 最大的方案。通过线性规划优化方法或软件工具（参见 2.7 节），可以求得上述模型的最优解为 $(x_1^*，x_2^*，x_3^*，x_4^*，y^*)=(200，242，275，2468，12151)$。因此，M+项目组需要回答的问题的答案为：

（1）三种规格的餐桌产量分别为 200 张、242 张和 275 张，餐椅的产量为 2468 把。

（2）为了满足生产安排，需要采购 12151 单位的橡胶木。

（3）预计下一年度的净收益

$$z^*=800\times 200+950\times 242+1250\times 275+400\times 2468-50\times 12151=1658300$$

【例 2-2】（科学养猪问题） 2019 年猪肉市场形势一片大好，猪肉价格节节攀升。

刚刚大学毕业的小王萌生了回家乡通过科学养猪自主创业的想法。在家人和乡政府的支持下，小王综合运用大学所学知识，盖起了面积为 400 平方米的养殖基地，基地配套了适合猪生长的各项基础设施（包括水、电、温控设施和排泄物处理装置等）。同时，小王成功地获得了当地农村信用社为期一年的 50 万元的低息贷款，年贷款利率为 4.5%。经过一番对比，小王决定养殖当地的优质品种——山东仔猪。一方面，该品种的供应充足，价格便宜（200 元/头）；另一方面，该品种的仔猪生长发育快，适合年轻的创业者养殖。虽然毕业于农牧学院，但是究竟开展多大规模的养殖业务，以及如何科学养猪，对小王而言仍是一大决策难题。同时，小王也在考虑是否需要向亲戚朋友再筹措一些资金来扩大养殖的规模。虽然亲戚朋友都很看好小王的创业项目，并且也表示愿意从资金上给予支持，但是小王明白，如果向亲戚朋友借钱创业，也需要参照市场的利率水平给予相应的回报。通过咨询在金融界工作的同学，小王了解到亲戚朋友可以接受且自己也能承受的回报水平是 6%。

猪的饲养密度是一个非常重要的考虑因素。饲养密度高可以充分利用有效空间，降低养猪成本；而密度低能保证猪生长发育所需要的空间，可以减少饲料的摄取量，并减少因空间狭小而引发的恶癖（如随处排便、咬尾等问题）。专家建议可以按照每头猪 0.8 ~ 1 平方米的面积来安排。

开设养猪场的成本主要划分为两类。一类是固定成本，包括养猪场雇用工人的工资和日常运营费用（水费、电费、维修费用、粪便处理费用等）。小王找了一名农民工来帮助经营养猪场，每月的工资是 1500 元，测算每月的运营成本为 4000 元，因此每月的固定成本是 5500 元。另一类是可变成本，主要包括猪的防疫与医药开支和日常饲料成本。据初步估算，饲料之外的各项可变成本为 100 元/头，猪饲料是养猪的主要可变成本。一般生猪出售时的标准重量是 110 公斤，普通养猪技术条件下的生猪料肉比是 3∶1，因此每头生猪到出栏时需要 330 公斤猪饲料。为了保证猪的正常生长，饲料配方需要满足猪在蛋白质、脂肪、矿物质、碳水化合物、维生素等方面的营养要求。按照自己的经验、小王决定重点保证饲料在碳水化合物和蛋白质方面的要求。小王考虑选择玉米、槽料和苜蓿作为主要饲料，因为这些饲料在当地非常常见，而且价格相对低。各种饲料对应的碳水化合物、蛋白质含量以及成本如表 2 - 3 所示，表的最后一列也列出了科学养猪中对每公斤饲料所含最低营养成分的要求。比如，从碳水化合物的角度，每公斤混合饲料中需要保证其含量高达 60 单位；三种主要饲料（玉米、槽料和苜蓿）每公斤的含量分别为 90、20 和 40 单位。

表 2 - 3　　小王养猪的主要饲料对应的碳水化合物、蛋白质含量以及成本

指标	每公斤玉米	每公斤槽料	每公斤苜蓿	每公斤最小需求量
碳水化合物	90	20	40	60
蛋白质含量	40	80	60	55
成本	3	2.3	2.5	

生猪价格两年前长期在 15 元/公斤上下徘徊，近两年受到很多因素的影响（猪瘟、政策等），经历了快速上涨又慢慢回落的过程。2019 年 10 月，生猪价格曾经冲到最高 40

元/公斤，之后缓慢回落至 36 元/公斤。2020 年的生猪价格具有很大的不确定性，在通货膨胀的背景下，要想让猪肉价格回落到两年前的水平似乎也不太现实。小王做了一个折中的估计，预计 2020 年生猪出栏时价格为 25 元/公斤。规划养猪，小王需要回答以下问题。

（1）是否向亲戚朋友借款？如果借，借多少？

（2）养殖多少头仔猪？

（3）采购哪些饲料，以及如何进行混合？

（4）一年经营下来有望获得多少利润？

要回答上述决策问题要进行多方面的考虑，没法得到一个直接的结论，同样可以通过数学建模的方式来进行优化求解。首先，定义以下决策变量：

m = 向亲戚朋友借款的金额

x = 养殖的仔猪头数

y_1 = 每公斤混合饲料中玉米所占百分比

y_2 = 每公斤混合饲料中槽料所占百分比

y_3 = 每公斤混合饲料中苜蓿所占百分比

总体而言，小王关心的目标是一年养殖经营的利润水平，体现为生猪出栏的收益扣除各方面的成本（包括人工成本、固定运营成本、防疫与医药开支、饲料成本以及资金成本）。经过分析，可以发现小王的决策实际上包括两个层面：一是如何搭配混合饲料（该决策问题与养殖多少头仔猪没有关系）；二是如何确定养殖的规模以及所需的资金支持。

首先考虑混合饲料的配方问题，其目标是使饲料成本尽可能低，对应的优化模型为

$$\min\ z = 3y_1 + 2.3y_2 + 2.5y_3$$

约束条件为

碳水化合物：$90y_1 + 20y_2 + 40y_3 \geqslant 60$

蛋白质：$40y_1 + 80y_2 + 60y_3 \geqslant 55$

百分比：$y_1 + y_2 + y_3 = 1$

非负性：$y_1, y_2, y_3 \geqslant 0$

在上述模型中，第一条约束条件表明混合饲料必须满足碳水化合物含量的要求，第二条约束条件表明混合饲料必须满足蛋白质含量的要求，第三条约束是天然存在的逻辑关系。通过优化求解（参见 2.7 节），可得最优的配方组合为 $(y_1^*, y_2^*, y_3^*) = (0.5714, 0.4286, 0)$。也就是说，在满足两种营养成分的前提下，混合饲料中采用 57.14% 的玉米和 42.86% 的槽料能使养猪成本最低。相应地，每公斤混合饲料的最低成本为 $w^* = 3 \times 0.5714 + 2.3 \times 0.4286 + 2.5 \times 0 \approx 2.7$（元/公斤）。

下一步是优化养殖规模以及向亲戚朋友借款，其目标是使利润尽可能高，对应的优化模型为

$$\max\ z = (110 \times 25 - 200 - 100 - 2.7 \times 330)x - 5500 \times 12 - 500000 \times 4.5\% - 0.06m$$

约束条件为

资金：$500000 + m \geqslant (200 + 100 + 2.7 \times 330)x + 5500 \times 12$

产能：$x \leqslant 400$

非负性：$x, m \geqslant 0$

在上述模型中，每多养一头猪的边际贡献为 $110\times25-200-100-2.7\times330=1559$（元），目标函数中扣除了年度固定运营费用以及资金的成本。第一条约束表明筹措的总资金必须满足一年经营活动的总开支（因为生猪出栏后才能获得相应的收益），第二条约束表明当前猪场的面积最多只能容纳 400 头猪。通过优化求解，可得最优的决策为 $(x^*, m^*)=(400, 42400)$。也就是说，小王应该满负荷养猪（养殖 400 头猪）；为了补充养殖所需的资金，需要向亲戚朋友借款 42400 元。相应地，一年经营后的期望利润是

$$z^*=1559\times400-5500\times12-500000\times0.045-0.06\times42400=532556\ （元）$$

总结一下，小王需要回答问题的答案为：

（1）需要向亲戚朋友借款，借 42400 元。

（2）养殖 400 头仔猪。

（3）利用 57.14% 的玉米混合 42.86% 的槽料。

（4）有望实现 532556 元的利润。

在例 2－1 和例 2－2 中，都通过一个数学模型来描述决策者所面临的决策问题。两个例子表明，规划模型一般包含以下三个要素。

（1）决策变量，即规划问题中需要确定的能用数量表示的量。

（2）目标函数，是关于决策变量的函数，也是决策者优化的目标，一般追求最大（用 max 表示）或者最小（用 min 表示）。

（3）约束条件，即决策变量需要满足的限制条件（如可用资源的限制、需要满足的服务率的要求等），通常表达为关于决策变量的等式或者不等式。

当一个规划模型中决策变量的取值是连续的（而不是离散点），且目标函数和约束条件都是线性表达式时，该类规划模型被称为“线性规划”。因为线性函数在生活中非常常见，且数学形式最为简单，所以线性规划也是一类最常见的模型。它在很多管理领域都得到了普遍应用，包括市场营销（广告预算和媒介选择、竞争性定价、新产品开发、销售计划制订）、生产计划制订（合理下料、配料）、库存管理（库存水平确定、停车场大小、设备容量）、运输问题、财政和会计（预算、贷款、成本分析、投资、证券管理）、人事（人员分配、人才评价、工资和奖金的确定）、设备管理（维修计划、设备更新）、城市管理（供水、污水管理，以及服务系统设计和运用）等。

在经济学中，描述市场需求随着价格变化的关系时经常用到的一个线性函数是

$$d=a-b\times p$$

其中，a 表示市场的潜在规模（即对应产品价格为零时的需求），p 是产品的销售价格，b 反映了价格变化对需求的影响程度。那么，类似上述线性函数的背后又有什么样的基本经济学假设？在实际问题中，“线性”的含义体现在以下四个方面。

（1）比例性：决策变量对目标函数或者约束条件的影响是成比例关系的，如价格每增加 1 单位，会导致需求的减少量是一个常数 b。用经济学的术语来讲，就是决策变量所对应的边际影响（收益、成本等）是一个常数。

（2）可加性：如生产多种产品时，总利润是各种产品利润之和，总成本也是各种资源的成本之和。

（3）连续性：决策变量可以取某区间的连续值，其取值可以为小数、分数或者实数。

（4）确定性：线性函数中的参数都是确定的常数。

值得留意的是，在部分现实场景中，决策变量的边际影响并非恒定的，如经济学中普遍存在边际收益递减或者边际成本递增的规律。在考虑决策者风险态度时，追求的利润函数也并非线性的，而且有些指标本身就是非线性的（比如用来度量风险的方差），这意味着线性规划也并非万能的。在这些场景下，需要采用其他的规划模型（如非线性规划）来帮助决策者决策。

考虑一个一般的线性规划模型，假定其中包含 n 个决策变量，通常用 $x_j(j=1, 2, \cdots, n)$ 来表示。在目标函数中，x_j 对应的系数为 c_j（称为目标函数系数）。规划模型包含 m 个约束条件，用 $b_i(i=1, 2, \cdots, m)$ 表示第 i 个约束条件对应的右边项（如某种可用资源的限制），用 a_{ij} 表示第 i 个约束中决策变量 x_j 所对应的系数（通常称为技术系数或者工艺系数），则一般管理情境下的线性规划模型可以表示为

$$\max \text{或} \min \quad z=c_1x_1+c_2x_2+\cdots+c_nx_n$$

$$\text{s. t.}\begin{cases}a_{11}x_1+a_{12}x_2+\cdots+a_{1n}x_n\leqslant(\text{或}=,\ \geqslant)b_1\\a_{21}x_1+a_{22}x_2+\cdots+a_{2n}x_n\leqslant(\text{或}=,\ \geqslant)b_2\\\cdots\cdots\\a_{m1}x_1+a_{m2}x_2+\cdots+a_{mn}x_n\leqslant(\text{或}=,\ \geqslant)b_m\\x_1,\ x_2,\ \cdots,\ x_n\geqslant 0\end{cases}\tag{2-1}$$

模型（2-1）可以简写为

$$\max(\text{或}\min) \quad z=\sum_{j=1}^{n}c_jx_j$$

$$\text{s. t.}\begin{cases}\sum_{j=1}^{n}a_{ij}x_j\leqslant(\text{或}=,\geqslant)b_i,\ (i=1,2,\cdots,m)\\x_j\geqslant 0\quad(j=1,2,\cdots,n)\end{cases}$$

如果引入向量或矩阵符号，记

$$\boldsymbol{X}=(x_1,\ x_2,\ \cdots,\ x_n)'$$

$$\boldsymbol{C}=(c_1,\ c_2,\ \cdots,\ c_n)$$

$$\boldsymbol{b}=(b_1,\ b_2,\ \cdots,\ b_n)'$$

$$\boldsymbol{A}=\begin{bmatrix}a_{11}&a_{12}&\cdots&a_{1n}\\a_{21}&a_{22}&\cdots&a_{2n}\\\vdots&\vdots&&\vdots\\a_{m1}&a_{m2}&\cdots&a_{mn}\end{bmatrix}$$

那么，模型（2-1）可以简写为

$$\max(\text{或}\min) \quad z=CX$$

$$\text{s. t.}\begin{cases}\boldsymbol{AX}\leqslant(\text{或}=,\ \geqslant)\boldsymbol{b}\\\boldsymbol{X}\geqslant 0\end{cases}$$

称向量 $\boldsymbol{C}$ 为“目标函数系数”，向量 $\boldsymbol{b}$ 为“约束条件右边项”，矩阵 $\boldsymbol{A}$ 为约束条件的“系数矩阵”。在数学意义上，有些决策变量是可以取负值的，但是在绝大多数管理问题中，决策变量只能取非负数。因此，在本书中通常加上决策变量的非负性约束。

2.2　线性规划的类型、应用举例与标准型

2.2.1　线性规划的类型

根据线性规划模型解决的问题的不同，一般可以将线性规划划分为以下四种类型。

1. 资源配置问题

经济学是一门关于资源稀缺的科学，正是因为组织拥有的资源（人、财、物、技术等）是稀缺的，才需要通过科学的管理来优化资源的利用。很多企业在经营管理中，都面临着如何将有限的资源分配到不同的经营活动中，从而提升企业整体绩效的问题。

【例 2－3】（资源配置问题）　某厂在计划期内要安排生产 A、B 两种产品（假定产品畅销），需要用到劳动力、设备和原材料三种资源（资源的可用量存在限制）。已知生产单位产品的利润与所需各种资源的消耗量如表 2－4 所示。

表 2－4　　生产单位产品的利润与所需各种资源的消耗量

指标	产品 A	产品 B	资源限额
劳动力/工时	9	4	360
设备/台时	4	5	200
原材料/公斤	3	10	300
单位利润/元	70	120	

请问：如何安排生产能使该厂获利最大？

该问题可以通过建立以下数学模型来求解。定义

$$x_1 = \text{计划生产的产品 } A \text{ 的数量}$$
$$x_2 = \text{计划生产的产品 } B \text{ 的数量}$$

对应的线性规划模型为

$$\max\ z = 70x_1 + 120x_2$$
$$\text{s. t.}\begin{cases} 9x_1 + 4x_2 \leqslant 360 & \text{劳动力} \\ 4x_1 + 5x_2 \leqslant 200 & \text{设备} \\ 3x_1 + 10x_2 \leqslant 300 & \text{原材料} \\ x_1,\ x_2 \geqslant 0 & \text{非负性} \end{cases}$$

例 2－3 中，确定产品 A 和 B 的产量等价于确定把多少资源“分配”到不同的产品中，因此称之为“资源配置问题”。不同实际问题中，“资源”可以体现为不同的形式，如资金、厂房容量、服务器计算能力、网络带宽等。一般的资源配置问题都是为了通过资源分配来实现整体利益的最大化。

2. 成本—收益平衡问题

很多问题中，管理者追求的目标是以最小的代价（如成本、时间）来达到既定的目

标。比如，在满足供货合同要求的前提下生产成本最小化，在配送所有用户订单的前提下总路径最短，在保证所有任务能完成的前提下总人力最少等。

【例2-4】（科学养殖问题） 随着现代生物和养殖技术的发展，如何为养殖的动物提供合理的营养元素、满足其生长所需，是科学养殖关注的重要问题。营养专家认为，某动物生长的关键营养元素包括 A、B 和 C。具体来说，每天至少需要摄入 700 克元素 A、30 克元素 B，以及 200 毫克元素 C。候选的饲料包括 5 种，其单位价格以及每千克所含的营养元素如表 2-5 所示。

表 2-5　单位价格与营养元素含量

饲料	元素 A/克	元素 B/克	元素 C/毫克	价格/(元/千克)
1	3	1	0.5	2
2	2	0.5	1	7
3	1	0.2	0.2	4
4	6	2	2	9
5	18	0.5	0.8	5
最低含量	700	30	200	

请问：如何确定最优的饲料配方？

该问题可以通过建立以下数学模型来求解。定义

$$x_j = \text{混合饲料中饲料 } j \text{ 的重量}，j=1，2，\cdots，5$$

对应的线性规划模型为

$$\min\ w = 2x_1 + 7x_2 + 4x_3 + 9x_4 + 5x_5$$

$$\text{s. t.}\begin{cases} 3x_1 + 2x_2 + x_3 + 6x_4 + 18x_5 \geqslant 700 & \text{元素 } A \\ x_1 + 0.5x_2 + 0.2x_3 + 2x_4 + 0.5x_5 \geqslant 30 & \text{元素 } B \\ 0.5x_1 + x_2 + 0.2x_3 + 2x_4 + 0.8x_5 \geqslant 200 & \text{元素 } C \\ x_1,\ x_2,\ \cdots,\ x_5 \geqslant 0 & \text{非负性} \end{cases}$$

例 2-4 中，优化的目标是混合饲料成本最小化。如果光是考虑目标函数，很显然各种饲料的重量越低越好，但是决策变量取值过低会导致部分营养元素的含量达不到规定的要求。因此，优化模型需要在成本和效果（元素含量）之间进行平衡。我们把该类线性规划问题称为“成本—收益平衡问题”。

3. 运输问题

运输是原材料、半成品和产成品流通的环节。在部分行业（如电子商务、天然气、钢铁）中，运输成本在运营总成本中占比很高，因此通过合理的调度安排来降低物流成本是企业管理的重中之重。先看以下例子。

【例2-5】（网络运输问题） 从生产规模经济性的角度考虑，某企业在全国范围内布局了 m 个工厂，为 n 个销售终端（商店）供货。在本例中，考虑 $m=n=3$ 的情形（如图 2-1 所示），每个工厂都可以向每个商店供货。

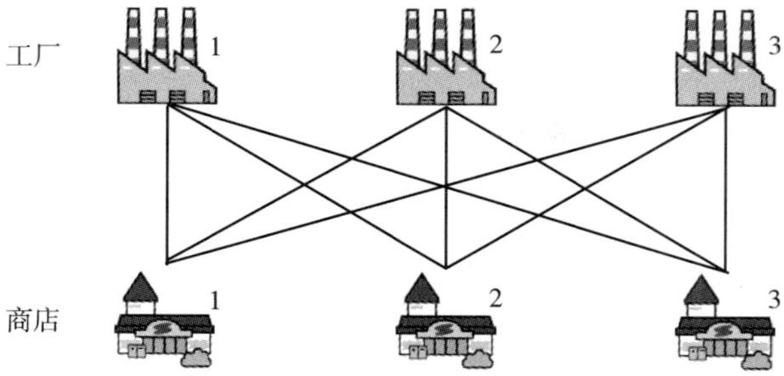

图 2－1　网络运输问题

已知每个工厂都有自己的最大产能，每个商店都有自己希望满足的需求量，如表 2－6 所示，表中同时给出了从各个工厂运送货物至各个商店对应的单位成本。

表 2－6　单位成本

工厂	商店 1	商店 2	商店 3	产量
工厂 1	2	1	3	50
工厂 2	2	2	4	30
工厂 3	3	4	2	10
需求	40	15	35	

请问：采用怎样的运输方案能使得整体物流成本最小？

先简单地分析一下该问题。三个工厂的总产量是 90，恰好等于三个商店的总需求。运输方案要保证所有的工厂都将其所有库存运输出去，同时每个商店的需求都能恰好得到满足。定义

$$x_{ij} = \text{从工厂 } i \text{ 运送至商店 } j \text{ 的库存量}, \quad i, j = 1, 2, 3$$

那么，运输方案对应的规划模型为

$$\min\ w = 2x_{11} + x_{12} + 3x_{13} + 2x_{21} + 2x_{22} + 4x_{23} + 3x_{31} + 4x_{32} + 2x_{33}$$

$$\text{s. t.} \begin{cases} x_{11} + x_{12} + x_{13} \leqslant 50 & \text{工厂 } 1 \\ x_{21} + x_{22} + x_{23} \leqslant 30 & \text{工厂 } 2 \\ x_{31} + x_{32} + x_{33} \leqslant 10 & \text{工厂 } 3 \\ x_{11} + x_{21} + x_{31} = 40 & \text{商店 } 1 \\ x_{12} + x_{22} + x_{32} = 15 & \text{商店 } 2 \\ x_{13} + x_{23} + x_{33} = 35 & \text{商店 } 3 \\ x_{ij} \geqslant 0,\ i, j = 1, 2, 3 & \text{非负性} \end{cases}$$

不同于例 2－3 和例 2－4，该模型中所有约束条件均为等式约束（非负性约束除外）。其中，一组等式约束表示各个工厂运输出去的总量刚好等于其产量，另一组等式约束表示各个商店收到的运输量之和刚好等于其需求。我们称这类总产量刚好等于总需求的运输问题为“产销平衡运输问题”。

4. 混合问题

对比资源配置问题、成本—收益平衡问题和运输问题，可以发现它们的目标函数和约束条件呈现不同的形式，如表 2-7 所示（其中 LHS 表示约束条件左边表达式，RHS 表示右边表达式）。

表 2-7 三类典型线性规划问题的对比

类型	目标函数	约束条件形式	约束条件含义
资源配置问题	max	LHS≤RHS	对于特定的资源，使用的数量≤可获得的数量
成本—收益平衡问题	min	LHS≥RHS	对于特定的收益，达到的水平≥最低可接受水平
运输问题	max/min	LHS = RHS	对于一些数量，提供的数量 = 需求的数量

在更多一般的线性规划问题中，约束条件可能同时包括大于等于、小于等于或等于的形式。我们称该类问题为混合线性规划问题，如例 2-1 和例 2-2。

2.2.2 线性规划的应用举例

以下给出几个完整的线性规划应用的例子。这些例子可能来自企业的不同职能部门，如市场营销部门、生产运营部门和财务部门等。

【例 2-6】（广告组合问题） 某日用化工企业生产并销售三种产品：喷雾去污剂、液体洗涤剂和洗衣粉。为了应对愈发激烈的市场竞争，公司决定投入一定资金进行产品推广。公司进行推广的渠道主要有两条：电视广告和印刷媒体广告。公司决定在电视上投放液体洗涤剂的广告来帮助推广这一新产品，同时通过印刷媒体广告促销所有三种产品。管理部门特别设定了推广目标：喷雾去污剂至少增加 3% 的市场份额，液体洗涤剂至少获得 18% 的市场份额，洗衣粉至少增加 4% 的市场份额。

表 2-8 显示了在两种媒体上做广告的预期效果和广告的单位成本。在“电视”一列中，每投入 1 单位广告，洗衣粉的市场份额减少 1%，这是因为新的液体洗涤剂和洗衣粉之间存在极大的替代性。试分析该企业应该如何进行产品推广。

表 2-8 两种媒体上做广告的预期效果和广告的单位成本

产品	每单位广告增加的市场份额/(%)	
	电视	印刷媒体
喷雾去污剂	0	1
液体洗涤剂	3	2
洗衣粉	-1	4
单位成本/万元	150	200

解： 设 x_1 和 x_2 分别为投放电视、印刷媒体的广告数量。优化的目标是总成本最小，即

$$\min\ w = 150x_1 + 200x_2$$

为满足推广目标，需满足以下约束：

$$\begin{cases} \text{去污剂} & x_2 \geqslant 3 \\ \text{洗涤剂} & 3x_1 + 2x_2 \geqslant 18 \\ \text{洗衣粉} & -x_1 + 4x_2 \geqslant 4 \\ \text{非负性} & x_1 \geqslant 0,\ x_2 \geqslant 0 \end{cases}$$

【例 2－7】（混合配料问题）　某饲料厂采用 4 种不同的原材料（记为 A、B、C、D）生产三种不同的产成品（记为甲、乙、丙）。为了达到产品品质的要求，各种产成品中部分原材料的比重要满足规定的要求，相关数据如表 2－9 所示。已知采购原材料所需的资金必须通过银行贷款，贷款的月利率为 3%。

表 2－9　　每种产品的原材料比重、单位生产费用和单位售价

原材料	产成品			成本/（元/公斤）	每月供应上限/公斤
	甲	乙	丙		
A	≥20%		≥20%	2.0	30000
B		≥30%		2.2	20000
C	≥30%		≥30%	1.8	15000
D	≥10%	≥20%		3.5	无限
单位生产费用/（元/公斤）	0.20	0.20	0.30		
单位售价/（元/公斤）	5.0	4.8	6.0		

请问：该饲料厂应该如何安排下个月饲料的生产？

解：定义以下决策变量

w = 饲料厂的贷款金额

x_{ij} = 采用 i 原料生产 j 产品的数量，$i = 1, 2, 3, 4$；$j = 1, 2, 3$

x_i = 原材料 i 的总采购量，$i = 1, 2, 3, 4$

y_j = 产品 j 的总生产量，$j = 1, 2, 3$

目标是总利润最大，即

$$\max\ z = (5-0.2)y_1 + (4.8-0.2)y_2 + (6-0.3)y_3 \\ -2.0x_1 - 2.2x_2 - 1.8x_3 - 3.5x_4 - 0.03w$$

约束条件方面，首先，有以下等式约束。

原材料采购量：$x_i = x_{i1} + x_{i2} + x_{i3}$，$i = 1, 2, 3, 4$

产成品生产量：$y_i = y_{1j} + y_{2j} + y_{3j} + y_{4j}$，$i = 1, 2, 3$

各产品配方比重约束为

产品甲中 A 比重：$x_{11} \geqslant 0.2y_1$

产品甲中 C 比重：$x_{31} \geqslant 0.3y_1$

产品甲中 D 比重：$x_{41} \geqslant 0.1y_1$

产品乙中 B 比重：$x_{22} \geqslant 0.3y_2$

产品乙中 D 比重：$x_{42} \geqslant 0.2y_2$

产品丙中 A 比重：$x_{13} \geqslant 0.2y_3$

产品丙中 C 比重：$x_{33} \geqslant 0.3y_3$

各原材料供应上限约束为

A 供应上限：$x_1 \leqslant 30000$

B 供应上限：$x_2 \leqslant 20000$

C 供应上限：$x_3 \leqslant 15000$

采购资金约束为

$$2x_1 + 2.2x_2 + 1.8x_3 + 3.5x_4 \leqslant w$$

最后，还有非负性约束为

$$x_{ij} \geqslant 0,\ x_i \geqslant 0,\ y_j \geqslant 0,\ w \geqslant 0$$

【例 2-8】（生产安排问题） 某厂主要生产甲、乙、丙三种产品，都需要经过 A、B 两道加工工序。已知 A 工序可以在设备 A_1 或 A_2 上完成，B 工序可以在设备 B_1 或 B_2 上完成。每种产品在每个设备上的加工时间和其他数据如表 2-10 所示（表中划“/”的单元格表示该产品的工序不能在相应设备上加工）。

表 2-10　　　　每种产品在每个设备上的加工时间和其他数据

设备	产品			设备有效台时
	甲	乙	丙	
A_1	4	9	/	8000
A_2	6	8	10	12000
B_1	/	6	2	4000
B_2	3	6	8	7000
原料费/(元/件)	30	50	35	
售价/(元/件)	200	400	300	

试安排最优生产计划。

解： 用 $k=1, 2, 3$ 分别表示产品甲、乙、丙。考虑到两道加工工序，设

x_{ik} = 利用设备 A_i 加工的产品 k 的数量，$i=1, 2$；$k=1, 2, 3$

x_{ik} = 利用设备 B_j 加工的产品 k 的数量，$j=1, 2$；$k=1, 2, 3$

w_k = 产品 k 的总加工数量，$k=1, 2, 3$

目标是总利润最大化，即

$$\max\ z = (200-30)w_1 + (400-50)w_2 + (300-35)w_3$$

约束方面，首先，每种产品的产量约束为

$$\begin{cases} 甲：w_1 = x_{11} + x_{21} = y_{21} \\ 乙：w_2 = x_{12} + x_{22} = y_{12} + y_{22} \\ 丙：w_3 = x_{23} = y_{13} + y_{23} \end{cases}$$

其次，各种设备的台时限制为

$$\begin{cases} A_1: 4x_{11}+9x_{12}\leqslant 8000 \\ A_2: 6x_{21}+8x_{22}+10x_{23}\leqslant 12000 \\ B_1: 6y_{12}+2y_{13}\leqslant 4000 \\ B_2: 3y_{21}+6y_{22}+8y_{23}\leqslant 7000 \end{cases}$$

最后，还有非负性约束为

$$x_{ik}\geqslant 0,\ y_{ik}\geqslant 0,\ w_k\geqslant 0,\ i=1,\ 2;\ j=1,\ 2,\ 3;\ k=1,\ 2,\ 3$$

【例 2 -9】（连续投资问题）　某人有 100 万元的闲置资金，且在未来 5 年不会使用，现在他有以下投资机会。

A. 为期 1 年的定期存款，即每年年初投资，年末收回本金和利息，投资回报 5%；

B. 为期 2 年的定期存款，即每年年初投资，次年年末收回本金和利息，投资回报 11%；

C. 第 3 年年初投资，到第 5 年年末回收本金和利息，投资回报 25%，最大投资额 20 万元；

D. 第 2 年年初投资，到第 5 年年末回收本金和利息，投资回报 35%，最大投资额 30 万元。

请问：应该如何搭配投资组合，使得第 5 年年末总资产最大化？

解：设 x_{ik} 表示第 k 年年初投资项目 i 的资金数。根据 A、B、C、D 四个项目的投资时间，可得到如表 2 -11 所示的 11 个决策变量。

表 2 -11　　决策变量

项目	年份				
	1	2	3	4	5
A	x_{11}	x_{12}	x_{13}	x_{14}	x_{15}
B	x_{21}	x_{22}	x_{23}	x_{24}	
C			x_{33}		
D		x_{42}			

第 5 年年末的总资产为

$$\max\ z=1.05x_{15}+1.11x_{24}+1.25x_{33}+1.35x_{42}$$

很显然，每年年初，他应该将手头的资金都投资出去（即任何一个年初都不持有现金）。每年年初投资出去的资金刚好等于可以投资的金额（单位：万元），表现为以下 5 个等式约束。

$$\begin{cases} \text{第 1 年年初：} x_{11}+x_{21}=100 \\ \text{第 2 年年初：} x_{12}+x_{22}+x_{42}=1.05x_{11} \\ \text{第 3 年年初：} x_{13}+x_{23}+x_{33}=1.05x_{12}+1.11x_{21} \\ \text{第 4 年年初：} x_{14}+x_{24}=1.05x_{13}+1.11x_{22} \\ \text{第 5 年年初：} x_{15}=1.05x_{14}+1.11x_{23} \end{cases}$$

项目 C 和项目 D 的投资金额上限（单位：万元）为

$$\begin{cases} \text{项目 } C: x_{33}\leqslant 20 \\ \text{项目 } D: x_{42}\leqslant 30 \end{cases}$$

最后，还有非负性约束为

$$x_{ik} \geqslant 0,\ i=1,\ 2,\ 3,\ 4;\ k=1,\ 2,\ 3,\ 4,\ 5$$

【例 2-10】（现金流管理问题） 某厂的回款主要集中在每年的年中和年末。已知该厂下一年度每月的现金流如表 2-12 所示，其中现金流为负表示公司要支出相应的金额，现金流为正则表示公司要回收相应的款项。假设所有现金流都发生在月中。为了应付现金流的需求，该厂可能需要借助于银行贷款。有两种方式：（1）为期一年的长期借款，即于上一年年末借一年期贷款，一次得到全部贷款额，从下一年度 1 月起每月末偿还 1% 的利息，于 12 月底偿还本金和最后一期利息；（2）为期一个月的短期借款，即可以每月月初获得短期贷款，于当月月底偿还本金和利息，月利率为 1.5%。当该厂有多余现金时，也可以以短期存款的方式获取部分利息收入。假设该厂只能每月月初存入，月末取出，月息 0.5%。

表 2-12 **每月现金流** 单位：万元

月份	1	2	3	4	5	6	7	8	9	10	11	12
现金流	-10	-8	-10	-6	-2	5	6	-6	-4	-10	12	50

请问：该厂应如何进行存贷款操作来管理现金流？

解： 定义决策变量为

x = 为期一年的长期借款金额

y_i = 第 i 月月初的短期借款金额，$i=1,\ 2,\ \cdots,\ 12$

s_i = 第 i 月月初的短期存款金额，$i=1,\ 2,\ \cdots,\ 12$

目标函数是追求第 12 月月底的现金流最大化：

$$\max\ z = 50 + 1.005s_{12} - 1.015y_{12} - 1.01x$$

很显然，每月月初要持有相应的现金流来满足当月的现金流需求。如果当月有现金流流出，则应刚好持有流出数量的资金；如果当月有现金流流入，则不需要持有任何资金。因此，对应的 12 月月初的持有现金需求约束为

$$\begin{cases}
1\text{ 月初：} x + y_1 - s_1 = 10 \\
2\text{ 月初：} -0.01x - 1.015y_1 + 1.005s_1 + y_2 - s_2 = 8 \\
3\text{ 月初：} -0.01x - 1.015y_2 + 1.005s_2 + y_3 - s_3 = 10 \\
4\text{ 月初：} -0.01x - 1.015y_3 + 1.005s_3 + y_4 - s_4 = 6 \\
5\text{ 月初：} -0.01x - 1.015y_4 + 1.005s_4 + y_5 - s_5 = 2 \\
6\text{ 月初：} -0.01x - 1.015y_5 + 1.005s_5 + y_6 - s_6 = 0 \\
7\text{ 月初：} 5 - 0.01x - 1.015y_6 + 1.005s_6 + y_7 - s_7 = 0 \\
8\text{ 月初：} 6 - 0.01x - 1.015y_7 + 1.005s_7 + y_8 - s_8 = 6 \\
9\text{ 月初：} -0.01x - 1.015y_8 + 1.005s_8 + y_9 - s_9 = 4 \\
10\text{ 月初：} -0.01x - 1.015y_9 + 1.005s_9 + y_{10} - s_{10} = 10 \\
11\text{ 月初：} -0.01x - 1.015y_{10} + 1.005s_{10} + y_{11} - s_{11} = 0 \\
12\text{ 月初：} 12 - 0.01x - 1.015y_{11} + 1.005s_{11} + y_{12} - s_{12} = 0
\end{cases}$$

还有非负性约束为

$$x \geqslant 0,\ y_i \geqslant 0,\ s_i \geqslant 0,\ i=1,\ 2,\ \cdots,\ 12$$

【例 2-11】（生产存储问题）　某厂和客户签订了 5 种产品（用 i 表示，$i=1,\ 2,\ \cdots,\ 5$）上半年的交货合同。已知各产品在第 j 月（$j=1,\ 2,\ \cdots,\ 6$）的合同交货量为 D_{ij}，该月对应的销售价格为 p_{ij}，生产 1 单位产品 i 需要消耗工时 a_i。

设第 j 月的正常生产工时为 T_j，正常生产下每单位产品 i 的人工成本为 c_{ij}。如果生产任务重，工厂也可以适当加班，第 j 月的加班工时上限为 $\hat{T}_j$，对应的加班人工成本为 $\hat{c}_{ij} > c_{ij}$。如果工厂生产出来的产品当月不交货，可以存储起来，已知产品 i 的每月单位存储成本为 h_i。

请问：该厂应该如何安排未来半年的生产，在保证完成合同交货的前提下使得总盈利最大化？

解： 定义决策变量为

x_{ij} = 在第 j 月通过正常方式生产的产品 i 的数量，$i=1,\ 2,\ \cdots,\ 5$；$j=1,\ 2,\ \cdots,\ 6$。

y_{ij} = 在第 j 月通过加班方式生产的产品 i 的数量，$i=1,\ 2,\ \cdots,\ 5$；$j=1,\ 2,\ \cdots,\ 6$。

w_{ij} = 在第 j 月末库存的产品 i 的数量，$i=1,\ 2,\ \cdots,\ 5$；$j=1,\ 2,\ \cdots,\ 6$。

总盈利目标函数为

$$\max\ z = \sum_{i=1}^{5}\sum_{j=1}^{6}(D_{ij}p_{ij} - c_{ij}x_{ij} - \hat{c}_{ij}y_{ij} - h_i w_{ij})$$

每月末各产品的库存数量约束为

$$w_{i1} = x_{i1} + y_{i1} - D_{i1},\ i=1,\ 2,\ \cdots,\ 5$$

$$w_{ij} = w_{i(j-1)} + x_{ij} + y_{ij} - D_{ij},\ i=1,\ 2,\ \cdots,\ 5;\ j=1,\ 2,\ \cdots,\ 6$$

正常加工工时约束为

$$\sum_{i=1}^{5} x_{ij}a_i \leqslant T_j,\ j = 1,\ 2,\ \cdots,\ 6$$

加班加工工时约束为

$$\sum_{i=1}^{5} y_{ij}a_i \leqslant \hat{T}_j,\ j = 1,\ 2,\ \cdots,\ 6$$

非负性约束为

$$x_{ij},\ y_{ij},\ w_{ij} \geqslant 0,\ i=1,\ 2,\ \cdots,\ 5;\ j=1,\ 2,\ \cdots,\ 6$$

【例 2-12】（不确定条件下的线性优化）　已知某工厂生产两种产品（记为 A 和 B），它们需要消耗同样数量的钢材资源、浇铸工时以及装配工时。单位产品所需的三种资源如表 2-13 所示。已知产品 B 的单位利润是固定值 80，产品 A 下一季度的单位利润可能是 100 或者 120（可能性各 50%）。生产产品需要提前采购钢材资源，单位采购成本为 40，已知可用浇铸工时为固定值 16000，但是可用装配工时可能是 7000 或 9000（可能性各 50%）。

表 2-13　　两种产品所需资源的数量及其单位利润

资源	产品		资源限制
	A	B	
钢材	2	1	无限，单位采购成本 40
浇铸	1	1	16000

续表

资源	产品		资源限制
	A	B	
装配	0.4	0.5	7000 或 9000
单位利润	100 或 120	80	

请问：工厂应该提前采购多少钢材，同时如何安排产品的生产？

解： 本问题是一个两阶段优化问题。第一阶段，需要确定钢材的采购数量；第二阶段，在观察到产品 A 的实际单位利润和装配资源的实际可用量之后，需要确定两种产品的生产量决策。在第二阶段可能出现的四种情形如表 2－14 所示。

表 2－14　在第二阶段可能出现的四种情形

情形	发生概率	A 的单位利润	可用装配工时
1	0.25	100	7000
2	0.25	100	9000
3	0.25	120	7000
4	0.25	120	9000

定义决策变量为

S = 采购的钢材资源的数量

x_i = 在出现情形 i 时生产的产品 A 的数量，$i=1, 2, 3, 4$；

y_i = 在出现情形 i 时生产的产品 B 的数量，$i=1, 2, 3, 4$；

因为第二阶段随着出现的情形不同，工厂的生产安排和对应的利润可能不同，可以把工程的期望利润作为优化的目标，即

$$\max\ z=0.25(100x_1+80y_1)+0.25(100x_2+80y_2)+0.25(120x_3+80y_3)$$
$$+0.25(120x_4+80y_4)-40S$$

在每种情形下都应该满足以下三种资源的限制。

$$\text{情形 1：}\begin{cases}2x_1+y_1\leqslant S\\ x_1+y_1\leqslant 16000\\ 0.4x_1+0.5y_1\leqslant 7000\end{cases}$$

$$\text{情形 2：}\begin{cases}2x_2+y_2\leqslant S\\ x_2+y_2\leqslant 16000\\ 0.4x_2+0.5y_2\leqslant 9000\end{cases}$$

$$\text{情形 3：}\begin{cases}2x_3+y_3\leqslant S\\ x_3+y_3\leqslant 16000\\ 0.4x_3+0.5y_3\leqslant 7000\end{cases}$$

$$情形4：\begin{cases}2x_4+y_4\leqslant S\\x_4+y_4\leqslant 16000\\0.4x_4+0.5y_4\leqslant 9000\end{cases}$$

还要加上所有非负性约束：

$$S,\ x_i,\ y_i\geqslant 0,\ i=1,\ 2,\ 3,\ 4$$

2.2.3　线性规划的标准型

对任何类型的线性规划，都可以通过等价变换将其转化为

$$\max\ z=c_1x_1+c_2x_2+\cdots+c_nx_n$$

$$\text{s. t.}\begin{cases}a_{11}x_1+a_{12}x_2+\cdots+a_{1n}x_n=b_1\\a_{21}x_1+a_{22}x_2+\cdots+a_{2n}x_n=b_2\\\cdots\cdots\\a_{m1}x_1+a_{m2}x_2+\cdots+a_{mn}x_n=b_m\\x_1,\ x_2,\ \cdots,\ x_n\geqslant 0\end{cases}$$

其中，等式右边项系数 $b_i\geqslant 0$。我们把这类求最大化、所有约束条件都为等式约束的线性规划模型称为线性规划的标准型。下面通过两个例子说明如何将一般的问题转化为标准型。

【例 2-13】（线性规划标准型）　将以下线性规划问题转化为标准型

$$\max\ z=70x_1+120x_2$$

$$\text{s. t.}\begin{cases}9x_1+4x_2\leqslant 360\\4x_1+5x_2\leqslant 200\\3x_1+10x_2\geqslant 300\\x_1,\ x_2\geqslant 0\end{cases}$$

解： 在三个不取等号的约束条件中分别引入非负决策变量 x_3、x_4 和 x_5，可以将原始线性规划问题等价转化为

$$\max\ z=70x_1+120x_2$$

$$\text{s. t.}\begin{cases}9x_1+4x_2+x_3=360\\4x_1+5x_2+x_4=200\\3x_1+10x_2-x_5=300\\x_1,\ \cdots,\ x_5\geqslant 0\end{cases}$$

我们把引入的变量 x_3 和 x_4 称为“松弛变量”，而 x_5 是“剩余变量”。一般地，在资源配置型约束中会引入松弛变量，在成本—收益平衡型约束中会引入剩余变量。

【例 2-14】（线性规划标准型）　将以下线性规划问题转化为标准型

$$\min\ w=x_1+2x_2-3x_3$$

$$\text{s. t.}\begin{cases}x_1+x_2+x_3\leqslant 9\\-x_1-2x_2+x_3\geqslant 2\\3x_1+x_2-3x_3=5\\x_1\leqslant 0,\ x_2\geqslant 0\end{cases}$$

解：目标函数是求最小化，可以令 $z=-w$，于是最小化 w 等价于最大化 z。在第一个约束条件中可以引入非负松弛变量 x_4，第二个约束条件中可以引入非负剩余变量 x_5。考虑到 x_1 是非正的，可以引入 $x_1=-x_1'$；考虑到 x_3 是自由的（可正可负），可以引入 $x_3=x_3'-x_3''$。原线性规划问题转化为

$$\max\ z=x_1'-2x_2+3x_3'-3x_3''$$

$$\text{s.t.}\begin{cases}-x_1'+x_2+x_3'-x_3''+x_4=9\\x_1'-2x_2+x_3'-x_3''-x_5=2\\-3x_1'+x_2-3x_3'+3x_3''=5\\x_1',\ x_2,\ x_3',\ x_3'',\ x_4,\ x_5\geqslant 0\end{cases}$$

总结一下，在将一般线性规划问题转化为标准型时：

(1) 如果目标函数求最小值，可以将目标函数系数乘以 -1，等价为求最大值；

(2) 对“小于等于”型约束，引入非负松弛变量；

(3) 对“大于等于”型约束，引入非负剩余变量；

(4) 对取值非正的决策变量 x_j，可以做变量替换 $x_j=-x_j'$，其中 x_j'取值非负；

(5) 对取值自由的决策变量 x_j，可以引入 $x_j=x_j'-x_j''$，其中 x_j'和 x_j''均为非负。

2.3 图　解　法

对于只有两个决策变量的线性规划问题，可以考虑采用图解法来寻找其最优解。下面结合例 2-3 来介绍图解法的一般步骤。

$$\max\ z=70x_1+120x_2$$

$$\text{s.t.}\begin{cases}9x_1+4x_2\leqslant 360 & \text{劳动力}\\4x_1+5x_2\leqslant 200 & \text{设备}\\3x_1+10x_2\leqslant 300 & \text{原材料}\\x_1,\ x_2\geqslant 0 & \text{非负性}\end{cases}$$

求解上述线性规划问题，等价于在满足所有约束条件（劳动力、设备、原材料、非负性）的所有点（x_1，x_2）中，找一个能使目标函数（利润）达到最大值的方案。由于该问题只有两个非负决策变量（产品 A 和产品 B 的产量），可以采用一种直观的方式——图解法进行求解。

第一步，画一个二维坐标系，其中 x_1 对应横轴，x_2 对应纵轴。因为两个决策变量都是非负的，所以只需要画坐标系中的第一象限，如图 2-2 所示。

第二步，依次考虑三个约束条件。先考虑劳动力，在二维坐标系中画出直线 $9x_1+4x_2=360$。很显然，位于这条直线上的任何一点所对应的生产方案都可以刚好消耗掉所有的劳动力资源。位于直线上方的任何一点都满足 $9x_1+4x_2>360$，即它们对应生产方案所需的劳动力超出了可用劳动力的限制，因此属于不可行方案。位于直线下方的任何一点都满足 $9x_1+4x_2<360$，即它们对应生产方案所需的劳动力低于实际可用的劳动力。因此，要保证实际消耗的劳动力资源不超过最大值 360，只能取位于直线 $9x_1+4x_2=360$ 上或者

位于这条直线下方的非负点（如箭头方向所示）。类似地，考虑设备和原材料的限制，又可以画出另外两条直线，而考虑到对应资源的限制，只能取位于直线上或者下方的点。

上述三条直线构成的可行区间的交集如图 2－2 中的阴影区域所示。管理者采用的任一生产方案必须同时满足劳动力、设备和原材料的限制，这意味着生产方案只能在图 2－2 中阴影区域（包括边界）取值。该阴影区域被称为线性规划问题的"可行域"，凡是位于可行域之外的点都不是可行的。

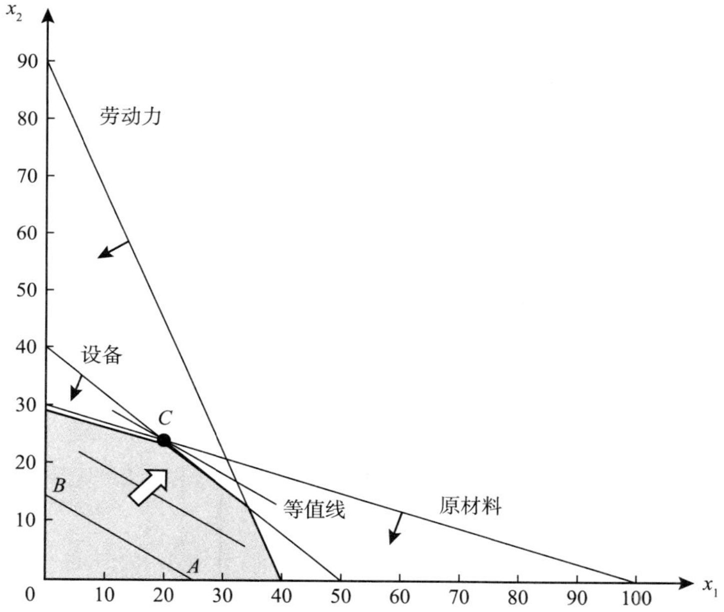

图 2－2　图解法

第三步，要在可行域上找到使得目标函数（利润）达到最大值的方案，可以在二维坐标系上取两个点 A（24，0）和 B（0，14），并做连线 AB。很显然，所有在线段 AB 上的点都满足 $70x_1+120x_2=1680$，也就是说线段 AB 上任一点所对应的目标函数值都为 1680，因此将 AB 称为该线性规划问题的一条等值线。如果将直线 AB 向右上方平移一些，会得到一条新的直线，它也是一条等值线，而且该等值线对应的目标函数值高于 1680。事实上，在该二维坐标系中，凡是与直线 AB 平行的其他直线也都是等值线。特别是，越是往右上方平移等值线，它所对应的目标函数值越大。因此，要找到利润最大的生产方案，应该尽可能地往右上方平移等值线，直到不能进一步平移为止。在该例子中，不难发现，当等值线向右上方平移到经过 C 点时，如果进一步平移等值线，那么等值线就和可行域没有交集了，这意味着这里的 C 点就是能使得总利润达到最大的方案了。

第四步，C 点对应的产量决策究竟是多少呢？不难发现，C 点刚好对应于原材料和设备所对应的直线的交点。这意味着 C 点的坐标同时满足以下条件：

$$\begin{cases}4x_1+5x_2=200\\3x_1+10x_2=300\end{cases}$$

求解上述联立方程组，可得（x_1，x_2）=（20，24）。因此，应该生产 20 单位产品 A、24 单位产品 B；在该生产方案下，能实现最大利润 $z=70\times20+120\times24=4280$（元）。

本书为了区别于其他符号，用上标“ * ”表示最优解和最优目标函数值（简称“最优值”），即（x_1^*，x_2^*）=（20，24），$z^*=4280$ 元。

最优点 C 刚好是原材料和设备约束对应方程的联立解，这意味着如果采用 C 点的生产方案，那么将刚好消耗完所有的原材料资源和设备工时。于是，原材料和设备工时所对应的约束将成为一个“紧约束”。相反，在 C 点对应的生产方案下，实际消耗的劳动力是 $9x_1^*+4x_2^*=9\times20+4\times24=276$（小时），小于劳动力的可用工时 360 小时。因此，劳动力资源将有剩余，我们称劳动力约束对应的是一个“非紧约束”。换言之，在最优生产安排下，紧约束对应系统的稀缺资源（或瓶颈资源），而非紧约束对应系统的过剩资源。

值得一提的是，通过引入松弛变量，例 2－3 的线性规划问题对应的标准型为

$$\max\ z=70x_1+120x_2$$

$$\text{s.t.}\begin{cases}9x_1+4x_2+x_3=360\\4x_1+5x_2+x_4=200\\3x_1+10x_2-x_5=300\\x_1,\ x_2,\ \cdots,\ x_5\geqslant0\end{cases}$$

直观上，上述标准型线性规划问题的最优解应该为

$$(x_1^*,\ x_2^*,\ x_3^*,\ x_4^*,\ x_5^*)=(20,\ 24,\ 84,\ 0,\ 0)$$

其中，x_3^* 刚好对应于剩余的人工工时数。总结一下，对于只有两个决策变量的线性规划问题，图解法一般包括以下几个步骤。

第一步，画出二维直角坐标系，非负约束构成坐标系的第一象限。

第二步，画出每条约束所对应的区域（对不等式约束，首先画出等式线，再判明约束方向），并确定线性规划问题的可行域（即各条约束所对应区域的交集）。

第三步，根据目标优化方向平移目标函数等值线，直到不能再平移为止，确定线性规划问题对应的最优点。

第四步，根据最优点满足的等式构建联立方程组，从而求解出最优方案，并计算最优方案所对应的最优目标函数值。

根据上述步骤，在用图解法求解过程中可能会碰到以下一些特殊的情形。

（1）存在多个最优解的情形。在上面的例子中，假设目标函数系数发生变化，目标函数变为 $z=96x_1+120x_2$，由于可行域并没发生变化，只需要在第三步中调整等值线的方向。如图 2－3 所示，不难发现，等值线刚好和可行域的一个边界（CD）平行。因此，在向右上方平移等值线的过程中，当等值线经过 C 点或者 D 点时即达到最优。直观上，线段 CD 上的任何一点都能使目标函数达到最大（因为 CD 是等值线）。此时，线性规划问题存在无穷多个最优解。

（2）可行域为空集的情形。在绘制可行域的过程中，如果各个约束条件所确定的区域的交集为空，那么可行域为空集。这意味着不存在能同时满足所有约束条件的方案，因此，该线性规划问题无解，如图 2－4 所示。

$$\max\ z = 96x_1 + 120x_2$$

$$\text{s.t.}\begin{cases} 9x_1 + 4x_2 \leqslant 360 & \text{劳动力} \\ 4x_1 + 5x_2 \leqslant 200 & \text{设备} \\ 3x_1 + 10x_2 \leqslant 300 & \text{原材料} \\ x_1,\ x_2 \geqslant 0 & \text{非负性} \end{cases}$$

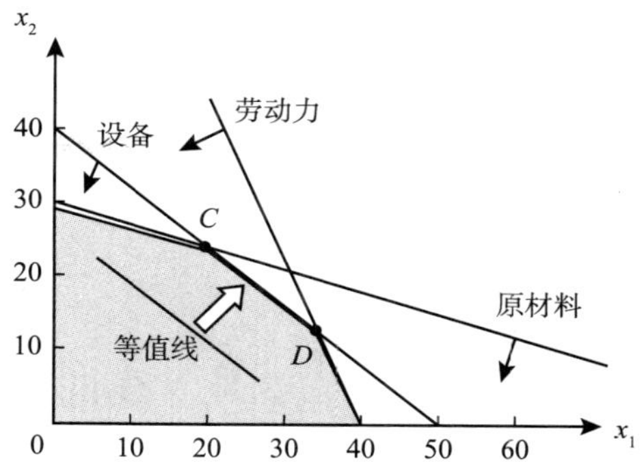

图 2－3　存在多个最优解

$$\max\ z = x_1 + \frac{1}{3}x_2$$

$$\text{s.t.}\begin{cases} x_1 + x_2 \leqslant 20 \\ -2x_1 + 5x_2 \geqslant 150 \\ x_1 \geqslant 5 \\ x_1,\ x_2 \geqslant 0 \end{cases}$$

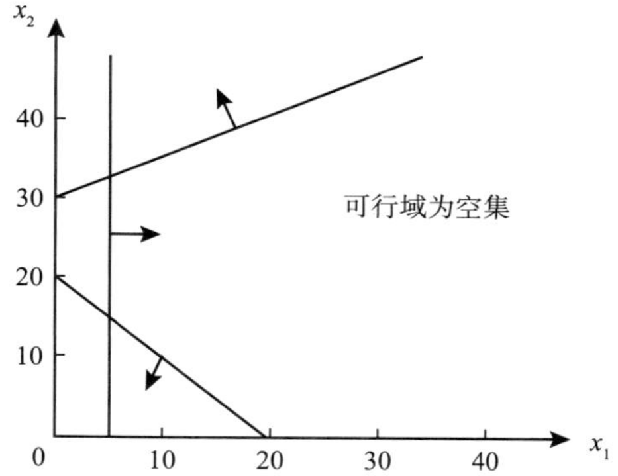

图 2－4　可行域为空集

（3）无有界最优解的情形。在平移等值线的过程中，如果等值线可以无限地向改进目标函数的方向平移（如图 2－5 所示），那么该线性规划问题的最优解是无穷大（或者无穷小），称该种情形为“无有界最优解”。

$$\max\ z = x_1 + \frac{1}{3}x_2$$

$$\text{s.t.}\begin{cases} x_1 + x_2 \geqslant 20 \\ -2x_1 + 5x_2 \leqslant 150 \\ x_1 \geqslant 5 \\ x_1,\ x_2 \geqslant 0 \end{cases}$$

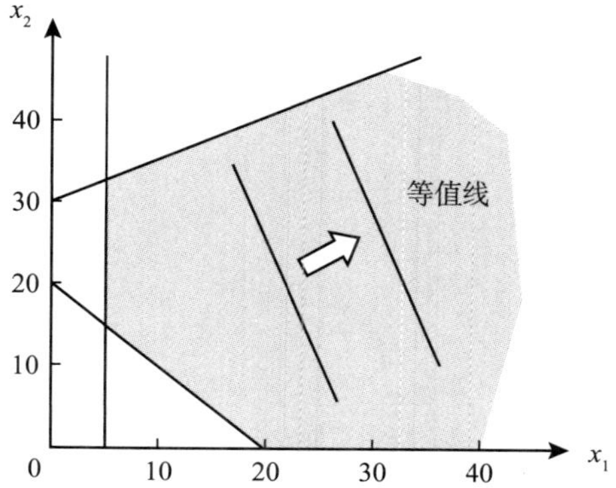

图 2－5　无有界最优解

正如前面提到的，图解法只适用于存在两个决策变量的线性规划问题。因为存在 3 个或 3 个以上决策变量时，如果要用图解法，需要在多维空间中绘制可行域和等值线（严格来说是等值面），这一般是不太现实的。但是，图解法能让我们直观地感受到线性规划问题可能具有的一些特征和性质。比如，如果一个线性规划问题存在有界最优解，那么它的最优解一定是在可行域的边界上；最优解可能对应唯一的一个点，也可能是一个线段，还可能是一个超平面。不管怎样，至少可以在可行域的某个顶点上找到线性规划问题的一个最优解。

2.4 线性规划问题的几何意义

本节探讨线性规划问题的几何意义。在以下标准形式的规划问题的基础上进行讨论。

$$\max\ z = \sum_{j=1}^{n} c_j x_j \tag{2-2}$$

$$\text{s.t.} \begin{cases} \sum_{j=1}^{n} a_{ij} x_j = b_i,\ i = 1,\ 2,\ \cdots,\ m \\ x_j \geqslant 0,\ j = 1,\ 2,\ \cdots,\ n \end{cases} \tag{2-3}$$

2.4.1 线性规划的基本概念

先定义以下两个术语。

可行解：满足线性规划模型约束条件（2-3）的解，称为“可行解”；所有可行解构成的集合称为“可行域”。

最优解：在可行域中，能使得目标函数（2-2）达到最大的解，称为“最优解”。

在上述问题中，$\boldsymbol{A}$ 是一个 $m \times n$ 阶的系数矩阵。一般情况下，$m \leqslant n$；因为如果 $m > n$，则意味着在约束（2-3）的 m 个方程中，至少有一个方程是多余的（即某方程可以通过其他方程的线性组合得到），或者方程组的解是空集。另外，假设矩阵 $\boldsymbol{A}$ 的秩是 m，即 $\boldsymbol{A}$ 的 m 个行向量彼此线性独立（同样，$\boldsymbol{A}$ 的秩小于 m 意味着至少有一个方程是多余的或者方程组的解是空集）。从列向量的角度，$\boldsymbol{A}$ 的 n 列中，至少存在 m 列彼此线性独立。因此，在矩阵 $\boldsymbol{A}$ 中存在一个 $m \times m$ 阶的子矩阵 $\boldsymbol{B}$，其秩为 m（即 $\boldsymbol{B}$ 为满秩矩阵）。不失一般性，设

$$\boldsymbol{B} = \begin{bmatrix} a_{11} & a_{12} & \cdots & a_{1m} \\ a_{21} & a_{22} & \cdots & a_{2m} \\ \vdots & \vdots & \vdots & \vdots \\ a_{m1} & a_{m2} & \cdots & a_{mm} \end{bmatrix} = (\boldsymbol{P}_1,\ \boldsymbol{P}_2,\ \cdots,\ \boldsymbol{P}_m)$$

我们称该满秩子矩阵 $\boldsymbol{B}$ 为一个基阵，简称为“基”。基阵中的每一个列向量 $\boldsymbol{P}_j (j = 1,\ 2,\ \cdots,\ m)$ 称为一个“基向量”；与基向量 $\boldsymbol{P}_j$ 对应的变量 x_j，称为“基变量”。线性规划问题中除基向量以外的其他列向量则称为“非基向量”，除基变量以外的其他变量则称为“非基变量”。比如：

$$A=\begin{bmatrix} a_{11} & a_{12} & \cdots & a_{1n} \\ a_{21} & a_{22} & \cdots & a_{2n} \\ \vdots & \vdots & \vdots & \vdots \\ a_{m1} & a_{m2} & \cdots & a_{mn} \end{bmatrix}=(\boldsymbol{P}_1,\ \boldsymbol{P}_2,\ \cdots,\ \boldsymbol{P}_m,\ \boldsymbol{P}_{m+1},\ \cdots,\ \boldsymbol{P}_n)=(\boldsymbol{B},\ \boldsymbol{N})$$

其中，$\boldsymbol{P}_{m+1}$，…，$\boldsymbol{P}_n$ 为非基向量，相应的 x_{m+1}，…，x_n 为非基变量。

为了方便，将所有非基向量构成的子矩阵记为 $\boldsymbol{N}=(P_{m+1},\ \cdots,\ P_n)$ 也将变量 $\boldsymbol{X}$ 分为两部分 $\boldsymbol{X}=(X_B,\ X_N)'$，其中，

$$\boldsymbol{X}_B=(x_1,\ x_2,\ \cdots,\ x_m)',\ \boldsymbol{X}_N=(x_{m+1},\ x_{m+2},\ \cdots,\ x_n)'$$

考虑约束条 $\boldsymbol{AX}=\boldsymbol{b}$，按照上述符号定义，方程组等价于

$$(\boldsymbol{B},\ \boldsymbol{N})\begin{pmatrix}\boldsymbol{X}_B \\ \boldsymbol{X}_N\end{pmatrix}=\boldsymbol{b}$$

即

$$\boldsymbol{BX}_B+\boldsymbol{NX}_N=\boldsymbol{b}$$

考虑到 $\boldsymbol{B}$ 是满秩子矩阵，它是可逆的，有

$$\boldsymbol{X}_B=\boldsymbol{B}^{-1}\ (\boldsymbol{b}-\boldsymbol{NX}_N)$$

基解：对应于基 $\boldsymbol{B}$，如果令 $X_N=0$，可以得到一个解 $\boldsymbol{X}=(\boldsymbol{B}^{-1}\boldsymbol{b},\ 0)$，称该解是对应于基 $\boldsymbol{B}$ 的基解。

基可行解：满足变量非负约束（即 $\boldsymbol{B}^{-1}\boldsymbol{b}\geqslant 0$）的基解称为“基可行解”。

可行基：对应于基可行解的基阵称为一个可行基。

如果基解中某一个分量取负值，那么该基解位于线性规划问题的可行域之外，是一个非可行解。根据上述定义，不难得到：一个基解中最多有 m 个非零分量；同时，基解和可行基的数目不超过 C_n^m。

【例 2－15】（基解）　找出下述线性规划问题可行域中的所有基解，并指出哪些是基可行解。

$$\max\ z=40x_1+50x_2$$
$$\text{s.t.}\begin{cases} x_1+2x_2+x_3=30 \\ 3x_1+2x_2+x_4=60 \\ 2x_2+x_5=24 \\ x_1,\ x_2,\ x_3,\ x_4,\ x_5\geqslant 0 \end{cases}$$

解：例 2－15 中 $m=3$，$n=5$，因此最多有 20 个基。比如，如果取 $\boldsymbol{B}=(P_1,\ P_2,\ P_3)$，可得对应的基解为 $\boldsymbol{X}=(12,\ 12,\ -6,\ 0,\ 0)$，不满足非负性约束，因此该基解对应的不是基可行解。通过列举，该线性规划问题总共有 9 个基解，其中有 5 个基可行解，如表 2－15 所示。

表 2－15　　**基解**

序号	x_1	x_2	x_3	x_4	x_5	是否基可行解
①	12	12	－6	0	0	否
②	6	12	0	18	0	是

续表

序号	x_1	x_2	x_3	x_4	x_5	是否基可行解
③	15	7.5	0	0	9	是
④	20	0	10	0	24	是
⑤	30	0	0	-30	24	否
⑥	0	12	6	36	0	是
⑦	0	30	-30	0	-36	否
⑧	0	15	0	30	-6	否
⑨	0	0	30	60	24	是

值得一提的是，x_3，x_4，x_5 可以看作是以下约束条件中引入的松弛变量：

$$\begin{cases} x_1 + 2x_2 \leqslant 30 \\ 3x_1 + 2x_2 \leqslant 60 \\ 2x_2 \leqslant 24 \\ x_1, \ x_2 \geqslant 0 \end{cases}$$

如果用二维坐标系画出上述约束条件所定义的可行域（如图 2-6 所示），可以发现以上 9 个基解刚好对应于三条直线和两条坐标轴之间的交点，其中⑦对应的坐标为 (0, 30)；其中 5 个基可行解刚好对应于可行域的 5 个顶点，其余 4 个点对应于可行域之外的交点。

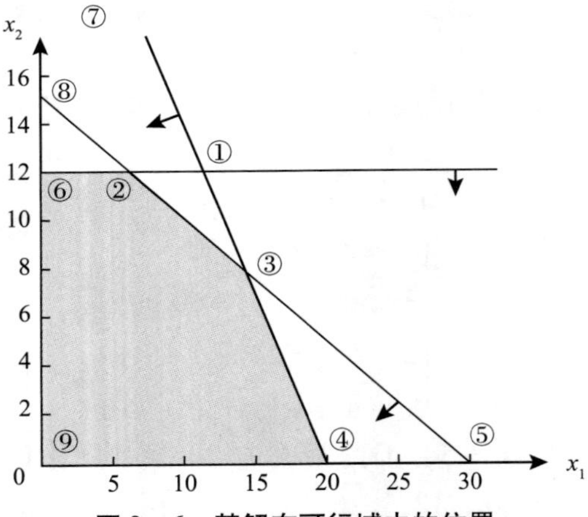

图 2-6　基解在可行域中的位置

凸集： 如果集合 D 中任意两点 X_1 和 X_2，其连线上的所有点也属于集合 D，则称集合 D 为一个凸集。

由于两点 X_1 和 X_2 之间的连线可以表示为

$$aX_1 + (1-a)X_2, \ 0 < a < 1$$

因此，凸集用数学语言描述为：对集合 D 中任意两点 X_1 和 X_2，如果对任意 $a \in (0, 1)$，均有 $aX_1 + (1-a)X_2 \in D$，则称集合 D 为一个凸集。根据该定义，不难看出，图 2-7(a)

和图 2－7(b) 是凸集，而图 2－7(c) 和图 2－7(d) 不是凸集。

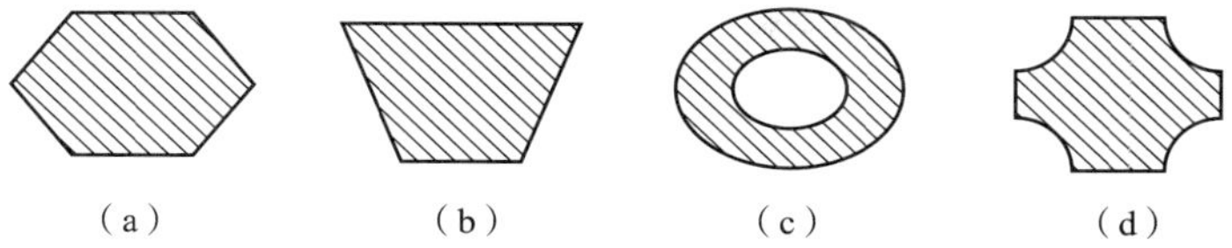

图 2－7　凸集和非凸集

凸组合： 设 X_i，$i=1, 2, \cdots, k$ 是 n 维欧氏空间中的 k 个点，若有一组数 u_i，$i=1, 2, \cdots, k$ 满足 $u_i \in [0, 1]$，而且 $u_1+u_2+\cdots+u_k=1$，那么

$$X:=u_1X_1+u_2X_2+\cdots+u_kX_k$$

是点 X_1，X_2，$\cdots$，X_k 的凸组合。

顶点： 在一个凸集 D 中的点 X，如果不存在任何两个不同的点，$X_1 \in D$ 和 $X_2 \in D$，使得 X 成为这两个点连线上的一个点，换个角度来说，对任何点 $X_1 \in D$ 和 $X_2 \in D$ 不存在常数 $a \in (0, 1)$，使得 $X=aX_1+(1-a)X_2$，那么点 X 为凸集 D 的一个顶点。

2.4.2　线性规划的基本定理

正如图解法所示，线性规划问题的可行域都是凸集，以下定理给出了严格的证明。

定理 2－1　如果一个线性规划问题的可行域非空，那么它一定是凸集。

证明： 记线性规划问题的可行域为

$$D=\{X \mid AX=b, X \geqslant 0\}$$

对任意两点 X_1，$X_2 \in D$ 和任意 $a \in (0, 1)$，令 $X=aX_1+(1-a)X_2$。显然，X 的所有分量为非负，同时

$$AX=aAX_1+(1-a)AX_2=ab+(1-a)b=b$$

因此，$X \in D$。即可行域 D 上任意两点之间的连线也属于该可行域，所以 D 为凸集。

引理 2－1　设 D 为有界凸多面集，那么对该凸集中的任何一点 $X \in D$，它必可表示为 D 的顶点的凸组合。

该引理可以用数学归纳法加以证明，这里只给出基本思路。设 k 为有界多面集 D 的维数。如果 $k=2$，即 D 对应一个线段，很显然 D 上任一点都可以通过线段两个端点（即顶点）的凸组合来进行描述。假设多面集 D 的维数为 $k>2$ 时结论成立，对于一个维数为 $k+1$ 的有界凸多面集，设 X 为其中任一点。总可以找到 D 的某一个顶点（不妨记为 X_1），将 X 和 X_1 进行连线，记该连线延长线和由 D 上其他顶点构成的子平面的交点记为 $\tilde{X}$。根据归纳假设，$\tilde{X}$ 可以通过除 X_1 之外的其他顶点的凸组合来表示，而 X 可以通过 X_1 和 $\tilde{X}$ 的凸组合来表示。因此，X 可以通过 D 的顶点的凸组合来表示。于是，通过数学归纳法，可以将引理推广到任意维数的有界凸多面集的情形。正如从图解法中可以猜测的：直观上，一个线性规划问题的最优解（如果存在）总是可以在可行域的某个顶点上获得。以下定理说明了该性质的普遍性。

定理 2－2　如果线性规划问题的可行域有界，则其最优值必可在某个顶点处获得。

证明： 利用反证法。记 X_1，X_2，…，X_k 是可行域 D 的 k 个顶点，假设它们都不是线性规划问题的最优解。记 X^* 为最优点，即最大值点为 $z^* = CX^*$。根据引理 2－1，X^* 可以表示为可行域顶点的凸组合，即存在一组非负参数，由 $u_i(i=1, 2, \cdots, k)$，$\sum_{i=1}^{k} u_i = 1$，使得

$$X^* = \sum_{i=1}^{k} u_i X_i$$

因此

$$z^* = CX^* = \sum_{i=1}^{k} u_i CX_i < \sum_{i=1}^{k} u_i z^* = z^*$$

上述不等式之所以成立，是因为根据假设，对任意顶点，其对应的目标函数值小于 z^*。于是，矛盾产生。这意味着线性规划的最优值点至少可以在某个顶点处找到。

注意： 上述定理只适用于有界可行域。当某个线性规划问题的可行域无界时，可以非常直观地得到：其最优解有可能是无界的，也有可能是有界的。如果线性规划问题存在有界最优解，那么它也一定可以在可行域的某个顶点处获得。因此，可以断定：对任何一个线性规划问题，如果它的最优解是有界的，那么一定可以在可行域的某个顶点处获得。

在线性规划问题的基可行解的定义中，可以看到，一个基可行解中有部分分量取值为零。以下引理给出了一个可行解是否为基可行解的判定条件。

引理 2－2 线性规划问题的可行解 X 是基可行解的充分必要条件是：X 的非零分量对应的系数列向量线性无关。

证明： 首先证明必要性（⇒）。已知 X 是一个基可行解，根据基可行解的定义，X 的非零分量一定是基变量，它们所对应的系数列向量为可行基的一部分，很显然，满足系数列向量线性无关。

再次证明充分性（⇐）。设 P_1，P_2，…，P_k 为 X 的非零分量对应的系数列向量，它们是线性无关的。很显然，一定有 $k \leq m$（注：m 是系数矩阵 $\boldsymbol{A}$ 的行数或者秩）。如果 $k=m$，则 $\boldsymbol{B}=(P_1, P_2, \cdots, P_k)$ 刚好构成一个满秩子矩阵，是原问题的一个基；可行解 X 刚好是对应于这个基的一个基可行解。如果 $k<m$，那么一定可以在矩阵 $\boldsymbol{A}$ 的其他 $n-k$ 个列向量中找出 $m-k$ 个列向量，它们与（P_1，P_2，…，P_k）构成一个满秩子矩阵 $\boldsymbol{B}$，可行解 X 可以看作是对应于这个基的一个基可行解。

以下定理建立了基可行解和可行域顶点之间的关系。

定理 2－3 线性规划问题的基可行解 X 刚好对应可行域上的某个顶点。

证明： 等价于要证明定理的逆否命题，即可行解 X 不是基可行解的充分必要条件是 X 不是可行域顶点。

（1）首先证明必要性（⇒）。给定可行域内的某点 X，如果它不是一个基可行解，根据引理 2－2 可知，X 的非零分量对应的系数列向量线性相关。记 $X=(x_1, x_2, \cdots, x_k, 0, \cdots, 0)$，其中 x_1，x_2，…，x_k 是非零分量。于是，存在一组不全为零的数 $u_i=(1, 2, \cdots, k)$，使得

$$u_1 P_1 + u_2 P_2 + \cdots + u_k P_k = 0$$

因为 $\boldsymbol{AX}=\boldsymbol{b}$，可知

$$(P_1,\ P_2,\ \cdots,\ P_n)\begin{pmatrix} x_1 \\ x_2 \\ \vdots \\ x_k \\ 0 \\ \vdots \\ 0 \end{pmatrix}=\boldsymbol{b}$$

即

$$x_1P_1+x_2P_2+\cdots+x_kP_k=\boldsymbol{b}$$

取一个足够小的正数 $\delta>0$，令

$$X_1:=(x_1+\delta u_1,\ x_2+\delta u_2,\ \cdots,\ x_k+\delta u_k,\ 0,\ \cdots,\ 0)'$$

$$X_2:=(x_1-\delta u_1,\ x_2-\delta u_2,\ \cdots,\ x_k-\delta u_k,\ 0,\ \cdots,\ 0)'$$

很显然，可以取

$$\delta=\frac{1}{2}\min\left\{\frac{x_i}{u_i}\,\middle|\,u_i>0\right\}$$

从而有 $X_1\geqslant 0$，$X_2\geqslant 0$，而且 $\boldsymbol{A}X_1=\boldsymbol{A}X_2=b$。即 X_1 和 X_2 是线性规划可行域上的两个不同的点。不难发现

$$X=\frac{X_1+X_2}{2}$$

因此，根据顶点的定理可知，X 不是可行域的顶点。

（2）再证明充分性（$\Leftarrow$）。给定非顶点的可行解 $X=(x_1,\ x_2,\ \cdots,\ x_k,\ 0,\ \cdots,\ 0)$，其中 x_1，x_2，$\cdots$，x_k 是非零分量，要证明它不可能是一个基可行解。根据顶点的定义，可以在可行域中找到两个不相同的点 X_1 和 X_2，以及一个正数 $a\in(0,\ 1)$，使得

$$X=aX_1+(1-a)X_2$$

很显然，X 的零分量所对应的 X_1 和 X_2 的分量也一定取 0，即可以记

$$X_1:=(\hat{x}_1,\ \hat{x}_2,\ \cdots,\ \hat{x}_k,\ 0,\ \cdots,\ 0)'$$

$$X_2:=(\tilde{x}_1,\ \tilde{x}_2,\ \cdots,\ \tilde{x}_k,\ 0,\ \cdots,\ 0)'$$

因为 $\boldsymbol{A}X_1=\boldsymbol{A}X_2=\boldsymbol{b}$，可得

$$\sum_{i-1}^{k}(\hat{x}_i-\tilde{x}_i)P_i=0$$

考虑到 $X_1\neq X_2$，上式意味着 P_1，P_2，$\cdots$，P_k 是线性相关的。根据引理 2－2 可得，$\boldsymbol{X}$ 不是一个基可行解。

定理 2－3 表明，线性规划问题的顶点其实就是一个基可行解。结合定理 2－2，要寻找线性规划问题的最优解，只需要在基可行解上搜索（即不需要在可行域的内部进行搜索）。该性质为开发线性规划的有效算法奠定了基础。

2.5 单纯形法

搜索基可行解的基本思路是：先找出一个初始的基可行解，然后判断该基可行解是否为最优；如果否，则转换到相邻的能进一步改善目标函数值的基可行解，直到找到最优解为止。先利用这种思路计算例 2－15 的最优解，即考虑以下线性规划问题。

$$\max\ z=40x_1+50x_2$$

$$\text{s. t.}\begin{cases}x_1+2x_2+x_3=30\\3x_1+2x_2+x_4=60\\2x_2+x_5=24\\x_1,\ x_2,\ x_3,\ x_4,\ x_5\geqslant 0\end{cases}$$

第一步，寻找一个初始基可行解。很显然，可以令 x_3、x_4 和 x_5 为基变量。将所有的非基变量移到方程式的右边，约束方程变为

$$\begin{cases}x_3=30-x_1-2x_2\\x_4=60-3x_1-2x_2\\x_5=24-2x_2\end{cases}\tag{2-4}$$

如果令非基变量 $x_1=x_2=0$，可以非常直观地得到初始基可行解 $X^{(1)}=(0,\ 0,\ 30,\ 60,\ 24)$，它所对应的目标函数值为 $z^{(1)}=40x_1+50x_2=0$。

接下来判断 $X^{(1)}$ 是否已经达到最优。从 $z^{(1)}$ 关于非基变量的表达式可以看出，如果进一步增加非基变量 x_1 或 x_2 的取值（比如，非基变量从零值增加为一个正数），那么可以进一步增加目标函数的值（因为 x_1 和 x_2 的目标函数系数均为正）。特别是，每增加一单位 x_1，可以令目标函数值提高 40；每增加一单位 x_2，可以令目标函数值提高 50。于是，可以考虑优先增加 x_2 的取值，即把 x_2 从非基变量变为一个基变量，同时保持 x_1 为非基变量（即保持其取值为 0 不变）。

为了尽可能增加目标函数值，应该尽可能大地提高 x_2 的取值。但是，x_2 能否无限制地增加呢？显然不能，因为在增加 x_2 的过程中，要保证所有的基变量是非负的，即要满足：

$$\begin{cases}x_3=30-x_1-2x_2\geqslant 0\Rightarrow x_2\leqslant 15\\x_4=60-3x_1-2x_2\geqslant 0\Rightarrow x_2\leqslant 30\\x_5=24-2x_2\geqslant 0\Rightarrow x_2\leqslant 12\end{cases}$$

将上述三个条件取交集，可得 x_2 的最大值为 12。如果 x_2 取值 12，对应的 $x_5=0$，即正好令 x_5 从基变量变为非基变量。

第二步，换基迭代，上面已经确定将 x_2 换入，将 x_5 换出。要对约束（2－4）进行等价变换，将新的基变量（x_3，x_4，x_2）用非基变量（x_1，x_5）的线性形式表示。通过数学变换得到

$$\begin{cases}x_3=6-x_1+x_5\\x_4=36-3x_1+x_5\\x_2=12-0.5x_5\end{cases}\tag{2-5}$$

如果令非基变量 $x_1 = x_5 = 0$，可以非常直观地得到换基迭代之后的基可行解 $X^{(2)} = (0, 12, 6, 36, 0)$，它所对应的目标函数值为 $z^{(2)} = 600 + 40x_1 - 25x_5 = 600$，即相对 $z^{(1)}$ 提高了 600 单位。

接下来判断 $X^{(2)}$ 是否已经达到最优。从 $z^{(2)}$ 关于非基变量的表达式可以看出，x_1 的目标函数系数为正，这说明如果增加非基变量 x_1 的取值，可以进一步增加目标函数的值。于是，$x^{(2)}$ 并非最优，需要进一步换基迭代。在将 x_1 入基的过程中（保持 x_5 为基变量），也需要保证所有基变量取非负值，即满足

$$\begin{cases} x_3 = 6 - x_1 \geqslant 0 \Rightarrow x_1 \leqslant 6 \\ x_4 = 36 - 3x_1 \geqslant 0 \Rightarrow x_1 \leqslant 12 \\ x_2 = 12 \geqslant 0 \Rightarrow x_1 \text{ 无约束} \end{cases}$$

因此，x_1 的最大值为 6，对应的 x_3 出基。

第三步，继续换基迭代，上面已经确定将 x_1 换入，将 x_3 换出。对约束（2-5）进行等价变换，将新的基变量（x_1，x_4，x_2）用非基变量（x_3，x_5）的线性形式表示，得

$$\begin{cases} x_1 = 6 - x_3 + x_5 \\ x_4 = 18 + 3x_3 - 2x_5 \\ x_2 = 12 - 0.5x_5 \end{cases} \tag{2-6}$$

如果令非基变量 $x_3 = x_5 = 0$，可以直观地得到换基迭代之后的基可行解 $X^{(3)} = (6, 12, 0, 18, 0)$，它所对应的目标函数值为 $z^{(3)} = 840 - 40x_3 + 15x_5 = 840$，即相对 $z^{(2)}$ 提高了 240 单位。

接下来判断 $X^{(3)}$ 是否已经达到最优。从 $z^{(3)}$ 关于非基变量的表达式可以看出，x_5 的目标函数系数为正，这说明如果增加非基变量 x_5 的取值，可以进一步增加目标函数的值。所以 $X^{(3)}$ 并非最优，需要进一步换基迭代。在将 x_5 入基的过程中（保持 x_3 为基变量），也需要保证所有基变量取非负值，即满足

$$\begin{cases} x_1 = 6 + x_5 \geqslant 0 \Rightarrow x_5 \text{ 无约束} \\ x_4 = 18 - 2x_5 \geqslant 0 \Rightarrow x_5 \leqslant 9 \\ x_2 = 12 - 0.5x_5 \geqslant 0 \Rightarrow x_5 \leqslant 24 \end{cases}$$

第四步，继续换基迭代，上面已经确定将 x_5 换入，将 x_4 换出。对约束（2-6）进行等价变换，将新的基变量（x_1，x_5，x_2）用非基变量（x_3，x_4）的线性形式表示，得

$$\begin{cases} x_1 = 15 + \dfrac{1}{2}x_3 - \dfrac{1}{2}x_4 \\ x_5 = 9 + \dfrac{3}{2}x_3 - \dfrac{1}{2}x_4 \\ x_2 = 7.5 - \dfrac{3}{4}x_3 + \dfrac{1}{4}x_4 \end{cases}$$

如果令非基变量 $x_3 = x_4 = 0$，可以直观地得到换基迭代之后的基可行解 $X^{(4)} = (15, 7.5, 0, 0, 9)$，它所对应的目标函数值为 $z^{(4)} = 975 - 17.5x_3 - 7.5x_4 = 975$，即相对 $z^{(3)}$ 提高了 135 单位。

接下来判断 $X^{(4)}$ 是否已经达到最优。从 $z^{(4)}$ 关于非基变量的表达式可以看出，非基变量 x_3 和 x_5 的目标函数系数均为负，说明 975 已经是目标函数值所能达到的最大值了。因

此，已经找到了最优解。最优解为 $X^* = X^{(4)} = (15, 7.5, 0, 0, 9)$，对应的目标函数值为 $z^* = 975$。

如果用图解法来求解上述线性规划问题，其可行域如图 2-8 阴影部分区域所示。不难看出，上述四个步骤的搜索过程中，搜索得到的结果刚好对应于可行域的几个顶点。特别是，$X^{(1)}$ 为顶点①，$X^{(2)}$ 为顶点②，$X^{(3)}$ 为顶点③，$X^{(4)}$ 为顶点④。逐步“换基迭代”的过程，刚好是沿着可行域的几个顶点依次搜索的过程。

注意：在第一步中，选择入基的变量为 x_2，如果选择 x_1 入基，那么搜索顶点的次序将为①⇒⑤⇒④，即通过两步换基迭代即可找到问题的最优解。

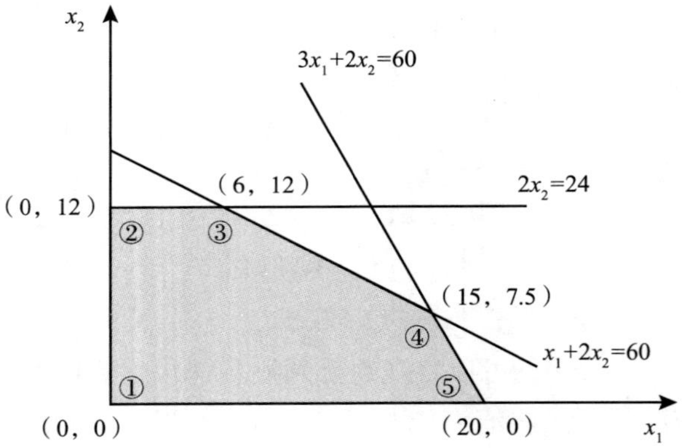

图 2-8　换基迭代示意

2.5.1　单纯形法的原理

上述例子通过“换基迭代”的方法搜索可行域的顶点，实际上采用的是一个称为“单纯形法”的过程。本节结合标准型线性规划模型，探讨其基本原理。我们还是研究以下问题：

$$\max z = \sum_{j=1}^{n} c_j x_j$$

$$\text{s.t.} \begin{cases} \sum_{j=1}^{n} a_{ij} x_j = b_i, & i = 1, 2, \cdots, m \\ x_j \geqslant 0, & j = 1, 2, \cdots, n \end{cases}$$

首先考虑一个特殊的情形，即假设系数矩阵 $\boldsymbol{A}$ 中已经存在一个单位矩阵，一般地，假设

$$\boldsymbol{A} = \begin{bmatrix} 1 & 0 & \cdots & 0 & a_{1(m+1)} & \cdots & a_{1n} \\ 0 & 1 & \cdots & 0 & a_{2(m+1)} & \cdots & a_{2n} \\ \vdots & \vdots & \vdots & \vdots & \vdots & \vdots & \vdots \\ 0 & 0 & \cdots & 1 & a_{m(m+1)} & \cdots & a_{mn} \end{bmatrix}$$

第一步，确定初始基可行解。很显然，可以取基阵为

$$\boldsymbol{B} = (P_1, P_2, \cdots, P_m) = \boldsymbol{I}$$

将所有基变量用非基变量的函数式来表示，可得

$$x_i = b_i - \sum_{j=m+1}^{n} a_{ij}x_j, i=1, 2, \cdots, m$$

相应地，也将目标函数用非基变量的函数式来表示，为

$$\begin{aligned} z &= \sum_{i=1}^{m} c_i x_i + \sum_{j=m+1}^{n} c_j x_j \\ &= \sum_{i=1}^{m} c_i \left(b_i - \sum_{j=m+1}^{n} a_{ij} x_j \right) + \sum_{j=m+1}^{n} c_j x_j \\ &= \sum_{i=1}^{m} c_i b_i + \sum_{j=m+1}^{n} \left(c_j - \sum_{i=1}^{m} c_i a_{ij} \right) x_j \end{aligned}$$

因此，如果令非基变量 $x_{m+1} = x_{m+2} = \cdots = x_n = 0$，可以直观地得到初始基可行解为

$$X^{(0)} = (x_1, x_2, \cdots, x_n)' = (b_1, b_2, \cdots, b_m, 0, \cdots, 0)'$$

它所对应的目标函数值为

$$z^{(0)} = \sum_{i=1}^{m} c_i b_i$$

第二步，判断最优性。从目标函数关于当前非基变量的函数式来判断当前基可行解是否为最优。如果记

$$\lambda_j := c_j - \sum_{i=1}^{m} a_{ij} c_i, \ j = m+1, \cdots, n \tag{2-7}$$

可知

$$z = \sum_{i=1}^{m} c_i b_i + \sum_{j=m+1}^{n} \lambda_j x_j$$

因此，如果在 λ_{m+1}，…，λ_n 中有一个系数为正（比如设 $\lambda_k > 0$），则说明将其对应的基变量 x_k 适当增加一些（从 0 变为一个正数），可以进一步改进目标函数值。当且仅当 λ_{m+1}，…，λ_n 均为非正时，才可以断定：进一步换基迭代不可能再次改进目标函数值。因此，可以直接利用 λ_{m+1}，…，λ_n 来判断当前基可行解是否已经达到最优。于是，将式（2-7）所定义的系数 λ_j 称为非基变量 x_j 的“检验系数”。当且仅当所有非基变量的检验系数为非正时，才算找到线性规划问题的最优解。

定理 2-4　对基可行解 $X^{(0)}$，如果所有检验系数 $\lambda_k \leqslant 0$，$k = m+1, \cdots, n$，则 $X^{(0)}$ 即线性规划问题的最优解。

证明：因为检验系数均非正，对任意可行解 X，均有

$$z \leqslant \sum_{i=1}^{m} c_i b_i$$

即 $\sum_{i=1}^{m} c_i b_i$ 是目标函数的上界。而当前的基可行解 $X^{(0)}$ 刚好能实现该上界值，因此，$X^{(0)}$ 即线性规划问题的最优解。

第三步，换基迭代。如果部分非基变量的检验系数为正，按照经验，可以选择最大的检验系数对应的非基变量作为入基变量。不失一般性，记 x_k 为已经确定的入基变量（对应的 $\lambda_k > 0$）。为了确定出基变量，保持其他非基变量取值为 0 不变，来确定 x_k 的最大取

值。要保持所有基变量依然为非负，需要保证对任意 $i=1, 2, \cdots, m$，有

$$x_i = b_i - a_{ik}x_k \geqslant 0$$

如果 $a_{ik} \leqslant 0$，很显然，该不等式约束总是成立（即 x_k 可取无穷大）；

如果 $a_{ik} \leqslant 0$，则对应有

$$x_k \leqslant \frac{b_i}{a_{ik}}$$

定理 2－5 如果某个非基变量 x_k 的检验系数为正，其对应的列向量 $\boldsymbol{P}_k = (a_{1k}, a_{2k}, \cdots, a_{mk})' \leqslant 0$ 所有元素均非正，那么线性规划问题无有界最优解。

证明： 因为 $\boldsymbol{P}_k = (a_{1k}, a_{2k}, \cdots, a_{mk})^{\mathrm{T}} \leqslant 0$，那么在将非基变量 x_k 入基的过程中，可以无限制地增加其取值。每增加一单位 x_k，目标函数值增加入 $\boldsymbol{\lambda}_k$。因此，目标函数值可以无限制地朝改进的方向移动，线性规划问题的最优解无界。

考虑 a_{ik} 中至少有一个为正的情形。考虑到所有关于 x_k 的限制，可以取其交集，令

$$\theta = \min_{i=1,2,\cdots,m}\left\{\frac{b_i}{a_{ik}} \,\middle|\, a_{ik} > 0\right\} \tag{2-8}$$

则 θ 是非基变量 x_k 的最大取值。设在该取值处，某一基变量（记为 x_r）取值为0，即

$$b_r - a_{rk}\theta = 0$$

则 x_r 是出基变量。

接下来，要用新的一组非基变量表示新的基变量，等价于在下列方程组中，将变量 x_r 从左边移到右边，同时将 x_k 移到左边。

$$\begin{cases} x_1 = b_1 - \sum\limits_{j=m+1}^{n} a_{1j}x_j \\ x_2 = b_2 - \sum\limits_{j=m+1}^{n} a_{2j}x_j \\ \cdots \\ x_m = b_m - \sum\limits_{j=m+1}^{n} a_{mj}x_j \end{cases}$$

（1）对第 r 个方程，可以直接得到

$$x_k = \frac{b_r}{a_{rk}} - \frac{1}{a_{rk}}x_r - \sum_{j=m+1, j\neq k}^{n} \frac{a_{rj}}{a_{rk}}x_j$$

（2）对 $i=1, 2, \cdots, r-1, r+1, \cdots, m$，有

$$\begin{aligned} x_i &= b_i - \sum_{j=m+1, j\neq k}^{n} a_{ij}x_j - a_{ik}x_k \\ &= b_i - \sum_{j=m+1, j\neq k}^{n} a_{ij}x_j - a_{ik}\left(\frac{b_r}{a_{rk}} - \sum_{j=m+1, j\neq k}^{n} \frac{a_{rj}}{a_{rk}}x_j - \frac{1}{a_{rk}}x_r\right) \\ &= b_i - \frac{a_{ik}}{a_{rk}}b_r + \frac{a_{ik}}{a_{rk}}x_r - \sum_{j=m+1, j\neq k}^{n}\left(a_{ij} - \frac{a_{rj}}{a_{rk}}a_{ik}\right)x_j \end{aligned}$$

用非基变量来表示目标函数，为

$$
\begin{aligned}
z^{(1)} &= \sum_{i=1}^{m} c_i b_i + \sum_{j=m+1,j\neq k}^{n} \lambda_j x_j + \lambda_k x_k \\
&= \sum_{i=1}^{m} c_i b_i + \sum_{j=m+1,j\neq k}^{n} \lambda_j x_j + \left(\frac{b_r}{a_{rk}} - \frac{1}{a_{rk}} x_r - \sum_{j=m+1,j\neq k}^{n} \frac{a_{rj}}{a_{rk}} x_j\right)\lambda_k \\
&= \sum_{i=1}^{m} c_i b_i + \frac{b_r}{a_{rk}}\lambda_k - \frac{\lambda_k}{a_{rk}} x_r + \sum_{j=m+1,j\neq k}^{n}\left(\lambda_j - \frac{a_{rj}}{a_{rk}}\lambda_k\right) x_j
\end{aligned}
$$

如果令非基变量取值为0，可得基变量（x_1，…，x_k，…，x_m）所对应的基可行解为

$$X^{(1)} = (b_1 - \theta_{a_1 k},\ b_2 - \theta_{a_2 k},\ \cdots,\ b_m - \theta_{a_m k},\ 0,\ \cdots,\ \theta,\ 0,\ \cdots,\ 0)$$

相应的目标函数值为

$$z^{(1)} = \sum_{i=1}^{m} c_i b_i + \frac{b_r}{a_{rk}}\lambda_k = \sum_{i=1}^{m} c_i b_i + \theta\lambda_k$$

定理 2－6　经过换基迭代得到的新解 $X^{(1)}$ 是一个基可行解，同时，它所对应的目标函数值相对 $z^{(0)}$ 是一个改进，即 $z^{(1)} > z^{(0)}$。

证明：要证明 $X^{(1)}$ 是基可行解，只需要证明 $X^{(1)}$ 的所有分量为非负即可。根据式（2－8）对 θ 的定义，可知 $X^{(1)}$ 是非负的。另外，有

$$z^{(1)} > z^{(0)} = \theta\lambda_k > 0$$

上述不等式之所以成立，是因为检验系数 λ_k 在和 θ 的取值均为正。

定理 2－6 表明，经过换基迭代得到的新的基可行解，它所带来的目标函数的增量刚好等于检验系数 λ_k 和 θ 值的乘积。这是因为 λ_k 可以被看作是变量 x_k 的“边际效应”，即每增加一单位 x_k 所带来的目标函数值的变化量；同时，θ 值刚好对应于换基迭代过程中 x_k 的增量值（从 $0\to\theta$）。

接下来可以将 $X^{(1)}$ 看作初始基可行解，重复前面的三个步骤，进一步验证 $X^{(1)}$ 的最优性，并根据结果进行换基迭代。如果线性规划问题存在有界最优解，那么通过有限步的换基迭代，总能找到该问题的最优解。

单纯形法的基本步骤，可总结如下。

第一步，确定初始基，得到初始的基可行解。

第二步，检查非基变量检验数是否全部非正。若是，则已经得到最优解；若否，则转到第三步。

第三步，如果存在某检验系数 $\lambda_k > 0$，则检查变量 x_k 所对应的列向量 $\boldsymbol{P}_k$；如果 $\boldsymbol{P}_k$ 的所有元素非正，则线性规划问题无有界最优解，否则转到第四步。

第四步，根据最大非负检验系数确定入基变量 x_k，根据最小 θ 值确定出基变量 x_r，以 a_{ik} 为中心换基迭代，然后转到第二步。

上述步骤也给出了线性规划问题无有界最优解的判定方法。为了更直观地体会这种情形，不妨看看例 2－16。

【例 2－16】（无有界最优解）　求解线性规划问题：

$$\max\ z = 30x_1 + 20x_2$$

$$\text{s. t.}\begin{cases} -x_1 + 3x_2 + x_3 = 10 \\ -3x_1 + 2x_2 + x_4 = 15 \\ x_1,\ x_2,\ x_3,\ x_4,\ x_5 \geqslant 0 \end{cases}$$

解：显然可以选择初始基 $\boldsymbol{B}=(P_3, P_4)$，不难得到对应的基可行解 $X^{(1)}=(0, 0, 10, 15)$ 和目标函数值 $z^{(1)}=0$。此时，非基变量 x_1 和 x_2 的检验系数分别为 30 和 20。将 x_1 作为入基变量，可以看到在系数矩阵中，x_1 所对应的列向量为 $\boldsymbol{P}_1=(-1, -2)'<0$。因此，根据定理 2-4 可以断定该线性规划问题无有界最优解。为了直观说明，将约束条件变形为

$$\begin{cases} x_3=10+x_1-3x_2 \\ x_4=15+3x_1-2x_2 \end{cases}$$

很显然，在增加 x_1 的过程中，总能保证 x_3 和 x_4 是非负的（因为方程式右边 x_1 的系数均为正），即可以无限制地增加 x_1 的取值，从而无限制地改进目标函数值。

2.5.2 单纯形表

为了更加直观地进行换基迭代计算过程，可以将上述基可行解搜索过程通过表格的方式进行描述。一般情况下，单纯形表的布局方式如表 2-16 所示。

表 2-16　　单纯形表

$c_j \rightarrow$			目标函数系数	θ_i
C_B	基	b	决策变量	
基变量的目标函数系数	基变量	约束右边项 b	系数矩阵 $\boldsymbol{A}$	θ 值
目标函数值			检验系数	

还是针对 2.5.1 节的特殊情形，下面利用单纯形表进行计算。

第一步，初始单纯形表。因为初始基变量为 $(x_1, x_2, \cdots, x_m)$，初始的单纯形表如表 2-17 所示。

表 2-17　　初始单纯形表

$c_j \rightarrow$			c_1	c_2	$\cdots$	c_m	c_{m+1}	$\cdots$	c_k	$\cdots$	c_n	θ_i
C_B	基	b	x_1	x_2	$\cdots$	x_m	x_{m+1}	$\cdots$	x_k	$\cdots$	x_n	
c_1	x_1	b_1	1	0	$\cdots$	$\cdots$	$a_{1(m+1)}$	$\cdots$	a_{1k}	$\cdots$	a_{1n}	θ_1
c_2	x_2	b_2	0	1	$\cdots$	$\cdots$	$a_{2(m+1)}$	$\cdots$	a_{2k}	$\cdots$	a_{2n}	θ_2
$\cdots$	$\cdots$	$\cdots$	0	$\cdots$	$\cdots$	$\cdots$	$\cdots$	$\cdots$	$\cdots$	$\cdots$	$\cdots$	$\cdots$
c_r	x_r	b_r	0	$\cdots$	$\cdots$	$\cdots$	$a_{r(m+1)}$	$\cdots$	a_{rk}	$\cdots$	a_{rn}	θ_r
$\cdots$	$\cdots$	$\cdots$	0	$\cdots$	$\cdots$	$\cdots$	$\cdots$	$\cdots$	$\cdots$	$\cdots$	$\cdots$	$\cdots$
c_m	x_m	b_m	0	0	$\cdots$	$\cdots$	$a_{m(m+1)}$	$\cdots$	a_{mk}	$\cdots$	a_{mn}	θ_m
$\sum_{j=1}^{m} c_i b_i$			0	0	$\cdots$	0	$\lambda_{(m+1)}$	$\cdots$	λ_k	$\cdots$	λ_n	

在最后一行，可以直接计算出每个决策变量所对应的检验系数。

注意： 对基变量而言，它们的检验系数一定为 0。根据检验系数进行判定，如果至少存在一个非基变量的检验系数为正，则选择检验系数最大的作为入基变量（不妨设为 x_k），相应地计算 a_{rk} 为正时所对应的 θ_i 值，并记录在表格的最后一列：

$$\theta_i=\frac{b_i}{a_{ik}},\ i=1,\ 2,\ \cdots,\ m,\ 且\ a_{ik}>0$$

如果某 $a_{rk}\leqslant 0$，可以认为其对应的 θ_i 取值为无穷大。令

$$r=\arg\min_{i=1,2,\cdots,m}\{\theta_i\}$$

则 x_r 为出基变量。接下来以 a_{rk} 为中心进行换基迭代。

第二步，换基迭代后的单纯形表。接下来基变量将变为（x_1，x_2，…，x_k，…，x_m）。在表 2－17 中，首先对 x_r 所在的行进行变换，只需在它对应的方程两边同时除以 a_{rk}，将 x_r 移到方程的右边，将 x_k 移到方程的左边即可。为了让表 2－18 中基变量（x_1，x_2，…，x_k，…，x_m）所对应的系数矩阵构成一个单位阵，对 $\forall i=1$，2，…，$r-1$，$r+1$，…，m，将 x_i 所对应的方程减去 $a_{ik}\times$（x_k 所对应的方程）即可。得到新的单纯形表如表 2－18 所示。

表 2－18　　换基迭代后的单纯形表

$c_j\rightarrow$			c_1	c_2	…	c_m	c_{m+1}	…	c_k	…	c_n	θ_i
C_B	基	b	x_1	x_2	…	x_m	x_{m+1}	…	x_k	…	x_n	
c_1	x_1	$b_1-a_{1k}\frac{b_r}{a_{rk}}$	1	0	…	…	$a_{1(m+1)}-a_{1k}\frac{a_{r(m+1)}}{a_{rk}}$	…	0	…	$a_{1n}-a_{1k}\frac{a_{rn}}{a_{rk}}$	θ_1
c_2	x_2	$b_2-a_{2k}\frac{b_r}{a_{rk}}$	0	1	…	…	$a_{2(m+1)}-a_{2k}\frac{a_{r(m+1)}}{a_{rk}}$	…	0	…	$a_{2n}-a_{2k}\frac{a_{rn}}{a_{rk}}$	θ_2
…	…	…		…	…	…	…	…	…	…	…	…
c_k	x_k	$\frac{b_r}{a_{rk}}$	0	…	…	…	$\frac{a_{r(m+1)}}{a_{rk}}$	…	1	…	$\frac{a_{rn}}{a_{rk}}$	θ_r
…	…	…		…	…	…	…	…	…	…	…	…
c_m	x_m	b_m-a_{mk}	0	0	…	…	$a_{m(m+1)}-a_{mk}$	…	0	…	$a_{mn}-a_{mk}\frac{a_{rn}}{a_{rk}}$	θ_m

同样，在上述单纯形表的基础上，可以计算当前基可行解对应的目标函数值，计算每个决策变量对应的检验系数，判断基可行解的最优性。如果当前的基可行解非最优，则进一步确定入基变量，通过计算 θ 值来确定出基变量，然后进行换基迭代。

下面通过两个具体的例子来演示单纯形表的计算过程。

【例 2－17】（单纯形法）　应用单纯形法求解以下线性规划问题。

$$\max\ z=3x_1-3x_2+5x_4-x_5$$

$$\text{s. t.}\begin{cases}x_1-2x_3+2x_4=12\\x_2-2x_3=1\\-4x_3+3x_4+x_5=27\\x_1,\ x_2,\ x_3,\ x_4,\ x_5\geqslant 0\end{cases}$$

解：首先确定初始基可行解，建立初始单纯形表。很显然，可以取变量（x_1，x_2，x_5）为初始基变量，因为它们所对应的系数矩阵中的列向量刚好构成一个单位阵。对应的初始单纯形表如表2-19所示。

表2-19　　初始单纯形表

$c_j \to$			3	-3	0	5	-1	θ_i
C_B	基	b	x_1	x_2	x_3	x_4	x_5	
3	x_1	12	1	0	-2	[2]	0	6
-3	x_2	1	0	1	-2	0	0	
-1	x_5	27	0	0	-4	3	1	9
	6		0	0	-4	2	0	

依次计算当前基可行解所对应的目标函数值、各决策变量的检验系数，并填入表2-19相应的位置。因为x_4检验系数为正，需要将它作为入基变量。计算每个基变量所对应的θ_i值，可知应该将x_1出基。因此，进行换基迭代，得到表2-20。

表2-20　　换基迭代后的单纯形表

$c_j \to$			3	-3	0	5	-1	θ_i
C_B	基	b	x_1	x_2	x_3	x_4	x_5	
5	x_4	6	$\frac{1}{2}$	0	-1	1	0	
-3	x_2	1	0	1	-2	0	0	
-1	x_5	9	$-\frac{3}{2}$	0	-1	0	1	
	18		-1	0	-2	0	0	

再次计算当前基可行解所对应的目标函数值、各决策变量的检验系数，并填入表2-20相应的位置。可以发现，所有非基变量的检验系数均为非正。因此，当前基可行解即线性规划问题的最优解，即$\boldsymbol{X}^*=(0,\ 1,\ 0,\ 6,\ 9)^{\mathrm{T}}$，对应的最优目标函数值$z^*=18$。

【例2-18】（单纯形法）　应用单纯形法求解以下线性规划问题。

$$\max\ z=70x_1+120x_2$$

$$\text{s. t.}\begin{cases}9x_1+4x_2+x_3=360\\4x_1+5x_2+x_4=200\\3x_1+10x_2+x_5=300\\x_1,\ x_2,\ x_3,\ x_4,\ x_5\geqslant 0\end{cases}$$

解：首先确定初始基可行解，建立初始单纯形表。很显然，可以取变量（x_3，x_4，x_5）为初始基变量，因为它们所对应的系数矩阵中的列向量刚好构成一个单位阵。对应的初始单纯形表如表2-21所示。

表 2-21 初始单纯形表

$c_j \to$			70	120	0	0	0	θ_i
C_B	基	b	x_1	x_2	x_3	x_4	x_5	
0	x_3	360	9	4	1	0	0	90
0	x_4	200	4	5	0	1	0	40
0	x_5	300	3	[10]	0	0	1	30
0			70	120	0	0	0	

依次计算当前基可行解所对应的目标函数值、各决策变量的检验系数，并填入表 2-21 相应的位置。因为 x_2 检验系数为正且最大，需要将它作为入基变量。计算每个基变量所对应的 θ_i 值，可知应该将 x_5 出基。因此，进行换基迭代，得到表 2-22。

表 2-22 换基迭代后的单纯形表

$c_j \to$			70	120	0	0	0	θ_i
C_B	基	b	x_1	x_2	x_3	x_4	x_5	
0	x_3	240	$\frac{39}{5}$	0	1	0	$-\frac{2}{5}$	$\frac{1200}{39}$
0	x_4	50	$\left[\frac{5}{2}\right]$	0	0	1	$-\frac{1}{2}$	20
120	x_2	30	$\frac{3}{10}$	1	0	0	$\frac{1}{10}$	100
3600			34	0	0	0	-12	

计算检验系数和 θ_i 值，确定 x_1 入基，x_4 出基。换基迭代后得到表 2-23。

表 2-23 换基迭代后的单纯形表

$c_j \to$			70	120	0	0	0	θ_i
C_B	基	b	x_1	x_2	x_3	x_4	x_5	
0	x_3	84	0	0	1	$-\frac{78}{25}$	$\frac{29}{25}$	
70	x_1	20	1	0	0	$\frac{2}{5}$	$-\frac{1}{5}$	
120	x_2	24	0	1	0	$-\frac{3}{25}$	$\frac{4}{25}$	
4280			0	0	0	-13.6	-5.2	

计算检验系数，所有非基变量的检验系数均为非正。因此，当前基可行解即线性规划问题的最优解，即 $X^* = (20, 24, 84, 0, 0)^T$，对应的最优目标函数值 $z^* = 4280$。

从上面两个例子可以看出，单纯形表很好地展现了换基迭代的计算过程。在实际计算中，可以将每一步的单纯形表直接用一个大表格来呈现。以例 2-15 的线性规划问题为例：

$$\max\ z = 40x_1 + 50x_2$$

$$\text{s. t.}\begin{cases} x_1 + 2x_2 + x_3 = 30 \\ 3x_1 + 2x_2 + x_4 = 60 \\ 2x_2 + x_5 = 24 \\ x_1,\ x_2,\ x_3,\ x_4,\ x_5 \geqslant 0 \end{cases}$$

其完整的单纯形表计算过程如表 2－24 所示。

表 2－24　　完整的单纯形表计算过程

$c_j \rightarrow$			40	50	0	0	0	θ_i
C_B	基	b	x_1	x_2	x_3	x_4	x_5	
0	x_3	30	1	2	1	0	0	15
0	x_4	60	3	2	0	1	0	30
0	x_5	24	0	[2]	0	0	1	12
	0		40	50	0	0	0	
0	x_3	6	[1]	0	1	0	－1	6
0	x_4	36	3	0	0	1	－1	$\frac{32}{3}$
50	x_2	12	0	1	0	0	$\frac{1}{2}$	/
	600		40	0	0	0	－25	
40	x_1	6	1	0	1	0	－1	/
0	x_4	18	0	0	－3	1	[2]	9
50	x_2	12	0	1	0	0	$\frac{1}{2}$	24
	840		0	0	－40	0	15	
40	x_1	15	1	0	$-\frac{1}{2}$	$\frac{1}{2}$	0	
0	x_5	9	0	0	$-\frac{3}{2}$	$\frac{1}{2}$	1	
50	x_2	7.5	0	1	$\frac{3}{4}$	$-\frac{1}{4}$	0	
	975		0	0	－17.5	－7.5	0	

不难发现，表 2－24 的计算过程和 2.5 节开始的计算过程是完全一致的。

2.5.3　几种特殊情形

1. 无穷多最优解的情形

线性规划问题的最优解有可能并非唯一的。如果能找到至少两个不同的顶点（即不同的基可行解)，那么可以断定该线性规划问题有无穷多个最优解，如表 2-25 所示。

表 2-25　　无穷多最优解的情形

$c_j \to$			3	6	0	0	0	θ_i
C_B	基	b	x_1	x_2	x_3	x_4	x_5	
3	x_1	4	1	0	0	$\frac{1}{4}$	0	16
0	x_5	4	0	0	-2	$\left[\frac{1}{2}\right]$	1	8
6	x_2	2	0	1	$\frac{1}{2}$	$-\frac{1}{8}$	0	/
24			0	0	-3	0	0	

所有检验系数均为非正，所以 $X^{(1)}=(4,\ 2,\ 0,\ 0,\ 4)^{T}$ 是该问题的最优解，对应的目标函数值为 24（注意：在上述结果中，非基变量 x_4 的检验系数为 0）。如果继续换基选代，把 x_4 作为入基变量，根据 θ_i 的最小值确定 x_5 为出基变量。换基迭代得到如表 2-26 所示的结果。

表 2-26　　无穷多最优解的情形

$c_j \to$			3	6	0	0	0	θ_i
C_B	基	b	x_1	x_2	x_3	x_4	x_5	
3	x_1	2	1	0	1	0	$-\frac{1}{2}$	
0	x_4	8	0	0	-4	1	2	
6	x_2	2	0	1	0	0	$\frac{1}{4}$	
24			0	0	-3	0	0	

得到一个新的基可行解 $X^{(2)}=(2,\ 3,\ 0,\ 8,\ 0)^{T}$，它所对应的目标函数值也是 24。之所以与刚才的换基迭代得到的目标函数值相等，是因为目标函数的增量 $=x_4$ 的检验系数 ×8。于是，得到了线性规划问题的两个不同的最优顶点，因此，两个顶点连线上的任一点都是该线性规划问题的最优解。

按照上述思路，存在无穷多个最优解的判定条件是最终单纯形表中某个非基变量的检验系数为零。但是这只是一个必要条件而非充分条件。比如，考虑最终单纯形表如表 2-27 所示。

表 2-27　　无穷多最优解的情形

	$c_j \rightarrow$		3	6	0	0	0	θ_i
C_B	基	b	x_1	x_2	x_3	x_4	x_5	
3	x_1	4	1	0	0	$\frac{1}{4}$	$-\frac{1}{2}$	16
0	x_5	0	0	0	-2	$\left[\frac{1}{2}\right]$	2	0
6	x_2	2	0	1	$\frac{1}{2}$	$-\frac{1}{8}$	$\frac{1}{4}$	/
	24		0	0	-3	0	0	

最优解为 $X^{(1)}=(4,\ 2,\ 0,\ 0,\ 4)^{\mathrm{T}}$。同样，可以进行换基迭代，将 x_4 入基，x_5 出基，得到表 2-28。

表 2-28　　无穷多最优解的情形

	$c_j \rightarrow$		3	6	0	0	0	θ_i
C_B	基	b	x_1	x_2	x_3	x_4	x_5	
3	x_1	4	1	0	1	0	$-\frac{1}{2}$	
0	x_4	0	0	0	-4	1	2	
6	x_2	2	0	1	0	0	$\frac{1}{4}$	
	24		0	0	-3	0	0	

这时得到一个新的基可行解，对应基变量为（x_1，x_4，x_2），对应的顶点为 $X^{(2)}=(4,\ 2,\ 0,\ 0,\ 0)^{\mathrm{T}}=X^{(1)}$，刚好与 $X^{(1)}$ 重合。因此，此时两个不同的最优基可行解对应的其实是同一个可行域上的顶点，线性规划的最优解依然是唯一的。

2. 退化解的情形

如果某线性规划问题在求解过程中某一步的单纯形表如表 2-29 所示。

表 2-29　　退化解的情形

	$c_j \rightarrow$		3	-3	0	5	-1	θ_i
C_B	基	b	x_1	x_2	x_3	x_4	x_5	
3	x_1	12	1	0	-2	[2]	0	6
-3	x_2	1	0	1	-2	0	0	/
-1	x_5	24	0	0	-4	[4]	1	6
	15		0	0	-4	3	0	

非基变量 x_4 的检验系数为正，因此入基。在计算 θ_i 时发现 x_1 和 x_5 所对应的 θ_i 值相

等，因此可以考虑 x_1 或 x_5 出基。

（1）如果选择 x_1 出基，得到的最优基变量为（x_4，x_2，x_5），最优解 $X^{(1)}=(0，1，0，6，0)^T$，目标函数值 $z^{(1)}=27$；

（2）如果选择 x_5 出基，得到的最优基变量为（x_1，x_2，x_4），最优解 $X^{(2)}=(0，1，0，6，0)^T$，目标函数值 $z^{(2)}=27$。

上面两种换基迭代方式得到的基变量不同，但是最优解完全相同，也同样出现了两个不同的基对应同一个顶点的情形。我们称此时的最优解为一个“退化解”。图 2－9 给出了退化解的直观解释。在图 2－9 中，最优解为顶点 A，它刚好是三条约束直线对应的交点（一般情形下，三条直线有三个交点，这三个交点现在“退化”为同一个交点了）。

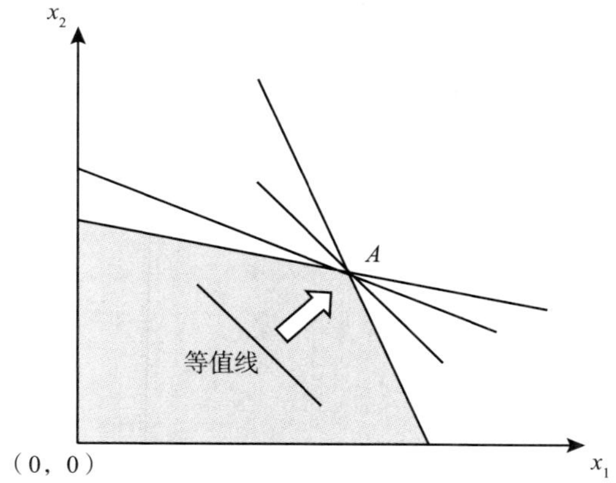

图 2－9　退化解的示意

3. 求极小的线性规划问题

在前面介绍的单纯形法中，采用的标准化形式是求目标函数极大值。对于目标函数极小的情形，以后不一定需要等价变换为求极大了，可以直接利用单纯形表进行换基迭代。相对于求极大值的单纯形法而言，唯一需要调整的就是基可行解的最优性检验准则，即当且仅当所有非基变量的检验系数等值线为正时，最优解已经找到。如果某个非基变量的检验系数为负，那么取检验系数为负且绝对值最大的基变量作为入基变量。通过完全相同的方法根据 θ_i 值确定出基变量，然后换基迭代即可。基于类似的换基迭代原理，可知每次换基迭代目标函数的增量依然等于检验系数乘以 θ 值。

2.6　单纯形法的进一步讨论

在 2.5 节中，考虑的是一个相对特殊的情形，即系数矩阵 $\boldsymbol{A}$ 中包含一个 m 阶的单位子矩阵。在这种情况下，取该单位子矩阵为基阵可以容易地得到初始基可行解。但是在有些线性规划问题中，如果原问题的系数矩阵 $\boldsymbol{A}$ 中并不包含一个 m 阶单位子矩阵，那该如何得到初始的基可行解？一种常见的方法是去尝试不同的列向量组合，找到一个满秩子矩阵作为基阵，然后计算它所对应的基解。然而，这种方法得到的基解并不一定是可行解。当线性规划问题的规模较大（如约束较多，决策变量也较多）时，通过尝试的方式来寻找一个基可行解可能并不是一件容易的事情；极端情形（比如可行域为空集时）下甚至根本找不到一个初始基可行解。那么，如何判断可行域是否为空？如何有效地找到一组初始基可行解？本节介绍“人工变量法”来解决上述问题。

2.6.1 大 *M* 法

【例 2 - 19】（大 *M* 法） 求解以下线性规划问题。

$$\min\ w = -3x_1 + x_2 + x_3$$

$$\text{s. t.} \begin{cases} x_1 - 2x_2 + x_3 \leqslant 14 \\ -4x_1 + x_2 + 2x_3 \geqslant 3 \\ -2x_1 + x_3 = 1 \\ x_1,\ x_2,\ x_3 \geqslant 0 \end{cases}$$

按照本书的惯例，首先将它等价变换为以下标准形式：

$$\max\ z = 3x_1 - x_2 - x_3$$

$$\text{s. t.} \begin{cases} x_1 - 2x_2 + x_3 + x_4 = 14 \\ -4x_1 + x_2 + 2x_3 - x_5 = 3 \\ -2x_1 + x_3 = 1 \\ x_1,\ x_2,\ x_3,\ x_4,\ x_5 \geqslant 0 \end{cases}$$

其中，x_4 为引入的松弛变量，x_5 为剩余变量。以上线性规划问题的系数矩阵为

$$\boldsymbol{A} = \begin{bmatrix} 1 & -2 & 1 & 1 & 0 \\ -4 & 1 & 2 & 0 & -1 \\ -2 & 0 & 1 & 0 & 0 \end{bmatrix}$$

很显然并不包含任何三阶单位阵，因此没法直观地给出初始基可行解。为了人为地“凑出”一个单位子矩阵，可以在约束条件中再次引入两个非负的“人工变量”（记为 x_6 和 x_7），即

$$\begin{cases} x_1 - 2x_2 + x_3 + x_4 = 14 \\ -4x_1 + x_2 + 2x_3 - x_5 + x_6 = 3 \\ -2x_1 + x_3 + x_7 = 1 \\ x_1,\ x_2,\ x_3,\ x_4,\ x_5,\ x_6,\ x_7 \geqslant 0 \end{cases} \tag{2-9}$$

此时，变量（x_4，x_6，x_7）对应的列向量刚好构成一个单位子矩阵。然而，方程组（2 - 9）所定义的可行域和原始问题的可行域显然是不同的，除非 x_6 和 x_7 取值刚好为零。也就是说，要进行一定的等价变换，保证最终 x_6 和 x_7 取值为零。一种直观的做法是对目标函数 $z = 3x_1 - x_2 - x_3$ 进行适当的调整，即

$$\hat{z} = 3x_1 - x_2 - x_3 - Mx_6 - Mx_7$$

其中，M 是一个很大的正数（可以认为它等于无穷大）。从经济含义上讲，M 可以理解为是引入的人工变量 x_6 和 x_7 取正值的“惩罚”。如果原始问题的可行域非空，那么优化下列线性规划问题得到的最优解中一定满足 $x_6 = x_7 = 0$（否则目标函数值将无穷小）：

$$\max\ \hat{z}=3x_1-x_2-x_3-Mx_6-Mx_7$$

$$\text{s. t.}\begin{cases}x_1-2x_2+x_3+x_4=14\\-4x_1+x_2+2x_3-x_5+x_6=3\\-2x_1+x_3+x_7=1\\x_1,\ x_2,\ x_3,\ x_4,\ x_5,\ x_6,\ x_7\geqslant 0\end{cases}$$

接下来将 M 看作一个很大的正数，按照正常的单纯形法求解上述等价变换后的线性规划问题即可。将（x_4，x_6，x_7）作为基变量，得到的初始单纯形表如表 2－30 所示。

表 2－30　　初始单纯形表

$c_j\rightarrow$			3	−1	−1	0	0	−M	−M	θ_i
C_B	基	b	x_1	x_2	x_3	x_4	x_5	x_6	x_7	
0	x_4	14	1	−2	1	1	0	0	0	14
−M	x_6	3	−4	1	2	0	−1	1	0	1.5
−M	x_7	1	−2	0	[1]	0	0	0	1	1
−4M			3−6M	M−1	3M−1	0	−M	0	0	

由最后一列可以看出，决策变量的检验系数可以写为 M 的线性函数。考虑到 M 足够大，可知 x_2 和 x_3 的检验系数为正；取 x_3 为入基变量。通过计算并比较 θ_i 值，得出应该 x_7 出基。换基迭代后的单纯形表如表 2－31 所示。

表 2－31　　换基迭代后的单纯形表

$c_j\rightarrow$			3	−1	−1	0	0	−M	−M	θ_i
C_B	基	b	x_1	x_2	x_3	x_4	x_5	x_6	x_7	
0	x_4	13	3	−2	0	1	0	0	−1	/
−M	x_6	1	0	[1]	0	0	−1	1	−2	1
−1	x_3	1	−2	0	1	0	0	0	1	/
−M−1			1	M−1	0	0	−M	0	1−3M	

x_2 的检验系数为正，取 x_2 为入基变量，同时只能 x_6 出基。换基迭代后的单纯形表如表 2－32 所示。

表 2－32　　换基迭代后的单纯形表

$c_j\rightarrow$			3	−1	−1	0	0	−M	−M	θ_i
C_B	基	b	x_1	x_2	x_3	x_4	x_5	x_6	x_7	
0	x_4	15	[3]	0	0	1	−2	2	−5	5
−1	x_2	1	0	1	0	0	−1	1	−2	/
−1	x_3	1	−2	0	1	0	0	0	1	/
−2			1	0	0	0	−1	1−M	−1−M	

x_1 的检验系数为正，取 x_1 为入基变量，同时只能 x_4 出基。换基迭代后的单纯形表如表 2－33 所示。

表 2－33　换基迭代后的单纯形表

$c_j \rightarrow$			3	-1	-1	0	0	-M	-M	θ_i
C_B	基	b	x_1	x_2	x_3	x_4	x_5	x_6	x_7	
3	x_1	5	1	0	0	$\frac{1}{3}$	$-\frac{2}{3}$	$\frac{2}{3}$	$-\frac{5}{3}$	
-1	x_2	1	0	1	0	0	-1	1	-2	
-1	x_3	11	0	0	1	$\frac{2}{3}$	$-\frac{4}{3}$	$\frac{4}{3}$	$-\frac{7}{3}$	
3			0	0	0	$-\frac{1}{3}$	$-\frac{1}{3}$	$\frac{1}{3}-M$	$\frac{2}{3}-M$	

所有非基变量检验系数为负，因此当前基可行解就是最优解。即在原始问题中，最优解为 $X^* = (5, 1, 11, 0, 0)^T$，目标函数值最小为 $w^* = -3$。

从上面的计算过程不难看出，引入两个人工变量 x_6 和 x_7 的作用在于帮助我们快速地找到一个初始基可行解。事实上，在上面换基迭代的过程中，一旦两个人工变量都出基，变为非基变量，那么它们的使命就已经完成了。比如，从第三步开始，人工变量 x_6 和 x_7 就不可能再被选中做入基变量了（因为增加 x_6 或 x_7）的值只会降低目标函数值。

试想一下，如果经过多次换基迭代已经达到了最优性条件（即所有非基变量检验系数非正），但是某个人工变量依然是取正值的基变量。这会是什么原因造成的？此种情况下，最优解对应的目标函数显然是关于 M 的一个线性函数（其系数为负），即目标函数的取值为负无穷大。这意味着不存在一个使得所有人工变量取值为 0 的基可行解，原线性规划问题的可行域是空集。因此，大 M 法提供了一种判断线性规划问题可行域是否为空的方法。

2.6.2 两阶段法

既然人工变量的使命是为了帮助找到一个初始的基可行解，我们也可以将 2.6.1 节的大 M 法分解为两个阶段来求解。

第一阶段，构造一个辅助的线性规划模型，其目标函数是人工变量之和，优化方向是最小化，约束条件是引入人工变量后的等式形式。利用单纯形法求解该辅助问题，如果最终的单纯形表中所有人工变量取值为零，则第一阶段的最优解便是原问题的一个基可行解，进入第二阶段计算。如果最终的单纯形表中某个人工变量取值为正，则说明原问题可行域为空，无解。

第二阶段，在第一阶段的最终单纯形表中，删去人工变量，将目标函数系数替换为原始问题的目标函数系数，利用单纯形法继续求解。

还是考虑例 2－19。第一阶段的辅助线性规划问题的标准化形式为

$$\max\ \hat{z} = -x_6 - x_7$$

$$\text{s. t.}\begin{cases} x_1 - 2x_2 + x_3 + x_4 = 14 \\ -4x_1 + x_2 + 2x_3 - x_5 + x_6 = 3 \\ -2x_1 + x_3 + x_7 = 1 \\ x_1,\ x_2,\ x_3,\ x_4,\ x_5,\ x_6,\ x_7 \geqslant 0 \end{cases}$$

求解对应的单纯形表如表 2－34 所示。

表 2－34　　第一阶段的单纯形表

$c_j \rightarrow$			0	0	0	0	0	－1	－1	θ_i
C_B	基	b	x_1	x_2	x_3	x_4	x_5	x_6	x_7	
0	x_4	14	1	－2	1	1	0	0	0	14
－1	x_6	3	－4	1	2	0	－1	1	0	1.5
－1	x_7	1	－2	0	[1]	0	0	0	1	1
－4			－6	1	3	0	－1	0	0	
0	x_4	13	3	－2	0	1	0	0	－1	/
－1	x_6	1	0	[1]	0	0	－1	1	－2	1
0	x_3	1	－2	0	1	0	0	0	1	/
－1			0	1	0	0	－1	0	－3	
0	x_4	15	3	0	0	1	－2	2	－5	5
0	x_2	1	0	1	0	0	－1	1	－2	/
0	x_3	1	－2	0	1	0	0	0	1	/
0			0	0	0	0	0	－1	－1	

两个人工变量 x_6 和 x_7 均已出基，辅助线性规划问题的最优解为 0。在上面最终的单纯形表中，去掉人工变量，替换原问题的目标函数系数，继续换基迭代，如表 2－35 所示。

表 2－35　　第二阶段的单纯形表

$c_j \rightarrow$			3	－1	－1	0	0	θ_i
C_B	基	b	x_1	x_2	x_3	x_4	x_5	
0	x_4	15	[3]	0	0	1	－2	5
－1	x_2	1	0	1	0	0	－1	/
－1	x_3	1	－2	0	1	0	0	/
－2			1	0	0	0	－1	
3	x_1	5	1	0	0	$\frac{1}{3}$	$-\frac{2}{3}$	
－1	x_2	1	0	1	0	0	－1	
－1	x_1	11	0	0	1	$\frac{2}{3}$	$-\frac{4}{3}$	
3			0	0	0	$-\frac{1}{3}$	$-\frac{1}{3}$	

因此，可得原始线性规划问题的最优解为 $X^* = (5, 1, 11, 0, 0)^T$，目标函数值最小为 $w^* = -3$。

对比两阶段法和大 M 法不难看出，两种方法换基迭代的过程是完全一致的。相对大 M 法而言，两阶段法中并不需要引入参数 M，因此计算起来更为便利。

2.7 Excel 应用分析

Excel 提供了强大的数据组织与呈现功能，通过单元格之间的公式引用，可以非常方便地定义线性规划问题的目标函数和约束条件。Excel 通过加载宏和规划求解功能，可以在表格上定义规划问题的各个元素，并进行优化求解。结合例 2－1 和例 2－2 来介绍如何利用 Excel 求解线性规划问题。

在演示之前，先在电脑中找到规划求解工具，它是 Excel 的一个插件，需要加载，具体包括以下几个步骤。

（1）单击工作表左上角【文件】按钮，在弹出的菜单中单击左下角的【选项】。

（2）在【Excel 选项】对话框中，左侧选择【加载项】，然后单击右侧下方【转到】按钮，如图 2－10 所示。

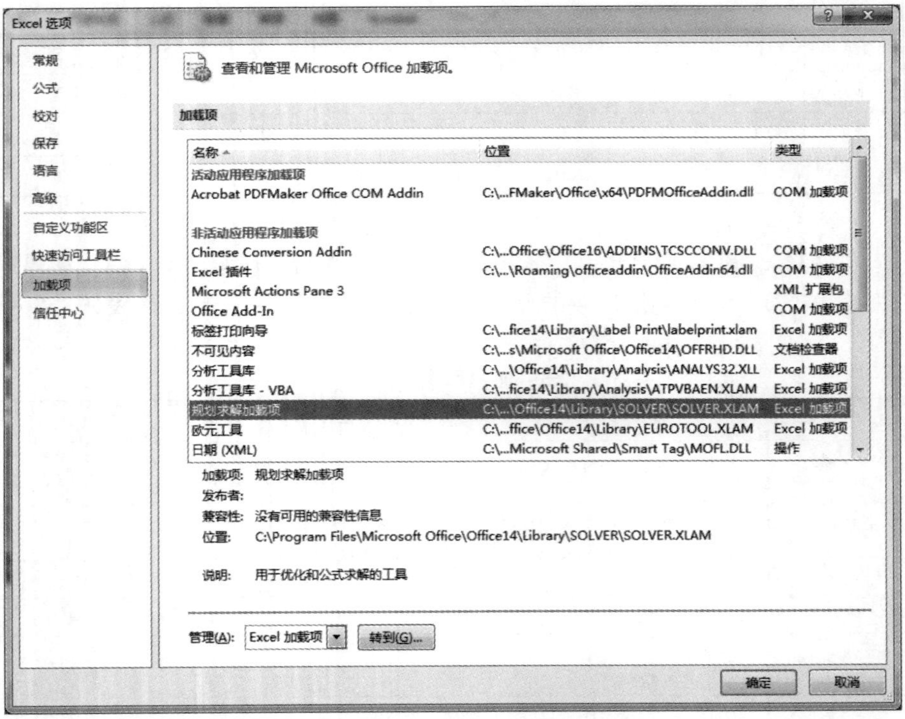

图 2－10　选择【加载项】

（3）在弹出的【加载宏】对话框中勾选【规划求解加载项】选项，如图 2－11 所示。

单击【确定】按钮之后，【数据】菜单选项卡中便添加了【规划求解】工具。

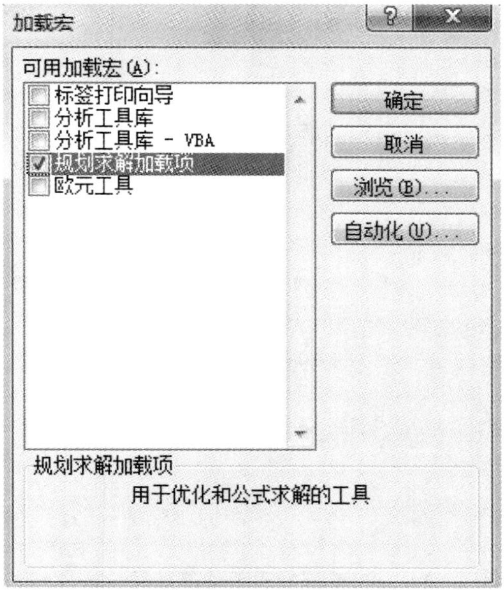

图 2－11　规划求解加载项

用 Excel 求解例 2－1 包括以下步骤。

第一步，将模型涉及的参数和决策变量整理到一个 Excel 表格中。

（1）单元格 C11 : F11 用来存放四种产品的产量决策，单元格 C12 用来存放木材的采购量决策。可以在 5 个决策变量单元格中输入“0”，表示该线性规划问题的初始搜索方案。

（2）单元格 C14 用来存放营业收入（目标函数），在该单元格中输入“＝SUMPRODUCT(C9 : F9，C11 : F11)－F12*C12”即可。

（3）为了方便设置优化模型，将所有的约束条件都写为“≤”的形式，将其左边项放于单元格 C17 : C26 中，将其右边项放于单元格 D17 : D26 中。比如，对应于木工工时约束为

$$4x_1 + 5x_2 + 6x_3 + 5x_4 \leq 16000$$

（4）可以将单元格 D17 设置为 16000，C17 设置为

C17＝SUMPRODUCT(C3 : F3，C11 : F11)

第二步，定义好所有单元格的表达式以后，在【数据】菜单选项卡中单击【规划求解】菜单，即可弹出如图 2－12 所示的【规划求解参数】对话框。将“$C$14”设置为优化的目标，选中【最大值】为优化的方向；将“$C$11 : $F$11，$C$12”指定为可变单元格（即决策变量），通过单击【添加】按钮输入约束条件为“$C$17 : $C$26 <＝$D$17 : $D$26”；勾选【使无约束变量为非负数】来指定非负约束；在【选择求解方法】下拉框中选择【单纯线性规划】，这样就完成了所有设置。

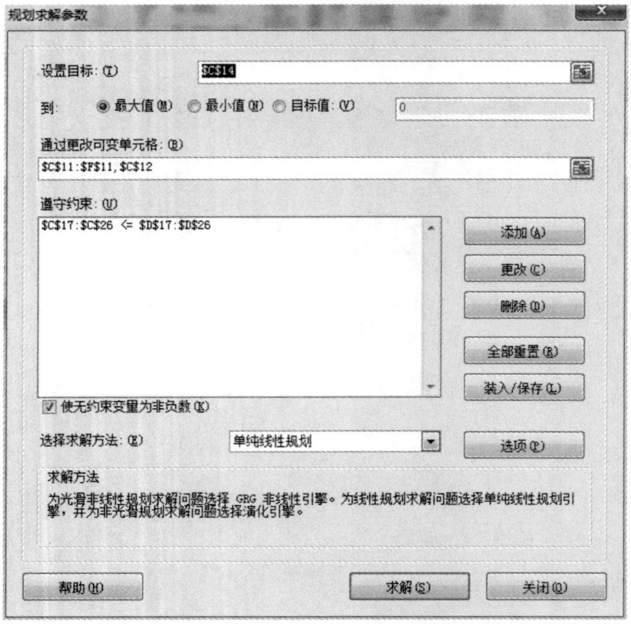

图 2 - 12　Excel 规划求解参数设置（例 2 - 1）

单击【求解】按钮，并单击【规划求解结果】对话框的【确定】按钮，即可呈现出优化结果，如图 2 - 13 所示。

	A	B	C	D	E	F	G	H
1			产品				当前能力	
2			两人餐桌	四人餐桌	六人餐桌	餐椅		
3	资源	木工工时	4	5	6	5	16000	
4		油工工时	4	5	5	3	12800	
5		杂工工时	2	2	2	2	8000	
6		设备工时	2	2	2	3	10000	
7		木材	7	8	9	5	6000	
8		当前存货	50	20	25	280		
9		单位毛利	800	950	1250	400		
10		预测需求	250	1200	300			
11		产量决策	200	242	275	2468		
12		木材采购量决策	12151		木材单价	50		
13								
14		营业收入	1113300			C14=SUMPRODUCT(C9:F9,C11:F11)-F12*C12		
15								
16	约束条件		实际	约束值				
17		木工工时	16000	16000		C17=SUMPRODUCT(C3:F3,C11:F11)		
18		油工工时	10789	12800		C18=SUMPRODUCT(C4:F4,C11:F11)		
19		杂工工时	6370	8000		C19=SUMPRODUCT(C5:F5,C11:F11)		
20		设备工时	8838	10000		C20=SUMPRODUCT(C6:F6,C11:F11)		
21		木材	18151	6000		C21=SUMPRODUCT(C7:F7,C11:F11)		
22		两人餐桌	250	250		C22=C8+C11		
23		四人餐桌	262	1200		C23=D8+D11		
24		六人餐桌	300	300		C24=E8+E11		
25		餐椅上限	2748	2748		C25=2*C22+4*C23+4*C24　D25=F11+F8		
26		餐椅下限	2748	3348		C26=F11+F8　D26=2*C22+4*C23+6*C24		

图 2 - 13　Excel 求解结果（例 2 - 1）

由图 2 - 13 不难看出，在木工工时、油工工时、杂工工时、设备工时四种资源中进行最优安排后，除了木工工时，其他三种工时都有剩余。因此，木工工时对应的是系统的瓶颈资源，它是一个“紧约束”，而其他三种工时是“非紧约束”。

用 Excel 求解例 2－2 包括以下步骤。

第一步，将模型涉及的参数和决策变量整理到一个 Excel 表格中。

（1）单元格 B6 : D6 用来存放三种饲料的配方百分比决策，单元格 B12 用来存放养猪规模决策，单元格 B14 用来存放借款金额决策。5 个决策变量单元格中初始输入“0”。

（2）单元格 B7 用来存放混合饲料的单位成本，在该单元格中输入“ = SUMPRODUCT（B5 : D5，B6 : D6）”即可。

（3）单元格 B14 用来存放总利润，在该单元格中输入“ =（110 * 25 － 200 － 100 － 2.7 * 330）* B12 －5500 * 12 －500000 * 0.045 －0.06 * B13”即可。

第二步，依次求解两个子线性规划问题。

混合配方决策的【规划求解参数】对话框如图 2－14（a）所示，求得的混合饲料最低成本为 2.7 元/公斤。

养猪规模及借款决策的【规划求解参数】对话框如图 2－14（b）所示，最终的运算结果界面如图 2－15 所示。在最优方案下，应该饲养 400 头猪，并向亲戚朋友借款 42400 元。

（a）　　　　　　　　　　　　（b）

图 2－14　Excel 规划求解参数设置（例 2－2）

	A	B	C	D	E	F	G
1	饲料配方决策：						
2	营养成分	玉米	糟料	苜蓿	最小需求量	混合含量	
3	碳水化合物	90	20	40	60	60	
4	蛋白质	40	80	60	55	57.142857	
5	成本（元）	3	2.3	2.5			
6	配方百分比	57.14%	42.86%	0.00%		100.00%	百分比和
7	混合饲料成本	2.7					
8					B7=SUMPRODUCT(B5:D5,B6:D6)		
9					F3=SUMPRODUCT(B6:D6,B3:D3)		
10					F4=SUMPRODUCT(B6:D6,B4:D4)		
11	养猪规模及借款决策				F6=SUM(B6:D6)		
12	养猪规模	400					
13	借款金额	42400					
14	总利润	532556		B14=(110*25-200-100-2.7*330)*B12-5500*12-500000*0.045-0.06*B13			
15	所需资金	542400		B15=(200+100+B7*330)*B12+5500*12			
16	可用资金	542400		B16=500000+B13			

图 2－15　Excel 求解结果（例 2－2）

正如以上两个例子显示的，利用 Excel 的规划求解功能求解线性规划问题的最大优势在于比较直观。在电子表格中，可以按照建模的逻辑，采用合适的单元格来表示决策变量、目标函数，并设置相应的约束条件。但是当问题的规模较大（比如决策变量较多或者约束条件较多）时，在 Excel 中定义规划模型可能会比较烦琐，并且容易出错。这时也可以考虑采用其他软件工具，如 Lingo、Matlab 等进行求解。

习　题

1. 用图解法求解下列线性规划问题。

（1）
$$\min\ z=2x_1+3x_2$$
$$\text{s.t.}\begin{cases}x_1+x_2\geqslant 2\\3x_1+5x_2\leqslant 15\\x_1+4x_2\geqslant 4\\x_1,\ x_2\geqslant 0\end{cases}$$

（2）
$$\max\ z=6x_1+5x_2$$
$$\text{s.t.}\begin{cases}2x_1-x_2\geqslant 2\\-x_1+2x_2\geqslant 2\\2x_1+x_2\leqslant 10\\x_1,\ x_2\geqslant 0\end{cases}$$

2. 将下列线性规划问题先转化为标准形式，然后给出初始的单纯形表。

$$\max\ z=x_1+2x_2+3x_3+4x_4$$
$$\text{s.t.}\begin{cases}x_1+x_2+x_3+x_4\leqslant 8\\2x_1-4x_2+5x_3=-7\\x_1-3x_3+x_4\geqslant 2\\x_1\geqslant 0,\ x_2\leqslant 0,\ x_3\geqslant 0,\ x_4\text{ 自由}\end{cases}$$

3. 利用单纯形法求解下列线性规划问题，要求求出每个问题的所有最优解。

$$\max\ z=4x_1+x_2+x_3$$
$$\text{s.t.}\begin{cases}6x_1+4x_2+9x_3\leqslant 9\\10x_1+2x_2+x_3\leqslant 8\\x_1,\ x_2,\ x_3\geqslant 0\end{cases}$$

4. 分别用大 M 法和两阶段法求解下列线性规划问题。

$$\min\ z=2x_1+x_2$$
$$\text{s.t.}\begin{cases}x_1+x_2\geqslant 2\\x_1+2x_2\leqslant 3\\x_1,\ x_2\geqslant 0\end{cases}$$

5. 马上进入期末考试周了，本学期赵同学有四门课程需要期末考试：运筹学、经济学原理、管理学原理、高等数学。赵同学掐指一算，总共只有 40 小时的复习时间来备考了；他希望对复习时间进行合理安排，尽可能提升考试成绩。赵同学感觉压力最大的是高等数学，他决定至少投入 1/3 的时间用于高等数学的复习。赵同学平时运筹学成绩很好，他决定用于运筹学的复习时间最多不超过 5 小时。根据以往经验，在定量的课程（运筹学、高等数学）上每投入 1 小时能提升 1.5% 的成绩；在定量和定性相结合的课程（经济学原理）上每投入 1 小时能提升 2% 的成绩；在定性课程（管理学原理）上每投入 1 小时只能提高 1% 的成绩。请构造一个线性规划模型，帮助赵同学合理规划复习时间。

第3章　整数规划决策

【教学目标】

（1）了解整数规划的特点及应用。

（2）掌握割平面法和分支定界法。

（3）掌握运用匈牙利法求解指派问题的最优解。

【导入案例】

某工厂在计划期内要安排甲、乙两种仪器设备的生产，已知生产仪器设备需要 A、B 两种材料的消耗以及资源的限制如表3－1所示。

表3－1　　两种材料的消耗及资源的限制

项目	甲	乙	资源限制
材料 A	3	2	10
材料 B	0	2	5
单件获利/万元	1	1	

思考：运用图解法求解上述线性规划问题，得到的最优解是分数，该怎么处理呢？

3.1　整数规划的数学模型与应用举例

3.1.1　整数规划的数学模型

在线性规划模型中，当全部或者部分决策变量只能取整数点时，该线性规划模型即为整数规划。因此，整数规划往往分为以下两种类型。

纯整数规划：线性规划中所有决策变量都要求取整数点时对应的模型。

混合整数规划：线性规划中部分决策变量要求取整数点，部分决策变量可以在连续区间取值时对应的模型。

在很多管理问题中，如果决策者只能在两种方案中进行选择，为了方便建模，可以引入一个取值只能为0或者1的变量来表示。这类决策问题有时也被称为“0－1规划”。一般的整数规划数学模型为

$$\max \text{或} \min \ z = c_1x_1 + c_2x_2 + \cdots + c_nx_n$$

$$\text{s. t.} \begin{cases} a_{11}x_1 + a_{12}x_2 + \cdots + a_{1n}x_n \leqslant (\text{或} =,\ \geqslant) b_1 \\ a_{21}x_1 + a_{22}x_2 + \cdots + a_{2n}x_n \leqslant (\text{或} =,\ \geqslant) b_2 \\ \cdots\cdots \\ a_{m1}x_1 + a_{m2}x_2 + \cdots + a_{mn}x_n \leqslant (\text{或} =,\ \geqslant) b_m \\ x_1,\ x_2,\ \cdots,\ x_n \geqslant 0 \\ x_1,\ x_2,\ \cdots,\ x_n \text{中部分或者全部为整数} \end{cases} \tag{3-1}$$

下面探讨几个不同类型整数规划的例子。

【例 3－1】（快餐店服务员规划） 考虑某 24 小时营业的快餐店的服务员规划问题。根据不同时间段顾客需求的不同，快餐店在不同时间段所需的服务员人数不同，相关数据如表 3－2 所示。已知每个员工每天连续工作 8 小时。

表 3－2　快餐店在不同时间段所需的服务员人数

班次	时间段	所需人数
1	6：00～10：00	10
2	10：00～14：00	15
3	14：00～18：00	18
4	18：00～22：00	15
5	22：00～2：00	6
6	2：00～6：00	5

请问：应该如何安排工作人员的工作，可在满足工作需要的前提下使得总人力成本最少？

解： 设 x_i 为第 $i(i=1,\ 2,\ \cdots,\ 6)$ 个班次初开始上班的服务员人数。优化的目标是服务人员总数最小，即

$$\min \ w = x_1 + x_2 + x_3 + x_4 + x_5 + x_6$$

因为每个服务员连续工作 8 小时（两个班次），为了满足 6 个班次的人数要求，需满足约束为

$$\text{s. t.} \begin{cases} \text{班次 1：} x_6 + x_1 \geqslant 10 \\ \text{班次 2：} x_1 + x_2 \geqslant 15 \\ \text{班次 3：} x_2 + x_3 \geqslant 18 \\ \text{班次 4：} x_3 + x_4 \geqslant 15 \\ \text{班次 5：} x_4 + x_5 \geqslant 6 \\ \text{班次 6：} x_5 + x_6 \geqslant 5 \\ \text{非负性：} x_1,\ x_2,\ \cdots,\ x_6 \geqslant 0 \\ \text{整数性：} x_1,\ x_2,\ \cdots,\ x_6 \text{为整数} \end{cases}$$

【例 3－2】（集装箱运货） 某跨国运营公司采用标准集装箱来装运货物。通常，一个 40 尺集装箱的内容积为 11.8 米×2.13 米×2.18 米，它能装载的配货毛重不超过 22000 公

斤，体积不超过 54 立方米。在满足配重和体积的要求下，每个集装箱的运输成本为 3000 元。已知公司需要运送的两种货物的相关数据如表 3－3 所示。

表 3－3　　两种货物的单位体积、重量及利润

货物	单位体积/（立方米/箱）	单位重量/（公斤/箱）	单位利润/（元/箱）
甲	5	2000	2000
乙	4	5000	1000
装运限制	54	22000	

请问：该公司应该如何装载集装箱？

解： 设 x_1 和 x_2 分别为在每个集装箱中装载的两种货物的箱数，整数规划模型为

$$\min\ w = 2000x_1 + 1000x_2 - 3000$$

$$\text{s. t.}\begin{cases}5x_1 + 4x_2 \leqslant 54\\ 2000x_1 + 5000x_2 \leqslant 22000\\ x_1,\ x_2 \geqslant 0\ \text{且为整数}\end{cases}$$

在例 3－1 和例 3－2 中，所有决策变量都只能取整数。因此，它们是典型的纯整数规划模型。在下面两个例子中，决策变量不仅只能取整数，而且只能取 0 或者 1，是典型的 0－1 整数规划模型。

【例 3－3】（背包问题）　很多户外运动爱好者经常组织去山区远足。为了达到锻炼身体的目的，他们往往轻装上阵，每人只背一个容积为 30 升的户外登山背包。同时，背包的负重不宜过大，否则会影响体力。假设每人设定的最大负重为 20 公斤。在远足准备过程中，携带哪些物品是摆在户外运动爱好者面前的一个难题。

可以携带的物品包括水壶、食品、帐篷、炊具等，各物品对应的重量、体积以及效用如表 3－4 所示。已知物品 11、12 和 13 是必带品。

表 3－4　　物品的重量、体积以及效用

编号	名称	重量/公斤	体积/升	效用
1	水壶	1	2	20
2	手电	1.5	1	10
3	烧烤炉	2	3	20
4	方便面	1	3	15
5	五花肉	1	1	32
6	罐头	1	2	18
7	蔬菜	1.5	2.5	26
8	摄像机	3	2	30
9	冲锋衣	1.5	2	32
10	图书	1	1	30
11	套锅	2	3	20
12	气罐	2	4	25
13	帐篷	5	6	50

请问：在其他物品中，你会选择携带哪些物品（假设每种物品最多携带 1 单位）?

解： 设 x_i 表示是否带物品 $i(i=1, 2, \cdots, 10)$，即

$$x_i=\begin{cases}1 & \text{如果携带物品 } i\\ 0 & \text{如果不携带物品 } i\end{cases}$$

追求总效用最大化的 0－1 规划模型为

$$\min\ z=20x_1+10x_2+20x_3+15x_4+32x_5+18x_6+26x_7+30x_8+32x_9+30x_{10}$$

$$\text{s. t.}\begin{cases}x_1+1.5x_2+2x_3+x_4+x_5+x_6+1.5x_7+3x_8+1.5x_9+x_{10}\leqslant 11\\ 2x_1+x_2+3x_3+3x_4+x_5+2x_6+2.5x_7+2x_8+2x_9+x_{10}\leqslant 17\\ x_i=0\ \text{或}\ 1,\ i=1,\ \cdots,\ 10\end{cases}$$

【例 3－4】（消防站设置方案） 某文化居住城包括 6 个社区，为了满足社区消防的需求，政府有关部门正在规划消防站的建设。由于受到预算限制，每个社区至多建设一个消防站。当某社区发生火情时，将安排距离该社区最近的消防站进行救援。建设消防站的基本要求是任何社区的火情都必须保证在 15 分钟内有消防车前来救援。已知各社区之间的消防车正常行驶时间如表 3－5 所示。

表 3－5 **各社区之间的消防车正常行驶时间** 单位：分钟

社区	1	2	3	4	5	6
1	0	10	16	28	27	20
2	10	0	24	32	17	10
3	16	24	0	12	27	21
4	28	32	12	0	15	25
5	27	17	27	15	0	14
6	20	10	21	25	14	0

请问：应该最少设置多少个消防站?

解： 设 x_i 表示是否在社区 i 建立消防站（$i=1, 2, \cdots, 6$），即

$$x_i=\begin{cases}1 & \text{如果在社区 } i \text{ 建立消防站}\\ 0 & \text{如果不在社区 } i \text{ 建立消防站}\end{cases}$$

优化目标是建立的消防站数量最少，即

$$\min\ w=x_1+x_2+x_3+x_4+x_5+x_6$$

消防站的建立必须满足各个社区的消防需求。以社区 1 为例，如果社区 1 发生火情，必须在 15 分钟内有消防车能抵达社区 1，这意味着社区 1 和社区 2 中至少建设 1 个消防站（设立在 3、4、5、6 的消防站的消防车没法在 15 分钟内抵达社区 1），即

$$x_1+x_2\geqslant 1$$

类似地，考虑每一个社区的消防需求，可得该规划问题的约束条件为

$$\text{s. t.}\begin{cases}x_1+x_2\geqslant 1\\x_1+x_2+x_6\geqslant 1\\x_3+x_4\geqslant 1\\x_3+x_4+x_5\geqslant 1\\x_4+x_5+x_6\geqslant 1\\x_2+x_5+x_6\geqslant 1\\x_i=0\text{ 或 }1,\ i=1,\ \cdots,\ 6\end{cases}$$

容易解出最优解为 $x_2=x_4=1$，$x_1=x_3=x_5=x_6=0$，即应该在社区 2 和 4 设立消防站。

【例 3-5】（仓库选址和运输问题）　某公司在北京新开了四家连锁零售店（记为 B_1、B_2、B_3 和 B_4），每年预计的产品销量分别为 b_1、b_2、b_3 和 b_4。为了满足零售店的配送需求，公司打算建立两个配送中心。经过前期考察和协商，公司锁定了三个潜在的选址（记为 A_1、A_2 和 A_3）。如果在选址 i 处建立配送中心，需要投入的建设费用为 I_i，其最大配送容量限制为 a_i（按年计算）。因为受到交通路线的限制，部分选址向部分零售店不具备配送条件，如图 3-1 所示。经过测算，从选址 A_i 到零售店 B_i 的单位运费是 c_{ij}。

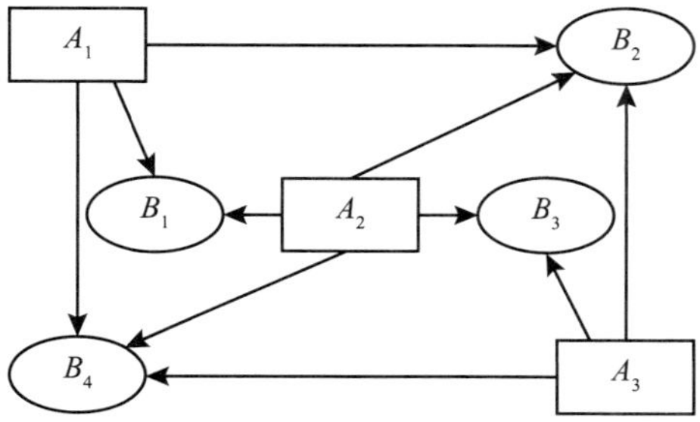

图 3-1　选址问题

请问：公司应当选择哪些地点建立配送中心，能够在满足各零售店需求的前提下，使总费用最小？

解：决策选址时需要考虑到配送中心向零售店的配送决策，因此，包括两个维度的决策变量。设 $x_i(i=1,\ 2,\ 3)$ 表示是否在选址 A_i 建立配送中心，即

$$x_i=\begin{cases}1 & \text{如果在选址 } A_i \text{ 建立配送中心}\\0 & \text{如果不在选址 } A_i \text{ 建立配送中心}\end{cases}$$

同时，设

y_{ij} = 由配送中心 i 向零售店 j 的配送量，$i=1,\ 2,\ 3;\ j=1,\ 2,\ 3,\ 4$

优化目标是配送中心建设费用和运输费用之和最小：

$$\min\ w=\sum_{i=1}^{3}I_ix_i+\sum_{i=1}^{3}\sum_{j=1}^{4}c_{ij}y_{ij}$$

一共要建立两个配送中心，可以用约束表示为

$$x_1+x_2+x_3=2$$

每个零售店的运货需求需要满足，因此配送量须满足下列条件：

$$y_{11}+y_{21}=b_1$$

$$y_{12}+y_{22}+y_{32}=b_2$$

$$y_{23}+y_{33}=b_3$$

$$y_{14}+y_{24}+y_{34}=b_4$$

此外，对任一配送中心，只有在建立该配送中心的前提下才能提供配送服务，因此有

$$y_{11}+y_{12}+y_{14}\leqslant a_1x_1$$

$$y_{21}+y_{22}+y_{23}+y_{24}\leqslant a_2x_2$$

$$y_{32}+y_{33}+y_{34}\leqslant a_3x_3$$

最后，还需要加上非负和0－1约束为

$$y_{ij}\geqslant 0,\ i=1,\ 2,\ 3;\ j=1,\ 2,\ 3,\ 4$$

$$x_i=0\text{ 或 }1,\ i=1,\ 2,\ 3$$

在例3－5中，决策变量 x_i 只能取0或1，而 y_{ij} 可取连续数。因此，它是一个混合整数规划模型。

相对线性规划，整数规划增加了部分变量取整数的约束，因此它的可行域是其松弛线性规划问题（即不考虑整数约束的规划问题）可行域的一个子集。特别是，该可行域并非凸集，这意味着我们并不能通过单纯形法，直接在可行域的顶点上进行换基迭代来求解整数规划问题。事实上，整数规划的求解难度远大于线性规划问题。关于整数规划的求解，通常有以下两个问题容易引起误解。

问题1：为什么不求解整数规划对应的松弛线性规划问题，然后将其最优解四舍五入作为整数规划的最优解？

诚然，在有些情况下四舍五入是一种不错的方案。比如在很多生产问题中，理论上都要求决策变量取整数，对应的规划问题是整数规划。但是管理者往往不考虑整数约束来进行优化求解。图3－2表明（其中阴影部分对应松弛线性规划问题的可行域），采用四舍五入的方法得到的解可能离真正最优的整数解存在很大的差距，部分情形下，四舍五入得到的解甚至不是一个可行解。

问题2：既然整数规划问题的可行解是一些离散的点（如图3－2所示），那么为什么不采用穷举法（也称枚举法，即比较所有离散点的目标函数值）来求解呢？

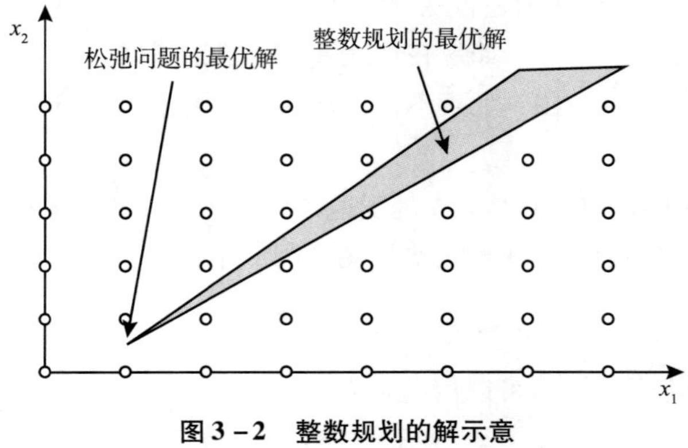

图3－2　整数规划的解示意

当问题的规模较小（决策变量个数不多，每个变量可取值范围较小）时，穷举法也可能是一种不错的求解方法。但是对于规模稍微大些的整数规划问题，穷举法的计算代价是相当大的。比如，对于有 50 个城市的货郎担问题，所有可能的旅行路线个数为 49!/2 个。如果采用最先进的计算机求解，可能也需要数年的时间才能穷举完所有可行路线。在商机转瞬即逝的商业环境下，决策者总是希望快速找到问题的最优解。因此，如何设计相应的算法来快速求解整数规划变得至关重要。

整数规划的常见求解方法包括割平面法和分支定界法，3.2 节和 3.3 节将分别介绍两种方法的基本原理。

3.1.2　整数规划的应用举例

下面给出几个整数规划应用的例子。很多管理问题（特别是涉及多个层面决策的问题）中，可以考虑引入 0－1 整数变量来方便问题的建模。对于 0－1 变量，在建模时可以结合具体问题情景采用合适的技巧。比如：

（1）0－1 变量可以表示决策之间的逻辑关系。如果决策 i 必须以决策 j 的结果为前提，模型中可以采用类似 $x_i \leqslant x_j$ 的方式来表示该关系。该约束表明，如果 $x_j=0$，那么 x_i 的取值只能为 0。

（2）0－1 变量可以描述彼此互斥的选择关系。如果要从多种方案中只选一种方案，可以加入类似 $\sum_j x_j = 1$ 的约束来表示。

【例 3－6】（建设投资）　某创业公司的主营业务是利用生物技术将秸秆原料生产为鱼饵料。随着公司的发展，创业者考虑向河北和辽宁扩张市场。公司要决定是否在这两个省都建立生产基地，同时也要考虑是否在两个省建立分销中心。但是建立分销中心的先决条件是公司必须在该省建立生产基地。管理层决定最多只建设一个分销中心。已知公司目前可用来在河北和辽宁投资的资金为 1000 万元。

经过一系列周全的核算，管理层总结出在河北和辽宁投资建设生产基地和分销中心所需的资金以及对应的未来价值（净现值）如表 3－6 所示。请帮助公司制定在两省的扩张决策。

表 3－6　　生产基地和分销中心所需的资金以及净现值

决策问题	净现值/万元	所需资金/万元
在河北省建生产基地	800	500
在辽宁省建生产基地	500	400
在河北省建分销中心	600	350
在辽宁省建分销中心	400	200

解： 创业公司面临着两个决策问题，即是否在河北省和辽宁省建立生产基地？是否在河北省和辽宁省建立分销中心？定义它们对应的 0－1 变量如表 3－7 所示。

表 3-7　决策对应的 0-1 变量

决策问题	0-1 变量	
$x_1=$	1	在河北省建生产基地
	0	不在河北省建生产基地
$x_2=$	1	在辽宁省建生产基地
	0	不在辽宁省建生产基地
$y_1=$	1	在河北省建分销中心
	0	不在河北省建分销中心
$y_2=$	1	在辽宁省建分销中心
	0	不在辽宁省建分销中心

创业公司的目标最大化投资的净现值，即

$$\max\ z=800x_1+500x_2+600y_1+400y_2$$

公司可用的总建设资金为 1000 万元，即

$$500x_1+400x_2+350y_1+200y_2\leqslant 1000$$

只有建设生产基地，才能建设分销中心，即

$$y_1\leqslant x_1$$
$$y_2\leqslant x_2$$

最多只建设一个分销中心，即 y_1 和 y_2 之间是互斥的关系，表示为

$$y_1+y_2\leqslant 1$$

加上需要满足的 0-1 约束之后，该问题的完整规划模型为

$$\max\ z=800x_1+500x_2+600y_1+400y_2$$

$$\text{s. t.}\begin{cases}500x_1+400x_2+350y_1+200y_2\leqslant 1000\\ y_1\leqslant x_1\\ y_2\leqslant x_2\\ y_1+y_2\leqslant 1\\ x_i,\ y_i=0\text{ 或 }1,\ i=1,\ 2\end{cases}$$

【例 3-7】（投资建厂与生产决策）　为应对市场格局的变化，某公司打算在一个新城市建设工厂并生产产品。已知公司的产品线包括四种产品，生产每种产品都需要投入一大笔固定费用（用于建立生产线），不同产品的边际利润也存在较大差异，相关数据如表 3-8 所示。

表 3-8　不同产品的固定成本和边际利润　单位：元

指标	产品 1	产品 2	产品 3	产品 4
固定成本	20000	40000	30000	30000
边际利润	70	60	90	80

生产各种产品都需要消耗一定的人工工时、原材料资源，并占用相应的设备加工工

时。公司在未来一年中可用的三种资源以及生产各种产品的边际资源消耗量如表 3－9 所示。

表 3－9　　不同产品的边际资源消耗和可用资源

指标	产品 1	产品 2	产品 3	产品 4	可用资源
人工工时/小时	7	3	6	4	10000
原材料资源/件	4	2	3	5	8000
设备加工工时/小时	2	3	2	1	4000

如果公司的人工工时和原材料资源有剩余，还可以用来生产两种副产品；它们每单位所需的资源投入和边际利润如表 3－10 所示。

表 3－10　　两种副产品所需的资源投入和边际利润

副产品	人工工时	原材料	边际利润
副产品 1	2	3	15
副产品 2	3	1	10

此外，出于公司长远发展的考虑，管理层打算最多只投产四种产品中的三种，而且只有在投产产品 1 或 2 的基础上，才可以投产产品 3。请问：该公司应该如何决策？

解：设 y_i 表示是否投产产品 $i=(i=1, 2, 3, 4)$，即

$$y_i=\begin{cases}1 & \text{如果投产产品 } i\\0 & \text{如果不投产产品 } i\end{cases}$$

同时，设

$$x_i = \text{产品 } i \text{ 的生产数量}，i=1，2，3，4$$

$$x_{4+i} = \text{副产品 } i \text{ 的生产数量}，i=1，2$$

公司的目标是总利润（即产品利润减去投资成本）最大化，即

$\max\ z=70x_1+60x_2+90x_3+80x_4+15x_5+10x_6-20000y_1-40000y_2-30000y_3-30000y_4$

约束条件包括以下内容。

（1）总人工工时的约束为

$$7x_1+3x_2+6x_3+4x_4+2x_5+3x_6\leqslant 10000$$

（2）原材料资源的约束为

$$4x_1+2x_2+3x_3+5x_4+3x_5+x_6\leqslant 8000$$

（3）设备工时的约束为

$$2x_1+3x_2+2x_3+x_4\leqslant 4000$$

（4）最多只投产三种产品的约束为

$$y_1+y_2+y_3+y_4\leqslant 3$$

（5）只有投产产品 1 或 2，才能投产产品 3，即

$$y_3\leqslant y_1+y_2$$

（6）只有投产了产品 $i=(1,2,3,4)$，才能生产产品。因此，当且仅当 $y_i=1$ 时，相应的 x_i 才能取正值；也就是，如果 $y_i=0$，则必有 $x_i=0$。为了表示该逻辑关系，可以引入一个充分大的数 M，利用约束条件表示为

$$x_i \leqslant My_i,\ i=1,2,3,4$$

（7）最后，还需要加上非负和 0－1 约束为

$$x_i \geqslant 0 \text{ 且为整数},\ i=1,2,3,4,5,6$$
$$y_i=0 \text{ 或 } 1,\ i=1,2,3,4$$

【例 3－8】（电站建设） 某电力公司预测明年用电需求将达到 100 亿度，并且未来 5 年内每年增加用电量 25 亿度。电力公司现发电能力为 70 亿度，为了满足未来不断增长的用电需求，需要建设新的电站。已知可供建设的新电站共有 4 个，它们对应的发电能力、建设投资费用以及年运行费用（一旦建设电站，不管其发电量是多少，都会发生该运行费用）如表 3－11 所示。

表 3－11　　各电站的发电能力、建设投资费用以及年运行费用

电站	发电能力/亿度	投资/百万元	年运行费用/百万元
1	$CAP_1=70$	$I_1=200$	$c_1=20$
2	$CAP_2=50$	$I_2=160$	$c_2=18$
3	$CAP_3=60$	$I_3=180$	$c_3=13$
4	$CAP_4=40$	$I_4=140$	$c_4=10$

在满足未来 5 年电力需求的前提下，帮助电力公司规划电站的建设。

解：该问题的决策涉及是否建设各个电站？如果建设，什么时候建设？建设之后发电量是多少？为了便于建模，定义 y_{it} 为在第 t 年是否建设电站 i 的决策变量（$t=1,2,3,4,5$，$i=1,2,3,4$），即

$$y_{it}=\begin{cases}1 & \text{如果在第 } t \text{ 年建设电站 } i\\0 & \text{如果在第 } t \text{ 年不建设电站 } i\end{cases}$$

定义

$$x_{it}=\text{电站 } i \text{ 在第 } t \text{ 年的发电量},\ t=1,2,3,4,5,\ i=1,2,3,4$$

该问题的目标是要使得总成本最小化。成本包括以下三部分。

（1）投资建设成本：只要建设电站，就会发生相应的投资建设成本。

（2）运行费用：如果在第 t 年建设某电站，则在后续的（$6-t$）年都要发生相应的运行费用。

（3）发电量成本：很显然，每年的总发电量刚好等于用电需求，如果每亿度电的成本是一个常量，那么发电量总成本也是一个常量，不影响该问题的最优决策。因此，在目标函数中可以不考虑该项成本。

因此，目标函数为

$$\min\ z=\sum_{i=1}^{4}\left\{I_i\sum_{t=1}^{5}y_{it}+c_i\sum_{t=1}^{5}(6-t)y_{it}\right\}$$

约束条件包括以下方面。

（1）每年发电量需要满足需求为

$$\sum_{i=1}^{4} x_{it} + 70 \geqslant 100 + 25(t-1)\ ,\ t = 1,\ 2,\ 3,\ 4,\ 5$$

（2）每个电站只有建设了才能发电，即

$$x_{it} \leqslant CAP_i \sum_{k=1}^{t} y_{ik}\ ,\ i = 1,\ 2,\ 3,\ 4;\ t = 1,\ 2,\ 3,\ 4,\ 5$$

（3）每个电站最多只能建设一次，即

$$\sum_{t=1}^{5} y_{it} \leqslant 1\ ,\ i = 1,\ 2,\ 3,\ 4$$

（4）非负性约束和整数约束为

$$x_{it} \geqslant 0,\ y_{it} = 0 \text{ 或 } 1,\ i = 1,\ 2,\ 3,\ 4;\ t = 1,\ 2,\ 3,\ 4,\ 5$$

【例 3-9】（物流运输规划）　某公司要向海外客户交付一批订单，订单中包含 3 种工业产品（A、B、C），每种产品的数量、单位重量、体积和单位空运成本如表 3-12 所示。

表 3-12　每种产品的数量、单位重量及体积

产品	数量/件	单位重量/（公斤/件）	单位体积/（立方米/件）	单位空运成本/（元/件）
A	400	45	0.12	20
B	300	50	0.15	30
C	320	38	0.10	15

公司可以租用 40 尺柜的集装箱，并采用海运方式来运输产品。已知每个集装箱的运输费用是 3000 元，集装箱里货物的重量和体积需要满足航运公司的要求。一般来说，一个 40 尺集装箱的内容积为 11.8 米 ×2.13 米 ×2.18 米，它能装载的配货毛重不超过 22000 公斤，体积不超过 54 立方米。

除了海运，公司还可以通过空运的方式运输产品。空运的单价相对贵一些，各种产品的单位空运成本如表 3-12 最后一列所示。

请问：该公司应该如何安排物流配送，能实现总运输成本最低？

解：因为有两种运输方式，设

x_i = 通过海运运输产品 i 的数量，$i = A,\ B,\ C$

y_i = 通过空运运输产品 i 的数量，$i = A,\ B,\ C$

w = 海运的集装箱数

目标函数是最小化总运输成本，即

$$\min\ z = 3000w + 20y_A + 30y_B + 15y_C$$

约束条件包括以下方面。

（1）集装箱装载的货物的重量和体积限制为

$$45x_A + 50x_B + 38x_C \leqslant 22000w$$

$$0.12x_A + 0.15x_B + 0.10x_C \leqslant 54w$$

（2）三种产品运输总量的要求为

$$x_A + y_A = 400$$

$$x_B + y_B = 300$$

$$x_C + y_C = 320$$

（3）非负性约束和整数约束为

$$x_i，y_i，w \geqslant 0 \text{ 且为整数}，i = A，B，C$$

3.2 割平面法

对于纯整数规划问题，戈莫里于 1958 年提出了割平面法。其基本思路是先求解整数规划模型对应的松弛线性规划问题。如果得到的最优解（记为 X^*）恰好满足整数约束，那么已经找到该整数规划问题的最优解；如果得到的最优解不能完全满足整数约束（即至少一个分量取值为非整数），那么可以在原问题的基础上加入一个新的约束重新计算。新加入的约束要同时满足两方面的要求：一是能“割”掉刚才计算出的最优解 X^*，二是保留可行域中的所有整数点。也就是说，通过割掉 X^* 附近的部分区域，把 X^* 附近的非整数点去掉，如图 3-3 所示。通过这种方式，能够不断缩小可行域的范围，直到真正最优的整数解出现在可行域的边界上。

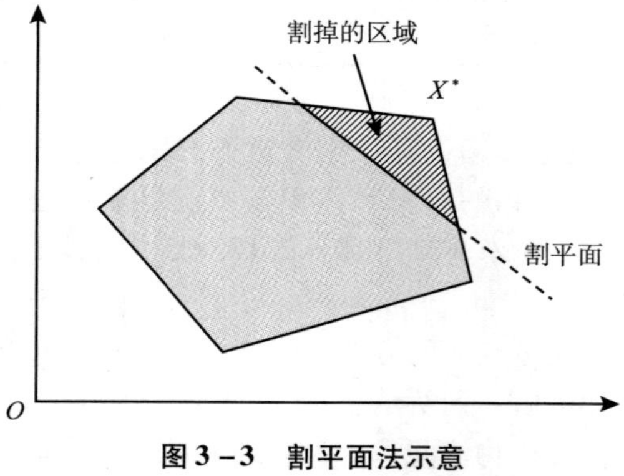

图 3-3　割平面法示意

考虑以下纯整数规划问题：

$$\max\ z = \sum_{i=1}^{n} c_i x_i$$

$$\text{s. t.} \begin{cases} \sum\limits_{j=1}^{n} a_{ij} x_j \leqslant b_i\ ,\ i = 1，2，\cdots，m \\ x_j \geqslant 0 \text{ 且为整数}，j = 1，2，\cdots，n \end{cases}$$

我们先不考虑整数约束，求解其对应的松弛线性规划问题。引入 m 个松弛变量之后，可以利用单纯形法进行求解。为了便于表述，记松弛问题的最优解为 $X^* = (x_1，x_2，\cdots，x_m，x_{m+1}，\cdots，x_{m+n})^{\mathrm{T}}$，其中 $(x_1，x_2，\cdots，x_m)$ 是基变量，$(x_{m+1}，\cdots，x_{m+n})$ 是非基变

量。记最终单纯形表对应的约束方程为

$$\begin{cases} x_1 = \bar{b}_1 - \bar{a}_{1(m+1)}x_{m+1} - \bar{a}_{1(m+2)}x_{m+2} - \cdots - \bar{a}_{1(m+n)}x_{m+n} \\ \cdots\cdots \\ x_m = \bar{b}_m - \bar{a}_{m(m+1)}x_{m+1} - \bar{a}_{m(m+2)}x_{m+2} - \cdots - \bar{a}_{m(m+n)}x_{m+n} \end{cases}$$

如果 X^* 不满足整数约束，考虑某个不为整数的 x_i 所对应的“诱导方程”：

$$x_i + \sum_{j=m+1}^{m+n} \bar{a}_{ij}x_j = \bar{b}_i \tag{3-2}$$

记 $\bar{b}_i$ 的整数部分为 $\tilde{b}_i$，小数部分为 β_i；记 $\bar{a}_{ij}$的整数部分为 $\tilde{a}_{ij}$，小数部分为 α_{ij}，即

$$\bar{b}_i = \tilde{b}_i + \beta_i,\ 0 < \beta_i < 1$$

$$\bar{a}_{ij} = \tilde{a}_{ij} + \alpha_{ij},\ 0 \leqslant \alpha_{ij} < 1$$

诱导方程（3－2）即为

$$\beta_i - \sum_{j=m+1}^{m+n} \alpha_{ij}x_j = x_i - \tilde{b}_i + \sum_{j=m+1}^{m+n} \tilde{a}_{ij}x_j$$

考虑原整数规划问题的任一可行解（所有分量都为整数），它都满足上述方程。在该方程中，等式右边一定为整数，等式左边一定小于 1。因此，可知这一整数点一定满足

$$\beta_i - \sum_{j=m+1}^{m+n} \alpha_{ij}x_j \leqslant 0$$

或

$$x_i - \tilde{b}_i + \sum_{j=m+1}^{m+n} \tilde{a}_{ij}x_j \leqslant 0$$

于是，在原整数规划的基础上，加入以下新约束：

$$\beta_i - \sum_{j=m+1}^{m+n} \alpha_{ij}x_j + s_i = 0,\ s_i \geqslant 0,\text{取整数}$$

或

$$x_i - \tilde{b}_i + \sum_{j=m+1}^{m+n} \tilde{a}_{ij}x_j + s_i = 0,\ s_i \geqslant 0,\text{取整数}$$

这一新增约束即为“割平面”约束。正如上面分析的，原始问题的任一整数可行解都满足该约束，因此该割平面的加入并不会“割”掉任一整数可行解。同时，刚才计算得到的松弛线性规划问题的最优解 X^* 并不满足这一约束条件，因此 X^* 及其周围的一个小区域被割掉了。通过这种方法，能在保留所有整数可行解的前提下，使得松弛线性规划问题的可行域越来越小。通过不断切割，整数最优解有望出现在松弛线性规划问题的可行域边界上。一旦出现在边界上，则松弛线性规划问题的最优解即为整数最优解。

考虑下面两个例子。

【例 3－10】（割平面法）　用割平面法求解以下纯整数规划问题。

$$\max\ z = x_1 + x_2$$

$$\text{s. t.} \begin{cases} -x_1 + x_2 \leqslant 1 \\ 3x_1 + x_2 \leqslant 4 \\ x_1,\ x_2 \geqslant 0 \text{ 且为整数} \end{cases}$$

解： 首先求解其松弛线性规划问题。引入松弛变量，得到的标准型为

$$\max\ z = x_1 + x_2$$

$$\text{s. t.}\begin{cases} -x_1 + x_2 + x_3 = 1 \\ 3x_1 + x_2 + x_4 = 4 \\ x_1,\ x_2,\ x_3,\ x_4 \geqslant 0 \end{cases}$$

用单纯形表求解过程如表 3 - 13 所示。

由表 3 - 13 可知，松弛规划问题的最优解 $x^* = \left(\frac{3}{4},\ \frac{7}{4},\ 0,\ 0\right)$显然不满足整数约束。选取一个非整数分量 x_1，其诱导方程为

$$x_1 - \frac{1}{4}x_3 + \frac{1}{4}x_4 = \frac{3}{4}$$

等价变换为

$$\frac{3}{4} - \frac{3}{4}x_3 - \frac{1}{4}x_4 = x_1 - x_3$$

由此可写出割平面约束为

$$\frac{3}{4} - \frac{3}{4}x_3 - \frac{1}{4}x_4 + x_5 = 0$$

表 3 - 13　　单纯形表

$C_{j\to}$			1	1	0	0
C_B	基	b	x_1	x_2	x_3	x_4
0	x_3	1	-1	1	1	0
0	x_4	4	[3]	1	0	1
			1	1	0	0
0	x_3	7/3	0	[4/3]	1	1/3
1	x_1	4/3	1	1/3	0	1/3
			0	2/3	0	-1/3
1	x_2	7/4	0	1	3/4	1/4
1	x_1	3/4	1	0	-1/4	1/4
			0	0	-1/2	-1/2

在最终单纯形表的基础上加入新约束，基变量由 2 个变为 3 个，采用对偶单纯形法继续求解，如表 3 - 14 所示。

表 3 - 14　　对偶单纯形表

$C_{j\to}$			1	1	0	0	0
C_B	基	b	x_1	x_2	x_3	x_4	x_5
1	x_2	7/4	0	1	3/4	1/4	0
1	x_1	3/4	1	0	-1/4	1/4	0
0	x_5	-3/4	0	0	[-3/4]	-1/4	1
			0	0	-1/2	-1/2	0

续表

$C_{j\to}$			1	1	0	0	0
C_B	基	b	x_1	x_2	x_3	x_4	x_5
1	x_2	1	0	1	0	0	1
1	x_1	1	1	0	0	1/3	-1/3
0	x_3	1	0	0	1	1/3	-4/3
			0	0	0	-1/3	-2/3

上述松弛规划问题的最优解 $x^* = (1, 1, 1, 0, 0)^T$ 所有分量均为整数。因此，它即为原整数规划问题的最优解。

以上利用割平面法求解过程如图 3-4 所示。

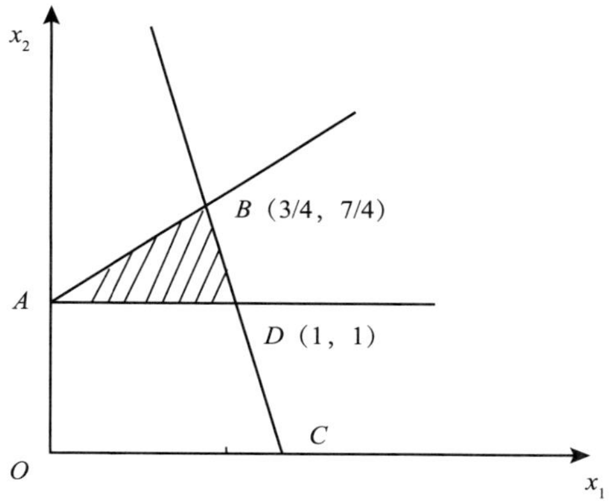

图 3-4　用割平面法求解例 3-10

原问题对应的松弛规划问题的可行域如图 3-4 中的区域 $OABC$ 所示，其中顶点 $B\left(\frac{3}{4}, \frac{7}{4}\right)$ 是最优解。加入的割平面约束等价于

$$\frac{3}{4} - \frac{3}{4}(1 + x_1 - x_2) - \frac{1}{4}(4 - 3x_1 - x_2) \leqslant 0$$

即

$$x_2 \leqslant 1$$

因此，加入该约束后"割"掉了图中阴影部分区域。在剩下的可行域中求解松弛线性规划问题，最优解为 $D(1, 1)$ 点，它即是原问题中满足整数约束的最优解。

在上述计算中，以非整数分量 x_1 对应的诱导方程为出发点建立割平面，也可以另一个非整数分量 x_2 对应的诱导方程来建立割平面。诱导方程为

$$x_2 + \frac{3}{4}x_3 + \frac{1}{4}x_4 = \frac{7}{4}$$

等价于

$$\frac{3}{4}-\frac{3}{4}x_3-\frac{1}{4}x_4=x_2-1$$

其对应的割平面约束依然为

$$\frac{3}{4}-\frac{3}{4}x_3-\frac{1}{4}x_4\leqslant 0$$

因此，从不同基变量的诱导方程出发，可能构造出同一个割平面。

【例 3－11】（割平面法） 用割平面法求解下面的纯整数规划问题。

$$\max\ z=5x_1-x_2$$

$$\text{s. t.}\begin{cases}3x_1-2x_2\leqslant 6\\5x_1+4x_2\geqslant 20\\2x_1+x_2\leqslant 10\\x_1,\ x_2\geqslant 0\ \text{且为整数}\end{cases}$$

解：引入松弛变量、剩余变量和人工变量，原问题对应的松弛线性规划问题为

$$\max\ z=5x_1-x_2-Mx_6$$

$$\text{s. t.}\begin{cases}3x_1-2x_2+x_3=6\\5x_1+4x_2-x_4+x_6=20\\2x_1+x_2+x_5=10\\x_1,\ x_2,\ x_3,\ x_4,\ x_5,\ x_6\geqslant 0\end{cases}$$

利用单纯形表优化松弛问题如表 3－15 所示。

表 3－15 **单纯形表**

$C_{j\to}$			5	−1	0	0	0	−M
C_B	基	b	x_1	x_2	x_3	x_4	x_5	x_6
0	x_3	6	[3]	−2	1	0	0	0
−M	x_6	20	5	4	0	−1	0	1
0	x_5	10	2	1	0	0	1	0
			5+5M	−1+4M	0	−M	0	0
5	x_1	2	1	−2/3	1/3	0	0	0
−M	x_6	10	0	[22/3]	−5/3	−1	0	1
0	x_5	6	0	7/3	−2/3	0	1	0
			0	7/3+22/3M	−5/3−5/3M	−M	0	0
5	x_1	32/11	1	0	2/11	−1/11	0	/
−1	x_2	15/11	0	1	−5/22	−3/22	0	/
0	x_5	31/11	0	0	−3/22	[7/22]	1	/
			0	0	−25/22	7/22	0	/

续表

$C_{j\to}$			5	-1	0	0	0	-M
C_B	基	b	x_1	x_2	x_3	x_4	x_5	x_6
5	x_1	26/7	1	0	1/7	0	2/7	/
-1	x_2	18/7	0	1	-2/7	0	3/7	/
0	x_4	62/7	0	0	-3/7	1	22/7	/
			0	0	-1	0	-1	/

上述松弛规划问题的最优解 $(x_1^*, x_2^*)=\left(\frac{26}{7}, \frac{18}{7}\right)$ 显然不满足整数约束。选取一个非整数分量 x_1，其诱导方程为

$$x_1+\frac{1}{7}x_3+\frac{2}{7}x_5=\frac{26}{7}$$

等价变换为

$$\frac{5}{7}x_1-\frac{1}{7}x_3-\frac{2}{7}x_5=x_1-3$$

由此可写出割平面约束为

$$\frac{5}{7}-\frac{1}{7}x_3-\frac{2}{7}x_5+x_7=0$$

在表 3-15 中的最终单纯形表中加入该割平面，利用对偶单纯形法继续换基迭代计算，如表3-16所示。

表 3-16　加入割平面后的对偶单纯形表

$C_{j\to}$			5	-1	0	0	0	0
C_B	基	b	x_1	x_2	x_3	x_4	x_5	x_7
5	x_1	26/7	1	0	1/7	0	2/7	0
-1	x_2	18/7	0	1	-2/7	0	3/7	0
0	x_4	62/7	0	0	-3/7	1	22/7	0
0	x_7	-5/7	0	0	-1/7	0	[-2/7]	1
			0	0	-1	0	-1	0
5	x_1	3	1	0	0	0	0	1
-1	x_2	3/2	0	1	-1/2	0	0	0
0	x_4	1	0	0	-2	1	0	11
0	x_5	5/2	0	0	1/2	0	1	-7/2
			0	0	1/2	0	0	-5

上述松弛规划问题的最优解 $(x_1^*, x_2^*)=\left(3, \frac{3}{2}\right)$ 依然不满足整数约束。选取非整数分量 x_2，其诱导方程为

$$x_2-\frac{1}{2}x_3=\frac{3}{2}$$

等价变换为

$$\frac{1}{2}-\frac{1}{2}x_3=x_2-x_3-1$$

由此可写出割平面约束为

$$\frac{1}{2}-\frac{1}{2}x_3+x_8=0$$

在表 3－16 中的最终单纯形表中加入该割平面，利用对偶单纯形法继续换基迭代计算如表3－17所示。

表 3－17　　加入割平面后的对偶单纯形表

$C_{j\to}$			5	-1	0	0	0	0	0
C_B	基	b	x_1	x_2	x_3	x_4	x_5	x_7	x_8
5	x_1	3	1	0	0	0	0	1	0
-1	x_2	3/2	0	1	-1/2	0	0	0	0
0	x_4	1	0	0	-2	1	0	11	0
0	x_5	5/2	0	0	1/2	0	1	-7/2	0
0	x_8	-1/2	0	0	[-1/2]	0	0	0	1
			0	0	-1/2	0	0	-5	0
5	x_1	3	1	0	0	0	0	1	0
-1	x_2	2	0	1	0	0	0	0	-1
0	x_4	3	0	0	0	1	0	11	-4
0	x_5	2	0	0	0	0	1	-7/2	1
0	x_3	1	0	0	1	0	0	0	-2
			0	0	-1	0	0	-5	-1

上述松弛规划问题的最优解（x_1^*，x_2^*）=（3，2）已经满足整数约束。因此，它即为原整数规划问题的最优解，该解对应的目标函数值为 $z^*=13$。

正如例 3－11 所示，虽然割平面法能在松弛线性规划问题的单纯形表上不断引入新的割平面进行迭代求解，但其收敛速度有时比较慢。同时，该方法最大的缺陷是只适合纯整数规划的问题，对于混合整数规划，它是失效的。

3.3　分支定界法

分支定界法是最常用的整数规划求解算法，其基本思想也是切割对应的松弛规划问题的可行域。不同于割平面法的是，它切割的是可行域的内部（而不是外部）。具体来说，在求解松弛规划问题的过程中，选择不满足整数约束的某个变量，将问题分割为两个子问题，然后分别求解。该分割过程不断进行下去，直到某个子问题的最优解满足整数约束，而且能判定为最优为止。如果将计算过程用图示画出来，可以整理为一棵从上到下的二叉树，每个子问题对应该二叉树中的一个分支。特别是，为了尽量避免不必要的计算，计算过程中要不断更新原问题中最优目标函数值的下界（或上界），从而“剪掉”一些非最优的分支（即“剪枝”）。因此，该方法被形象地称为“分支定界法”。

考虑整数规划问题（A）及其对应的松弛线性规划问题（B）：

$$(\text{A})\quad \max\ z = CX \qquad \text{s.t.}\begin{cases} AX = b \\ X \geqslant 0 \\ (x_1,\ x_2,\ \cdots,\ x_k)\ \text{为整数} \end{cases}$$

$$(\text{B})\quad \max\ z = CX \qquad \text{s.t.}\begin{cases} AX = b \\ X \geqslant 0 \end{cases}$$

根据分支定界法的思路，先利用单纯形法等方法求解松弛问题（B）。如果其最优解已经满足（x_1，x_2，…，x_k）为整数的约束，则该解即为原整数规划的最优解；否则，选取解中一个非整数分量 x_i，假设 x_i 的取值位于两个相邻整数 b_i 和 b_i+1 之间，将问题（B）划分成两个子问题（B_1）和（B_2）：

$$(\text{B}_1)\quad \max\ z = CX \qquad \text{s.t.}\begin{cases} AX = b \\ x_1 \geqslant k+1 \\ X \geqslant 0 \end{cases} \qquad\qquad (\text{B}_2)\quad \max\ z = CX \qquad \text{s.t.}\begin{cases} AX = b \\ x_1 \leqslant k \\ X \geqslant 0 \end{cases}$$

如图 3－5 所示，上述划分过程相当于在松弛问题可行域中割掉了 $b_i \leqslant x_i \leqslant x_i + 1$ 的区域。通过这种分割方法，可能使得处于可行域内部的整数规划的最优解逐渐出现在某个子域的边界上。在（B）最终单纯形表的基础上添加约束，分别求解子问题（B_1）和（B_2）。如果子问题（B_1）或（B_2）的最优解满足整数约束，则它们有可能是原问题的最优解（需要进行比较判断）；否则，需要将（B_1）或（B_2）按照同样的方法继续进行分支，直到找到问题的最优整数解。

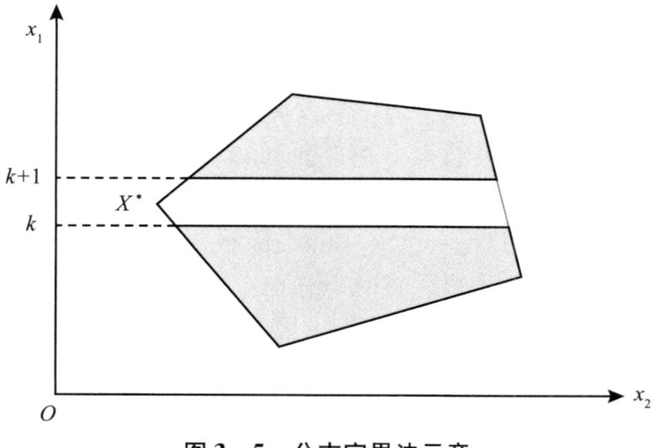

图 3－5　分支定界法示意

利用分支定界法求解下面的例子。

【例 3－12】（分支定界法）　采用分支定界法求解下列整数规划问题。

$$\max\ z = x_1 + x_2$$

$$\text{s.t.}\begin{cases} 6x_1 + 2x_2 \leqslant 17 \\ 5x_1 + 9x_2 \leqslant 44 \\ x_1,\ x_2\ \text{为整数} \end{cases}$$

解：记原问题对应的松弛线性规划问题为（B），其最优解为（x_1^*，x_2^*）=（1.477，4.068），目标函数值 $z_0=5.545$，显然不满足整数约束。因此，围绕 x_1 分支，两个子问题记为（B_1）和（B_2），如图 3-6 所示。

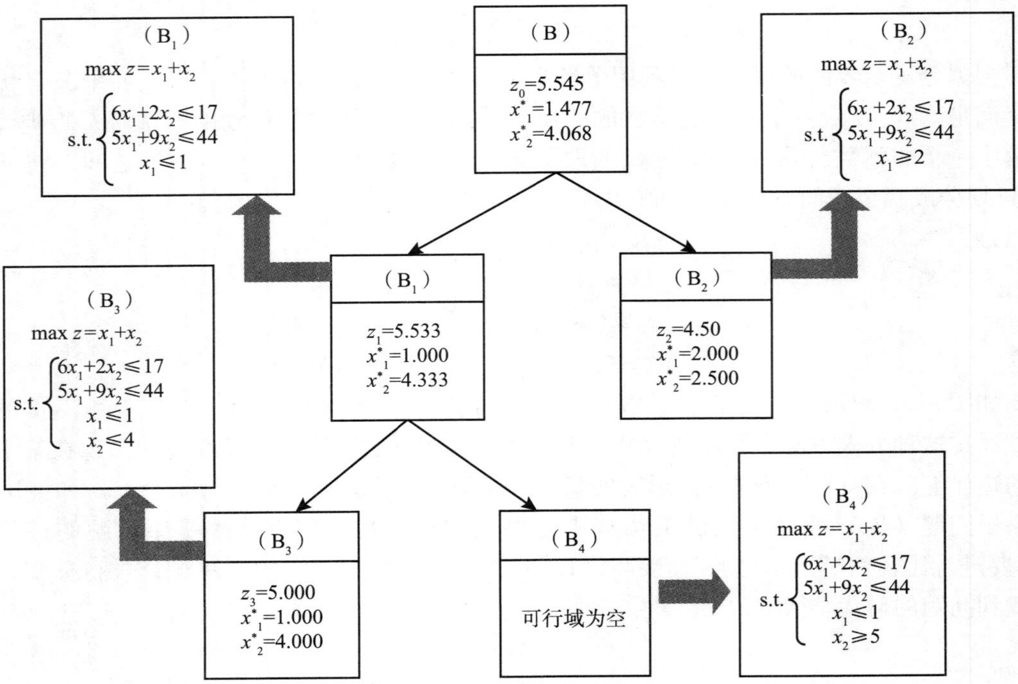

图 3-6　用分支定界法求解例 3-12

（1）求解子问题（B_1），其最优解为（x_1^*，x_2^*）=（1.000，4.333），目标函数值 $z_1=5.533$。分量 x_2^* 不满足整数约束，因此，继续将问题划分为两个子问题（B_3）和（B_4）。

①求解子问题（B_3），其最优解为（x_1^*，x_2^*）=（1.000，4.000），目标函数值 $z_3=5.000$。该解满足整数约束，因此是一个潜在的最优整数解。这里的目标函数值 $z_3=5.000$ 就构成原问题目标函数值的一个下界，意味着任何分支如果计算得到的最优目标函数值小于 $z_3=5.000$，那么没有必要进一步分支计算，因为该分支得到的任何后续整数解对应的目标函数值都不会超过 $z_3=5.000$。

②求解子问题（B_4），发现其可行域为空集，因此该分支不可能是最优解。

（2）求解子问题（B_2），其最优解为（x_1^*，x_2^*）=（2.000，2.500），目标函数值 $z_2=4.500$。由于 $z_2<z_3$，尽管该最优解还没有达到整数要求，但也不用进一步分支计算了。

综合上述过程可知，子问题（B_3）得到的最优解即为原整数规划问题的最优解。分支定界法一般包括以下几个步骤。

①先求解原整数规划问题（A）的松弛规划问题（B）。

②（B）的最优解分以下三种情形。

a. 如果（B）无可行解，则问题（A）无可行解；

b. 如果（B）的最优解符合问题（A）的整数约束，则停，已经找到问题的最优解；

c. 如果（B）的最优解不符合问题（A）的整数约束，则转到步骤③。

③估算原问题的某整数解，记其对应的目标函数值 z_0 作为下界。

④选取问题（B）最优解中不符合整数条件的分量 x_j（设其整数部分为 b_j）进行分支，构造（B）的后续子问题（C）和（D）。其中（C）是在问题（B）的基础上增加约束 $x_j \leqslant b_j$，（D）则是在问题（B）的基础上增加约束 $x_j \geqslant b_j + 1$。

⑤分别求解子问题（C）和（D），同样分三种情形。

a. 如果（C）或（D）无可行解，则剪枝；

b. 如果（C）或（D）对应的目标值 $\leqslant z_0$，则剪枝；

c. 如果（C）或（D）对应的目标值 $> z_0$，进一步考虑其解是否满足整数约束：

如果解为整数解，则更新下界，令 $z_0 = z_C$ 或 $z_0 = z_D$；

如果解为非整数解，则在（C）或（D）的基础上继续步骤④。

⑥如果全部剪枝完，则停。

分支定界法具有简单、灵活、速度快等特点，可适用于任何模型。对于不满足整数约束的解，在选择分支变量时，可以优先选择系数绝对值最大的变量，因为它对目标函数的影响最为显著。也可以根据经验，对各整数变量的重要性进行排序，优先选择重要性最高的变量进行分支。

在求解各个子问题时，也可以按照一定的准则对计算次序进行排序，以尽量减少不必要的计算。通常，选择下一个优先计算的分支节点有两种准则：深探法和广探法。深探法是优先计算层级最深的子问题，它的优势在于能尽快找到一个整数解，但是整数解的质量可能不高；广探法则是优先计算使当前目标函数值取最大的子问题，其优点在于找到的整数解质量高，但是可能计算速度比较慢。两种选择准则各有优劣，操作中可以根据实际情况进行选择。

【例 3-13】（分支定界法）　用分支定界法求解以下背包问题。

$$\max\ z = 12x_1 + 12x_2 + 9x_3 + 15x_4 + 90x_5 + 26x_6 + 112x_7$$

$$\text{s. t.} \begin{cases} 3x_1 + 4x_2 + 3x_3 + 3x_4 + 15x_5 + 13x_6 + 16x_7 \leqslant 35 \\ x_j = 0 \text{ 或 } 1,\ j = 1,\ 2,\ \cdots,\ 7 \end{cases}$$

解：原问题对应的松弛规划问题（B）为

$$\max\ z = 12x_1 + 12x_2 + 9x_3 + 15x_4 + 90x_5 + 26x_6 + 112x_7$$

$$\text{s. t.} \begin{cases} 3x_1 + 4x_2 + 3x_3 + 3x_4 + 15x_5 + 13x_6 + 16x_7 \leqslant 35 \\ 0 \leqslant x_j \leqslant 1,\ j = 1,\ 2,\ \cdots,\ 7 \end{cases}$$

如果不考虑整数约束，直观上要使得总效用最大化，应该优先在背包中放置单位重量效用最大的物品。因此，可以按照单位重量效用从高到低对物品进行排序，如表 3-18 所示，逐个放入物品，直到放入的物品总重量达到 35 单位为止。比如，首先放置物品 7，占用 16 单位重量以后，背包还剩余 19 单位容量；继续放置物品 5，占用 15 单位重量以后，背包还剩余 4 单位容量；继续放置物品 4，占用 3 单位重量以后，背包还剩余 1 单位容量；继续放置物品 1，其重量为 3 单位，因此只能放入 1/3 单位的物品 1。于是，可知松弛规划问题（B）的最优解为：$x_7 = x_5 = x_4 = 1$，$x_1 = 1/3$，$x_2 = x_3 = x_6 = 0$，对应目标函数值 $z = 221$，即任何整数解对应的目标函数值都不可能超过 221。

表 3-18　按照单位重量效用从高到低对物品进行排序

序号	重量	效用	效用(每单位重量)	排序
1	3	12	4	④
2	4	12	3	
3	3	9	3	
4	3	15	5	③
5	15	90	6	②
6	13	26	2	
7	16	112	7	①

上述解很显然不满足整数约束，因此，对分量 x_1 进行分支：一个分支（B_1）增加的约束为 $x_1=1$，另一个分支（B_2）增加的约束为 $x_1=0$。按照类似的物品放置准则分别求解两个分支子问题，对应的计算过程如图 3-7 所示。

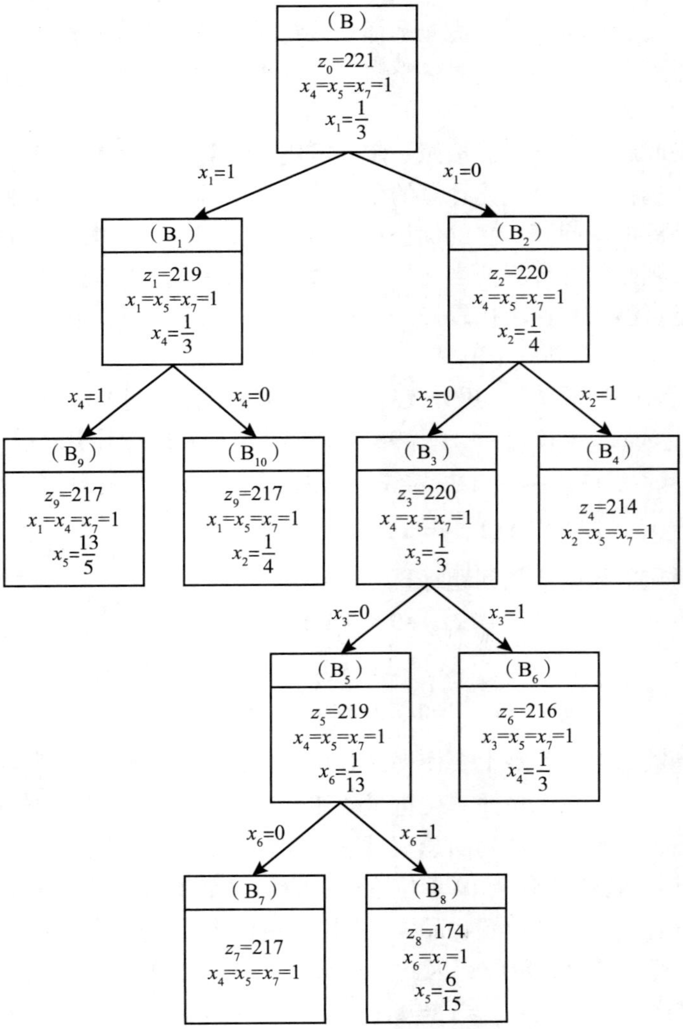

图 3-7　用分支定界法求解背包问题

按照广探法（优先计算当前目标函数值最大的分支），各子问题的计算次序如下：

$(B)\to(B_1)\to(B_2)\to(B_3)\to(B_4)\to(B_5)\to(B_6)\to(B_7)\to(B_8)\to(B_9)\to(B_{10})$

从图 3－7 不难判断，子问题（B_7）找到的整数解即为原背包问题的最优解，应该在背包中放置物品 4、5 和 7，所产生的总效用为 217。

3.4　指派问题

本节介绍一类特殊的 0－1 规划问题，即指派问题。现实中，“知人善任”是一门十分重要的学问。团队中每个成员都有自己擅长和不擅长的事情，如何将合适的工作或任务安排给合适的人去完成，是管理者经常面临的问题。好的安排可以提高整体工作效率，节约成本。如何进行工作或任务安排来实现系统目标最优，即为“指派问题”。

3.4.1　标准形式的指派问题

考虑以下标准形式的指派问题：现有 n 个人和 n 项任务，安排第 i 人完成第 j 项任务对应的费用为 c_{ij}，如果每项任务都必须有人来完成，每个人必须有事情做，请问：如何安排任务能实现 n 项任务的总费用最小?

该指派问题可以通过 0－1 规划进行建模。设 x_{ij} 表示是否将任务 j 分配给第 i 人（i，$j=1$，2，…，n），即

$$x_{ij}=\begin{cases}1 & \text{如果将任务 } j \text{ 分配给第 } i \text{ 人}\\ 0 & \text{如果不将任务 } j \text{ 分配给第 } i \text{ 人}\end{cases}$$

则指派问题对应的模型为

$$\min z = \sum_{i=1}^{n}\sum_{j=1}^{n} c_{ij}x_{ij}$$

$$\text{s.t.}\begin{cases}\sum_{i=1}^{n} x_{ij} = 1 & (j=1,\ 2,\ \cdots,\ n)\\ \sum_{j=1}^{n} x_{ij} = 1 & (i=1,\ 2,\ \cdots,\ n)\\ x_{ij}=0 \text{ 或 } 1 & (i,\ j=1,\ 2,\ \cdots,\ 4)\end{cases}$$

其中，约束 $\sum_{i=1}^{n} x_{ij} = 1$ 表示任务 j 必须有人完成，约束 $\sum_{j=1}^{n} x_{ij} = 1$ 表示第 i 人必须完成一项任务。形式上，该指派问题比较类似于 n 个产地和 n 个销地的运输问题（其中每个产地的产量和每个销地的销量都为 1），但是每个决策变量只能取 0 或者 1。

标准形式的指派问题可以通过系数矩阵 $\boldsymbol{C}=(c_{ij})_{n\times n}$ 进行刻画，如例 3－14。

【例 3－14】（指派问题）　某老师组织国际会议，招募了四名同学（小赵、小钱、小孙和小李）做后勤服务，需要完成四方面的工作。

（1）会议论文集的制作；

（2）与会者联络工作；

(3) 会议材料的准备;

(4) 会议注册报名。

通过对同学的了解，不同同学完成不同任务所需时间如表 3-19 所示。

表 3-19 不同同学完成不同任务所需时间

志愿者	完成各项任务所需的时间/小时				报酬/(元/小时)
	论文集制作	与会者联络	材料准备	注册报名	
小赵	35	41	27	40	14
小钱	47	45	32	51	12
小孙	39	46	36	43	13
小李	32	51	25	46	15

请问：如果要求每个同学完成一项任务，应该如何进行任务分配?

解： 考虑每个志愿者的单位时间报酬，该指派问题对应的系数矩阵为

$$\boldsymbol{C}=\begin{bmatrix}490 & 574 & 378 & 560\\ 564 & 540 & 384 & 612\\ 507 & 598 & 468 & 559\\ 480 & 765 & 375 & 690\end{bmatrix}$$

其中，c_{ij}对应于将任务 j 分配给第 i 人的成本。设 x_{ij}为是否将任务 j 分配给第 i 人的决策变量，对应的 0-1 规划模型为

$$\min z = \sum_{i=1}^{4}\sum_{j=1}^{4} c_{ij}x_{ij}$$

$$\text{s. t.}\begin{cases}\sum_{i=1}^{4} x_{ij} = 1 & (j=1,2,3,4)\\ \sum_{j=1}^{4} x_{ij} = 1 & (i=1,2,3,4)\\ x_{ij}=0 \text{ 或 } 1 & (i,j=1,2,3,4)\end{cases}$$

现在考虑以下情形：负责老师刚刚了解到小赵同学是学校的特困生，因此决定给小赵同学多发 200 元的劳务补助。即无论将哪项任务分配给小赵，对应的成本都增加 200 元。于是，指派问题的系数矩阵变为

$$\hat{\boldsymbol{C}}=\boldsymbol{C}+\begin{bmatrix}200 & 200 & 200 & 200\\ 0 & 0 & 0 & 0\\ 0 & 0 & 0 & 0\\ 0 & 0 & 0 & 0\end{bmatrix}$$

该新指派问题的可行域和原问题完全相同，但是目标函数发生了变化，即

$$\hat{z} = \sum_{i=1}^{4}\sum_{j=1}^{4}\hat{c}_{ij}x_{ij} = \sum_{i=1}^{4}\sum_{j=1}^{4}c_{ij}x_{ij} + \sum_{j=1}^{4}200x_{1j} = 200 + \sum_{i=1}^{4}\sum_{j=1}^{4}c_{ij}x_{ij}$$

新问题的目标函数值在原目标函数值基础上增加了一个常数 200。因此，给小赵同学多发 200 元劳务补助并不会影响到任务的最优指派。

上述例子说明，指派问题的系数矩阵中，如果某一行（或者某几行）的元素都增加或减少一个相同的常数，指派问题的最优方案保持不变。类似地，如果某一列（或者某几列）的元素都增加或减少一个相同的常数，指派问题的最优方案也保持不变。根据这一性质，可以开发一种有效的求解指派问题的算法——匈牙利法。

匈牙利法，也叫康尼格法，是哈罗德·库恩（Harold W Kuhn）于 1955 年在匈牙利数学家康尼格（D Konig）的研究的基础上提出的一种算法。其基本思想是通过对系数矩阵进行等价变换（保持该系数矩阵所有元素非负），让矩阵的行或者列中都出现一些取值为 0 的数（简称"零元"）。如果能找到既不在同一行也不在同一列的 n 个零元，则它们对应的指派方案即是最优的（因为对应的总成本为 0）；否则，继续对系数矩阵进行调整。

具体包括以下步骤。

第一步，对系数矩阵 $\boldsymbol{C}$，每行减去该行中的最小值，每列减去该列中的最小值，直到每行和每列都出现零元。

第二步，在调整后的系数矩阵上尽可能多地圈出既不在同一行也不在同一列的独立零元。如果满足这一要求的零元个数刚好等于 n，则令零元所在位置对应的决策变量值为 1，其余为 0，即找出了问题的最优解。

第三步，如果圈出的最大独立零元个数小于 n，则在矩阵中选择尽量少的行或者列来覆盖所有的零元。在未被覆盖的元素中找出其取值最小的元素（记为 k）。把未被完全覆盖的行和列中所有元素都减去 k。这样，在未被覆盖的元素中一定会出现至少一个零元，同时会使得已被覆盖的元素中出现负值。为了消除负元素，只需要对它们所在的列或者行都加上 k。

第四步，返回第二步，继续迭代。

【例 3－15】（匈牙利法）　用匈牙利法求解以下指派问题。

$$\boldsymbol{C}=\begin{bmatrix}2&10&3&7\\15&4&14&8\\13&14&16&11\\4&7&13&9\end{bmatrix}$$

解：将矩阵 $\boldsymbol{C}$ 中每行减去行内的最小元素值，等价变换的指派问题为

$$\boldsymbol{C}_1=\begin{bmatrix}0&8&1&5\\11&0&10&4\\2&3&5&0\\0&3&9&5\end{bmatrix}$$

第三列中并没有出现零元，因此，将第三列所有元素均减去列内最小元素值 1，等价变换为

$$\boldsymbol{C}_1=\begin{bmatrix}0&8&[0]&5\\11&[0]&9&4\\2&3&4&[0]\\[0]&3&8&5\end{bmatrix}$$

在矩阵 $\boldsymbol{C}_2$ 的基础上，圈出既不在同一行也不在同一列的零元，如矩阵中的“[0]”所示。可以看到，已经找出了4个既不在同一行，也不在同一列的零元。因此，对于系数矩阵 $\boldsymbol{C}_2$ 对应的指派问题，已经找到了一种方案能实现总成本为0。根据 $\boldsymbol{C}_2$ 和 $\boldsymbol{C}$ 的最优解的等价性知，原问题的最优解为 $x_{13}^* = x_{22}^* = x_{34}^* = x_{41}^* = 1$ 对应的最优总成本为22。

【例3-16】（匈牙利法） 政府现有5个项目，分别安排给5家建筑公司承担。用 A_1，A_2，A_3，A_4，A_5 代表5家建筑公司，B_1，B_2，B_3，B_4，B_5 代表5个项目，其对应成本矩阵如下所示。求能使总费用最小的指派方案。

$$
\begin{array}{c} \\ \boldsymbol{C} = \end{array}
\begin{array}{c} \\ A_1 \\ A_2 \\ A_3 \\ A_4 \\ A_5 \end{array}
\begin{array}{c} \begin{array}{ccccc} B_1 & B_2 & B_3 & B_4 & B_5 \end{array} \\ \begin{bmatrix} 4 & 8 & 7 & 15 & 12 \\ 7 & 9 & 17 & 14 & 10 \\ 6 & 9 & 12 & 8 & 7 \\ 6 & 7 & 14 & 6 & 10 \\ 6 & 9 & 12 & 10 & 6 \end{bmatrix} \end{array}
$$

解： 将矩阵 $\boldsymbol{C}$ 中每行减去行内的最小元素值，等价变换为

$$
\boldsymbol{C}_1 = \begin{bmatrix} 0 & 4 & 3 & 11 & 8 \\ 0 & 2 & 10 & 7 & 3 \\ 0 & 3 & 6 & 2 & 1 \\ 0 & 1 & 8 & 0 & 4 \\ 0 & 3 & 6 & 4 & 0 \end{bmatrix}
$$

将第二列和第三列所有元素均减去列内最小元素值，等价变换为

$$
\boldsymbol{C}_2 = \begin{bmatrix} 0 & 3 & 0 & 11 & 8 \\ 0 & 1 & 7 & 7 & 3 \\ 0 & 2 & 3 & 2 & 1 \\ 0 & 0 & 5 & 0 & 4 \\ 0 & 2 & 3 & 4 & 0 \end{bmatrix}
$$

在矩阵 $\boldsymbol{C}_2$ 的基础上，圈出既不在同一行也不在同一列的零元，如下矩阵中的“[0]”所示。最多找到4个独立零元。划掉零元的最小覆盖（可以找出4行或列，覆盖所有的零元）：

$$
\boldsymbol{C}_2 = \begin{bmatrix} 0 & 3 & [0] & 11 & 8 \\ 0 & 1 & 7 & 0 & 3 \\ [0] & 2 & 3 & 2 & 1 \\ 0 & [0] & 5 & 0 & 4 \\ 0 & 2 & 3 & 4 & [0] \end{bmatrix}
$$

未被覆盖的元素中，最小值为1，因此将第二、四列所有元素都减去1，等价变换为

$$C_3 = \begin{bmatrix} 0 & 2 & 0 & 10 & 8 \\ 0 & 0 & 7 & 6 & 3 \\ 0 & 1 & 3 & 1 & 1 \\ 0 & -1 & 5 & -1 & 4 \\ 0 & 1 & 3 & 3 & 0 \end{bmatrix}$$

矩阵 C_3 中出现了负数，因此将第四行所有元素都增加 1，等价变换为

$$C_4 = \begin{bmatrix} 0 & 2 & [0] & 10 & 8 \\ 0 & [0] & 7 & 6 & 3 \\ [0] & 1 & 3 & 1 & 1 \\ 1 & 0 & 6 & [0] & 5 \\ 0 & 1 & 3 & 3 & [0] \end{bmatrix}$$

在 C_4 的基础上圈出既不在同一行也不在同一列的最大零元，发现独立零元个数刚好为 5。因此，已经找到问题的最优解。对应的最优指派方案为

$$A_1 \Rightarrow B_3,\ A_2 \Rightarrow B_2,\ A_3 \Rightarrow B_1,\ A_4 \Rightarrow B_4,\ A_5 \Rightarrow B_5,$$

在该安排方案下，最小总成本为 34。

有时，指派问题的目标函数是要实现总收益的最大化。不妨设对应的收益系数矩阵为 $B = (b_{ij})_{n \times n}$。设 m 为系数矩阵 B 中的最大元素。不难看出，可以将该指派问题等价变换为以下求总成本最小化的指派问题：

$$C = \begin{bmatrix} m - b_{11} & m - b_{12} & \cdots & m - b_{1n} \\ m - b_{21} & m - b_{22} & \cdots & m - b_{2n} \\ \cdots & \cdots & \cdots & \cdots \\ m - b_{n1} & m - b_{n2} & \cdots & m - b_{nn} \end{bmatrix}$$

3.4.2　非标准形式的指派问题

在标准形式的指派问题中，人数和任务数刚好相等，一人一事。但是很多情形下可能出现人数和任务数不等的情形，甚至可能一人能做多项任务，一项任务可以由多人完成。对于这些非标准形式的指派问题，如果进行适当的等价变换，也可以转换为标准形式。

【例 3 - 17】（非标准形式的指派问题）　有 A_1，A_2，A_3 3 家建筑公司承担 5 个项目 B_1，B_2，B_3，B_4，B_5。对应的承建成本如以下矩阵所示。现在，允许每家公司承建一个或者两个项目，要求所有项目都能得以承建。请安排总费用最小的方案。

$$C = \begin{matrix} & B_1 & B_2 & B_3 & B_4 & B_5 \\ A_1 & 4 & 8 & 7 & 15 & 12 \\ A_2 & 7 & 9 & 17 & 14 & 10 \\ A_3 & 6 & 9 & 12 & 8 & 7 \end{matrix}$$

解：因为每家建筑公司可以承建一个或两个项目，可以对每家建筑公司“克隆”一个副本（记为 A_1'，A_2'，A_3'）。各建筑公司及其克隆副本承建各项目对应的成本结构完全相同。

这样，总共有 6 家建筑公司，但是只有 5 个项目。因此，可以引入一个虚拟的项目 B_6，每家公司承建项目 B_6 对应的成本均为 0。于是，可以得到以下标准形式的指派问题：

$$
\begin{array}{c} \\ A_1 \\ A_2 \\ \boldsymbol{C} = A_3 \\ A_1' \\ A_2' \\ A_3' \end{array}
\begin{array}{c}
\begin{array}{cccccc} B_1 & B_2 & B_3 & B_4 & B_5 & B_6 \end{array} \\
\begin{bmatrix}
4 & 8 & 7 & 15 & 12 & 0 \\
7 & 9 & 17 & 14 & 10 & 0 \\
6 & 9 & 12 & 8 & 7 & 0 \\
4 & 8 & 7 & 15 & 12 & 0 \\
7 & 9 & 17 & 14 & 10 & 0 \\
6 & 9 & 12 & 8 & 7 & 0
\end{bmatrix}
\end{array}
$$

利用匈牙利法求解，得费用最小的安排为

$$A_1 \Rightarrow B_1 B_3$$

$$A_2 \Rightarrow B_2$$

$$A_3 \Rightarrow B_4 B_5$$

对应的最小总费用为 35。

3.5 Excel 应用分析

对于中等规模的整数规划问题，采用 Excel 规划求解是一种不错的手段。用 Excel 求解整数规划和 2.7 节求解线性规划的操作步骤基本相同。

第一步，在定义规划问题时，只需要将相应的变量定义为整数取值即可。具体而言，可以通过添加约束（见图 3 – 8），指定某些决策单元格取值类型为“int”。对于 0 – 1 整型变量，可以从下拉框中选择“bin”，用来指定为“二进制”变量。

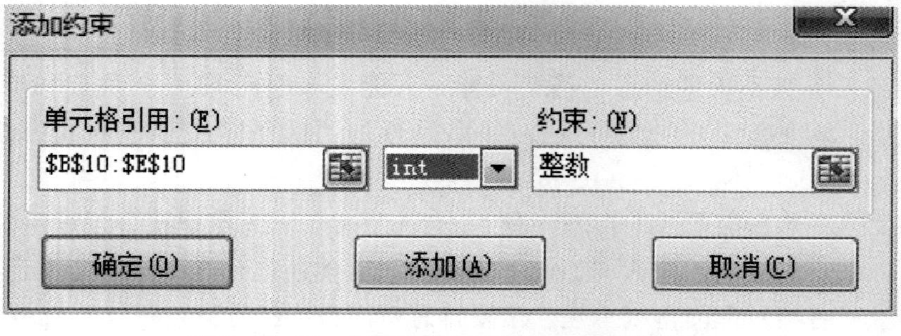

图 3 – 8　Excel 整数规划求解中设置整数约束

第二步，整数规划的求解算法多数是基于单纯形算法扩展得到的。因此，整数规划的计算代价往往显著大于线性规划问题的计算代价。对于一些中等偏上规模的整数规划，求其最优解可能需要花费较长的时间。当决策者对解的精度要求不高时，可以通过设置所要求的解的精度来缩短计算时间。具体而言，在【规划求解参数】对话框中，单击【选项】按钮，可以对【整数最优性（%）】进行设置，它指定了允许出现的误差范围（见图3－9）。一般允许的误差越大，则计算速度越快，但是得到的解的质量也可能越差。

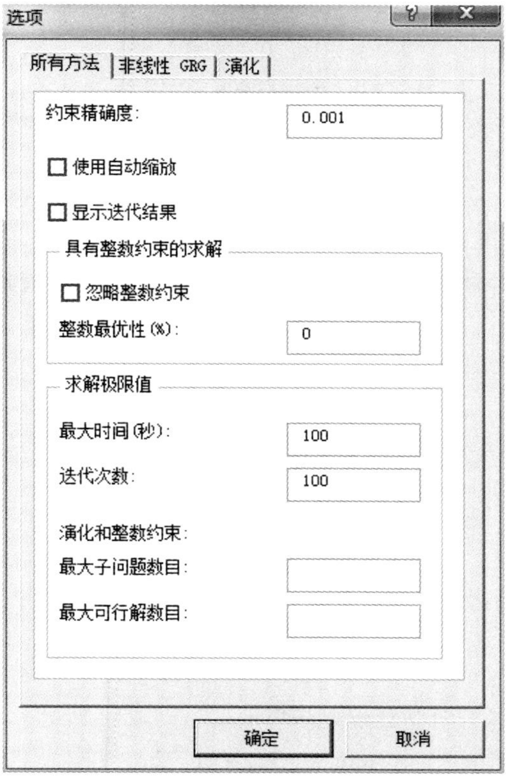

图 3－9　Excel 整数规划求解中的选项设置

比如，利用 Excel 求解例 3－18。

【例 3－18】（纯整数规划问题）

$$\min\ z = 62x_1 + 84x_2 + 103x_3 + 125x_4$$

$$\text{s. t.}\begin{cases} 4x_1 + 7x_2 + 9x_3 + 11x_4 \leqslant 270 \\ x_1 + x_2 + 2x_3 + 2x_4 \leqslant 60 \\ x_1 \leqslant 8 \\ x_2 \leqslant 17 \\ x_3 \leqslant 11 \\ x_4 \leqslant 15 \\ x_i \geqslant 0 \text{ 且为整数（} i = 1,\ 2,\ 3,\ 4\text{）} \end{cases}$$

设置不同的允许误差，分别求解，Excel 找到的最优解及其目标函数值如图 3－10 所示。不难看出，允许的相对误差值越小，找到的解的质量越高。在实际应用中，有时设置过小的允许误差可能导致计算量过大。因此，允许误差的设定要在计算精度（解的质量）与计算代价之间进行平衡。

	A	B	C	D	E	F	G	H	I	J	K
1	目标系数	62	84	103	125	约束值	实际值				
2	约束系数	4	7	9	11	270	270		G2=SUMPRODUCT(B2:E2,B10:E10)		
3		1	1	2	2	60	47		G3=SUMPRODUCT(B3:E3,B10:E10)		
4		1	0	0	0	8	8		G4=SUMPRODUCT(B4:E4,B10:E10)		
5		0	1	0	0	17	17		G5=SUMPRODUCT(B5:E5,B10:E10)		
6		0	0	1	0	11	1		G6=SUMPRODUCT(B6:E6,B10:E10)		
7		0	0	0	1	15	1		G7=SUMPRODUCT(B7:E7,B10:E10)		
8											
9	整数最优性	x1	x2	x3	x4	目标函数值					
10	0%	8	17	1	10	3277		F10=SUMPRODUCT(B1:E1,B10:E10)			
11	1%	8	17	7	5	3270					
12	2%	8	17	9	3	3226					
13	3%	8	17	10	2	3204					
14	4%	8	17	11	1	3182					
15	5%	8	17	11	1	3182					

图 3－10　不同整体最优性（允许误差）下的 Excel 求解结果（例 3－18）

习　题

1. 用割平面法求解下列整数规划问题。

$$\max \ z=2x_1+x_2$$

$$\text{s. t.}\begin{cases}x_1+x_2\leqslant 7\\-x_1+x_2\leqslant 3\\6x_1+2x_2\leqslant 27\\x_1,\ x_2\geqslant 0 \text{ 且为整数}\end{cases}$$

2. 用分支定界法求解下列整数规划问题。

$$\min \ z=3x_1+x_2+2x_3$$

$$\text{s. t.}\begin{cases}3x_1+2x_2+x_3\geqslant 9\\2x_1+x_2+2x_3\geqslant 7\\x_1+2x_2-x_3\geqslant 10\\x_1,\ x_2,\ x_3\geqslant 0\\x_2,\ x_3 \text{ 为整数}\end{cases}$$

3. 简要回答下列问题。

(1) 能否利用割平面法求解混合整数规划问题？为什么？

(2) 在分支定界法中，“定界”的作用是什么？

4. 用匈牙利法求解以下系数矩阵的最小化指派问题。

$$\boldsymbol{C}=\begin{bmatrix}8 & 4 & 3 & 11\\7 & 5 & 12 & 11\\5 & 9 & 14 & 6\\13 & 10 & 9 & 12\end{bmatrix}$$

5. 考虑高校的教务排课系统，已知每个学期有若干老师开课（一名老师可能开设多于一门课程），需要对老师的开课时间和开课地点进行安排。为了避免出现上课时间和上课地点的冲突，请结合你的理解定义该排课问题，并建立模型帮助排课。

第 4 章　确定型决策

【教学目标】

（1）了解确定型决策分析的适用场合。

（2）理解现金流量及货币时间价值与计算，掌握盈亏分析方法。

（3）理解无约束确定型投资决策，掌握多方案投资决策方法。

【导入案例】

某生产企业在原有设备条件下生产某种产品，产品销售价格为 25 元，单位产品的可变成本为 12 元，年固定成本为 5.4 万元；如果更新设备，年固定成本将会提高到 6.24 万元，但由于采用了先进的新设备，单位可变成本可以降为 10 元。若该企业产品年产量为 4300 件，为使企业利益最大化，该企业是否要更新设备？

某企业正准备投产一种新产品，研究决定筹建一个新厂，有 A、B、C 三种方案可供选择。A 方案引进国外高度自动化设备进行生产，年固定成本总额为 600 万元，单位产品变动成本为 10 元；B 方案采用一般国产自动化设备进行生产，年固定成本总额为 400 万元，单位产品变动成本为 12 元；C 方案采用自动化程度较低的国产设备生产，年固定成本总额为 200 万元，单位产品变动成本为 15 元。如何确定不同生产规模下的最优建厂方案？

请问：以上两个例子中决策的共同特征是什么？

4.1　确定型决策分析概述

4.1.1　确定型决策分析的概念及其运用场合

确定型决策是指只存在一种完全确定的自然状态的决策。构成一个确定型决策问题必须具备以下 4 个条件。

（1）存在一个明确的决策目标。

（2）存在一个明确的自然状态。

（3）存在可供决策者选择的多种行动方案。

（4）可求得各方案在确定状态下的损益值。

由于确定型决策的自然状态只有一种，决策环境完全确定，问题的未来发展只有一种确定的结果，决策者只要通过分析、比较各种方案的结果就能选出最优方案。例如，企业经过市场调查发现其生产的产品供不应求，并且预计在今后五年内需求量持续上升。则企业在这种确定的自然状态下，只要拟订多种可行的生产方案，然后通过分析、评价，从中选出生产量最大的那种决策方案并投产即可。再如一个简单的日常生活中的“出门是否带伞”问题。如果出门时正在下雨，则带伞；如果出门时天气晴朗，则不带伞。在这两种情况下，自然状态是明确的，均属于确定型决策。但是，如果天气变化无常，出门时不能确定下雨与否，这种情况下的决策则属于非确定型决策。

从上述的分析可知，确定型决策分析适用于方案实施中遇到的客观情况只有一种的场合，即在确定的环境下只有一种自然状态的场合。

4.1.2 确定型决策分析与运筹学

现代决策理论是在吸收运筹学、管理科学、系统科学、计算机科学、控制论等学科内容的基础上发展起来的。中国运筹学会设有决策理论与方法专业委员会，国际运筹学会联合会（International Federation of Operational Research Societies，IFORS）中设有对策与决策组，每次开学术会议，决策论都是其主要内容之一。莫斯（Morse）和金博尔（Kimball）曾为运筹学定义：“为决策机制在对其控制下的业务活动进行决策时，提供以数量化为基础的科学方法。”可见，运筹学是辅助决策的工具，它为决策者提供定量的决策分析方法，是与决策理论关系密切的应用科学。

运筹学的线性规划、非线性规划、动态规划、图与网络等方法，是进行确定型决策分析、解决确定型决策问题常用的方法。运筹学强调最优决策，这一点在确定型决策分析中得到了良好的体现。这些解决确定型决策问题的运筹学方法都是为决策问题寻求最优解。如线性规划解决如何合理地利用有限的人力、物力、财力等资源取得最好的经济效果，动态规划解决多阶段决策过程的最优化，图论解决最短路径问题，网络方法解决最小费用最大流问题等。可见，运筹学为确定型决策分析提供了丰富的科学方法。

由于利用运筹学方法决策最优策略问题在运筹学相关图书中已讲述，本章仅介绍确定型投资决策分析方法。

4.2 现金流量及货币的时间价值与计算

随着市场经济的深入发展和企业经营机制的转换，企业获取可用资金（即现金）的能力已成为企业生存和发展极其重要的因素，也成为投资者、债权人和决策层最为关注的问题。任何一个经济系统（项目、企业、部门等）所从事的活动，从货币形态上来讲，就是货币的流入与流出，即现金的流入与流出。经济活动的目的就是要使货币在流入与流出的过程中得到增值。评价一个经济系统的经济效益，就要看现金流入量与现金流出量之差，即现金净流量的大小。

谁都知道今年的 100 元钱和明年的乃至以后若干年的 100 元钱的价值是不一样的，那这是什么原因呢？假设已探明一个有工业价值的油田，目前立即开发可获利 100 亿元，若

5 年以后开发，由于价格上涨可获利 160 亿元。由于现在的钱和 5 年后的钱价值不同，那么何时开发有利呢？经济学家认为，不同时期等额货币的价值是不同的，也就是说货币具有时间价值。

4.2.1　现金流量及货币的时间价值

1. 现金流量

所谓现金流量，在投资决策中是指一个项目引起的企业现金支出和现金收入增加的数量，是指企业按现金收付制所反映的在一定会计期间，通过一定经济活动（包括经营活动、投资活动、融资活动和非经常性项目）而产生的现金流入、现金流出情况的总称。现金流量信息是通过编制现金流量表来反映的，即现金流量表以现金的流入和流出反映企业在一定期间内的经营活动、投资活动和筹资活动的动态情况，反映企业现金流入、流出的全貌。

一个项目的现金流量包括现金流出量、现金流入量和现金净流量三个具体概念。

一种方案的现金流出量，是指该方案引起的企业现金支出的增加额。例如，企业要购买一台机器，它的现金流出量就是花费的资金等。

一种方案的现金流入量，是指该方案所引起的企业现金收入的增加额。例如，由于购买了设备，该设备提高了生产能力，使企业销售收入增加即增加了现金流入量，到期末设备出售或报废的残值收入都是现金流入量。

现金净流量也称净现金流量，是指一定期间现金流入量与现金流出量的差额。例如，某设备的总现金流入量大于总现金流出量，则现金净流量为正值；反之，为负值。

在弄清每一年的现金流入和现金流出以后，才能知道当年的现金净流量。这里就涉及了现金流的估计问题。

现金流量信息的主要作用在于通过对企业现金流量的反映和分析，揭示导致现金状况变动的各种原因和结果，提供企业保持变现能力、偿债能力及其变化的有关信息。

2. 现金流量的估计

投资决策中最重要也是最难的一步就是现金流量的估计。它既需要估计投资过程中的现金流量，也需要估计项目投产后的现金流量；它既涉及很多变量，也涉及很多部门。例如，预测未来销售量和销售价格，通常由公司的市场营销部门来做。这种估计的好坏既取决于市场预测人员的素质，亦取决于他们对价格弹性、广告经济效益状况、竞争程度以及消费趋势等的估计和把握程度。又比如新产品开发和生产费用的估计，一般需由工程技术人员和成本会计人员共同来完成。总之，在一项投资决策项目中，对现金流量的估计可以看作是一项系统工程。它涉及方方面面，既包括很多客观因素，也包括很多主观因素。任何环节出现偏差，都将影响到整个估计。有时偏差是很大的。例如，美国几个大石油公司决定修建阿拉斯加输油管道，当初估计费用为 7 亿美元，但实际建设结果接近 70 亿美元。

对投资决策人员而言，进行现金流量估计时应该尽量做到：①与其他相关部门协调一致；②每个参与估计的人员使用统一的经济假设和标准；③在估计中没有稳定性偏差。

另外，在确定投资方案的相关现金流量时，应遵守的最基本原则是：只有增量现金流量才是与项目相关的现金流量。所谓增量现金流量是指接受或拒绝某种投资方案后，企业总现金流量因此发生的变动。只有那些由于采纳某个项目引起的现金支出增加额，才是该项目的现金流出；只有那些由于采纳某个项目引起的现金流入增加额，才是该项目的现金流入。

3. 货币的时间价值

货币的时间价值，是指货币经历一定时间的投资和再投资所增加的价值，也称资金的时间价值。

现在的100元和以后的100元价值是不一样的，现在的100元比以后的100元经济价值要大很多，即使不存在通货膨胀也是如此。这是为什么呢？假如将现在的100元钱存入银行，一年后可得到110元钱（假设存款利率为10%），这100元经过一年的投资增加了10元，这就是货币的时间价值。在实务中人们习惯使用相对数字表示货币的时间价值，即用增加价值占投入价值的百分数来表示，则上述货币的时间价值为10%。

一般来说，货币投入生产经营过程中，其数额随着时间的持续不断增长。这是一种客观经济现象，企业资金循环和周转的起点是投入货币资金，企业用它来购买所需的资源，然后生产出新的产品，产品出售时得到的货币量大于最初投入的货币量。资金的循环和周转及因此实现的货币增值，都需要或多或少的时间，每完成一次循环，货币就增加一定数额，周转次数越多，增值额就越大。因此，随着时间的延续，货币总量在循环和周转中呈几何级数增长，使得货币具有时间价值。

由于一个项目的寿命期一般不止一年，那么在不同时期发生的现金流量必须按同一标准进行比较，也就是说对不同时期的现金流量要按某一标准进行换算，只有这样才能对不同的方案作出正确的选择。货币时间价值在投资决策中的运用，一般是通过求现值或终值，将不同时点不同金额的货币贴现到某一时点上来，再加以比较分析。由于货币随时间的增长过程与复利的计算过程在数学上相似，因此，在换算时广泛使用复利计算的各种方法。

4.2.2 货币时间价值的计算

下面介绍几个货币时间价值的概念。

1. 复利终值

计算复利终值相当于求在复利条件下在银行整存整取的本利和，所以这个计算公式又称为“整付本利和公式”，是银行业务和项目经济评价中常用的公式之一。

已知期初一次投入的现值为 P，年利率为 i，则 n 年年末的终值为

$$F=P(1+i)^n=P(F/P,\ i,\ n) \tag{4-1}$$

其中，$(1+i)^n$ 被称为复利终值系数，用符号（$F/P,\ i,\ n$）表示，表示现值1元在利率为 i 时，n 年末的终值，可以通过复利系数表查得。

【例4-1】（油田开发问题） 本节开始的油田开发问题，假设平均每年获利12%，则求100亿元在5年年末的终值。

解： $F=100\times(F,\ P,\ 12\%,\ 5)$

$=100\times1.762$

$=176.2$（亿元）

因为176.2亿元>160亿元，显然，现在开发有利。

2. 复利现值

复利现值是复利终值的对称概念，指未来一定时间的特定资金按复利计算的现值，或说是为了取得将来一定本利和现在所需要的本金。

由复利终值公式可推导出复利现值公式为

$$P = F \cdot \frac{1}{(1+i)^n} = F(P/F, i, n) \tag{4-2}$$

其中，$\frac{1}{(1+i)^n}$被称为复利现值系数，用符号（P/F，i，n）表示，表示n年年末1元按利率i折算的现值，可通过复利系数表查得。

【例4-2】（油田开发问题） 仍以油田开发为例，现在从现值的角度考虑上，求160亿元的现值。

解：$P = 160 \times (P/F, 12\%, 5)$

$= 160 \times 0.5674$

$= 90.784$（亿元）

由于100亿元>90.784亿元，则现在开发有利。

3. 年金终值

年金是指等额、定期的系列收支，用A表示。

年金终值相当于求按复利计算的在银行零存整取的本利和，即每年年末收入或支出相等的金额，按一定的复利系数折算到n年末的终值。

年金A的终值F可视为每个年金A的终值之和。

$$F = A(1+i)^{n-1} + A(1+i)^{n-2} + \cdots + A(1+i) + A$$

两端均乘以（$1+i$），得

$$F(1+i) = A(1+i)^n + A(1+i)^{n-1} + A(1+i)^{n-2} + \cdots + A(1+i)$$

将以上两式相减，得

$$Fi = A[(1+i)^n - 1]$$

由此可得年金终值公式

$$F = A\frac{(1+i)^n - 1}{i} = A(F/A, i, n) \tag{4-3}$$

其中，$\frac{(1+i)^n - 1}{i}$被称为年金终值系数，用符号（F/A，i，n）表示，表示年金1元在折现率为i时，n年末年金终值，可通过复利系数表查得。

【例4-3】（工程借款问题） 某项工程4年中每年末向银行借款30万元，年利率10%。求第4年年末应偿还本利和多少万元？

解：$F = 30 \times (F/A, 10\%, 4)$

$= 30 \times 4.641$

$= 139.23$（万元）

4. 年金现值

年金现值是指将每年末收入或支出的相等的金额，按一定的折现率折算到期初时的现值。

将式（4－1）代入式（4－3），得

$$P(1+i)^n = A\frac{(1+i)^n-1}{i}$$

两边各除以 $(1+i)^n$，得

$$P = A\frac{(1+i)^n-1}{i(1+i)^n} = A(P/A,\ i,\ n) \tag{4-4}$$

其中，$\frac{(1+i)^n-1}{i(1+i)^n}$被称为年金现值系数，用符号（$P/A$，$i$，$n$）表示，表示年金为 1 元，利率为 i，经过 n 年的年金现值，可通过复利系数表查得。

【例 4－4】（工程借款问题） 某技改项目预计未来 5 年每年可增加收入 20 万元。假设新增加收入全部用于还款，年利率 8%。问该技改项目最多可借款多少万元？

解： $P = 20 \times (P/A,\ 8\%,\ 5)$

$= 20 \times 3.9926$

$= 79.852$（万元）

5. 资金回收数

资金回收数是指当年利率为 i 时，项目初始投入的资金在预定的期限内每年应等额收回的资金，用 A 表示。

由式（4－4）可推导出

$$A = P\frac{i(1+i)^n}{(1+i)^n-1} = P(A/P,\ i,\ n) \tag{4-5}$$

其中，$\frac{i(1+i)^n}{(1+i)^n-1}$被称为资金回收系数，用符号（$A/P$，$i$，$n$）表示，表示第一年初投入 1 元，回收率为 i，n 年内每年末回收的年值，可通过复利系数表查得。

【例 4－5】（企业还款问题） 某企业现贷款 1000 万元，在 10 年以年利率 12% 均匀偿还，每年应付的金额是多少？

解： $A = 1000 \times (A/P,\ 12\%,\ 10)$

$= 1000 \times 0.17698$

$= 176.98$（万元）

6. 资金存储数

资金存储数是指为在预定将来 n 年末偿还一笔贷款 F，若年利率为 i，每年年末应存储的等额资金数，用 A 表示。

由式（4－3）推导出

$$A = F\frac{i}{(1+i)^n-1} = F(A/F,\ i,\ n) \tag{4-6}$$

其中，$\frac{i}{(1+i)^n-1}$被称为资金存储系数或偿债基金系数，用符号（A/F，i，n）表示，可通过复利系数表查得。

【例 4－6】（债务问题） 拟在 5 年后还清 200 万元债务，年利率 10%，求每年年末应向银行存储多少钱，才能使其本利和正好偿清这笔债务？

解：$A = 200 \times (A/F, 10\%, 10)$

$= 200 \times 0.1638$

$= 32.76$（万元）

7. 差额序列终值

差额序列终值是指在一定的基础数值上逐期等额增加或等差减少形成的值。一般是将第 1 期期末的现金流量作为基础数值，然后从第 2 期期末开始逐期等差递增或逐期等差递减。

等差序列现金流量的通用公式为

$$A_t = (t-1)G \tag{4-7}$$

其中，G 为等差额。

等差序列现金流 n 年末的终值为

$$F = \sum_{t=1}^{n} A_t (1+i)^{t-1} \tag{4-8}$$

F 也可以看成加 $n-1$ 个等差序列现金流的终值之和，这些等差序列现金流的年值均为 G，年数分别为 1，2，…，$n-1$。即

$$F = \sum_{i=1}^{n-1} G \cdot \frac{(1+i)^j - 1}{i}$$

$$= G\left[\frac{(1+i)-1}{i} + \frac{(1+i)^2-1}{i} + \cdots + \frac{(1+i)^{n-1}-1}{i}\right]$$

$$F = \frac{G}{i}\left[\frac{(1+i)^n-1}{i} - n\right] = G(F/G, i, n) \tag{4-9}$$

其中，$\frac{1}{i}\left[\frac{(1+i)^n-1}{i} - n\right]$被称为等差序列终值系数，用符号（$F/G$，$i$，$n$）表示。

式（4-9）两端乘以系数 $(1+i)^{-n}$，则可得等差序列现值公式

$$F\frac{1}{(1+i)^n} = \frac{G}{i}\left[\frac{(1+i)^n-1}{i} - n\right] \cdot \frac{1}{(1+i)^n}$$

即

$$P = G\left[\frac{(1+i)^n - in - 1}{i^2(1+i)^n}\right] = G(P/G, i, n) \tag{4-10}$$

其中，$\left[\frac{(1+i)^n - in - 1}{i^2(1+i)^n}\right]$被称为等差序列现值系数，用符号（$P/G$，$i$，$n$）表示。

等差序列现金流与等额序列现金流之间存在以下关系：

$$A = P(A/P, i, n)$$

$$= G(P/G, i, n)(A/P, i, n)$$

$$A = G\left\{\frac{(1+i)^n - in - 1}{i[(1+i)^n - 1]}\right\} = G(A/G, i, n) \tag{4-11}$$

其中，$\left\{\frac{(1+i)^n - in - 1}{i[(1+i)^n - 1]}\right\}$被称为等差序列年值系数，用符号（$A/G$，$i$，$n$）表示，可通过复利系数表查得。

【例 4-7】（设备购置问题）　某企业拟购买一台设备，其年收益额第一年为 10 万元，此后直至第 8 年年末逐年递减 3000 元，设年利率为 15%，按复利计算，试求该设备 8 年的收益现值及等额分付序列收益年金。

解： 第一部分是以第一年收益额 10 万元为等额值的等额分付序列现金流量，即

$P_1 = 100000 \times (P/A, 15\%, 8)$
$= 448730$（元）
$P_2 = G(A/G, 15\%, 8)(P/A, 15\%, 8)$
$= 3000 \times 2.78 \times 4.487$
$= 37422$（元）

因此，$P = P_1 - P_2 = 448730 - 37422 = 411308$（元）

$A = P(A/P, 15\%, 8)$
$= 411308 \times 0.2229$
$= 91680$（元）

上述得到的资金时间价值的等值换算关系归纳如表 4 - 1 所示。

表 4 - 1　　资金时间价值的基本公式

类别	已知	求解	公式	系数名称及符号
复利终值公式	P	F	$F = P(1+i)^n$	复利终值系数 $(F/P, i, n)$
复利现值公式	F	P	$P = F\frac{1}{(1+i)^n}$	复利现值系数 $(P/F, i, n)$
年金终值公式	A	F	$F = A\frac{(1+i)^n - 1}{i}$	年金终值系数 $(F/A, i, n)$
年金现值公式	A	P	$P = A\frac{(1+i)^n - 1}{i(1+i)^n}$	年金现值系数 $(P/A, i, n)$
资金回收数公式	P	A	$A = P\frac{i(1+i)^n}{(1+i)^n - 1}$	资金回收系数 $(A/P, i, n)$
资金存储数公式	F	A	$A = F\frac{i}{(1+i)^n - 1}$	资金存储系数 $(A/F, i, n)$
差额序列终值公式	G	F	$F = \frac{G}{i}\left[\frac{(1+i)^n - 1}{i} - n\right]$	等差序列终值系数 $(F/G, i, n)$
等额序列现值公式	G	P	$P = G\left[\frac{(1+i)^n - in - 1}{i^2(1+i)^n}\right]$	等差序列现值系数 $(P/G, i, n)$
等额序列年值公式	G	A	$A = G\left\{\frac{(1+i)^n - in - 1}{i[(1+i)^n - 1]}\right\}$	等差序列年值系数 $(A/G, i, n)$

4.3　盈亏决策分析

企业管理人员在决定一个项目的生产和销售数量时，非常想知道它对企业利润的影响。但是，这需要先计算收入和成本。对于收入，他们很容易根据数量和单价来估计，而成本则不然。无论是总成本还是单位成本，他们都感到难以把握。他们不能用单位成本乘以数量来估计总成本，因为数量变化之后，单位成本也会变化。因此，管理人员需要建立一个关于成本、数量和利润的模型，利用该模型来分析和计算出目标所需要的业务量水平。

4.3.1　盈亏决策分析的基本原理

盈亏决策分析又称盈亏平衡分析或量本利分析。盈亏平衡分析就是利用投资项目生产中的产量、成本、利润三者的关系，通过测算项目达到正常生产能力后的盈亏平衡点，来考察分析项目承担风险能力的一种确定性分析方法。所谓盈亏平衡点，是指项目在正常生产条件下，其利润为零的那一点，即项目的收入等于支出的那一点。在这一点上，项目既不盈利，也不亏损。如果低于这一点所对应的生产水平，那么项目就会发生亏损；反之，则会获得盈利。

盈亏平衡分析的目的是掌握企业的盈亏界限，正确规划企业生产发展水平，合理安排生产能力，及时了解企业经营状况，提高企业经济效益。盈亏决策分析的基本方法是通过研究产销量、成本、利润三者的关系，找出盈亏平衡的产销量水平，从而得到盈利区间和亏损区间，而盈亏决策分析的首要问题是找到盈亏平衡点。

1. 盈亏平衡分析的应用条件

盈亏平衡分析方法比较简单，具有较大的实用性，但其应用要满足一定的假设条件。

（1）项目分析期的产量等于其销售量，即假定其生产的全部产品都能销售出去。

（2）项目的变动成本与产销量成正比例变化。

（3）项目分析期内的固定成本总额不随产销量的变化而改变。

（4）项目的销售收入是销售量的线性函数，即产量变化时，假定销售价格不变。

（5）项目所生产的产品和产品结构在一定时期内保持不变。否则，随着产品品种和结构的变化，收益和成本会相应变化，从而使盈亏平衡点处于不断变化之中，难以进行盈亏平衡分析。

2. 盈亏平衡点的确定

根据前述假设条件可知：

$$S = PQ \tag{4-12}$$

$$C = F + C_V \tag{4-13}$$

$$L = S - C = PQ - F - C_V = PQ - F - VQ \tag{4-14}$$

其中，S 为产品销售收入；C 为产品生产总成本；L 为产品总利润；Q 为产品生产（销售）量；F 为产品固定成本总额；C_V 为产品可变成本；V 为单位产品变动成本；P 为单位产品销售价格。

根据盈亏平衡的定义，在项目盈亏平衡时，总利润 $L=0$，即

$$PQ - F - VQ = 0$$

则在盈亏平衡点 E 上有

$$Q_E = \frac{F}{P - V} \tag{4-15}$$

其中，Q_E 为盈亏平衡时的产销量。

以产量表示的盈亏平衡点，表明项目不发生亏损时所必须达到的最低限度的产品产（销）量。一个拟建项目如果具有较小的、以实物产量表示的盈亏平衡点，说明该项目只要达到较低的产量即可保本，也表明该项目可以经受产品生产规模变动的较大的风险。为

便于直观分析项目盈亏平衡的情况，常把销售收入与产量的关系以及生产总成本与产量的关系画在同一张图上，称为盈亏平衡，如图 4－1 所示。图中点 E 是项目销售收入与产品成本相等时的盈亏平衡点。Q_E 表示与盈亏平衡点相对应的项目产销量，S_E 表示与盈亏平衡点相对应的项目销售收入或销售成本。在 FOE 区域，成本高于收入，是亏损区；在 CES 区域，收入高于成本，是利润区。

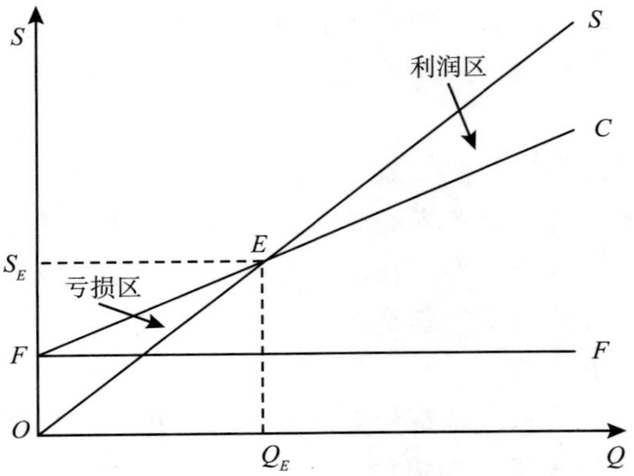

图 4－1　盈亏平衡

3. 边际贡献分析

在短期内，企业生产某种产品的固定成本一般不变，产品的产销量决策与固定成本无关，只需分析变动成本与销售收入对销售利润的影响，这就是边际贡献分析。边际贡献是指销售收入与变动成本的差额，记作 G，即

$$G = S - C_V = PQ - VQ = (P - V)Q \tag{4-16}$$

这里，产品单价与单位变动成本之差 $P - V$ 称为单位边际贡献，记作 M，它表示单位产品成本补偿固定产品成本或获取利润的能力。边际贡献又可表示为

$$G = MQ \tag{4-17}$$

边际贡献，是产品扣除自身变动成本后为企业所作的贡献，它首先用于收回企业的固定成本。如果还有剩余则成为利润，如果不足以收回固定成本则发生亏损，如图 4－2 所示。

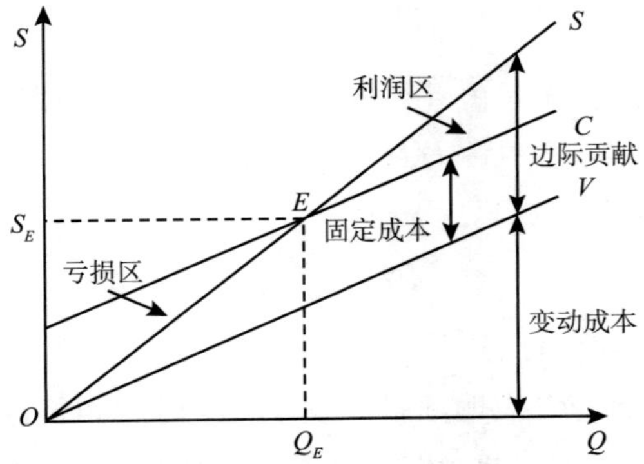

图 4－2　边际贡献式盈亏平衡

线性盈亏分析的基本关系式用边际贡献表示为

$$L = G - F = MQ - F \quad (4-18)$$

则盈亏平衡时（$L=0$）的产销量为

$$Q_E = \frac{F}{M} \quad (4-19)$$

式（4－19）表明，盈亏平衡分析的产销量是使得边际贡献刚好补偿固定成本的产销量，即

$$MQ_E = F \quad (4-20)$$

4.3.2　盈亏分析的应用实例

盈亏分析是辅助企业进行管理决策的一种有效工具，在帮助企业决策者确定生产规模、合理分配企业资源、制订利润计划、开发新产品决策等方面都有十分重要的作用。下面从两个方面结合实例具体说明。

1. 设备更新决策

【例 4－8】（设备更新问题）　某企业生产某种产品，在设备更新前其产品的售价为 15 元，单位产品可变成本为 7 元，每月固定成本费用为 3200 元。如果更新设备，则每月需增加固定成本 600 元，但由于先进设备的引进，单位可变成本降为 5 元。试作出决策，该企业的设备是否应更新?

解：为解决这一决策问题，首先来进行盈亏分析。

设 F_1、F_2 分别为设备更新前后的固定成本，V_1、V_2 分别为设备更新前后的单位可变成本，C_1、C_2 为设备更新前后的总成本。则有

$$S = PQ$$

设备更新前总成本为

$$C_1 = F_1 + V_1 Q$$

设备更新后总成本为

$$C_2 = F_2 + V_2 Q$$

由此可以画出设备更新前后的盈亏平衡，如图 4－3 所示。

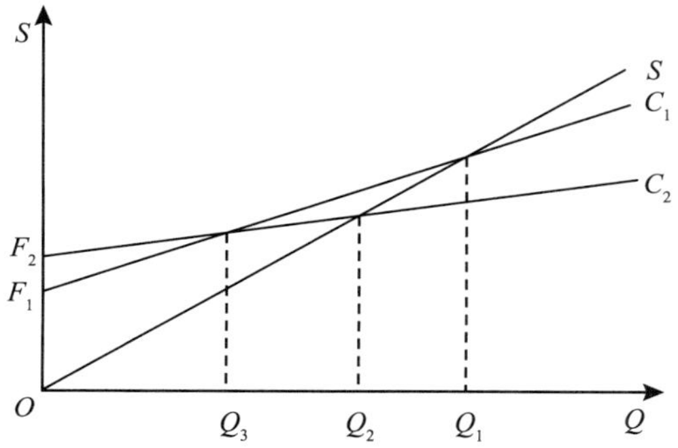

图 4－3　设备更新前后的盈亏平衡

可以看出，当 $Q=Q_1$ 时，企业在设备更新前盈亏平衡；当 $Q=Q_2$ 时，企业在设备更新后盈亏平衡。所以 Q_1、Q_2 分别为设备更新前后的盈亏平衡产量。$Q=Q_3$ 时，$C_1=C_2$，故 Q_3 为设备更新前后总成本相等的产量。

令

$$C_1=C_2$$

即

$$F_1+V_1Q_3=F_2+V_2Q_3$$

可得

$$Q_3=\frac{F_2-F_1}{V_1-V_2}$$

令

$$S=C_1$$
$$PQ_1=F_1+V_1Q_1$$

可得

$$Q_1=\frac{F_1}{P-V_1}$$

同理

$$Q_2=\frac{F_2}{P-V_2}$$

由图 4-3 又可看出，当 $Q>Q_2$ 时，$S-C_2>S-C_1$，即设备更新后的盈利比设备更新前的盈利大，此时应更新设备；当 $Q<Q_3$ 时，$C_2>C_1$，即设备更新后的总成本高于更新前的总成本，此时应保留原设备；当 $Q_3<Q<Q_2$ 时，应视具体情况而定，若收效甚微，可不更新设备。

将例 4-8 的数据代入以上公式，可得

$Q_1=\frac{F_1}{P-V_1}=\frac{3200}{15-7}=400$（件）

$Q_2=\frac{F_2}{P-V_2}=\frac{3800}{15-5}=380$（件）

$Q_3=\frac{F_2-F_1}{V_1-V_2}=\frac{3800-3200}{7-5}=300$（件）

根据上述原则，可以作出决策：若产销量 $Q>380$ 件，则应更新设备；若 $Q<300$ 件，则应保留原设备；若 300 件 $<Q<$ 380 件，更新后的成本略低于更新前的成本，厂家仍与更新前一样会有亏损。这就应根据该厂的实际情况作慎重考虑。

2. 生产规模最优决策

【例 4-9】（饮料出售问题） 某饮料厂生产一种饮料，固定成本 4 万元，变动成本每瓶 4 元，每瓶售价 8 元。出售该种饮料的目标利润为 6 万元，试确定至少应出售多少瓶？

解： 根据现行盈亏分析的基本关系，得盈亏平衡点为

$Q_E=\frac{F}{P-V}=\frac{40000}{8-4}=10000$（瓶）

即销售 10000 瓶可保本，超过 10000 瓶可盈利。

则单位边际贡献为

$M=P-V=8-4=4$（元）

它表示销售量达到 10000 瓶以后，每多售一瓶就可获利 4 元，所以实现目标利润 6 万元应追加的销售量为

$$Q-Q_E=\frac{L}{M}=\frac{60000}{4}=15000\text{（瓶）}$$

即为了获利 6 万元，应销售的瓶数为

$Q=15000+10000=25000$（瓶）

如果估计 25000 瓶难以销售出去，要完成 6 万元的目标利润，就必须提高售价或降低成本。如果本着经济效益服从社会效益的原则，则售价不应提高，可适当降低该饮料厂的目标利润。

4.4　无约束确定型投资决策

投资决策方案经济性评价的核心内容就是经济效果的评价。由于投资行为具有后效性和长期性，一旦决策不慎，将会给企业和国家带来重大损失。因此，为了确保经济决策的正确性和科学性，研究经济效果评价的指标和方法是十分必要的。

经济效果评价的指标是多种多样的，它们从不同的角度反映投资决策方案的经济性。投资者可以根据不同的评价深度要求和可获得的资料的多少，以及项目本身和所处条件的不同，选用不同的评价指标和方法。这些方法可分为四类：一是以货币单位计量的价值型经济评价指标，如净现值、净年值、费用现值和费用年值等；二是反映资金利用效率的效率型经济评价指标，如内部收益率、外部收益率、净现值率和投资收益率等；三是时间型经济评价指标，如静态投资回收期和动态投资回收期等；四是相对经济效率评价指标，如差额净现值、差额内部收益率和差额投资回收期等。使用这些方法有一些基本的假设条件，即无约束确定性假设，在这些假设条件下进行的决策称为无约束确定型投资决策。

无约束确定型投资包括以下基本假设条件。

（1）投资项目是独立的。

（2）投资来源是不受限制的。

（3）投资结果是确定的。

（4）投资项目是不可分割的。

4.4.1　价值型经济评价指标

1. 净现值

净现值（NPV）是对投资项目进行动态评价的最重要指标之一。从经济角度看，一个投资项目方案能否被采用，要看这个项目能否给投资者带来盈利，即不能盈利的项目应当放弃。由于投资项目周期一般较长，故计算项目盈利能力必须考虑资金的时间价值，项目盈利能力表现为现金流的净现值。

该指标要求考察项目寿命期内每年发生的现金流量，按一定的折现率将各年净现金流量折现到同一时点（通常是期初）的现值累加值就是净现值。其表达式为

$$NPV = \sum_{t=0}^{n} (CI - CO)_t (1 + i_0)^{-t} \tag{4-21}$$

其中，NPV 为净现值；CI 为第 t 年的现金流入额；CO 为第 t 年的现金流出额；i_0 为折现率。

净现值表示在规定的折现率为 i_0 的情况下，方案在不同时点发生的净现金流量折现到期初时，整个寿命期内所能得到的净收益。如果方案的净现值等于零，表示方案正好达到了规定的基准收益率水平；如果方案的净现值大于零，则表示方案除能达到规定的基准收益率外，还能得到超额收益；如果方案的净现值小于零，则表示方案达不到规定的基准收益率水平。

因此，用净现值指标评价单种方案的判断准则是：若 $NPV \geqslant 0$，则表示方案是经济合理的；若 $NPV < 0$，则方案应予否定。若比较两种投资方案，当 NPV 都大于等于零，应取 NPV 较大的方案。这就是净现值决策法则。

【例 4-10】（设备投资问题） 某设备的购价为 4 万元，每年的运行收入为 1.5 万元，年运行费用为 0.35 万元，四年后该设备可以按 0.5 万元转让。如果基准收益率 $i_0 = 20\%$，问此项设备投资是否值得？

解： 按净现值指标进行评价，即

$$NPV = -4 + (1.5 - 0.35)(P/A, 20\%, 4) + 0.5(P/F, 20\%, 4) = -0.7818 \text{（万元）}$$

由于 $NPV < 0$，则此项设备投资经济上不合理。

【例 4-11】（设备投资问题） 在例 4-10 中，如果基准收益率 $i_0 = 5\%$，问此项设备投资是否值得？

解： 此时的净现值

$$NPV = -4 + (1.5 - 0.35)(P/A, 5\%, 4) + 0.5(P/F, 5\%, 4) = 0.48929 \text{（万元）}$$

由于 $NPV > 0$，这就意味着基准收益率为 5% 时，此项设备投资是值得的。

显然，净现值的大小与折现率 i_0 有很大的关系，也就是说折现率 i_0 对投资决策起着十分敏感的作用。当 i_0 变化时，NPV 也就随之变化，两者呈非线性关系：$NPV(i_0) = f(i_0)$。

一般情况下，净现金流量的净现值随折现率 i_0 的增大而减小，故基准折现率 i_0 定得越高，能被接受的方案就越少，如图 4-4 所示。

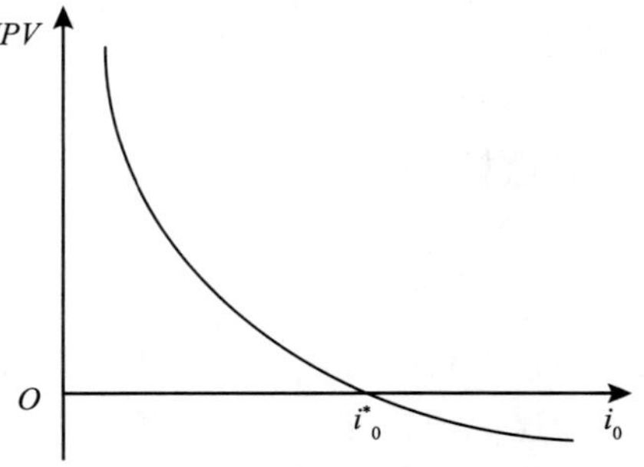

图 4-4 净现值与折现率的关系

如图 4－4 所示，在 i_0^* 上，净现值曲线与横坐标相交，表示在折现率 i_0^* 时的净现值 $NPV=0$。当 $i_0<i_0^*$ 时，$NPV(i_0)>0$；当 $i_0>i_0^*$ 时，$NPV(i_0)<0$。i_0^* 是一个具有重要经济意义的折现率临界值，被称为内部收益率，后面将详细分析。

NPV 之所以随着 i_0 的增大而减小，是因为一般投资项目的现金流入（如收益）总是发生在现金流出（如投资）之后，现金流入折现到期初的时间长，而现金流出折现到期初的时间短，因此，i_0 越大，现金流入的现值越小，现金流出的现值越大，二者的和（即 NPV）就越小。

也可以看出，规定的折现率 i_0（基准折现率）对方案的评价起重要作用。i_0 定得较高，计算的 NPV 比较小，NPV 容易小于零，使得方案不容易通过评价标准，容易否定投资方案；反之，i_0 定得较低，计算的 NPV 比较大，不容易小于零，使方案容易通过评价标准，容易接受投资方案。因此，国家一般通过制定并颁布各行业的基准收益率，作为投资调控的手段。国家有关部门按照企业和行业的基准收益率，并考虑产业、资源劣化程度政策以及技术进步和价格变动等因素，分行业确定并颁布基准收益率。

采用净现值评价投资方案，需要预先给定折现率，而给定折现率的高低又直接影响净现值的大小。

在投资制约的条件下，方案净现值的大小一般不能直接评定投资额不同的方案的优劣。例如，方案甲投资 100 万元（现值），净现值为 50 万元，方案乙投资 10 万元（现值），按同一折现率计算的净现值为 20 万元，可以认为两种方案都可行，因为两种方案在规定的折现率下都存在超额收益。但是，在资金有限的条件下，不能因为方案甲的净现值大于方案乙的净现值，就认为方案甲优于方案乙。此时，还应考虑投资效益费用比。因为甲方案的投资现值为乙方案的 10 倍，而其净现值只达 2.5 倍，如果建设 10 个乙方案项目，则净现值可达 200 万元，与甲方案投资相同而效益翻两番。

2. 净年值

净年值（NAV）是通过资金等值换算将项目净现值分摊到寿命期内各年（从第 1 年到第 n 年）的等额年值。其表达式为

$$NAV=NPV(A/P,\ i_0,\ n) \tag{4-22}$$

其中，NAV 为净年值；$(A/P,\ i_0,\ n)$ 为资金回收系数。

用净年值评价单种方案的判断准则是：若 $NAV\geqslant 0$，则项目在经济效果上可以接受；若 $NAV<0$，则项目在经济效果上不可以接受。

将净年值的计算公式及判断准则与净现值的计算公式及判断准则比较可知，由于 $(A/P,\ i_0,\ n)>0$，故净年值与净现值在项目评价的结论上总是一致的。因此，就项目的评价结论而言，净年值与净现值是等效的评价指标。净现值给出的信息是项目在整个寿命期内获取的超出最低期望盈利的超额收益的现值；与净现值所不同的是，净年值给出的信息是寿命期内每年的等额超额收益。由于信息的含义不同，而且由于在某些决策结构形式下，采用净年值比采用净现值更为简便和易于计算，故净年值指标在经济评价指标体系中占有相当重要的地位。

3. 费用现值和费用年值

在对多种方案比较选优时，如果各方案产出价值相同，或者各方案能够满足同样需要但其产出效益难以用价值形态计量（如环保、教育、保健、国防）时，可以通过对各方案

费用现值（PC）或费用年值（AC）的比较进行选择。

费用现值的表达式为

$$PC = \sum_{t=0}^{n} CO_t(P/F, i_0, t) \tag{4-23}$$

其中，CO_t 为第 t 年的现金流出额；$(P/F, i_0, t)$ 为复利现值系数。

费用年值的表达式为

$$AC = PC(A/P, i_0, n) \tag{4-24}$$

其中，PC 为费用现值；AC 为费用年值。

费用现值和费用年值指标只能用于多种方案的比选，其判断准则是：费用现值或费用年值最小的方案为优。

4.4.2 效率型经济评价指标

1. 内部收益率

净现值方法虽然简单易行，但必须事先给定一个折现率，而且采用该指标时只知其结论是否达到或超过基本要求的效率，并没有求得项目实际达到的效率。内部收益率（IRR）则不需要事先给定折现率，它求出的是项目实际能达到的投资效率（即内部收益率）。因此，在所有的经济评价指标中，内部收益率是最重要的评价指标之一。

内部收益率简单地说就是净现值为零的折现率。在图 4－5 中，随着折现率的不断增大，净现值不断减小，当折现率 i^* 取时，净现值为零。此时的折现率 i^* 即内部收益率。

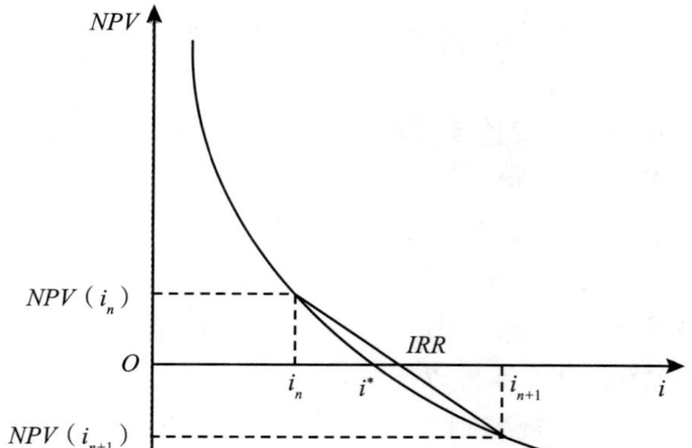

图 4－5 内部收益率

内部收益率也可通过解下述方程求得，即

$$NPV = \sum_{t=0}^{n} (CI - CO)_t (1 + IRR)^{-t} = 0 \tag{4-25}$$

判断准则：设基准折现率为 i_0。若 $IRR \geq i_0$，则项目在经济效果上可以接受；若 $IRR < i_0$，则项目在经济效果上不可以接受。

式（4－25）是一个高次方程，不容易直接求解，通常采用“线性内插法”求 IRR 的近似解。可以利用逐次试算逼近的方法，找出两个接近于 IRR 的折现率 i_n 和 i_{n+1}，其中 i_n 满足 $NPV(i_n)>0$，i_{n+1} 满足 $NPV(i_{n+1})<0$，$NPV(i_n)$ 和 $NPV(i_{n+1})$ 都接近于零，再利用线性内插法求出 IRR 的近似值。计算公式为

$$IRR=i_n+\frac{NPV(i_n)}{|NPV(i_{n+1})|+NPV(i_n)}(i_{n+1}-i_n) \tag{4-26}$$

【例 4－12】（项目投资问题）　某投资项目净现金流量如表 4－2 所示，当基准折现率 $i_0=12\%$ 时，使用内部收益率指标判断该项目在经济效果上是否可以接受。

表 4－2　　**净现金流量**　　单位：万元

指标	0 年	1 年	2 年	3 年	4 年	5 年
净现金流量	－100	20	30	20	40	40

解： 设 $i_1=10\%$，$i_2=15\%$，分别计算其净现值，即

$$\begin{aligned}NPV_1&=-100+20\times(P/F,\ 10\%,\ 1)+30\times(P/F,\ 10\%,\ 2)+20\times(P/F,\ 10\%,\ 3)\\&\quad+40\times(P/F,\ 10\%,\ 4)+40\times(P/F,\ 10\%,\ 5)\\&=10.16\ (\text{万元})\end{aligned}$$

$$\begin{aligned}NPV_2&=-100+20\times(P/F,\ 15\%,\ 1)+30\times(P/F,\ 15\%,\ 2)+20\times(P/F,\ 15\%,\ 3)\\&\quad+40\times(P/F,\ 15\%,\ 4)+40\times(P/F,\ 15\%,\ 5)\\&=-4.02\ (\text{万元})\end{aligned}$$

再用内插法算出内部收益率，即

$$IRR=10\%+\frac{(15\%-10\%)\times10.16}{10.16+4.02}=13.5\%$$

由于 IRR（13.5%）大于基准折现率（12%），故该项目在经济效果上是可以接受的。

下面讨论内部收益率的经济意义。一方面，由内部收益率的定义可知，i^* 是使项目净现值为零的折现率，或者说是项目现金流入量总现值等于现金流出量总现值的折现率，从净现值的意义上说，i^* 是使项目达到盈亏平衡时的折现率。另一方面，如果记

$$S_t=F_0(1+i)^t+F_1(1+i)^{t-1}+\cdots+F_t \tag{4-27}$$

其中，$t=1,\ 2,\ \cdots,\ n$；S_t 是从第 0 期到第 t 期的净现金流量折算为第 t 期的终值之和，称为第 t 期末的未回收投资金额。显然，S_t 也是 i 的函数，即 $S_t=S_i(i)$。由式（4－27）可知，内部收益率 i^* 满足 $S_N(i^*)=0$，即 i^* 时的项目寿命期终了时未回收的投资余额刚好为零。

综上所述，内部收益率不仅是使项目净现值 $NPV(i)=0$ 的利率，而且也是在项目寿命期内，为使投资完全回收，计算未回收投资余额的利率，这就是内部收益率的经济意义。

一般而言，内部收益率越大越好，至少不能低于资金成本率 k，否则 $k>i^*$，$NPV(k)<0$，投资余额不能完全回收，将发生亏损现象，内部收益率法的决策准则是：当 $i^*>k$ 时，则采纳该项目；当 $i^*<k$ 时，则否定该项目。

2. 外部收益率

外部收益率（ERR）实际上是对内部收益率的一种修正。计算外部收益率时假定寿命

期内所获得的净收益全部用于投资，所不同的是假定再投资的收益率等于基准折现率。求解外部收益率的方程为

$$\sum_{t=0}^{n} NB_t(1+i_0)^{n-t} = \sum_{t=0}^{n} K_t(1+ERR)^{n-t} \tag{4-28}$$

其中，K_t 为第 t 年的净投资；NB_t 为第 t 年的净收益；i_0 为基准折现率。

因为该方程不会出现多个正实数解的情况，所以通常可以用代数方程直接求解。外部收益率指标用于评价投资方案经济效果时，需要与基准折现率 i_0 相比较，判断准则是：若 $ERR \geqslant i_0$，则项目可以被接受；若 $ERR < i_0$，则项目不可以被接受。

3. 净现值率

净现值指标用于多种方案比较时，没有考虑各方案投资额的大小，因而不能直接反映资金的利用效率。为了考察资金的利用效率，人们通常用净现值率（$NPVR$）作为净现值的辅助指标。净现值率是项目净现值与项目投资总量现值（I_p）的比值，是一种效率型指标，其经济含义是单位投资现值所能带来的净现值。其计算公式为

$$NPVR = \frac{NPV}{I_p} = \frac{\sum_{t=0}^{n}(CI-CO)_t(1+i_0)^{-t}}{\sum_{t=0}^{n} I_t(1+i_0)^{-t}} \tag{4-29}$$

其中，I_t 为第 t 年的投资额。

对于单一方案评价而言，若 $NPV \geqslant 0$，则 $NPVR \geqslant 0$（因为 $I_p > 0$）；若 $NPV < 0$，则 $NPVR < 0$（因为 $I_p > 0$）。所以在评价单种方案时，净现值率与净现值是等效评价指标，净现值率主要用于评价多种方案。

4. 投资收益率

投资收益率（R）是指项目在正常生产年份的净收益与投资总额的比率。其一般表达式为

$$R = \frac{NR}{I} \tag{4-30}$$

其中，R 为投资收益率；NB 为正常生产年份的年平均净收益，根据不同的分析目的，NB 可以是利润，可以是利润税金总额，也可以是年净现金流入等；I 为投资总额，根据分析目的的不同，I 可以是全部投资额，也可以是投资者的权益投资额（如资本金）。

因此，由于 NB 与 I 的含义不同，投资收益率常用以下具体形式。

$$全部投资收益率 = \frac{年利润 + 折旧与摊销 + 利息支出}{全部投资额} \tag{4-31}$$

$$权益投资收益率 = \frac{年利润 + 折旧与摊销}{权益投资额} \tag{4-32}$$

$$投资利税率 = \frac{年利润 + 税金}{全部投资额} \tag{4-33}$$

$$投资利润率 = \frac{年利润}{权益投资额} \tag{4-34}$$

投资收益率指标未考虑资金的时间价值，而且舍弃了项目建设期、寿命期等众多经济数据，故一般仅用于技术经济数据不完整的项目初步研究阶段。

用投资收益率指标评价方案的经济效果，需要根据同类项目的历史数据及投资者意愿

等确定的基准投资收益率作比较。设基准投资收益率为 R_b，判断准则为：若 $R \geqslant R_b$，则项目可以考虑接受；若 $R < R_b$，则项目予以拒绝。

4.4.3 时间型经济评价法

按是否考虑资金的时间价值，时间型经济效果评价指标分为静态投资回收期和动态投资回收期。

1. 静态投资回收期

静态投资回收期（T）就是从项目投建之日起，用项目各年的净收入（年收入减支出）将全部投资收回所需的期限。

根据投资及净现金收入情况的不同，投资回收期的计算公式分以下几种。

（1）项目（或方案）在期初一次性支付全部投资 P，当年产生收益，每年的净现金收入不变，为收入 B 减去支出 C（不包括投资支出），此时静态投资回收期计算公式为

$$T = \frac{P}{B - C} \tag{4-35}$$

（2）项目仍在期初一次性支付投资，但是每年的净现金收入由于生产及销售情况的变化而不一样，设 t 年的收入为 B_t，t 年的支出为 C_t，则能使公式（4-36）成立的 T 为静态投资回收期，即

$$P = \sum_{t=0}^{T} (B_t - C_t) \tag{4-36}$$

（3）如果投资在建设期 m 年内分期投入，t 年的投资假如为 P_t，t 年的净现金收入仍为（$B_t - C_t$），则能使下述公式成立的 T 为静态投资回收期，即

$$\sum_{t=0}^{m} P_t = \sum_{t=0}^{T} (B_t - C_t) \tag{4-37}$$

根据投资项目财务分析中使用的现金流量亦可计算投资回收期，其计算公式为

$$\text{投资回收期} = (\text{累计净现金流量开始出现正值的年份}) - 1 + \frac{|\text{上年累计净现金流}|}{\text{当年净现金流}} \tag{4-38}$$

用静态投资回收期评价投资项目时，需要与根据同类项目的历史数据和投资者意愿确定的基准投资回收期相比较。设基准投资回收期为 T_b，判断准则为：若 $T \leqslant T_b$，则项目可以接受；若 $T > T_b$，则项目应予拒绝。

2. 动态投资回收期

静态投资回收期方法的缺点是没有考虑资金时间价值的影响，而动态投资回收期（T_p）则弥补了静态投资回收期这一缺陷，所以较符合实际情况。如果将 t 年的收入视为现金流入 CI，将 t 年的支出及投资都视为现金流出 CO，即第 t 年的净现金流量为 $(CI - CO)_t$，则动态投资回收期 T_p 的计算公式满足

$$\sum_{t=0}^{T_p} (CI - CO)_t (1 + i_0)^{-t} = 0 \tag{4-39}$$

用动态投资回收期评价投资项目的可行性需要与根据同类项目的历史数据和投资者意愿确定的基准动态投资回收期相比较。设基准动态投资回收期为 T_b，则判断准则为：若

$T_p \leq T_b$，项目可以被接受；否则应予以拒绝。

计算动态投资回收期的实用公式为

$$\text{投资回收期} = (\text{累计净现金流量开始出现正值的年份数}) - 1 + \frac{|\text{上年累计净现金流量折现值}|}{\text{当年净现金流量折现值}} \quad (4-40)$$

动态投资回收期指标除了考虑资金时间价值外，具有静态投资回收期的同样特征，通常只宜用于辅助性评价。

【例 4-13】（项目投资问题） 根据表 4-3 的数据，计算投资回收期（折现率 $i_0 = 10\%$）。

表 4-3　　**相关数据**　　单位：万元

指标	0 年	1 年	2 年	3 年	4 年	5 年	6 年
总投资	6000	4000					
收入			5000	6000	8000	8000	7500
支出			2000	2500	3000	3500	3500
净现金流量			3000	3500	5000	4500	4000
累计净现金流量	-6000	-10000	-7000	-3500	1500	6000	10000

解： 静态投资回收期 $T = 3 + \frac{3500}{5000} = 3.7$（年）

动态投资回收期的净现金流量折现值如表 4-4 所示。

表 4-4　　**净现金流量折现值**　　单位：万元

指标	0 年	1 年	2 年	3 年	4 年	5 年	6 年
净现金流量折现值	-6000	-3636	2479	2630	3415	2794	2258
累计净现金流量折现值	-6000	-9636	-7157	-4527	-1112	1682	3940

动态投资回收期 $T_p = 5 - 1 + \frac{|-1112|}{2794} = 4.4$（年）

利用投资回收期评价投资项目，其决策方法有两种：一是把回收期作为一种时间期限，凡超过了规定回收期的投资项目都应予否定；二是把回收期作为比较不同投资方案优劣的标准，回收期越短，投资经济效果越好。运用这两种方法有很大的局限性，只有当不同项目在投资规模和净现值相差不大时，才可采用回收期对不同方案排列顺序。

由于回收期仅考虑了回收期内的现金流，忽略了回收期后的现金流，因此仅反映了项目前期的经济效益评价情况，而没有反映出项目寿命期内的全部经济效益情况。故仅用回收期单一判据对项目进行决策是不够的。

4.4.4　相对经济效益评价法

相对经济效果评价法又称增量分析法，是说明增加投资能否增加经济效益的指标。

1. 差额净现值

差额净现值（ΔNPV）是利用基准收益率，将两种方案净现金流量差额折算为现值之和。设 A、B 为投资额不等的两种方案，差额净现值的计算公式为

$$\Delta NPV = \sum_{t=0}^{n} [(CI_A - CO_A)_t - (CI_B - CO_B)_t](1 + i_0)^{-t} = NPV_A - NPV_B \qquad (4-41)$$

其中，$(CI_A - CO_A)_t$ 为方案 A 第 t 年的净现金流；$(CI_B - CO_B)_t$ 为方案 B 第 t 年的净现金流。

以差额净现值作为判据，若 $\Delta NPV \geqslant 0$，表明增量投资可以接受，投资额大的方案 A 经济效果好；若 $\Delta NPV < 0$，表明增量投资不可接受，投资额小的方案 B 经济效果好。

2. 差额内部收益率

差额内部收益率（ΔNPV）是使两种方案各年的差额净现金流量之和等于零的折现率，即满足公式

$$\sum_{t=0}^{n} (\Delta CI - \Delta CO)_t (1 + \Delta IRR)^{-t} = 0 \qquad (4-42)$$

用差额内部收益率比选方案的判断准则为：若 $\Delta IRR \geqslant i_0$（基准折现率），则投资（现值）大的方案为优；若 $\Delta IRR < i_0$，则投资（现值）小的方案为优。

3. 差额投资回收期

差额投资回收期（ΔT）是指一种方案比另一种方案所追加的投资，用年费用的节省额或超额年收益去补偿增量投资所需要的时间，即两种方案的投资差额用年费用差额逐年回收的年限。设 A 方案投资 I_1 大于 B 方案投资 I_2，但 A 方案费用 C_1 小于 B 方案费用 C_2，则两种方案的差额投资回收期

$$\Delta T = \frac{I_1 - I_2}{C_2 - C_1} \qquad (4-43)$$

在两种方案比较时，若 $\Delta T \leqslant T_b$（标准投资回收期）时，说明投资增加部分的经济效益是好的，应选择投资大的 A 方案；若 $\Delta T > T_b$ 时，说明投资增加部分的经济效益不好，应选择投资额小的 B 方案。

4.5　多方案投资决策

在投资决策过程中，经常会面临多种投资方案选择问题。比如说对拟建项目所需的机器设备，既可以考虑采用国产设备的方案，也可以考虑引进国外设备的方案；既可以考虑采用自存资金购买，也可以考虑采用贷款购买，还可以考虑采用租赁的方式。哪种方式更经济，成本费用更低，需要我们作出决策。

与单方案相比，多方案比选要复杂得多，所涉及的影响因素、评价方法以及要考虑的问题都要多得多，归纳起来主要有：第一，需对备选方案进行筛选，剔除不可行的方案；第二，多方案比选可按不同因素计算多种方案的全部经济效益与费用，进行全面的分析对比，也可就各种方案的不同因素计算其相对经济效益和费用，进行局部的分析与对比；第三，对于不同类型的方案比选要选用不同的比较方法和评价指标，考察的结构类型所涉及

的因素有方案的计算期是否相同。方案所需的资金来源是否受到限制、方案的投资额是否相差过大等。

在实践中，由于投资结构的复杂性，如果仅仅掌握几种评价指标而不掌握正确的评价方法，就不能达到正确决策的目的。因此，本节就独立型和互斥型两种类型的投资方案，介绍评价与决策的方法。

4.5.1 独立型投资方案决策

独立方案，指各种方案的现金流量是独立的，不具备相关性，且任一方案的采用与否都不影响其他方案是否采用的决策。比如个人投资，可以购买国库券，也可以购买股票，还可以购房增值等，可以选择其中任一种方案，也可以选择其中两种或三种，方案之间的效果与选择不受影响，互相独立。

独立方案的采用与否，只取决于方案自身的经济性，即只需检验它们是否能通过净现值、净年值或内部收益率指标的评价标准。因此，多种独立方案与单一方案的评价方法是相同的。

用经济效果评价标准（如净现值 $NPV>0$，净年值 $NAV>0$，内部收益率 $IRR>i_0$ 等）检验方案自身的经济性，叫“绝对效果检验”。凡通过绝对效果检验的方案，就认为它在经济效果上是可以接受的，否则应予以拒绝。

【例 4－14】（设备投资预算问题） 某公司作设备投资预算，有两种独立方案 A 和 B 可供选择，寿命均为 8 年，现金流量如表 4－5 所示，基准收益率为 12%，判断其经济可行性。

表 4－5　现金流量　　单位：万元

方案	0 年	1～8 年
A	－100	34
B	－170	32

解：先计算两种方案的绝对效果指标，再根据各指标的判断准则进行方案取舍。

（1）以净现值为评价指标：

$NPV_A=-100+34(P/A,\ 12\%,\ 8)=68.912$（万元）

$NPV_B=-170+32(P/A,\ 12\%,\ 8)=-11.024$（万元）

由于 $NPV_A>0$，$NPV_B<0$，根据净现值判断准则，方案 A 可以接受，方案 B 应予拒绝。

（2）以净年值为评价指标：

$NAV_A=NPV_A(A/P,\ 12\%,\ 8)=13.872$（万元）

$NAV_B=NPV_B(A/P,\ 12\%,\ 8)=-2.219$（万元）

由于 $NAV_A>0$，$NAV_B>0$，根据净年值判断准则，方案 A 可以接受，方案 B 应予拒绝。

（3）以内部收益率为评价指标：

由方程

$-100+34(P/A,\ IRR_A,\ 8)=0$

$-170+32(P/A,\ IRR_B,\ 8)=0$

得 $IRR_A=29.7\%>12\%$，$IRR_B=10.1\%<12\%$，则方案 A 可以接受，方案 B 应予拒绝。

对于独立方案而言，经济上是否可行要看绝对经济效果指标是否优于一定的标准，无论采用净现值、净年值或内部收益率当中的哪个评价指标，评价结果都是一样的。

4.5.2　互斥型投资方案决策

互斥方案指各方案之间具有排他性，在各方案之中只能选择一种。比如，同一地域的土地利用方案是互斥方案，是建居民住房还是建写字楼等，只能选择其中之一；厂址问题，也是互斥方案的选择问题；建模问题也是互斥方案的选择问题。

在互斥方案的决策结构形式下，经济效果评价包含了两部分内容：一是考察各种方案自身的经济效果，即进行绝对效果检验；二是考察哪种方案相对最优，即相对效果检验。两种检验目的和作用不同，通常缺一不可。只有在众多互斥方案中必须选择其中之一时才进行相对效果检验。

互斥方案经济效果评价的特点是进行方案比选。参加比选的方案应具有可比性，主要应注意考察时间段及计算期的可比性、收益与费用的性质及计算范围的可比性、方案风险水平的可比性和评价所使用假定的合理性。

【例 4－15】（互斥方案选择问题）　现有 X、Y 两种互斥方案，寿命相同，各年现金流量如表 4－6 所示，试评价选择方案（$i_0=12\%$）。

表 4－6　　**现金流量**　　单位：万元

方案	0 年	1～10 年
X	－20	5.8
Y	－30	7.2

解：先进行绝对效果检验

（1）净现值评价指标：

$NPV_X=-20+5.8(P/A,\ 12\%,\ 10)=12.8$（万元）

$NPV_Y=-30+7.2(P/A,\ 12\%,\ 10)=14.1$（万元）

由于 NPV_X，NAV_Y 都大于零，所以就单种评价方案而言，都是可行的。

因为 X、Y 是互斥方案，只能选择其中一种，按净现值最大准则，由于 $NPV_Y>NPV_X$，则方案 Y 优于方案 X，所以接受方案 Y，拒绝方案 X。

（2）净年值评价指标：

$NAV_X=NPV_X(A/P,\ 12\%,\ 10)=2.265$（万元）

$NAV_Y=NPV_Y(A/P,\ 12\%,\ 10)=2.495$（万元）

由于 $NAV_Y>NAV_X>0$，根据净年值最大准则，方案 Y 优于方案 X，因为是互斥方案，

所以接受方案 Y，拒绝方案 X。

（3）内部收益率评价指标：

由方程

$-20+5.8(P/A, IRR_X, 10)=0$

$-30+7.8(P/A, IRR_Y, 10)=0$

可求得

$IRR_X=26\%$，$IRR_Y=23\%$

由于 IRR_X，IRR_Y 都大于基准收益 12%，对单种方案决策而言都是可行的，但在互斥方案中只能选出一种最优的，如果按照内部收益率最大准则，得出 $IRR_X > IRR_Y$，则 X 方案优于 Y 方案，与上述两种指标评价的结论矛盾。

实际上，投资额互斥方案比选的实质是判断增量投资的经济效果，即投资大的方案相对于投资小的方案多投入的资金能否带来满意的增量收益。

显然，若投资额小的方案达到了标准的要求，增量投资能带来满意的增量收益（也达到标准的要求），那么增加投资是有利的，投资额大的方案（可以看成是投资额小的方案与增量投资方案的组合）为优；反之，增量投资没有达到标准的要求，则投资额小的方案优于投资额大的方案。

内部收益率指标不能说明方案的优劣，还要进一步用相对经济效果指标检验，即通过差额内部收益率或差额净现值来进行选优。

$\Delta NPV_{Y-X}=-30-(-20)+(7.8-5.8)(P/A, 12\%, 10)=1.3$（万元）

由于 $\Delta NPV_{Y-X}>0$，因此，增加投资有利，投资额大的 Y 方案优于 X 方案。由方程式

$-30-(-20)+(7.8-5.8)(P/A, \Delta IRR, 10)=0$

解得

$\Delta IRR=15\%$

由于 $\Delta IRR>12\%$，因此，增加投资有利，投资额大的 Y 方案优于 X 方案，所以接受方案 Y，拒绝方案 X。

例 4－15 表明了互斥方案比选的基本方法，即采用差额分析法或增量分析法，计算增量现金流量的增量评价指标，通过增量指标的判断标准，分析增量投资有利与否，从而确定两方案的优劣。

4.6 投资决策案例

4.6.1 更新决策

旧设备往往消耗大、效率差、精度低、维修多。当出现生产效率更高、原材料或动力的消耗更低、能生产出质量更好的产品的新设备时，虽然旧设备还能继续使用，企业却将面临是否要用这种新设备置换旧设备的问题。

【例 4－16】（设备更换问题） 设某企业拟以一台先进设备更换现有的一台设备，有

关资料如表 4－7 所示，试用净现值法和内部收益率法分析该方案是否可行。

表 4－7　　关于设备的有关资料

摘要	现用设备	新设备
购置价格/元	3000000	4400000
使用年限/年	20	15
已使用年限/年	5	0
期满残值/元	0	200000
应计折旧/元	3000000	4200000
年折旧额/元	150000	280000
账面价值/元	2250000	4400000
可作价/元	1900000	0
年销售收入/元	1000000	1600000
年材料及工资费用/元	650000	820000
规定的贴现率/（%）	10	

可计算现金流出量为新设备购置价减现用设备作价为

4400000－1900000＝2500000（元）

每年增加的现金流入量如表 4－8 所示。

表 4－8　　每年增加的现金流入量　　单位：元

摘要	现用设备	新设备	差额
销售收入	1000000	1600000	600000
材料及工资费用	650000	820000	170000
折旧	150000	280000	130000
利润	200000	500000	300000
现金净流入量	350000	780000	430000

则使用新设备后增加的净现值为新设备在使用期 15 年内每年增加的现金净流入量的现值总额，加上残值的现值，再减去投资额，即

$$\Delta \text{净现值} = (430000 \times 7.606 + 200000 \times 0.239) - 2500000 = 818380\text{（元）}$$

计算设备更新方案的内部收益率，首先计算年金现值系数。

$$\text{年金现值系数} = \frac{\text{现金流出量的现值总额}}{\text{每年现金净流出量}}$$

$$= \frac{2500000 - 200000 \times 0.239}{430000} = 5.703$$

根据上述年金现值系数，查期数为 15 的与该年金现值系数邻近的现值系数为 6.142 与 5.575，与它们相对应的贴现率为 14% 和 16%。

用插值法计算内部收益率：

14% +2% ×[(6.142 −5.703)/(6.142 −5.575)] =15.55%

计算结果表明，该项设备在重置后可增加净现值 818380 元，内部收益率高于规定的贴现率，说明设备更换是可取的。

4.6.2 自制还是外购决策

在分析这类决策问题时，可先计算自制与外购相比的现金流量的增量，然后再据以计算净现值增量。

【例 4 −17】（自制与外购决策问题） 某公司为了生产产品 A，每年需要零件 h 为 80000 件，其外购价格（包括运费）每件 10 元。产品 A 的寿命估计超过 4 年。如果自制零件 h，则需要投资 380000 元添置一台专用设备，设备的寿命为 4 年，残值为 20000 元，另外需垫支流动资本 100000 元，自制时的单位变动成本为 6 元，每年需要增加的固定成本（不包括设备折旧）为 150000 元。所得税率为 40%，资本成本为 12%。

可以站在自制方案的立场上，通过下面几个步骤，用增量法进行分析，以便判定自制是否比外购有利。

（1）计算自制与外购相比的年经营现金流量的增量。

自制的年折旧 =(380000 −20000)/4 =90000（元）

自制的年成本 =80000 ×6 +150000 +90000 =720000（元）

外购的年成本 =80000 ×10 =800000（元）

Δ 年经营现金流量 =[(−720000) −(−800000)] ×(1 −40%) +90000 =138000（元）

（2）计算各年自制与外购相比的现金流量的增量（见表 4 −9）。

表 4 −9　各年自制与外购相比的现金流量的增量　单位：元

指标	0 年	1 ~ 3 年	4 年
Δ 设备投资	−380000		
Δ 流动资本垫支	−100000		
Δ 经营现金流量		138000	138000
Δ 残值回收			20000
Δ 流动资本回收			100000
自制的 Δ 现金流量	−480000	138000	258000

（3）计算自制与外购相比的净现值的增量。

$\Delta NPV = -480000 + 138000 \times [(1+12\%)^3 - 1]/[(1+12\%)^3 \times 12\%] + 258000/(1+12\%)^4 = 15407$（元）

综上可见，自制与外购相比，$\Delta NPV > 0$，这说明自制优于外购。

4.6.3 投资时机决策

有时，虽然投资的净现值大于零，但从长远考虑，立刻投资不一定能使投资的价值达到最大。而有一些投资项目，虽然目前尚无利润可言，但过一段时间后，可能会利润丰厚。因此，对每一个投资项目，公司都面临着选择最佳投资时机问题。

【例 4－18】（矿藏开采问题）　某林场有一片可供开采的矿藏，虽然为开采所需的资金，随着时间的推移而增大，但同时因经济的发展，可以预料矿藏的价格也将有较大幅度的上升，若预计开采活动收入的净收益如表 4－10 所示，问何时开采最好？

表 4－10　　开采活动收入的净收益　　单位：百万元

指标	0 年	1 年	2 年	3 年	4 年	5 年
净收益	7000	9016	10850	12516	14000	15316
增长率		28.8	20.3	15.4	11.9	9.4

首先应将上述净收益值化为净现值，如表 4－11 所示。

表 4－11　　净现值　　单位：百万元

指标	0 年	1 年	2 年	3 年	4 年	5 年
净现值	7000	8196	8967	9403	9562	9510

在第四年之前，收入的增长率大于资本成本，投资者应继续等待。第四年后收入增长率低于资本成本，第四年开采的净现值最大，故应在第四年进行开采。如果认为收入的增长率是等待的边际收益率，则资本成本就是等待的边际成本，显然，最佳投资时机应是边际收益率等于边际成本之时。

4.6.4　资本限量决策

在资本限量决策中，待选投资项目多，决策的任务是要从中选择若干个项目，既充分利用可供投资的资本，又不超过预定用于投资的资本限额。在这种要求下，可能会有很多不同的项目搭配方案可供选择。各被选项目净现值之和最大的方案，对公司最为有利，因而是最佳方案。所以说，评价项目搭配方案优劣的指标是净现值。

为了简化决策分析工作，应该首先找到很多方案中最好的几种方案，以便缩小选择范围。为此有必要首先将各待选项目按优劣程度顺序排列，以便由好到次挑选项目，确定出几种待选的项目搭配方案。因此，资本限量决策也称排列决策。在资本限量和各项目投资额大小不一的情况下评价项目优劣的标准，不应该是项目的期望净现值，而应该是项目的期望现值指数，因为只有现值指数较高的项目才能保证让每一元资本带来最大的净现值。

【例 4－19】（多方案投资选择问题）　某企业有 $A \sim H$ 八种产品的投资方案，资本限额是 6000000 元，各方案的净现值和现值指数如表 4－12 所示，问在投资限额内应优先投资哪些产品方案？

可以先按净现值的多少排序选择，结果是 A、F、C 三种项目，总净现值是 1898000 元，投资额为 6000000 元。

表 4-12 各方案的净现值和现值

计划方案	投资额/元	净现值/元	现值指数
A	2000000	1200000	0.6
B	1200000	540000	0.45
C	400000	50000	0.13
D	900000	225000	0.25
E	1300000	286000	0.22
F	3600000	648000	0.18
G	300000	42000	0.14
H	1500000	570000	0.38

再根据现值指数的大小确定优先顺序，如表 4-13 所示。

表 4-13 根据现值指数排序

方案	现值指数	净现值/元	投资额/元
A	0.6	1200000	2000000
B	0.45	540000	1200000
H	0.38	570000	1500000
D	0.25	225000	900000
C	0.13	50000	400000
合计		2585000	6000000

可见应选择 *A*、*B*、*H*、*D*、*C* 五种方案。

比较两种方案选择的净现值合计数，由于 2585000 元 > 1898000 元，因此按现值指数方案选择较有利。但如果将其中的 *D*、*C* 两方案用 *E* 方案取代，投资额不变，则净现值可以最大。

例 4-19 说明，资本限量决策时，采用现值指数法决定优先顺序比采用净现值法优越，但是，为了选择净现值最大的方案组，使用净现值法来调整优先顺序还是有必要的。例 4-19 就是先根据现值指数法选择出优先顺序然后用净现值法来调整，经过反复试算，最后得出净现值最大的方案组合。

4.7 Excel 应用分析

大规模的投资决策需要计算机的辅助，Office 系列的 Excel 软件能很好地解决投资决策中评价指标的计算问题。本节用 Excel 计算净现值与内部收益率，并确定投资方案。

在 Excel 中，内建函数 *NPV* 及 *IRR* 能有效计算投资项目的净现值与内部收益率。

1. 净现值的计算——*NPV* 函数

该函数基于一系列现金流和固定的各期贴现率，返回一项投资的净现值。其函数形式为

$$NPV(rate, value1, value2, \cdots)$$

其中，参数 *rate* 为各期贴现率（资本成本），是一固定值。*value*1，*value*2，…代表 1 ~ 29 笔支出及收入的参数值。*value*1，*value*2，…所属各期间的长度必须相等，而且支付及收入的时间都发生在期末。函数 *NPV* 假定投资开始于 *value*1 现金流所在日期的前一期，并结束于最后一笔现金流的当期。函数 *NPV* 依据未来的现金流计算。如果第一笔现金流发生在第一个周期的期初，则第一笔现金必须添加到函数 *NPV* 的结果中，而不应包含 *values* 在参数中。如果 *n* 是 *values* 参数表中的现金流的次数，则 *NPV* 的公式为

$$NPV = \sum_{j=1}^{n} \frac{values_j}{(1 + rate)^j}$$

【例 4 - 20】（服装店投资问题）　假如要购买一家服装店，投资成本为$ 40000，并且希望前五年的营业收入如下：$ 8000，$ 9200，$ 10000，$ 12000 和$ 14500。每年的贴现率为 8%（相当于通货膨胀率或竞争投资的利率）。

Excel 应用包括以下步骤。

第一步，如果鞋店的成本及收入分别存储在 B1 到 B6 中，如图 4 - 6 所示。

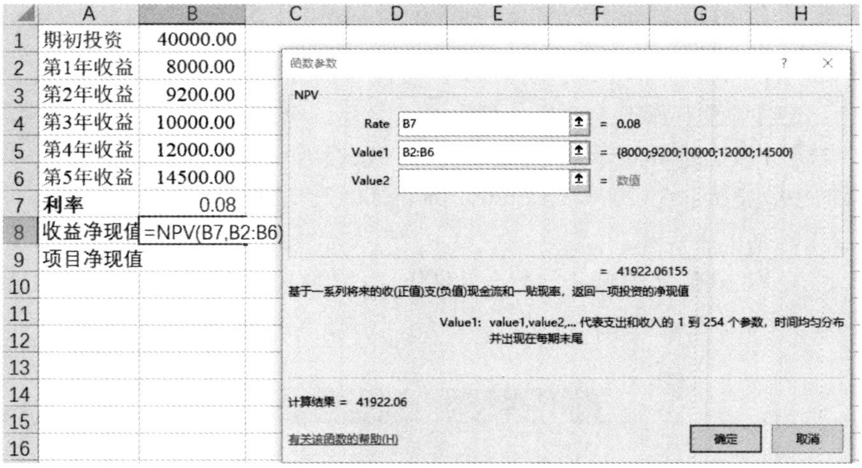

图 4 - 6　引用 *NPV* 函数

第二步，调用以下公式可以计算出服装店投资的净现值

$$NPV(8\%, B2:B6) - B1 = \$1922.06$$

例 4 - 20 中，一开始投资的$ 40000 并不包含在 *values* 参数中，因为此项付款发生在第一期的期初，如图 4 - 7 所示。

	A	B
1	期初投资	40000.00
2	第1年收益	8000.00
3	第2年收益	9200.00
4	第3年收益	10000.00
5	第4年收益	12000.00
6	第5年收益	14500.00
7	**利率**	0.08
8	收益净现值	41922.06
9	项目净现值	=B8-B1

	A	B
1	期初投资	40000.00
2	第1年收益	8000.00
3	第2年收益	9200.00
4	第3年收益	10000.00
5	第4年收益	12000.00
6	第5年收益	14500.00
7	**利率**	0.08
8	收益净现值	41922.06
9	项目净现值	1922.06

图 4 –7　收益净现值减去期初投资成本

2. 内部收益率的计算——*IRR* 函数

IRR 函数是数值代表的一组现金流的内部收益率。这些现金流不一定必须为均衡的，但作为年金，它们必须按固定的间隔发生，如按月或按年。其中包含定期支付（负值）和收入（正值）。其函数形式为

$$IRR = (values, \ guess)$$

参数 *values* 为数组或单元格的引用，包含用来计算内部收益率的数字。*values* 必须包含至少一个正值和一个负值，以计算内部收益率。函数 *IRR* 根据数值的顺序来解释现金流的顺序，故应确定按需要的顺序输入支付和收入的数值。

参数 *guess* 为对函数 *IRR* 计算结果的估计值。Microsoft Excel 使用迭代法计算函数 *IRR*。从 *guess* 开始，函数 *IRR* 不断修正收益率，直至结果的精度达到 0.00001%。如果函数 *IRR* 经过 20 次迭代，仍未找到结果，则返回错误值#NUM!。在大多数情况下，并不需要为函数 *IRR* 的计算提供 *guess* 值。如果省略 *guess*，假设它为 0.1(10%)。如果函数 *IRR* 返回错误值#NUM!，或结果没有靠近期望值，可以给 *IRR* 换一个值再试一下。

【例 4 –21】（饭店投资问题） 假设要开办一家饭店。估计需要$ 70000 的投资，并预期今后五年的净收益为：$ 12000、$ 15000、$ 18000、$ 21000 和$ 26000。

Excel 应用包括以下步骤。

第一步，在 B1∶B6 分别输入：$ –70000、$ 12000、$ 15000、$ 18000、$ 21000 和$ 26000，如图 4 –8 所示。

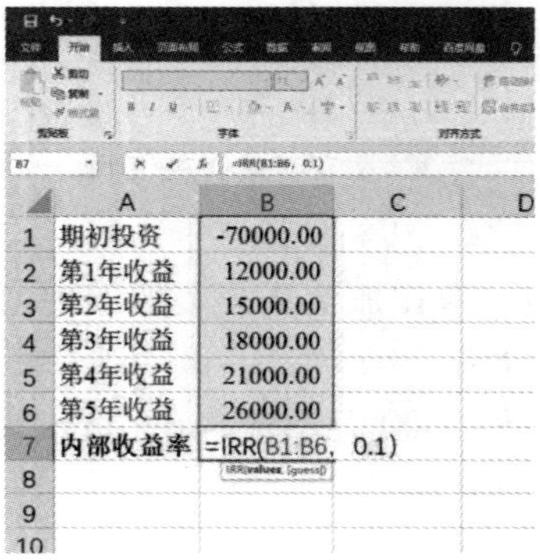

图 4 –8　引用 *IRR* 函数

第二步，计算此项投资五年后的内部收益率：*IRR*（B1∶B6）等于 8.7%，如图 4－9 所示。

	A	B
1	期初投资	-70000.00
2	第1年收益	12000.00
3	第2年收益	15000.00
4	第3年收益	18000.00
5	第4年收益	21000.00
6	第5年收益	26000.00
7	**内部收益率**	0.087

图 4－9　内部收益率计算结果

习　题

1. 某企业连续 8 年每年年末支付一笔款项，第一年 2 万元；以后每年递增 3000 元，若年利率为 10%，问全部支付款项的现值是多少？

2. 某厂生产和销售一种产品，单价为 15 元，单位变动成本 10 元，全月固定成本 100000 元，每月销售 40000 件。由于某种原因其产品单价将降至 13.50 元；同时每月还将增加广告费 20000 元。

试计算：

（1）该产品此时的盈亏平衡点。

（2）增加销售多少件产品能使利润比原来增加 5%？

3. 购买某台设备需 8 万元，用该设备每年可获净收益 1.26 万元，该设备报废后无残值。

（1）若设备使用 8 年后报废，这项投资的内部收益率是多少？

（2）若贴现率为 10%，问该设备至少可使用多少年才值得购买？

4. 设投资方案 *A*、*B* 现金流量如表 4－14 所示，计算两方案的投资回收期。

表 4－14　现金流量　　单位：元

方案	0 年	1 年	2 年	3 年	4 年	5 年
A	－100000	25000	30000	35000	40000	45000
B	－100000	50000	50000	5000		

5. 建一个生产某零配件的工厂，需要总投资 200 万元，使用年限 10 年，估计年可获利润 40 万元，如果目标收益率为 15%，试用内部收益率法分析该方案的可行性。

6. 某公司获得一笔 8 万元的贷款，偿还期是 4 年，按年利率 10% 计复利，有四种还款方式：

(1) 每年年末偿还2万元本金和利息;

(2) 每年年末只偿还所欠利息,第四年年末一次性偿还本金;

(3) 在四年中每年年末等额偿还;

(4) 第四年年末一次偿还本息。

试计算各种还款方式所付出的总金额并求出哪种方式最划算?

7. 某厂生产某种产品,为提高自动化程度,需购置一种新设备。新设备一旦投入使用,单位可变成本会降低,同时产量也会增加,但它会使固定成本增加。表4-15是新老方案数据,试对两种方案进行决策分析。

表4-15　新老方案数据

项目	固定成本/万元	单位变动成本/元	价格/元	生产能力/万件
老方案	10	5.5	18	2
新方案	15	3	18	2.5

8. 两种独立方案 X、Y,现金流量如表4-16所示。试用前述方法判断其经济可行性($i_0=15\%$)。

表4-16　现金流量　单位:万元

方案	0年	1~10年
X	-200	50
Y	-200	30

第 5 章　风险型决策

【教学目标】

（1）了解风险型决策分析的适用场合。

（2）掌握风险型决策的计算过程。

（3）熟练运用风险型决策方法解决具体问题。

【导入案例】

某厂生产某种产品，若市场畅销，可以获得利润 15000 元；若市场滞销，将亏损 5000 元。根据以往的市场调研情况，该产品畅销的概率为 0.8，滞销的概率为 0.2。为了准确地掌握该产品的销售情况，可以聘请某咨询公司进行市场调研分析，它对产品畅销预测的准确率为 0.95，滞销预测的准确率为 0.9。

请问：如果咨询公司预测市场畅销，那么是否应该生产？如果预测为滞销，是否应该生产？

5.1　风险决策的期望值准则及其应用

5.1.1　风险型决策分析

“风险”一词在日常生活中经常被谈论，但要从理论角度对风险下一个准确的定义并不容易。一般认为，风险是指某一事件出现的实际状况与预期状况（即实际值与预期值）有背离，从而产生的一种损失。这种损失有时表现为实际值的绝对减少，有时表现为相对减少或机会损失。而这种背离或差异的出现又是不确定性的，即是以一定的概率随机发生的，而不是事先能准确预计的。但对风险含义的理解，从不同的角度可以作不同的陈述和定义。目前，关于风险的定义主要有以下几种代表性观点。

以研究风险问题著称的美国学者威雷特认为，“风险是关于不愿发生的事件发生的不确定性之客观体现”。

美国经济学家奈特认为，“风险是可测定的不确定性”。

我国不少学者认为，风险是指实际结果与预期结果相背离从而产生损失的一种不确定性。

综上所述，风险一词包括了两方面的内涵：其一，是指风险意味着出现损失，或者是未实现预期的目标值；其二，是指这种损失出现与否是一种不确定性随机现象，它可用概率表示出现的可能程度，不能对出现与否作出确定性判断。基于上述分析，假定：用 C 表示出现的结果（损失），用 P 表示损失出现的概率，用 R 表示风险，则可用以下公式表示风险：

$$R=f(C,\ P)$$

上式表明，风险是某一不利事件（比如“损失”）的不利程度（比如损失额大小）和该事件出现概率的函数。

风险型决策分析是在状态概率已知的条件下进行的，一旦各自然状态的概率经过预测或估算被确定下来，在此基础上的决策分析所得到的最满意方案就具有一定的稳定性。只要状态概率的测算切合实际，风险决策就是一种比较可靠的决策方法。

风险型决策一般包含以下条件。

（1）存在着决策者希望达到的目标（如收益最大或损失最小）。

（2）存在着两种或两种以上的方案可供选择。

（3）存在着两种或两种以上不以决策者主观意志为转移的自然状态（如不同的天气对市场的影响）。

（4）可以计算出不同方案在不同自然状态下的损益值。

（5）在可能出现的不同自然状态中，决策者不能肯定未来将出现哪种状态，但能确定每种状态出现的概率。

5.1.2 风险型决策分析的期望值准则

风险型决策分析最主要的决策准则是期望值准则。

1. 期望损益决策的基本原理

一个决策变量 d 的期望值，就是它在不同自然状态下的损益值（或机会损益值）乘相对应的发生概率之和，即

$$E(d_i)=\sum_{j=1}^{n}p(\theta_j)d_{ij}$$

其中，$E(d_i)$ 为变量 d_i 的期望值；d_{ij} 为变量 d_i 在自然状态 θ_j 下的损益值（或机会损益值）；$p(\theta_j)$ 为自然状态 θ_j 的发生概率。

决策变量的期望值包括三类：①收益期望值，如利润期望值、产值期望值等；②损失期望值，如成本期望值、投资期望值等；③机会期望值，如机会收益期望值、机会损失期望值等。

每一种行动方案即一个决策变量，其取值就是每种方案在不同自然状态下的损益值。把每种方案的各损益值和相对应的自然状态概率相乘再加总，得到各方案的期望损益值，然后选择收益期望值最大者或者损失期望值最小者为最优方案。这种把各方案的期望值求出来加以比较选优的方法，即期望值决策准则。

2. 案例分析

【例 5-1】（工厂扩建问题） 某化工厂为扩大生产能力，拟订了三种扩建方案以供决策：①大型扩建，如果产品销路好可获利 200 万元，销路差则亏损 60 万元；②中型扩建，

如果产品销路好可获利 150 万元，销路差可获利 20 万元；③小型扩建，如果产品销路好可获利 100 万元，销路差可获利 60 万元。根据历史资料，未来产品销路好的概率为 0.7，销路差的概率为 0.3，试作出最佳扩建方案决策。其决策表如表 5－1 所示。

表 5－1　　某化工厂扩建问题决策　　单位：万元

方案	销路好 θ_1	销路差 θ_2
	$p_1=0.7$	$p_2=0.3$
大型扩建 d_1	$200(d_{11})$	$-60(d_{12})$
中型扩建 d_2	$150(d_{21})$	$20(d_{22})$
小型扩建 d_3	$100(d_{31})$	$60(d_{32})$

应用期望收益决策准则进行决策分析包括以下步骤。

（1）计算各方案的期望收益值。

大型扩建：$E(d_1)=0.7\times200+0.3\times(-60)=122$（万元）

中型扩建：$E(d_2)=0.7\times150+0.3\times20=111$（万元）

小型扩建：$E(d_3)=0.7\times100+0.3\times6=88$（万元）

（2）选择决策方案。根据计算结果，大型扩建方案获利期望值是 122 万元，中型扩建方案获利期望值是 111 万元，小型扩建方案获利期望值是 88 万元。因此，选择大型扩建方案是最优方案。

【例 5－2】（冷饮销售问题）　某冷饮厂拟定今年夏天（7 月和 8 月）某种冷饮的日计划产量，该种冷饮每箱成本为 100 元，售价为 200 元，每箱销售后可获利 100 元。如果当天销售不出去，剩一箱就要由于冷藏费及其他原因而亏损 60 元。通过统计分析和市场预测，确认当年市场销售情况如表 5－2 所示。

表 5－2　　冷饮日销售量概率

日销售量/箱	200	210	220	230
概率	0.3	0.4	0.2	0.1

问：该厂今年夏天每日生产量应定为多少才能使利润最大？

解：（1）根据每天可能的日销售量，编制不同日产量的条件收益如表 5－3 所示。

表 5－3　　冷饮厂不同日产量方案的收益　　单位：元

日销售量	200	210	220	230	期望利润 *EMV*
	0.3	0.4	0.2	0.1	
$200(d_1)$	20000	20000	20000	20000	20000
$210(d_2)$	19400	21000	21000	21000	20520
$220(d_3)$	18800	20400	22000	22000	20400
$230(d_4)$	18200	19800	21400	23000	19960

计划产量方案在不同的日销售量条件下的利润额随供需关系而定，设以 A 代表日计划产量，以 D 代表市场的日可能销售量，则每日利润额的计算方法如下：

当 $A \leqslant D$ 时，每日利润额 $=(200-100)A=100A$。

当 $A>D$ 时，每日利润额 $=(200-100)D-60(A-D)=160D-60A$。

例如，如果日计划产量 200 箱而日销售量为 200 箱，即 $A \leqslant D$，则日利润额为 $100\times200=20000$ 元，若日销售量大于 200 箱，利润仍为 20000 元；当日计划产量 210 箱而日销售量为 200 箱时，即 $A>0$，此时日利润额为

$160\times200-60\times210=19400$（元）

（2）计算各日产量方案的期望利润值。各种方案的期望利润，是在收益表的基础上，将每种方案在不同自然状态下的利润值乘以该自然状态发生的概率值之和。例如，日计划产量 210 箱的期望利润为

$19400\times0.3+21000\times0.4+21000\times0.2+21000\times0.1=20520$（元）

其他方案的期望利润计算以此类推。

（3）决策。比较各方案的期望利润值，选择其中期望利润值最大的方案为最优方案。从表 5－3 的计算结果可以看出：日计划产量 210 箱的方案的期望利润为最大。因此，该冷饮厂的最优日产量方案是 210 箱。

5.1.3　期望损益决策法中的几个问题

1. 期望损益值相同方案的选择

在一项决策中，如果期望收益值最大（或期望损失值最小）的方案不止一种时，就要选取离差最小的方案为最优方案。

按决策技术定义的离差为

$$\sigma_i = E(d_i) - \min_j(d_{ij})$$

其中，σ_i 为第 i 种方案的离差；$E(d_i)$ 为第 i 种方案的期望损益值；$\min_j(d_{ij})$ 为第 i 种方案在各种状态下的最小损益值。

【例 5－3】（多状态多方案问题）　设有一个四种状态、三种方案的决策问题，各状态发生的概率及每一种方案在各种状态下的收益值如表 5－4 所示。

表 5－4　　收益值

方案	θ_1	θ_2	θ_3	θ_4	期望收益	离差
	0.1	0.2	0.3	0.4	$E(d_i)$	σ_i
d_1	30	10	45	20	26.5	16.5
d_2	15	25	25	35	28	13
d_3	33	21	35	25	28	8

试用期望损益决策法确定最优方案。

首先计算各方案的期望收益值：

$E(d_1)=30\times0.1+10\times0.2+45\times0.3+20\times0.4=26.5$

$E(d_2)=15\times0.1+25\times0.2+25\times0.3+35\times0.4=28$

$E(d_3)=33\times0.1+21\times0.2+35\times0.3+25\times0.4=28$

由于 $E(d^*)=\max\{26.5,\ 28,\ 28\}=28=E(d_2)=E(d_3)$，按最大期望值准则，最优方案有两种，即 d_2 和 d_3。在此情况下，再比较方案 d_2 与 d_3 的离差。

$\sigma_2=E(d_2)-\min\{15,\ 25,\ 25,\ 35\}=28-15=13$

$\sigma_3=E(d_3)-\min\{33,\ 21,\ 35,\ 25\}=28-21=7$

因 $\sigma_3<\sigma_2$，故应该选取方案 d_3 作为最优方案。

2. 风险型决策中完整情报的价值

期望损益决策中计算的期望利润并非企业获得的真正利润，而是不同生产方案在各种不同市场需求状态下可能获得的平均利润。我们之所以这样决策，就是因为对未来市场的需求量不能确切地了解。如果能够加强市场销售趋势的调查研究，掌握完整的市场情报资料，做到既充分保证市场需求，又不生产过剩的产品（这实际已属于确定型决策），从而获得最大的利润。我们把这种具有完整情报的最大期望利润记为 E_P，它应该等于

$$E_P=\sum_{j=1}^{n}P_j\max_{1\leqslant i\leqslant m}(d_{ij})$$

显然，$E_P>E(d)$。

要确知未来市场的需求，就要有完整的情报。而要获得完整的情报，就要有相应的资金投入。那么，这种投入的最大数量界限是什么呢？这就是完整情报的价值的概念。用 E_V 表示完整情报的价值，则

$$E_V=E_P-E(d)$$

其中，E_V 表示花钱获得情报所能得到的最大的期望利润。它等于供需相等时最大利润的期望值与风险情况下最大期望利润的差额。决策时，所花人力、物力去获得完整情报的费用不超过 E_V，则获取完整情报的工作是合算的，否则得不偿失。

【例 5－4】（销售问题）　计算例 5－2 的完整情报的价值 E_V。根据已提供的资料，计算具有完整情报下各方案的最大利润如表 5－5 所示。

表 5－5　　**完整情报下各方案的最大利润**　　单位：元

日销售量	200	210	220	230
	0.3	0.4	0.2	0.1
200(d_1)	20000	—	—	—
210(d_2)	—	21000	—	—
220(d_3)	—	—	22000	—
230(d_4)	—	—	—	23000

具有完整情报的最大期望利润为

$$E_P=\sum_{j=1}^{4}p_j\max_{1<i<4}(d_{ij})=20000\times0.3+21000\times0.4+22000\times0.2+23000\times0.1$$
$$=21100\ （元）$$

而风险情况下的最大期望利润已计算得为 $E(d)=20520$（元），所以完整情报价值为

$E_V=E_P-E(d)=21100-20520=580$（元）

这里算出的580元就是花钱获得情报的最大收益，也是由于市场资料不全，决策时的最小期望损失值。

5.2 决策树分析方法

利用决策树形图进行决策分析的方法称为决策树分析法。当决策涉及多方案选择时，借助由若干节点和分支构成的树状图形，可形象地将各种可供选择的方案、可能出现的状态及其概率，以及各方案在不同状态下的条件结果值简明地绘制在一张图上，以便讨论研究。决策树形图的优点在于系统地、连贯地考虑各方案之间的联系，整个决策分析过程直观易懂、清晰明了。

决策树形图可分为单阶段决策树和多阶段决策树。单阶段决策树是指决策问题只需进行一次决策活动，便可以选出理想的方案。单阶段决策树一般只有一个决策节点。如果所需决策的问题比较复杂，通过一次决策不能解决，而是要通过一系列相互联系的决策才能选出最满意方案，这种决策就称为多阶段决策。多阶段决策的目标是使各次决策的整体效果达到最优。

决策树分析法是进行风险型决策分析的重要方法之一。该方法将决策分析过程以图解方式表达整个决策的层次、阶段及其相应的决策依据，具有层次清晰、计算方便等特点，因而在决策活动中被广泛运用。

5.2.1 决策树基本分析法

决策树又称决策图，是以方框和圆圈及节点，并由直线连接而形成的一种像树枝形状的结构图。单阶段决策树如图5－1所示。

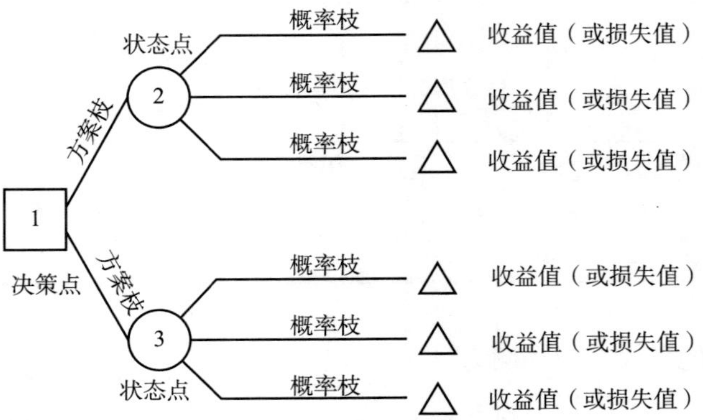

图5－1 单阶段决策树

1. 决策树所用图解符号及结构

（1）决策点：它是以方框表示的节点。

（2）方案枝：它是由决策点起自左而右画出的若干条直线，每条直线表示一个备选方案。

（3）状态点：在每个方案枝的末端画上一个圆圈“○”并注上代号叫作状态点。

（4）概率枝：从状态点引出若干条直线“—”叫概率枝，每条直线代表一种自然状态及其可能出现的概率（每条分枝上面注明自然状态及其概率）。

（5）结果点：它是画在概率枝的末端的一个三角节点。在节点处列出不同的方案在不同的自然状态及其概率条件下的收益值或损失值。

2. 运用决策树进行决策的步骤

决策树形图是人们对某个决策问题未来可能发生的状态与方案的可能结果所作出的预测在图纸上的分析。因此画决策树形图的过程就是拟定各种可行方案的过程，也是进行状态分析和估算方案结果值的过程。画决策树形图时，应按照图的结构规范由左向右逐步绘制、逐步分析，具体包括以下步骤。

（1）根据实际决策问题，以初始决策点为树根出发，从左至右分别选择决策点、方案枝、状态点、概率枝等画出决策树。

（2）从右至左逐步计算各个状态点的期望收益值或期望损失值，并将其数值标在各点上方。

（3）在决策点将各状态点上的期望值加以比较，选取期望收益值最大的方案。对落选的方案要进行“剪枝”，即在效益差的方案枝上画上“//”符号。最后留下一种效益最好的方案。

5.2.2 应用实例

【例5-5】（水果订货问题） 某市果品公司准备组织新年（双节）期间柑橘的市场供应，供应时间预计为70天，根据现行价格水平，假如每公斤柑橘进货价格为3元，零售价格为4元，每公斤的销售纯收益为1元。零售经营新鲜果品，一般进货和销售期为一周（7天），如果超过一周没有卖完，便会引起保管费用和腐烂损失的较大上升。如果销售时间超过一周，平均每公斤损失0.5元。根据市场调查，柑橘销售量与当前其他水果的供应和销售情况有关。如果其他水果充分供应，柑橘日销售量将为6000公斤；如果其他水果供应稍不足，则柑橘日销售量将为8000公斤；如果其他水果供应不足进一步加剧，则会引起价格上升，则柑橘的日销售量将达到10000公斤。调查结果显示在这期间，水果储存和进货状况将引起水果市场5周是其他水果价格上升，3周是其他水果供应稍不足，2周是其他水果充分供应。现在需提前两个月到外地订购柑橘，由货源地每周发货一次。

根据以上情况，该公司确定进货期为一周，并设计了3种进货方案：A_1 进货方案为每周进货 $10000 \times 7 = 70000$（公斤）；A_2 进货方案为每周进货 $8000 \times 7 = 56000$（公斤）；A_3 进货方案为每周进货 $6000 \times 7 = 42000$（公斤）。在“双节”到来之前。公司将决策选择哪种进货方案，以便做好资金筹集和销售网点的布置工作。

解：分析原问题，柑橘的备选进货方案共有3种，每种备选方案面临3种自然状态，因此，由决策点出发，右边连出3条方案枝，末端有3个状态节点，每个状态节点分别引出3条概率枝，在概率枝的末端有9个结果点，柑橘日销量10000公斤、8000公斤、6000公斤的概率分别为0.5、0.3、0.2。将有关数据填入决策图中，如图5-2所示。

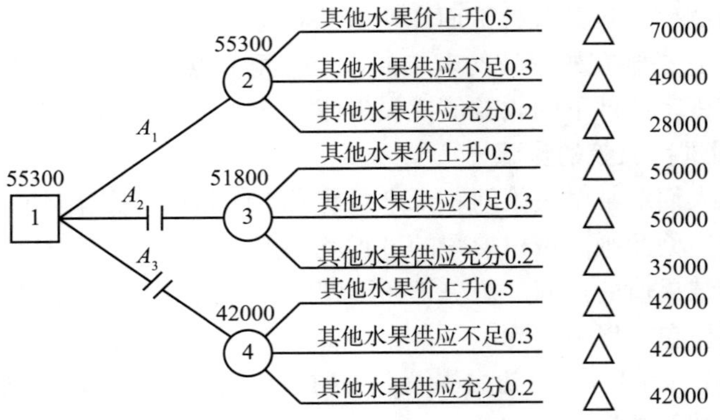

图5-2　决策树

分别计算状态节点②③④处的期望收益值，并填入图5-2中。

节点②：$70000 \times 0.5 + 49000 \times 0.3 + 28000 \times 0.2 = 55300$

节点③：$56000 \times 0.5 + 56000 \times 0.3 + 35000 \times 0.2 = 51800$

节点④：$42000 \times 0.5 + 42000 \times 0.3 + 42000 \times 0.2 = 42000$

比较状态节点处的期望收益值，节点②处最大，故应将方案枝 A_2、A_3 剪枝，留下 A_1 分枝，A_1 方案即每周进货70000公斤为最优方案。

【例5-6】（生产线改造问题）　某企业为了生产某种新产品，决定对一条生产线的技术改造问题拟出两种方案，一是全部改造，二是部分改造。若采用全部改造方案，需投资280万元；若采用部分改造方案只需投资150万元。两种方案的使用期都是10年。估计在此期间，新产品销路好的概率是0.7，销路不好的概率是0.3，两种改造方案的年度损益值如表5-6所示。请问：该企业的管理者应如何决策改造方案。

表5-6　　　　年度损益值

方案		投资/万元	年度损益值/万元		试用期/年
			销路好（$P=0.7$）	销路差（$P=0.3$）	
A_1	全部改造	280	100	-30	10
A_2	部分改造	150	45	10	10

解：决策分析包括以下步骤。

（1）绘制决策树，如图5-3所示。

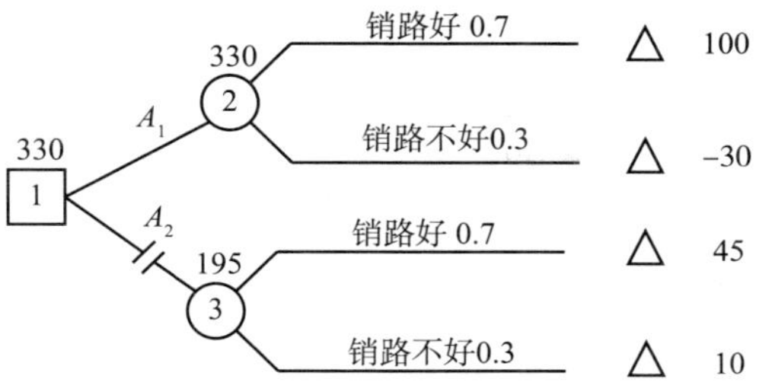

图 5-3 决策树

（2）计算各方案的期望损益值。

节点②：$[100\times0.7+(-30)\times0.3]\times10-280=330$（万元）

节点③：$(45\times0.7+10\times0.3)\times10-150=195$（万元）

将以上计算结果，填入决策树的相应节点②、③处上方，表示两种方案可分别获得的经济效果。

（3）剪枝决策。通过对两种方案的最终期望收益值比较可知，对生产线进行全部改造的方案更加合理。它在 10 年试用期可使企业收回 280 万元的投资，并获利 330 万元，经济效果明显优于生产线的部分改造方案，因而，最佳决策方案应为全部改造生产线方案。在决策树上应剪去 A_2 部分改造生产线方案枝，保留 A_1 全部改造生产线方案枝。

【例 5-7】（生产线改造问题） 如果对例 5-6 的问题分为前 4 年后 6 年两期考虑，根据市场调查研究及预测分析，前 4 年新产品销路好的概率为 0.7，而且前 4 年销路好后 6 年销路也好的概率为 0.9；但若前 4 年销路差，则后 6 年销路也差的概率为 0.6。在这种情况下，企业的管理者采用生产线全部改造和部分改造哪种方案更好些?

解：决策分析包括以下步骤。

（1）绘制决策树，如图 5-4 所示。

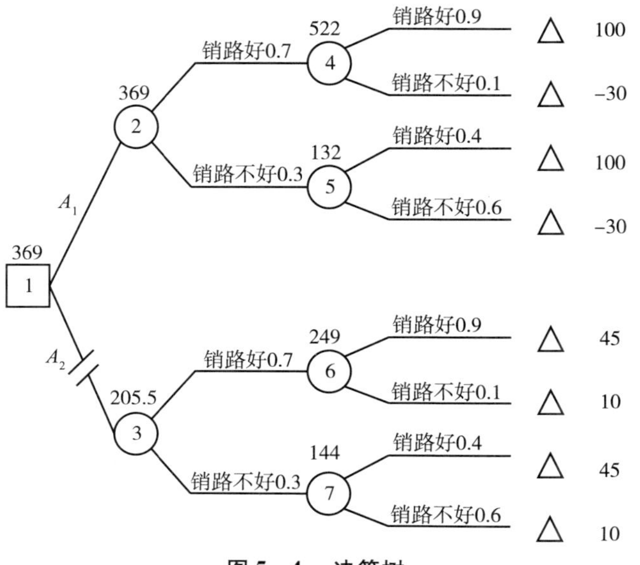

图 5-4 决策树

（2）计算各节点处的期望收益值，对于较复杂的决策问题，计算期望收益值时是由右向左，先计算后6年的期望损益值。

节点④：$[100\times0.9+(-30)\times0.1]\times6=522$（万元）

节点⑤：$[100\times0.4+(-30)\times0.6]\times6=132$（万元）

节点⑥：$(45\times0.9+10\times0.1)\times6=249$（万元）

节点⑦：$(45\times0.4+10\times0.6)\times6=144$（万元）

再计算前4年的期望损益及10年的净收益。

节点②：$[100\times0.7+(-30)\times0.3]\times4+522\times0.7+132\times0.3-280=369$（万元）

节点③：$(45\times0.7+10\times0.3)\times4+249\times0.7+144\times0.3-150=205.5$（万元）

将以上计算结果填入决策树各相应节点处。

（3）剪枝决策。由以上计算可看出，采用 A_1 对生产线全部改造的方案可得净收益为369万元，采用 A_2 部分改造方案可得净收益为205.5万元，因此，应选择全部改造为最佳方案，即保留 A_1 全部改造方案枝，剪掉 A_2 部分改造方案枝。

5.2.3 多阶决策分析

多阶决策是指在一个决策问题中包含两个或两个以上层次的决策，即在一个决策问题的决策方案中又包含另一个或几个决策问题。只有当低一层次的决策方案确定之后，高一层次的决策方案才能确定。因此，处理多阶决策问题必须通过依次的计算、分析和比较，直到整个问题的决策方案确定为止。

【例5-8】（连锁店建设问题） 某连锁店经销商准备在一个新建居民小区兴建一个新的连锁店，经市场行情分析与推测，该店开业的前3年，经营状况好的概率为0.75，经营差的概率为0.25；如果前3年经营状况好，后7年经营状况也好的概率可达0.85；但如果前3年经营状态差，后7年经营状态好的概率仅为0.1，经营差的概率为0.9。兴建连锁店的规模有两种方案：一是建中型商店；二是先建小型商店，若前3年经营效益好，再考虑扩建为中型商店。各方案年均投资及收益情况如表5-7所示。该连锁店管理层应如何决策？

表5-7　　年均投资及收益情况　　单位：万元

方案		投资	年均收益			
			前3年		后7年	
			经营好	经营差	经营好	经营差
甲	全部改造	400	100	10	150	10
乙	部分改造	150	60	2	60	2
经营好再扩建		再投210			150	10

解：决策分析包括以下步骤。

（1）根据问题，绘制决策树，如图5-5所示。

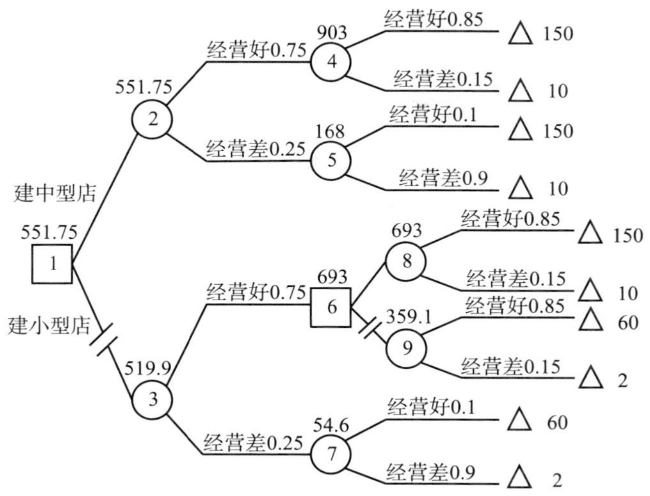

图 5-5　决策树

（2）计算各节点及决策点处的期望损益值，从右向左，计算每个节点处的期望损益值，并将计算结果填入图 5-5 的相应各节点处。

节点⑧：$(150 \times 0.85 + 10 \times 0.15) \times 7 - 210 = 693$（万元）

节点⑨：$(60 \times 0.85 + 2 \times 0.15) \times 7 = 359.1$（万元）

对于决策点⑥而言，由于扩建后可得净收益 693 万元，而不扩建只能得净收益 359.1 万元。因此，应选择扩建方案，在决策点⑥处可得收益 693 万元，将不扩建方案枝剪掉。

所以有：

节点⑥：693 万元

节点④：$(150 \times 0.85 + 10 \times 0.15) \times 7 = 903$（万元）

节点⑤：$(150 \times 0.1 + 10 \times 0.9) \times 7 = 168$（万元）

节点⑦：$(60 \times 0.1 + 2 \times 0.9) \times 7 = 54.6$（万元）

节点②：$(100 \times 0.75 + 10 \times 0.25) \times 3 + 903 \times 0.75 + 168 \times 0.25 - 400 = 551.75$（万元）

节点③：$(60 \times 0.75 + 2 \times 0.25) \times 3 + 54.6 \times 0.25 + 693 \times 0.75 - 150 = 519.9$（万元）

（3）剪枝决策。比较两种方案可以看出，建中型商店可获净收益 551.75 万元。先建小商店，若前 3 年效益好再扩建，可得净收益 519.9 万元，因此，应选择建中型商店的方案为最佳方案，对另一种方案进行剪枝。

通过例 5-8 可以看出，决策树分析法对于较复杂的多阶段决策十分有效，结合图形进行计算，使分析过程层次清晰。

5.3　贝叶斯决策分析

风险型决策的基本方法是将状态变量看成随机变量，用先验状态分布表示状态变量的概率分布，用期望值准则计算方案的满意程度。但是在实际生活中，先验概率分布往往与实际情况存在误差，为了提高决策质量，需要通过市场调查，来收集有关状态变量的补充信息，对先验分布进行修正，然后用后验状态分布来决策，这就是贝叶斯决策。本节将介绍贝叶斯决策的基本方法、补充信息价值、抽样贝叶斯决策和贝叶斯风险等内容。

5.3.1 贝叶斯决策基本方法

1. 贝叶斯决策的意义

在管理决策的过程中，往往存在两种偏向，一种是缺少调查，对状态变量的情况掌握非常粗略，这时作决策会使决策结果与现实存在很大差距，造成决策失误；另一种是进行了细致的调查，但是产生的费用很高，使信息没有对企业产生应有的效益。这两种倾向，前者没有考虑信息的价值，后者没有考虑信息的经济性。只有将两者有机地结合起来，才能提高决策分析的科学性和效益性。这就是贝叶斯决策要解决的问题。

在讨论贝叶斯决策之前，先复习概率论的两个基本公式。

全概率公式的形式为

$$P(A) = \sum_{i=1}^{n} p(A \mid \theta_i) p(\theta_i)$$

其中，θ_1，θ_2，…，θ_n 为互不相容事件，贝叶斯公式为

$$P(\theta \mid A) = \frac{P(\theta A)}{P(A)}，P(A) \neq 0$$

把贝叶斯公式与全概率公式结合起来，便得到

$$P(\theta_i \mid A) = \frac{p(A \mid \theta_i) p(\theta_i)}{\sum_{j=1}^{n} p(A \mid \theta_j) p(\theta_j)} \quad i = 1, 2, \cdots, n$$

称 $P(\theta_i)$ 为事件 θ_i 的先验概率，而称 $P(\theta_i \mid A)$ 为事件 θ_i 的后验概率。这里的 A 为任一事件，满足 $P(A) \neq 0$。

2. 贝叶斯决策的基本方法

设风险型决策问题的状态变量为 θ，通过市场调查分析所获得的补充信息用已发生的随机事件 H 或已取值的随机变量 τ 表示，称 H 或 τ 为信息值。信息值的可靠程度用在状态变量 θ 的条件下，信息值 H 的条件分布用 $P(H \mid \theta)$ 表示，在离散的情况下，θ 取 n 个值 $\theta_j (j=1, 2, \cdots, n)$，$H$ 取 m 个值 $H_i (i=1, 2, \cdots, m)$，则条件分布矩阵

$$\begin{pmatrix} p(H_1 \mid \theta_1) & p(H_1 \mid \theta_2) & \cdots & p(H_1 \mid \theta_n) \\ p(H_2 \mid \theta_1) & p(H_2 \mid \theta_2) & \cdots & p(H_2 \mid \theta_n) \\ \vdots & \vdots & \vdots & \vdots \\ p(H_m \mid \theta_1) & p(H_m \mid \theta_2) & \cdots & p(H_m \mid \theta_n) \end{pmatrix}$$

称为贝叶斯决策的似然分布矩阵。此矩阵完整地描述了在不同状态值 θ_j 的条件下，信息值 H_i 的可靠程度，贝叶斯决策的基本方法是：首先，利用市场调查获取的补充信息 H 或 τ，去修正状态变量 θ 的先验分布，即依据似然分布矩阵所提供的充分信息，用贝叶斯公式求出在信息值 H 或 τ 发生的条件下，状态变量 θ 的条件分布 $P(\theta \mid H)$。经过修正的状态变量 θ 的分布，称为后验分布，后验分布能够更准确地表示状态变量概率分布的实际情况。其次，再利用后验分布对风险型决策问题作出决策分析，并测算信息的价值和比较信

息的成本，从而提高决策的科学性和效益性。贝叶斯决策的关键在于依据似然分布用贝叶斯公式求出后验分布。贝叶斯决策包括以下基本步骤。

（1）验前分析。依据市场历年的统计数据和资料，决策分析人员按照自身的经验和判断，应用状态分析方法测算和估计状态变量的先验分布，并计算各可行方案在不同自然状态下的条件结果值，利用这些信息，根据某种决策准则，对各可行方案进行评价和选择，找出最满意的方案，称之为验前分析。由于依据先验分布进行决策，故称为验前分析。如果客观条件限制，例如时间、人力、物力和财力等条件限制，不可能更充分地进行市场调查收集信息，决策分析人员仅能完成验前分析这一步骤。

（2）预验分析。如果决策问题十分重要，而且时间、人、财、物力允许，应该考虑是否进行市场调查和补充收集新信息，决策分析人员要对补充信息可能给企业带来的效益和补充信息所花费的成本进行权衡分析，如果信息的价值高于信息的成本，则补充信息给企业带来正效益，应该补充信息；反之，如果信息的价值低于信息的成本，则补充信息会给企业带来负效益，补充信息大可不必。这种比较分析补充信息的价值和成本的过程，称为预验分析。如果获取补充信息的费用很小，甚至可以忽略不计，本步骤可以省略，直接进行调查和收集信息，并依据所获得的补充信息转入下一步骤。

（3）验后分析。经过预验分析，决策分析人员作出补充信息的决定，并通过市场调查和分析补充信息，为验后分析做准备。验后分析的关键是利用补充信息修正先验分布，得到更加符合市场实际的后验分布。然后，利用后验分布进行决策分析，选出最满意的可行方案，并对信息的价值和成本作对比分析，对决策分析的经济效益情况作出合理的说明。验后分析和预验分析一样，都是通过贝叶斯公式修正先验分布，两者不同之处在于，预验分析是依据可能的调查结果，侧重于判断是否补充信息，验后分析是根据实际调查结果，侧重于选出最满意方案。在实际操作中，这两个步骤有时难以严格区分，而是同时进行，仅在于侧重点有所不同而已。

（4）序贯分析。社会经济实际中的决策问题，情况都比较复杂，可适当地将决策分析全过程划分为若干阶段，每一个阶段都包括先验分析、预验分析和验后分析等步骤。这样多阶段互相连接，前阶段决策结果是后阶段决策的条件，形成决策分析全过程，称之为序贯决策。序贯决策属于多阶段决策。本章主要讨论单阶段贝叶斯决策的基本方法。

【例 5－9】（新产品销售问题）　某工厂计划生产一种新产品，产品的销售情况有好（θ_1）、中（θ_2）、和差（θ_3）三种，根据以往的经验，估计三种情况的概率分布和利润如表 5－8 所示。

表 5－8　　三种情况的概率分布和利润

状态 θ_j	好(θ_1)	中(θ_2)	差(θ_3)
概率 $p(\theta_j)$	0.25	0.30	0.45
利润/万元	15	1	－6

为进一步摸清市场对这种产品的需求情况，工厂通过调查和咨询等方式得到一份市场调查表。销售情况也有好（H_1）、中（H_2）、差（H_3）三种，其概率列在表 5－9 中。

表 5－9　　　　销售情况概率

$P(H_i \mid \theta_j)$	θ_1	θ_2	θ_3
H_1	0.65	0.25	0.1
H_2	0.25	0.45	0.15
H_3	0.10	0.30	0.75

假定得到市场调查表的费用为 0.6 万元，请问：

（1）补充信息（市场调查表）价值多少？

（2）如何决策可以使利润期望值最大？

解：

第一步，验前分析。该厂生产新产品有两种方案，即生产方案（a_1）、不生产方案（a_2），产品市场有三种状态，即好（θ_1）、中（θ_2）、坏（θ_3），状态 θ 的先验概率为

$P(\theta_1)=0.25$；$P(\theta_2)=0.3$；$P(\theta_3)=0.45$

于是

$E(a_1)=0.25\times15+0.3\times1+0.45\times(-6)=1.35$（万元）

$E(a_2)=0.25\times0+0.3\times0+0.45\times0=0$

由风险型决策的期望值准则得到验前最满意方案：无论市场结果如何，都要生产，最大期望收益值为 1.35 万元。

第二步，预验分析。要计算调查后的各个期望值，必须先计算概率 $P(H_i)$ 和后验概率 $P(\theta_j \mid H_i)$。计算概率可把先验概率 $P(H_i)$ 和条件概率 $P(H_i \mid \theta_j)$ 代入全概率公式，求得

$$P(H_i)=P(\theta_1)P(H_i \mid \theta_1)+P(\theta_2)P(H_i \mid \theta_2)+P(\theta_3)P(H_i \mid \theta_3)$$

结果如表 5－10 所示。

表 5－10　　　　计算结果

销售情况	$P(\theta_1)P(H_i \mid \theta_1)$	$P(\theta_2)P(H_i \mid \theta_2)$	$P(\theta_3)P(H_i \mid \theta_3)$	$P(H_i)$
H_1	0.1625	0.0750	0.0450	0.2825
H_2	0.0635	0.1350	0.0675	0.2650
H_3	0.0250	0.0900	0.3375	0.4525

计算后验概率 $P(\theta_j \mid H_i)$，用贝叶斯公式

$$P(\theta_j \mid H_i)=\frac{P(H_i \mid \theta_j)P(\theta_j)}{P(H_i)}$$

将上述有关概率值代入贝叶斯公式得表 5－11。

表 5-11　　计算结果

销售情况	$P(\theta_1 \mid H_i)$	$P(\theta_2 \mid H_i)$	$P(\theta_3 \mid H_i)$
H_1	0.575	0.266	0.159
H_2	0.236	0.509	0.255
H_3	0.055	0.199	0.746

可以求得：当市场调查为 $H=H_1$ 时

$E(a_1)=0.575\times15+0.266\times1-6\times0.159=7.937$（万元）

$E(a_2)=0$

最大期望收益值　$E(a_{opt} \mid H_1)=7.937$（万元）

当 $H=H_2$ 时

$E(a_1)=0.236\times15+0.509\times1-6\times0.255=2.519$（万元）

$E(a_2)=0$

最大期望收益值　$E(a_{opt} \mid H_2)=2.519$（万元）

当 $H=H_3$ 时

$E(a_1)=0.055\times15+0.199\times1-6\times0.746=-3.452$（万元）

$E(a_2)=0$

最大期望收益值　$E(a_{opt} \mid H_3)=0$

该企业通过市场调查所得的期望收益值

$E=0.2825\times7.937+0.2650\times2.519+0.4525\times0=2.91$（万元）

综上可知，补充信息的价值是 2.91 − 1.35 = 1.56（万元），取得市场调查表的费用是 0.6 万元，因此取得补充信息是值得的。

取得最大利润期望值的最优策略是进行市场调查，如果调查结果是新产品销路好或中等，则进行生产，否则就不生产。该策略获得的期望利润为 2.31 万元。

第三步，验后分析。验后分析是把调查信息和验前信息结合起来，修正状态变量的先验分布，得到后验分布，并以此计算在调查信息值发生的条件下，各可行方案的期望收益值，比较得到最满意的解决方案，这一计算过程预验分析已经完成。

综上所述，如果市场调查费用不超过 1.56 万元，就应该进行市场调查，从而使企业新产品开发决策取得较好的经济效益。如果市场调查费用超过 1.56 万元，就不应该进行市场调查。该企业进行市场调查，如果销路好，就应该选择生产；如果销路情况中等，也应该生产；如果销路差，就选择不生产。

5.3.2　贝叶斯决策分析的信息价值

从理论上分析，可以利用补充信息来修正先验概率，使决策的准确度提高，从而提高决策的科学性和效益性。由此可见，信息本身是有价值的。在现实生活中，无论是实验还是抽样检查都需要花费一定的资金和时间，即花费一定的代价。如果获得情报后得到的收益比花费的代价大，那么获取情报就是正确的决策，如果收益抵不上代价，那么显然就不必做试验了。

例如，某公司在决定是否要引进先进的生产线以生产新产品投放市场的时候，首先要考虑社会对产品的需求，而该需求是未知的。为了了解市场需求，可以进行市场调查，但是调查行为要花费一定的时间和资金，使产品投放市场的时间推迟，而且这段时间内，别的公司也有可能抢先生产同样的产品投放市场，使该厂的市场缩小。这样就有一个是否应该对市场进行调查来取得信息的问题。

在抽样调查中也有同样的问题，通常调查的样本越多，获得的情报也越多，但是花费也更多。因此有一个是否应该进行调查和抽样多少次更为合适的问题。

以下分析如何在进行试验或抽样前来估计情报价值的问题。

1. 完全情报的价值

通常，将能够提供状态变量真实情况的补充信息称为完全信息，即在获得补充情报后就完全消除了风险情况，把这种情报称为完全情报，掌握了完全情报，风险决策就转化为确定型决策。

（1）信息价值的意义。设 H_i 为补充信息值，若存在状态值 θ_0，使得条件概率 $P(\theta_0|H_i)=1$，或者当状态值 $\theta\neq\theta_0$，总有

$$P(\theta|H_i)=0$$

则称信息值 H_i 为完全信息价值。

设决策问题的收益函数为 $Q=Q(a,\ \theta)$，其中 a 为行动方案，θ 为状态变量，H_i 为完全信息价值，掌握了 H_i 的最满意行动方案为 $a(H_i)$，其收益值为 $Q(a(H_i),\ \theta)=\max\limits_a(a,\ \theta)$，验前最满意行动方案为 a_{opt} 的收益值为 $Q(a_{opt},\ \theta)$，掌握了完全信息值 H_i 前后收益值的增加量为

$$\max_a(a,\ \theta)-Q(a_{opt},\ \theta)$$

称为在状态变量为 θ 时的完全信息值 H_i 的价值。

如果补充信息值 H_i，对每一种状态 θ 都是完全信息值，则完全信息值 H_i 对状态 θ 的期望收益值称为完全信息价值的期望值（expected value of perfect information），简称完全信息价值，可表示为 $EVPI$。

（2）完全信息价值的计算。据完全信息价值的意义，如果信息值 H 对每一种状态 θ 都是完全信息价值，则信息值 H 的完全信息价值 $EVPI$，可以对 θ 求数学期望得到，即

$$\begin{aligned}EVPI&=E[\max_a(a,\ \theta)-Q(a_{opt},\ \theta)]\\&=E[\max_a(a,\ \theta)]-E[Q(a_{opt},\ \theta)]\end{aligned}$$

可以看出，$EVPI$ 实际上是掌握完全信息与未掌握完全信息时，决策者期望收益值的增加量。

【例 5-10】（市场销售预测问题） 某厂生产某种产品，若市场畅销，可以获得利润 15000 元；若市场滞销，将亏损 5000 元。根据以往的市场调查情况，该产品畅销的概率为 0.8，滞销的概率为 0.2。为了准确地掌握该产品的销售情况，可以聘请某咨询公司进行市场调查和分析，它对产品畅销预测的准确率为 0.95，滞销预测的准确率为 0.9。

请问：如果咨询公司预测市场畅销，那么是否应该生产？如果预测市场滞销，是否应该进行生产？

解：先验分布如表 5-12 所示。

表 5-12　先验分布

方案	$\theta_1(0.8)$	$\theta_2(0.2)$
生产 a_1	15000	-5000
不生产 a_2	0	0

$E(a_1)=15000\times0.8-5000\times0.2=11000$（元）

$E(a_2)=0$

所以应该进行生产。

现在用 H_1 和 H_2 分别表示咨询公司提供畅销和滞销这两个情报，根据给定的条件，其概率分布如表 5-13 所示。

表 5-13　预测似然分布

$P(H_i \mid \theta_i)$	$\theta_1(0.8)$	$\theta_2(0.2)$
预测畅销（H_1）	0.95	0.10
预测滞销（H_2）	0.05	0.90

$P(\theta_1)=0.8$；$P(\theta_2)=0.2$

其中 θ_1 为畅销，θ_2 为滞销。

当 H_1 发生时，即

$P(H_1)=0.95\times0.8+0.10\times0.2=0.76+0.02=0.78$

$$P(\theta_1 \mid H_1)=\frac{0.95\times0.8}{0.78}=0.9744$$

$$P(\theta_2 \mid H_1)=\frac{0.2\times0.1}{0.78}=0.0256$$

当 H_2 发生时，即

$P(H_2)=0.05\times0.8+0.90\times0.2=0.04+0.18=0.22$

$$P(\theta_1 \mid H_2)=\frac{0.05\times0.8}{0.22}=0.1818$$

$$P(\theta_2 \mid H_2)=\frac{0.90\times0.2}{0.22}=0.8182$$

后验分布和预测为 H_1 情况下的后验分布决策如表 5-14 和表 5-15 所示。

表 5-14　后验分布

H	$P(H)$	$P(\theta_1 \mid H)$	$P(\theta_2 \mid H)$
H_1	0.78	0.9744	0.0256
H_2	0.22	0.1818	0.8182

表 5 - 15　　预测为 H_1 情况下的后验分布决策

方案	θ_1(0.9744)	θ_2(0.0256)
a_1	15000	-5000
a_2	0	0

当 H_1 发生时，即

$E(a_1|H_1) = 15000 \times 0.9744 - 5000 \times 0.0256 = 14488$

$E(a_2|H_1) = 0$

这时选择行动 a_1，生产。

当 H_2 发生时，即

$E(a_1|H_2) = 15000 \times 0.1818 - 5000 \times 0.8182 = -1364$（元）

$E(a_2|H_2) = 0$

这时选择行动 a_2，不生产。

如果预测准确度很高，预测畅销，则 100% 畅销；预测滞销，则 100% 滞销。

这时

$P(H_1|\theta_1) = 1$，$P(H_2|\theta_1) = 0$

$P(H_1|\theta_2) = 0$，$P(H_2|\theta_2) = 1$

$P(H_1) = 1 \times 0.8 + 0 \times 0.2 = 0.8$

$P(H_2) = 0 \times 0.8 + 1 \times 0.2 = 0.2$

$$P(\theta_1|H_1) = \frac{1 \times 0.8}{0.8} = 1$$

$P(\theta_2|H_1) = 0$

$P(\theta_1|H_2) = 0$，$P(\theta_2|H_2) = 1$

在这种情况下，补充的情报使不确定问题变成了确定问题。如果 H_2 是完全情报，决策者掌握了就会选择行动 a_2，即不生产，这时收益为 0；如果决策者无此情报，那么就会按先验分布抉择而选择行动 a_1，这时要损失 5000 元。因此掌握此情报的收益提高 0 - (- 5000) = 5000（元）。5000 元是完全情报 H_2 的价值。

如果也是完全情报，决策者掌握它选择行动 a_1，收益为 15000 元，未掌握它按先验分布决策也是可，收益也是 15000 元。因此掌握此完全情报的收益是 15000 - 15000 = 0（元）。

$EVPI = 0 \times 0.8 + 5000 \times 0.2 = 1000$（元）

2. 补充信息的价值

在贝叶斯决策的实际工作中，取得完全情报是非常困难的，所以在一般情况下，需要讨论补充信息的价值及其计算。

（1）补充信息价值的意义。设 H_i 为补充信息值，决策者掌握了补充信息值 H_i 前后期望收益值的增加量，或掌握了补充信息值 H_i 前后期望损失值的减少量，称为补充信息值 H_i 的价值。全部补充信息值 H_i 价值的期望值，称为补充信息价值的期望值，简称补充信息价值（Expected Value of Additional Information，*EVAI*）。

在例 5 - 10 中，对于补充信息值 H_1，即市场预测畅销，掌握了 H_1 前后满意方案都是

a_1，于是，掌握了 H_1 前后期望收益值的增加量为 0 元，即信息值 H_1 的价值为 0；对于补充信息 H_2，即市场预测滞销，掌握了 H_2 前最满意的方案为 a_1，其期望收益值为

$E(a_1|H_2) = -1364$（元）

掌握了 H_2 后的最满意方案为 a_2，其期望值

$E(a_2|H_2) = 0$

于是，掌握了 H_2 前后期望收益值的增加量为

$E(a_2|H_2) - E(a_1|H_2) = 0 - (-1364) = 1364$（元）

因此，补充信息价值

$EVAI = 0 \times P(H_1) + 1364 \times P(H_2) = 0 \times 0.78 + 1364 \times 0.22 = 300$（元）

（2）补充信息价值的计算。补充信息价值的计算公式有以下三种形式，可以证明这三种形式是等价的。

①按定义计算。

$$EVAI = E_\tau\{E_{\theta|\tau}[Q(a(\tau), \theta) - Q(a_{opt}, \theta)]\}$$

其中，$a(\tau)$ 表示在信息值 τ 下的最满意方案，$E_{\theta|\tau}$表示在信息值 τ 的条件下对状态值 θ 求期望收益值。

此公式可以分为两种情况，在离散情况时，则为

$$EVAI = \sum_i \{\sum_j [Q(a(H_i), \theta_j) - Q(a_{opt}, \theta_j)]P(\theta_j|H_i)\}P(H_i)$$

在连续情况下，则为

$$EVAI = \int_{-\infty}^{+\infty}\{\int_{-\infty}^{+\infty}[Q(a(\tau), \theta) - Q(a_{opt}, \theta_j)]k(\theta|\tau)\mathrm{d}\theta\}h(\tau)\mathrm{d}\tau$$

其中，$k(\theta|t)$ 表示在信息值 τ 的条件下 θ 的条件密度函数，$h(\tau)$ 表示信息值 τ 的密度函数。

②按期望收益值的增加值计算。

$$EVAI = E_\tau\{E_{\theta|\tau}[Q(a(\tau), \theta)]\} - E(a_{opt}, \theta)$$

此公式表示，补充信息价值等于掌握补充信息前后，最满意行动方案期望收益值的增加量。

③按期望损失值的减少量计算。

$$EVAI = E[R(a_{opt}, \theta)] - E_\tau\{E_{\theta|\tau}[R(a(\tau), \theta)]\}$$

此公式由损失函数形式给出，表示补充信息价值等于掌握补充信息前后，最满意行动方案期望损失值的减少量。

下面通过一个例题说明补充信息价值计算公式的应用。通过例 5－10，计算咨询公司提供的补充信息的价值。

解：按期望收益值的增加值计算，即

$$EVAI = E_\tau\{E_{\theta|\tau}[Q(a(\tau), \theta)]\} - E(a_{opt}, \theta)$$

并由以前的计算结果可知

$E(a_{opt}) = E(a_1) = 11000$（元）

$a(H_1) = a_1$，$a(H_2) = a_2$

于是

$$
\begin{aligned}
E_{\tau}\{E_{\theta|\tau}[Q(a(\tau),\theta)]\} &= \sum_{i=1}^{2}\{\sum_{j=1}^{2}Q(a(H_i),\theta_j)P(\theta_j|H_i)\}P(H_i)\\
&= \{\sum_{j=1}^{2}Q(a_1,\theta_j)P(\theta_j|H_1)\}P(H_1)\\
&\quad + \{\sum_{j=1}^{2}Q(a_2,\theta_j)P(\theta_j|H_2)\}P(H_2)\\
&= 14488\times0.78+0\times0.22\\
&= 11300\ (\text{元})
\end{aligned}
$$

因此，$EVAI=11300-11000=300$（元）。

5.3.3 抽样贝叶斯决策

研究的对象通常不是一个单一体，而是由个体组成的总体，这时，可以通过用抽样的方法来获取关于总体的情报。例如，为了了解一批产品中次品率的情况，可以从一批产品中提出一定数量的样品进行检查，然后对总体的次品率进行判断，这叫抽样检查，或简称抽检，所以抽检是获得补充信息的重要手段。

1. 抽样贝叶斯决策的基本方法

（1）抽样贝叶斯决策的意义。进行抽检是为了获得总体的有关信息，但在样本中，它包含着总体的综合信息，选择一个合适的统计量 $\varphi(\varepsilon_1,\varepsilon_2,\cdots,\varepsilon_n)$，用它来表示样本中对我们有用的信息，这时 X 称为决策统计量。决策统计量 X 的取值称为抽样信息值。利用抽样信息值作为补充信息值，去修正状态变量的先验分布，得到后验分布，再依据后验分布进行的贝叶斯决策，称为抽样贝叶斯决策。

（2）抽样贝叶斯决策的步骤。抽样贝叶斯决策除了补充信息是靠抽样获得之外，其基本方法和步骤与一般贝叶斯决策相同，即按照验前分析、预验分析、验后分析三个步骤进行。在多数情况下，抽样分布可以应用数理统计中的二项分布计算公式。

【例5-11】（库存处理问题） 某厂打算处理一批库存产品，这些产品每箱100个，以箱为单位销售，已知这批产品每箱的废品率有三种可能，即20%、10%、5%，对应的概率分别为0.5、0.3、0.2。假设该产品正品每箱市场价格为100元，废品不值钱。现处理价格为每箱85元，遇到废品不予更换。

请对是否购买进行决策，如果允许抽取4个元件进行检验，确定所含废品个数，假定检验是允许放回的，如何进行决策？

解： 设 a_1，a_2 分别表示购买和不购买两种行为。状态变量 θ_1，θ_2，θ_3 分别表示废品率为20%、10%、5%。则其先验概率为

$P(\theta_1)=0.5$，$P(\theta_2)=0.3$，$P(\theta_3)=0.2$

根据题意，方案的收益值为按85元购买一箱的期望收益，即

$$
\begin{aligned}
E(a_1) &= 100\times(1-20\%)\times0.5+100\times(1-10\%)\times0.3+100\times(1-5\%)\times0.2-85\\
&= 1\ (\text{元})
\end{aligned}
$$

$E(a_2)=0$

所以验前最满意方案 $a_{opt}=a_1$，即应该购买。

进行验后分析，设 X =“抽取四件产品中所含废品个数”，由二项分布计算公式得

$$P(X=k|\theta_j)=C_4^k\theta_j^k(1-\theta_j)^{4-k}\quad(k=0,1,2,3,4;\ j=1,2,3)$$

当 $X=0$ 时，即

$P(X=0|\theta_1)=C_4^0\times0.2^0\times0.8^4=0.4096$

$P(X=0|\theta_2)=C_4^0\times0.1^0\times0.9^4=0.6561$

$P(X=0|\theta_3)=C_4^0\times0.05^0\times0.95^4=0.8145$

$P(X=0)=0.5\times0.4096+0.3\times0.6561+0.2\times0.8145=0.5645$

后验概率

$P(\theta_1|X=0)=\dfrac{0.5\times0.4096}{0.5645}=0.3628$

$P(\theta_2|X=0)=\dfrac{0.3\times0.6561}{0.5645}=0.3487$

$P(\theta_3|X=0)=\dfrac{0.2\times0.8145}{0.5645}=0.2886$

所以

$E_{\theta|x=0}(a_1)=100\times(1-20\%)\times0.3628+100\times(1-10\%)\times0.3487+100\times(1-5\%)\times0.2886-85=2.8240$（元）

$E_{\theta|x=0}(a_2)=0$

所以验后最满意方案 $a_{opt}=a_1$，即应该购买。

当 $X=1$ 时，即

$P(X=1|\theta_1)=C_4^1\times0.2^1\times0.8^3=0.4096$

$P(X=1|\theta_2)=C_4^1\times0.1^1\times0.9^3=0.2916$

$P(X=1|\theta_3)=C_4^1\times0.05^1\times0.95^3=0.1715$

$P(X=1)=0.5\times0.4096+0.3\times0.2916+0.2\times0.1715=0.3266$

后验概率

$P(\theta_1|X=1)=0.6271$

$P(\theta_2|X=1)=0.2679$

$P(\theta_3|X=1)=0.1050$

所以

$E_{\theta|x=1}(a_1)=100\times(1-20\%)\times0.6271+100\times(1-10\%)\times0.2679+100\times(1-5\%)\times0.1050-85=-0.7460$（元）

$E_{\theta|x=1}(a_2)=0$

所以验后最满意方案 a_{opt} 为 a_2，即不购买。

显然当 $X>1$ 时，就不应该购买该产品。

2. 抽样信息价值

当补充情报是采用抽样的方法获得时，这种补充情报价值习惯上称为抽样情报价值（expected value of sampling information），可表示为 *EVSI*。

下面计算在例 5-11 中购买库存产品的抽样信息价值。

解： $$EVSI = E_x\{E_{\theta|x}[Q(a(x),0)]\} - E(a_{opt})$$

抽样前 $E(a_{opt}) = 1$（元）（选方案 a_1 的收益）

抽样后 $P(x=0) \times 2.8155 + P(x=1) \times 0 = 0.5645 \times 2.8155 = 1.59$（元）

所以，抽样信息价值 $EVSI = 1.59 - 1 = 0.59$（元）

3. 最佳样本容量

用抽样的办法可以获得补充情报，减少不确定性代价，提高决策效率。但是与获得其他类型的补充情报一样，一般来说，是要支付一定的费用。通常费用大小与样本的容量有关。样本容量越大，费用就越高。所以对一个具体的决策问题，是否要抽样，如何抽样，样本容量又应当多大，这是必须要搞清楚的问题。

在抽样贝叶斯决策中，抽样所支付的费用叫抽样成本。样本容量为 N 时的抽样成本记为 $C(N)$。显然有

$$C(0) = 0$$

若 $N \neq 0$ 时，抽样成本 $C(N)$ 分为两个部分，固定成本和可变成本。用 C_f 表示固定成本，C_ν 表示可变成本。一般情况下，可变成本与 N 成正比。

当样本容量 N 确定以后，抽样情报价值也随之而确定。抽样情报价值也是 N 的函数，记为 $EVSI(N)$。对不同的 N，抽样情报价值可以不同。

$$ENGS(N) = EVSI(N) - C(N)$$

我们称这个差数为抽样净收益。它是抽样贝叶斯决策的重要指标，反映在扣除抽样成本以后，抽样给决策带来的纯利润。

显然，对于自然数 N，如果 $ENGS(N) \leqslant 0$，抽样分析给决策带来负效益，则表示不宜进行抽样；如果对某一自然数 N，有 $ENGS(N) > 0$，抽样分析给决策带来正的效益，则进行容量为 N 的抽样。

使 $ENGS(N)$ 达到最大值的非负整数称为最佳样本容量。由于求解最佳样本容量的计算量非常大，人工计算相当困难，只有借助于电子计算机才能奏效。这里只简单地说明计算方法：

$$ENGS(N) = EVSI(N) - C(N) > 0$$

于是有

$$C(N) < EVSI(N)$$

即

$$C_f + C_\nu N < EVSI$$

$$N < \frac{EVSI - C_f}{C_\nu}$$

在样本容量 N 的取值范围内，找到有限个 N 值，分别计算相应的 $ENGS(N)$，并列表比较，就可以找到最大值 $ENGS(N)$，此时的 N 为最佳样本容量。

5.3.4 贝叶斯决策分析案例

【例 5-12】（新产品生产决策问题） 某公司考虑是否生产新产品，如果生产，可以进行大批（a_1）、中批（a_2）或小批生产（a_3），可能出现的市场情况也分为畅销（θ_1）、

一般（θ_2）和滞销（θ_3）三种情况，其收益如表 5－16 所示。

表 5－16　　各种市场情况收益　　单位：元

生产方案	$\theta_1(0.6)$	$\theta_2(0.3)$	$\theta_3(0.1)$
a_1	40000	20000	－30000
a_2	30000	30000	－20000
a_3	10000	10000	10000

为了更准确地了解市场，在生产前可以找咨询公司进行咨询，但需要付咨询费用 500 元，并且咨询公司预测产品销售状态可分为受欢迎（H_1），一般（H_2）和不受欢迎（H_3）三种，条件概率如表 5－17 所示。

表 5－17　　条件概率

销售状态	$P(H_i \mid \theta_1)$	$P(H_i \mid \theta_2)$	$P(H_i \mid \theta_2)$
H_1	0.6	0.2	0.2
H_2	0.3	0.6	0.3
H_3	0.1	0.2	0.5

试分析：

（1）如果不咨询，应如何生产；

（2）是否应该进行咨询后生产；

（3）计算完全情报价值；

（4）计算补充情报价值。

解：

（1）如果不咨询，由期望准则

$E(a_1)=0.6\times40000+0.3\times20000+0.1\times(-30000)=27000$（元）

$E(a_2)=0.6\times30000+0.3\times30000+0.1\times(-20000)=25000$（元）

$E(a_3)=10000$（元）

$\max\{E(a_1), E(a_2), E(a_3)\}=27000$（元）

所以应采取大批生产方案 a_1。

（2）如果咨询，由全概率公式，分别求出咨询后销售状态结果值 H_i(i＝1，2，3)，即

$$P(H_1)=\sum_{i=1}^{3}p(H_1 \mid \theta_i)p(\theta_i)=0.6\times0.6+0.2\times0.3+0.2\times0.1=0.44$$

$$P(H_2)=\sum_{i=1}^{3}p(H_2 \mid \theta_i)p(\theta_i)=0.3\times0.6+0.6\times0.3+0.3\times0.1=0.39$$

$$P(H_3)=\sum_{i=1}^{3}p(H_3 \mid \theta_i)p(\theta_i)=0.1\times0.6+0.2\times0.3+0.5\times0.1=0.17$$

再由贝叶斯公式

$$p(\theta_j \mid H_i) = \frac{p(\theta_j)p(H_i \mid \theta_j)}{p(H_i)} \quad (i,\ j=1,\ 2,\ 3)$$

可得 $p(\theta_1 \mid H_1) = \dfrac{p(\theta_1)p(H_1 \mid \theta_1)}{p(H_1)} = \dfrac{0.6 \times 0.6}{0.44} = 0.818$

同理可得

$$p(\theta_2 \mid H_1) = 0.136 \qquad p(\theta_3 \mid H_1) = 0.046$$

$$p(\theta_1 \mid H_2) = 0.462 \qquad p(\theta_2 \mid H_2) = 0.462 \qquad p(\theta_3 \mid H_2) = 0.076$$

$$p(\theta_1 \mid H_3) = 0.353 \qquad p(\theta_2 \mid H_3) = 0.353 \qquad p(\theta_3 \mid H_3) = 0.294$$

于是，当咨询结果为 $H=H_1$ 时，表示产品销售状态为畅销，即

$E(a_1 \mid H_1) = 0.818 \times 40000 + 0.136 \times 20000 + 0.046 \times (-30000) = 34060$（元）

$E(a_2 \mid H_1) = 0.818 \times 30000 + 0.136 \times 20000 + 0.046 \times (-20000) = 26340$（元）

$E(a_3 \mid H_1) = 10000$（元）

最大期望收益为

$\max\{E(a_1 \mid H_1),\ E(a_2 \mid H_1),\ E(a_3 \mid H_1)\} = 34060$（元）

当咨询结果为 $H=H_1$ 时，最满意方案为 a_1，即 $a(H_1)=a_1$。同样，当咨询结果为 $H=H_2$ 时，表示产品销售状态为一般时，即

$E(a_1 \mid H_2) = 0.462 \times 40000 + 0.462 \times 20000 + 0.076 \times (-30000) = 25440$（元）

$E(a_2 \mid H_2) = 0.462 \times 30000 + 0.462 \times 30000 + 0.076 \times (-20000) = 26200$（元）

$E(a_3 \mid H_2) = 10000$（元）

最大期望收益为

$\max\{E(a_1 \mid H_2),\ E(a_2 \mid H_2),\ E(a_3 \mid H_2)\} = 26200$（元）

当咨询结果为 $H=H_2$ 时，最满意方案为 a_2，即 $a(H_2)=a_2$。

当咨询结果为 $H=H_3$ 时，表示产品销售状态为不欢迎时，即

$E(a_1 \mid H_3) = 0.353 \times 40000 + 0.353 \times 20000 + 0.294 \times (-30000) = 12360$（元）

$E(a_2 \mid H_3) = 0.353 \times 30000 + 0.353 \times 20000 + 0.294 \times (-20000) = 11770$（元）

$E(a_3 \mid H_3) = 10000$（元）

最大期望收益为

$\max\{E(a_1 \mid H_3),\ E(a_2 \mid H_3),\ E(a_3 \mid H_3)\} = 12360$

当咨询结果为 $H=H_3$ 时，最满意方案为 a_2，即 $a(H_3)=a_2$，所以通过咨询后的期望收益值为

$$E = \sum_{i=1}^{3} E_i p(H_i) = 0.44 \times 34060 + 0.39 \times 26200 + 0.17 \times 12360 = 27305\text{（元）}$$

$27305 - 500 = 26805 < 27000$

所以不用咨询直接生产。

（3）完全情报价值。如果情报准确，当出现 θ_1 时，应采取行动 a_1；而无情报时，依先验概率进行决策时，也应该采取行动 a_1，所以情报价值为 0。当出现 θ_2 时，应采取行动 a_2；而无情报时，最优策略为 a_1，情报价值为 $30000-20000=10000$（元）。当出现 θ_3 时，应采取行动 a_3；而无情报时，最优策略为 a_1，情报价值为 $10000-(-30000)=40000$（元）。

所以完全情报价值为

$EVPI = 0.6 \times 0 + 0.3 \times 10000 + 0.1 \times 40000 = 7000$（元）

（4）补充情报价值。如果咨询结果为 H_1，则采取行动 a_1，期望收益值为 34060 元，而无补充情报时，最优行动是 a_1，期望收益值为 27000 元。故不完全情报价值为

$34060 - 27000 = 7060$（元）

如果咨询结果为 H_2，则采取行动 a_2，期望收益值为 26200 元，而无补充情报时，最优行动是 a_1，期望收益值为 27000 元。故不完全情报价值为

$26200 - 27000 = -800$（元）

如果咨询结果为 H_3，则采取行动 a_2，期望收益值为 11770 元，而无补充情报时，最优行动是 a_1，期望收益值为 27000 元。故不完全情报价值为

$11770 - 27000 = -15230$（元）

所以补充情报价值为

$7060 \times 0.44 + (-800) \times 0.39 + (-15230) \times 0.17 = 205$（元）

5.4 风险决策的灵敏度分析

5.4.1 灵敏度分析的要求

通常，自然状态概率及条件损益值是不容易估计准确的，从而期望损益值也就不十分准确，因此有必要对状态或条件损益值数据的变动是否影响最优方案的选择进行分析，这种分析叫作敏感度分析。如果最优方案对这些数据变动的反应是不敏感的，这样决策可靠性就比较大，决策错误的可能性就会比较小。

【例 5－13】（产品生产问题） 某工厂打算在甲和乙两种产品中选择一种进行生产。根据以往的经验，如果在市场不发生变化的情况下，生产甲产品，可获得利润 50 万元；生产乙产品，要亏损 15 万元。如果在市场条件发生变化的情况下，生产甲产品，会亏损 20 万元；而生产乙产品，可获得利润 100 万元。根据以往的资料，预测市场不发生变化的概率是 0.7，发生变化的概率是 0.3。应如何决定生产哪种产品？

解：先列出状态概率和损益值如表 5－18 所示。

表 5－18　　状态概率和损益值

行动方案	市场不发生变化	市场发生变化
	0.7	0.3
生产甲产品	50	-20
生产乙产品	-15	100

计算各方案的期望收益，即

生产甲产品：$50 \times 0.7 + (-20) \times 0.3 = 29$（万元）

生产乙产品：$(-15)\times0.7+100\times0.3=19.5$（万元）

显然，生产甲产品为最优方案。再假设市场不发生变化的概率从0.7变到0.8，两种方案的期望利润分别为

生产甲产品：$50\times0.8+(-20)\times0.2=36$（万元）

生产乙产品：$(-15)\times0.8+100\times0.2=8$（万元）

显然，生产甲产品仍为最优方案。再假设市场不发生变化的概率由0.7变到0.6，两种方案的期望利润分别为

生产甲产品：$50\times0.6+(-20)\times0.4=22$（万元）

生产乙产品：$(-15)\times0.6+100\times0.4=31$（万元）

这时，生产乙产品为最优方案。

5.4.2 转折概率原理

由例5－13可以看出，一种方案从最优方案转化为非最优方案，在转变过程中有一个概率值点。这个概率值点称为转折概率。最优方案的转化，都有转折概率。

设P代表市场不发生变化的概率，$(1-P)$则表示市场发生变化的概率，令这两种方案的期望收益值相等，可得到

$$50\times P+(-20)\times(1-P)=(-15)\times P+100\times(1-P)$$

简化后得

$185P=120$

所以

$P=0.65$

0.65就是转折概率。当$P>0.65$时，生产甲产品为最优方案；当$P<0.65$时，生产产品乙为最优方案。

在实际工作中，需要把概率值和损益值等因素在可能发生的范围内作几次不同的变动，并反复计算，看所得到的期望损益值是否相差很大，是否影响最优方案的选择。如果这些数据稍加变动，而最优方案不变，则这种方案是比较稳定的，即灵敏度不高，决策可靠性大；反之，如果那些数据稍加变动，最优方案就从原来的变成另外一个，则该方案是不稳定的，即灵敏度高，决策可靠性小，需要进一步分析和研究改进措施。

5.5 效用理论及风险评价

前面所述的统计决策方法，大多是以期望损益值作为决策标准的。需要说明的是，这样做有时既不合理，也不符合实际。如果完全以期望值的大小作为决策标准，就会把决策过程变成机械地计算期望损益值的过程，而没有把决策人的主观作用考虑进去，这当然不够合理。事实上，任何决策都是由决策人作出的，决策人自己的经验、才智、胆识和判断能力等主观因素，必然会对决策方案的选择产生影响。决策人对风险的态度也是至关重要的，同一个决策问题，保守型决策人与冒险型决策人所作出的选择会很不一

致，而且同样的货币量对不同的经济主体往往具有不同的“价值”。上万元的风险损失，在大企业的经理看来是小事一桩，而小企业的经理则会看成是与企业兴衰攸关的大事。即使是对同一经济主体，在不同时刻、不同环境下，同样的货币量也可能具有不同的“价值”。例如，某人遇到了一个选择的机会，他可以无条件地获得 25 元，或者采用投硬币式的投机方式来确定他获得多少：即如果投硬币正面在上，他可获得 150 元，但是如果反面在上他不但得不到钱，还要付出 50 元。在这种情况下，该人是不冒任何风险地要那 25 元呢，还是冒着有 50% 的可能付出 50 元去争取 150 元呢？大多数人可能都会选择第一种方案，即不冒任何风险得到 25 元的方案，但也不排除有人会选择投机的第二种方案。如果这样的机会不止一次，而是 10 次、100 次，甚至更多，那么从期望值决策准则来说，他会选择第二种方案，因为第二种方案的期望值是：$150 \times 0.5 + (-50) \times 0.5 = 50$（元）。但如果仅有一次机会，这样的决策就不符合一般人的决策偏好了。这就是说，同一货币量在不同的场合对决策人会产生不同的价值含义。这种货币量对决策人产生的价值含义就称为货币量的效用值。这种决策人对于期望损益值的独特兴趣、感受和取舍反应，就叫作效用。效用能够反映人们的价值观念在决策活动中的具体表现，代表着决策人对于风险的态度。那么如何在决策时反映决策人的这种偏好呢？这就是本节所要介绍的效用理论问题。其主要内容包括效用函数的定义、效用曲线的确定以及在风险决策中的应用。

5.5.1　效用函数的定义和构成

在经济学中，效用（utility）是指商品或劳务满足人的欲望或需要的能力。一种商品或劳务是否具有效用，具有多大的效用，取决于它能否满足和在多大程度上满足人的欲望和需要。效用因人、因时、因地而不相同，同一种商品或劳务对于不同的消费者，在不同的时间和不同的地点，其效用是不相同的。由此可知，经济学中的效用是描述商品或服务满足消费者需要程度的一个概念，主要用于消费者行为的理论分析。同样，在决策论中需要讨论和描述可行方案的各种结果值满足决策者愿望、实现决策者偏好程度的问题。因此，需要引入效用的概念，并进一步讨论如何测度结果值的效用。

1. 效用函数的定义

设决策问题的各可行方案有多种可能的结果值 o，依据决策者的主观愿望和价值取向，每个结果值对决策者均有不同的价值和作用。反映结果值 o 对决策者价值和作用的大小称为效用，记作

$$u = u(o)$$

需要指出，在决策理论中，效用既是概念，反映决策方案的结果值满足和实现决策者愿望和倾向的程度。另外，效用也是量值，可以用具体的方法测定，并作为决策分析的依据。

2. 效用函数的类型

由于效用函数视决策者对风险态度的不同而不同，因而效用函数也有不同的类型，如图 5－6 所示。

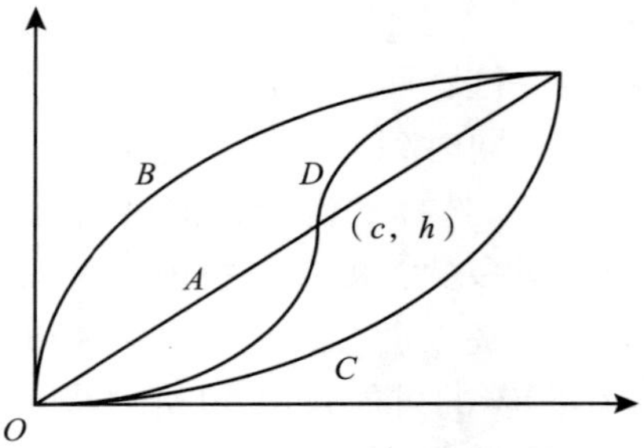

图 5 -6　不同类型下效用曲线

（1）直线型效用函数。直线型效用函数与决策的货币效果呈线性关系，决策者对决策风险持中立态度，属中间型决策者。其所对应的曲线如图 5 -6 中的 A 线所示。

（2）保守型效用函数。保守型效用函数表示随着货币额的增多而效用递增，但其递增的速度越来越慢。决策者对利益的反应比较迟缓，而对损失的反应则很敏感，不求大利，但要规避风险，这是一种谨慎小心的保守型决策者。这类函数所对应的曲线为保守型效用曲线，如图 5 -6 中的 B 线所示。曲线中间部分呈上凸形状，表示决策者厌恶风险，上凸越厉害，表示厌恶风险的程度越高。

（3）冒险型效用函数。冒险型效用函数表示随着货币额的增多而效用也递增，但递增的速度越来越快，决策者想获得大利而不关心亏损，即决策者对于亏损反应迟缓，而对利益却很敏感，是一种想谋大利、不怕冒险的进取型的决策者。这类函数所对应的曲线为冒险型效用曲线，如图 5 -6 中的 C 线所示。曲线中间的部分呈上凹形状，表示决策者喜欢冒险，敢于大胆地尝试。效用曲线上凹越厉害，表示决策者冒险性越大。

（4）渴望型效用函数。渴望型效用函数表示在货币额不大时，决策者具有一定的冒险胆略，但一旦货币额增至相当数量时，就转为稳妥策略。这类函数所对应的曲线为渴望型效用曲线，如图 5 -6 的 D 线所示，在曲线上有一个拐点（c，h），左段呈上凹，右段呈上凸。这种决策者的特点是以曲线上的拐点（c，h）为分界点，当效用值小于 h 时，他喜欢采取冒险行动，而当效用值大于 h 时，他又改为稳妥策略。

5.5.2　效用曲线的确定

效用可以用效用值 u 表示。效用值介于 0 ~ 1。在一个决策问题中，一般把最大收益值的效用定义为 1，把最小收益值的效用定义为 0，即 $0 \leqslant u \leqslant 1$。在平面直角坐标系中，如果用横坐标表示收益值，纵坐标表示效用值，则可把决策者对收益值的态度绘成一条曲线，这条曲线称为这个决策者的效用曲线。效用曲线因人而异，不同的决策者会有不同的效用曲线。效用曲线可以通过 $N-M$ 心理试验法加以确定。这种方法是冯·诺伊曼和摩根斯坦两人于 1944 年共同创立的，也称为标准测定法。现结合具体例题，介绍这种方法。

【例 5 -14】（效用确定问题）　某决策人面临着一项最大可能获利 20 万元，或者最大损失 10 万元的决策项目。试确定决策者的效用曲线。

第一步，确定最大收益效用值和最小收益效用值。它们分别为 $u(20)=1$，$u(-10)=0$。

第二步，向决策人提出下面两种选择方案。第一种方案：以 50% 的机会获利 20 万元，

50% 的机会损失 10 万元；第二种方案：以 100% 的机会获利 5 万元（注：这 5 万元正是第一种方案的期望值）。

对于这两种方案，每一个被测对象都可以有自己的选择。假定该决策人选择第二种方案，这说明第二种方案的效用值大于第一种方案，心理试验将继续下去。

第三步，向决策人提出将第二步的第二种方案中的 100% 机会获得 5 万元改为 2 万元，问决策人的选择有何改变。

假定该决策人认为有 50% 的机会损失 10 万元对他所处的现状而言是不能接受的，那么他仍然会选择 100% 的把握获得 2 万元的方案，这说明第二种方案的效用仍然大于第一种方案，心理实验继续下去。

第四步，向决策人提出，如果他不选择第一种方案，他必须付出 1 万元，这时该决策人可能不情愿白花 1 万元，而愿意采用第一种方案。这时说明让决策人无条件地付出 1 万元的效用比第一种方案的效用值低。

这样的心理试验反复试验下去，直到最后可能达到以下妥协：决策者觉得或者一分钱也不付，或者采用第一种方案，两者对他是一样的。这说明对于该决策者而言 0 的货币量与采用第一种方案的效用是相同的。

因为第一种方案的效用值是 $1\times0.5+0\times0.5=0.5$，故对该决策者而言，货币值 0 的效用值为 0.5。接着，可以在 0 万 ~20 万元和 −10 万 ~0 万元进行与上面相同的心理试验。例如，在 0 万 ~20 万元的心理试验是关于效用值 $0.5\times0.5+1\times0.5=0.75$ 的等价货币值的试验。其对应的投资方案是 50% 的机会获得 0 元，50% 的机会获得 20 万元。为了叙述方便，称其为投资第三种方案。其心理实验程序可参看表 5 − 19。

表 5 − 19　效用值为 0.75 的心理试验程序

问题	决策人的反应	含义
你愿意无条件获得 15 万元，还是进行方案 3 的投资	无条件获得 15 万元	15 万元的效用值大于 0.75
你愿意无条件获得 10 万元，还是进行方案 3 的投资	无条件获得 10 万元	10 万元的效用值大于 0.75
你愿意无条件获得 5 万元，还是进行方案 3 的投资	进行方案 3 的投机	5 万元的效用值小于 0.75
你愿意无条件获得 7 万元，还是进行方案 3 的投资	进行方案 3 的投机	7 万元的效用值小于 0.75
你愿意无条件获得 8 万 ~8.5 万元，还是进行方案 3 的投资	两者差不多	8.25 万元的效用值等于 0.75

再继续进行下去就可以得到足够的实验数据，假定在 −10 万 ~0 万元的心理试验得到的结果就是 −5.85 万元。这说明 −5.85 万元的效用值是 $0\times0.5+0.5\times0.5=0.25$，按照同样的方法，还可以在 8.25 万 ~ 20 万元，0 万 ~ 8.25 万元，−5.85 万 ~ 0 万元，−10 万 ~ −5.85 万元进行同样的心理试验，便可以得到与效用值对应的货币量，即

$1\times0.5+0.75\times0.5=0.875$

$0.75\times0.5+0.5\times0.5=0.625$

$0.5\times0.5+0.25\times0.5=0.375$

$0.25\times0.5+0\times0.5=0.125$

再进行下去就可以得到足够的实验数据，画出如图 5 − 7 所示的效用曲线 *A*，对另外的一个决策者进行同样的心理试验，其结果可能不同，假定得到的效用曲线如图 5 − 7 所示

的效用曲线 B。

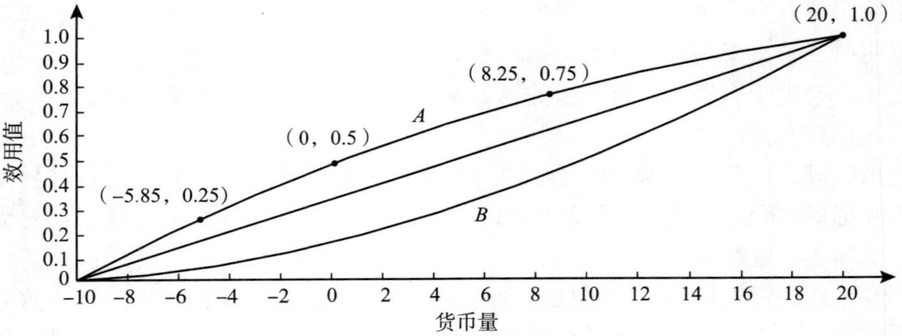

图 5-7　效用曲线

不但可以用 $N-M$ 心理实验法求货币的效用，也可以用它来求非货币所表现的事物的效用。比如，对决策者而言，有 A、B、C、D、E、F 六件事情，假设他“最满足”的是 A，“最厌恶”的是 F，则令 $u(A)=1$，$u(F)=0$。要测定 $u(B)$，可以提问：有两种方案，第一种方案可能以 p 的概率获得 A，和以 $1-p$ 的概率获得 F，第二种方案以 1 的概率获得 B，p 为何值时，方案一与方案二等效？决策者回答 p 值后，便可以用上面同样的方法得出 $u(B)$，同样也可以得出 $u(C)$、$u(D)$、$u(E)$。

5.5.3　效用曲线在风险决策中的应用

下面用几个简单的例子来说明效用曲线在风险决策中的应用。

【例 5-15】（生产批量决策问题）　某决策人面临着大、中、小批量三种生产方案的选择问题。该产品投放市场可能有三种情况：畅销、一般、滞销。根据以前同类产品在市场上的销售情况，畅销的可能性是 0.2，一般为 0.3，滞销的可能性为 0.5，问该如何决策？

其生产方案决策如表 5-20 所示。

表 5-20　　生产方案决策

生产方案	畅销(0.2)	一般(0.3)	滞销(0.5)
大批(A_1)	20	0	-10
中批(A_2)	15	2	-5
小批(A_3)	5	1	-1

按期望值法以损益值进行决策，可得

$E(A_1)=20\times0.2+0\times0.3+(-10)\times0.5=-1$（万元）

$E(A_2)=15\times0.2+2\times0.3+(-5)\times0.5=1.1$（万元）

$E(A_3)=5\times0.2+1\times0.3+(-1)\times0.5=0.8$（万元）

所以应进行中批生产。

假定对该决策人进行风险心理试验得到的效用曲线如图 5 – 7 中的曲线 A 所示。将表5 – 20中的货币量换成相应的效用值，得到效用值决策如表 5 – 21 所示。

表 5 – 21　决策人甲效用值决策

生产方案	畅销(0.2)	一般(0.3)	滞销(0.5)
大批(A_1)	1.0	0.5	0
中批(A_2)	0.82	0.57	0.3
小批(A_3)	0.66	0.54	0.46

这时

$E(A_1)=1.0\times0.2+0.5\times0.3+0\times0.5=0.35$ （万元）

$E(A_2)=0.82\times0.2+0.57\times0.3+0.3\times0.5=0.485$ （万元）

$E(A_3)=0.66\times0.2+0.54\times0.3+0.46\times0.5=0.524$ （万元）

所以应该采取小批量生产，这说明决策人甲是小心谨慎的，是一位保守型决策人。

假定对该决策人进行风险心理试验得到的效用曲线如图 5 – 7 中的曲线 B 所示。将表5 – 20中的货币量换成相应的效用值，得到效用值决策如表 5 – 22 所示。

表 5 – 22　决策人乙效用值决策

生产方案	畅销(0.2)	一般(0.3)	滞销(0.5)
大批(A_1)	1.0	0.175	0
中批(A_2)	0.66	0.23	0.08
小批(A_3)	0.325	0.2	0.15

这时

$E(A_1)=1.0\times0.2+0.175\times0.3+0\times0.5=0.2525$ （万元）

$E(A_2)=0.66\times0.2+0.23\times0.3+0.08\times0.5=0.241$ （万元）

$E(A_3)=0.325\times0.2+0.2\times0.3+0.15\times0.5=0.2$ （万元）

对于决策人乙而言应该大批量生产，很显然这是一位敢冒风险的决策人。

由于在某些情况下，利用货币期望值作为标准的决策无法完全反映决策的结果，因此，可以改用效用作为标准进行决策。此时只要将原来的损益值改为相应的效用值即可。下面举例来说明效用决策模式。

【例 5 – 16】（新设备引进问题） 某公司准备引进某新设备进行生产，这种新设备具有一定的先进性，但该公司尚未试用过，预测应用成功的概率为 0.8，失败的概率为 0.2。现有三种方案可供选择：方案Ⅰ，应用老设备，可稳获 4 万元收益；方案Ⅱ，先在某一车间试用新设备，如果成功可获 7 万元收益，如果失败则亏损 2 万元；方案Ⅲ，全面推广使用新设备，如果成功可获 12 万元收益；如果失败则亏损 10 万元。试问该公司应采取哪种方案？

解：（1）如果采用货币期望值标准，可画出决策树如图 5 – 8 所示。

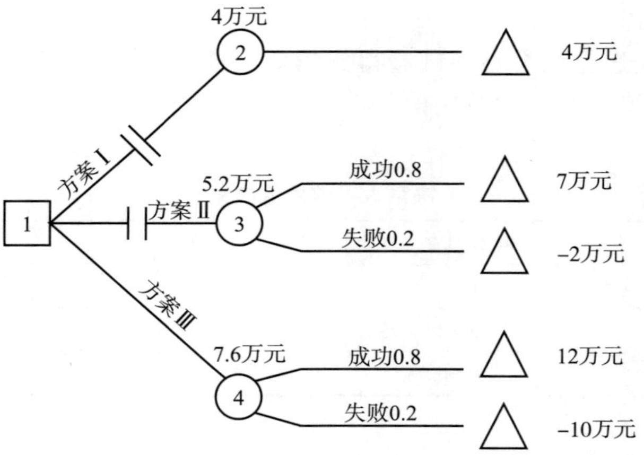

图 5－8　决策树

方案Ⅰ的损益值为：4（万元）

方案Ⅱ的损益值为：$7\times0.8+(-2)\times0.2=5.2$（万元）

方案Ⅲ的损益值为：$12\times0.8+(-10)\times0.2=7.6$（万元）

由决策树可知，该公司应采取方案Ⅲ为最优方案，因为采取方案Ⅲ收益期望值为最大(7.6 万元)。但是，可以看到，若采取方案Ⅲ，必须冒亏损 10 万元的风险，虽然亏损的概率较小，但仍有可能发生。如果该公司资金较少，亏损 10 万元就意味着因资金无法周转而停产，甚至倒闭。那么公司领导一般不会采取方案Ⅲ，而采取收益期望值较低的方案Ⅰ或Ⅱ。如果公司资金力量雄厚，经受得起亏损 10 万元的打击，公司领导又是富有进取心的，那么他可能会采取方案Ⅲ。鉴于以上种种情况，有时以效用作为标准进行决策比以损益期望值进行决策更加切合实际。

(2) 求决策者的效用曲线。规定最大收益（12 万元）时，效用值为 1，亏损最大（−10 万元）时，效用值为 0，用标准测定法向决策者提出一系列问题，找出对应于损益值的效用值，即可绘制出该决策者对此决策的效用曲线，如图 5－9 所示。

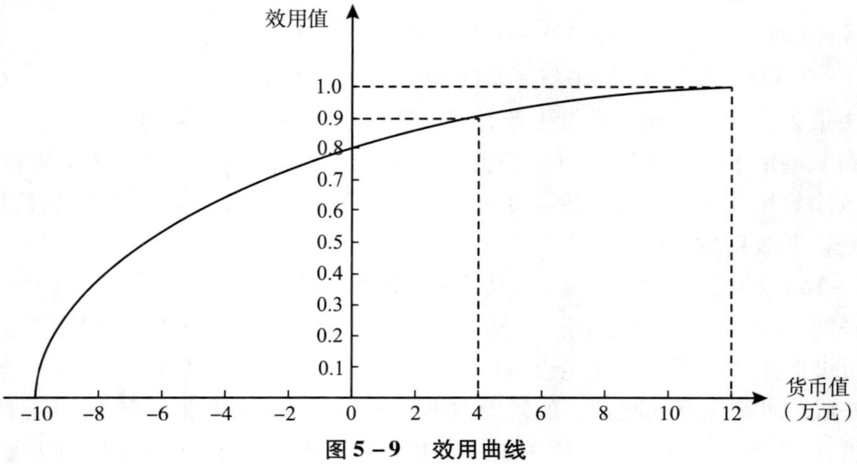

图 5－9　效用曲线

在所得曲线上可找到对应于各损益值的效用值：

4 万元的效用值为 0.94；

7 万元的效用值为 0.98；

12 万元的效用值为 1；

-2 万元的效用值为 0.70；

-10 万元的效用值为 0.00。

现用效用值进行决策：

方案Ⅰ的效用期望值为：0.94

方案Ⅱ的效用期望值为：$0.98 \times 0.8 + 0.7 \times 0.2 = 0.924$

方案Ⅲ的效用期望值为：$1.0 \times 0.8 + 0 \times 0.2 = 0.8$

于是可得如图 5-10 所示的决策树。

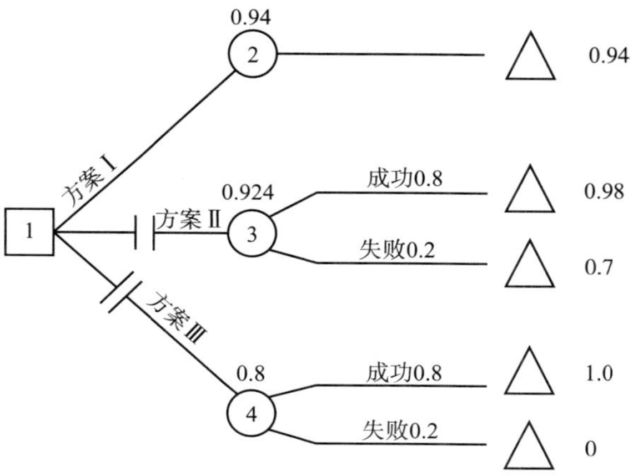

图 5-10　决策树

由此可见，以效用值作为决策标准，应采取方案Ⅰ。这与损益期望值法的结论不一致，原因在于决策者对风险持慎重态度，是保守型决策者。

用效用值作为决策的标准有其方便之处，它可以把决策者对风险的态度反映进去，从而使所作出的选择更能符合决策者的需要。但它也有不足之处，即它不能准确地测定。因为用标准测定法对决策者做心理测验时，决策者往往感到难以回答，尤其需要反复提问之后才能绘出效用函数曲线。因此，往往需要同时采用上面介绍过的几种办法，再把所选结果进行综合判断，才能最后作出抉择。

【例 5-17】（电器生产问题）　某电器厂根据自己的生产能力提出三种生产方案：甲、乙、丙，当市场分别为畅销 θ_1、一般 θ_2 和滞销 θ_3 时，各方案的收益（利润）如表 5-23 所示。

畅销、一般、滞销的概率分别是 0.4、0.4、0.2。决策者决定采用效用函数法进行决策。所有可能收益的区间为 [-1000 万元，2000 万元]，即 $x^* = 2000$，$x^0 = -1000$，故，$u(2000) = 1$，$u(-1000) = 0$，画出其效用曲线其他 3 个点。

表 5-23　　收益矩阵　　单位：万元

方案	θ_1	θ_2	θ_3
	0.4	0.4	0.2
甲	2000	200	-1000
乙	1500	300	-500
丙	1000	300	0

(1) 决策者在“甲：稳获 x 元”和“乙：以 50% 的机会得到 2000 万元，50% 的机会损失 1000 万元”这两种方案进行比较，假设先取 $x=25$，若决策者的回答是偏好于方案甲，则适量减少 x，例如取 $x=-10$；若决策者的回答是偏好于方案乙，则应适量增加 x 的值，例如取 $x=0$。假设当 $x=0$ 时决策者认为方案甲和乙等价，则有

$$u(0)=0.5\times u(2000)+0.5\times u(-1000)=0.5\times 1+0.5\times 0=0.5$$

(2) 决策者在“甲：稳获 x 万元”和“乙：以 50% 的机会得到 0 万元，50% 的机会损失 1000 万元”这两种方案进行比较。假设当 $x=-600$ 时决策者认为方案甲和乙等价，则有

$$u(-600)=0.5\times u(0)+0.5\times u(-1000)=0.5\times 0.5+0.5\times 0=0.25$$

(3) 决策者在“甲：稳获 x 元”和“乙：以 50% 的机会得到 0 元，50% 的机会得到 2000 万元”这两种方案进行比较。假设当 $x=800$ 时决策者认为方案甲和乙等价，则有

$$u(800)=0.5\times u(0)+0.5\times u(2000)=0.5\times 0.5+0.5\times 1=0.75$$

这样便确定了当收益为 -1000 万、-600 万、0、800 万和 2000 万元时的效用值分别为 0、0.25、0.5、0.75 和 1，据此可画出该效用曲线的大致图形，如图 5-11 所示。

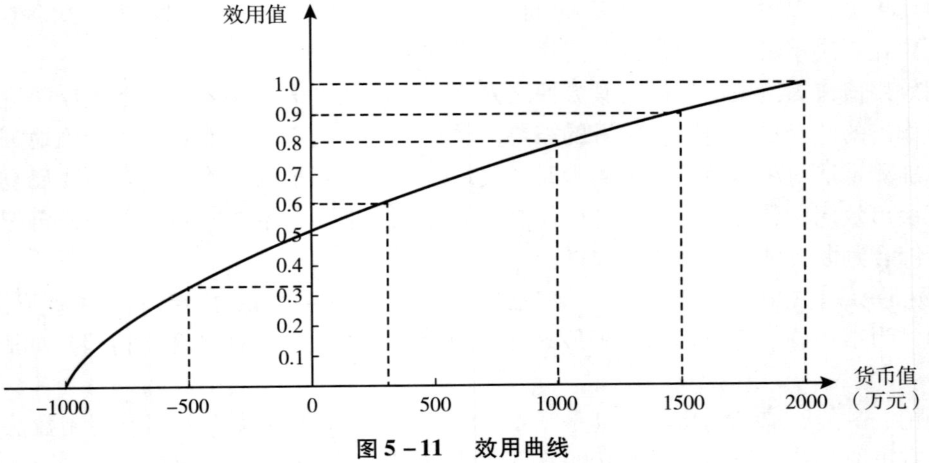

图 5-11　效用曲线

在效用曲线上可找到对应于各损益值的效用值，其分别为：

2000 万元的效用值为 1；

1500 万元的效用值为 0.91；
1000 万元的效用值为 0.79；
300 万元的效用值为 0.61；
200 万元的效用值为 0.58；
0 万元的效用值为 0.5；
-500 万元的效用值为 0.32；
-1000 万元的效用值为 0。

先用效用值进行决策：

方案甲的效用值为

$1\times0.4+0.58\times0.4+0\times0.2=0.632$

方案乙的效用值为

$0.91\times0.4+0.61\times0.4+0.32\times0.2=0.672$

方案丙的效用值为

$0.79\times0.4+0.61\times0.4+0.5\times0.2=0.660$

由此可见，以效用值为决策标准应选择方案乙，而如果采用期望值法进行决策应选择方案甲，两个决策结论的差异是由于决策者是保守型决策者。

5.6　Excel 应用分析

本节将应用 Excel 中的 SUMPRODUCT 函数求解决策树和贝叶斯决策问题。

1. 决策树

【例 5-18】（生产线改造问题）　某企业为了生产某种新产品，决定对一条生产线的技术改造问题拟出两种方案：一是全部改造；二是部分改造。若采用全部改造方案，需投资 280 万元；若采用部分改造方案只需投资 150 万元。两种方案的使用期都是 10 年。估计在此期间，新产品销路好的概率是 0.7，销路不好的概率是 0.3，两种改造方案的年度损益值如表 5-24 所示。请问该企业的管理者应如何决策改造方案。

表 5-24　两种改造方案的年度损益值

方案		投资	年度损益值		使用期/年
			销路好（$P=0.7$）	销路不好（$P=0.3$）	
A_1	全部改造	280	100	-30	10
A_2	部分改造	150	45	10	10

Excel 应用包括以下几个步骤。

第一步，将表 5-24 的数据导入 Excel，如图 5-12 所示。

第二步，调用 SUMPRODUCT 函数，该函数是在给定的几组数组中，将数组间对应的元素相乘，并返回乘积之和。语法形式为 SUMPRODUCT（Array1，Array2，Array3，...）（见图 5-12）。

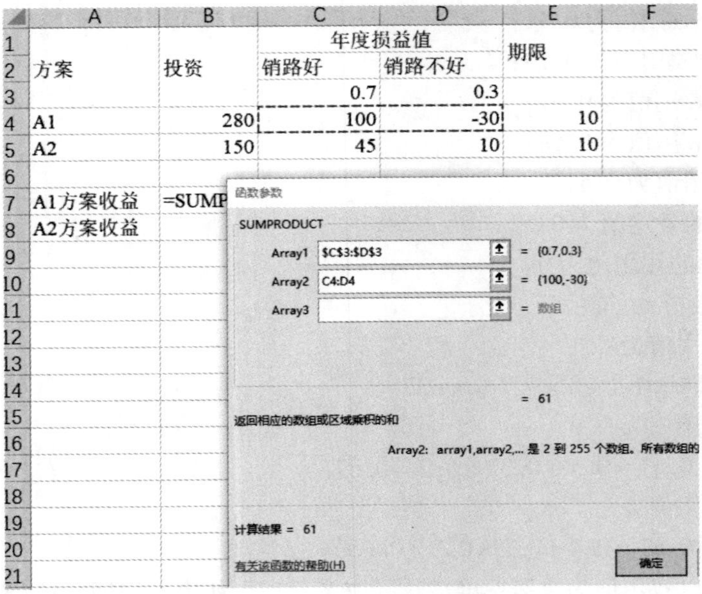

图 5－12　基本数据和调用函数

第三步，计算总利润，如图 5－13 和图 5－14 所示。

	A	B	C	D	E
1	方案	投资	年度损益值		期限
2			销路好	销路不好	
3			0.7	0.3	
4	A1	280	100	-30	10
5	A2	150	45	10	10
6					
7	A1方案收益	61	10年总利润	=B7*10-B4	
8	A2方案收益				

图 5－13　总利润计算

	A	B	C	D	E
1	方案	投资	年度损益值		期限
2			销路好	销路不好	
3			0.7	0.3	
4	A1	280	100	-30	10
5	A2	150	45	10	10
6					
7	A1方案收益	61	A1总利润	330	
8	A2方案收益	34.5	A2总利润	195	

图 5－14　计算结果

2. 贝叶斯决策

【例 5 - 19】（新产品生产决策问题）　某公司考虑是否生产新产品，如果生产，可以进行大批（a_1）、中批（a_2）或小批生产（a_3），可能出现的市场情况也分为畅销（θ_1）、一般（θ_2）和滞销（θ_3）三种情况（具体数据见例 5 - 12）。

Excel 应用包括以下几个步骤。

第一步，将数据导入，如图 5 - 15 所示。

	A	B	C	D	E	F	G	H
1		基本数据						
2		畅销	一般	滞销	期望收益		当H1出现，期望收益	
3		0.6	0.3	0.1				
4	a1	40000	20000	-30000	27000		a1	34091
5	a2	30000	30000	-20000	25000		a2	27727
6	a3	10000	10000	10000	10000		a3	10000
7								
8		条件概率					当H2出现，期望收益	
9		畅销	一般	滞销				
10	H1	0.6	0.2	0.2			a1	25385
11	H2	0.3	0.6	0.3			a2	26154
12	H3	0.1	0.2	0.5			a3	10000
13							当H3出现，期望收益	
14		似然概率矩阵			P(H)			
15	H1	0.36	0.06	0.02	0.44		a1	12353
16	H2	0.18	0.18	0.03	0.39		a2	15294
17	H3	0.06	0.06	0.05	0.17		a3	10000

图 5 - 15　数据导入

第二步，计算似然概率矩阵，如图 5 - 16 所示。

	A	B	C	D	E	F	G	H	I	J	K
2		畅销	一般	滞销	期望收益		当H1出现，期望收益				
3		0.6	0.3	0.1							
4	a1	40000	20000	-30000	27000		a1	=SUMPRODUCT(B4:D4,$B$20:$D$20)			
5	a2	30000	30000	-20000	25000		a2	SUMPRODUCT(array1, [array2], [array3], [array4], ...)			
6	a3	10000	10000	10000	10000		a3	12353			
7											
8		条件概率					当H2出现，期望收益				
9		畅销	一般	滞销							
10	H1	0.6	0.2	0.2			a1				
11	H2	0.3	0.6	0.3			a2				
12	H3	0.1	0.2	0.5			a3				
13											
14		似然概率矩阵			P(H)						
15	H1	0.36	0.06	0.02	0.44						
16	H2	0.18	0.18	0.03	0.39						
17	H3	0.06	0.06	0.05	0.17						
18											
19		后验概率									
20	H1	0.818	0.136	0.045							
21	H2	0.462	0.462	0.077							
22	H3	0.353	0.353	0.294							
23											

图 5 - 16　计算似然概率矩阵

第三步，调用 SUMPRODUCT 函数计算后验概率下各种方案期望收益，如图 5－17 所示。

	A	B	C	D	E	F	G	H
2		畅销	一般	滞销	期望收益		当H1出现，期望收益	
3		0.6	0.3	0.1				
4	a1	40000	20000	-30000	27000		a1	=SUMPRODUCT(B4:D4,$B$20:$D$20) SUMPRODUCT(array1, [array2], [array3], [array4], ...)
5	a2	30000	30000	-20000	25000		a2	
6	a3	10000	10000	10000	10000		a3	12353
7								
8		条件概率					当H2出现，期望收益	
9		畅销	一般	滞销				
10	H1	0.6	0.2	0.2			a1	
11	H2	0.3	0.6	0.3			a2	
12	H3	0.1	0.2	0.5			a3	
13								
14		似然概率矩阵			P(H)			
15	H1	0.36	0.06	0.02	0.44			
16	H2	0.18	0.18	0.03	0.39			
17	H3	0.06	0.06	0.05	0.17			
18								
19		后验概率						
20	H1	0.818	0.136	0.045				
21	H2	0.462	0.462	0.077				
22	H3	0.353	0.353	0.294				
23								

图 5－17　计算后验概率下各种方案期望收益

第四步，计算后验概率下补充信息价值，如图 5－18 所示。

	A	B	C	D	E	F	G	H
1		基本数据						
2		畅销	一般	滞销	期望收益		当H1出现，期望收益	
3		0.6	0.3	0.1				
4	a1	40000	20000	-30000	27000		a1	34091
5	a2	30000	30000	-20000	25000		a2	27727
6	a3	10000	10000	10000	10000		a3	10000
7								
8		条件概率					当H2出现，期望收益	
9		畅销	一般	滞销				
10	H1	0.6	0.2	0.2			a1	25385
11	H2	0.3	0.6	0.3			a2	26154
12	H3	0.1	0.2	0.5			a3	10000
13							当H3出现，期望收益	
14		似然概率矩阵			P(H)			
15	H1	0.36	0.06	0.02	0.44		a1	12353
16	H2	0.18	0.18	0.03	0.39		a2	15294
17	H3	0.06	0.06	0.05	0.17		a3	10000
18								
19		后验概率						
20	H1	0.818	0.136	0.045			H1下a1最优	34091
21	H2	0.462	0.462	0.077			H2下a2最优	26154
22	H3	0.353	0.353	0.294			H3下a2最优	15294
23							验后最优期望	27800.08
24	完美期望值	34000						
25	完全信息价值 EVPI	7000						
26	补充信息价值 EVAI	800.08						

图 5－18　计算后验概率下补充信息价值

习　　题

1. 某企业拟订三种生产方案：方案甲为新建两条生产线；方案乙为新建一条生产线；方案丙为扩建原有生产线，改进老产品。在市场预测的基础上，估算了各种方案在不同市场需求情况下的条件收益值如表 5－25 所示。不同需求状态的概率都为 1/3，试进行决策分析。

表 5－25　　各种方案在不同市场需求情况下的条件收益值　　单位：万元

方案	θ_1	θ_2	θ_3
甲	1000	600	－200
乙	750	450	50
丙	300	300	80

2. 某食品公司准备改进本公司的产品包装，估计产品包装改进以后，销售好的概率为 0.6，可以扩大销售获取盈利 800 万元；反之，若销售差，扩大销售则会损失 100 万元。如果小批量生产，则销售好会获利 200 万元；若销售差，则会损失 20 万元。该公司为了正确决策，先按小批量试产，门市部试销，再决定是否大批量生产销售。根据市场调查分析得到有关资料，如表 5－26 所示。试决策应采取哪种方案更好？

表 5－26　　市场调查分析资料

小批量试销售状态概率	大批量销售自然状态概率
销路好 0.8	销路好 0.8
	销路差 0.2
销路差 0.2	销路好 0.05
	销路差 0.95

3. 某公司考虑是否承包一项工程。合同规定，如果工程能够按期完成，公司可获得 5 万元的利润；如果延期完成，公司将亏损 1 万元。假定工程能否完工取决于天气好坏，根据过去的经验，该公司认为天气好的概率为 0.2。为了更准确地估计天气情况，公司可以向气象咨询公司咨询，但是要付出 0.4 万元的费用。该气象咨询公司预报天气好的准确性是 0.7，预报天气坏的准确性是 0.8。试问是否值得咨询？

4. 某公司生产产品，每 500 件一箱，每箱产品的次品率有三种，即 10%、20% 和 30%，相应的概率分别为 0.7、0.2 和 0.1。出厂前的检验方案有两种，一种是整箱产品全部检验（a_1），每件的检验费为 0.1 元；二是整箱不检验（a_2），但必须承担商家更换次品费用，一件次品的更换费用平均为 0.77 元。

（1）该公司应该选择哪一种检验方案？

（2）如果整箱产品逐一检验前，允许从每箱中抽取 10 件产品进行检验，设 X＝“其中包含次品个数”，试进行抽样贝叶斯决策分析。

5. 某石油公司考虑在某地钻井，结果可能出现三种情况：多油（θ_1）、少油（θ_2）、无油（θ_3），石油公司估计三种状态的可能性是：$P(\theta_1)=0.5$、$P(\theta_2)=0.3$、$P(\theta_3)=0.2$。钻井费用7万元，如果出油少，可收入12万元；如果出油多，可收入27万元。为了进一步了解地质构造情况，可进行勘探。结果有三种可能：构造较差（H_1）、构造一般（H_2）、构造良好（H_3）。根据过去的经验，地质构造和油井出油关系如表5-27所示，勘探需要1万元。试问：怎样根据勘探结果决定是否钻井，是先进行勘探，还是不勘探直接钻井？

表5-27　地质构造和油井出油关系

H_i	θ_1	θ_2	θ_3
H_1	0.6	0.3	0.1
H_2	0.3	0.4	0.4
H_3	0.1	0.3	0.5

第6章　不确定型决策

【教学目标】

（1）了解不确定型决策分析的适用场合。

（2）掌握不确定型决策的准则。

（3）熟练运用不确定型决策方法解决具体问题。

【导入案例】

某食品加工生产厂家经过预测，当采取不同的经营方案时，其市场状态及年收益情况如表6－1所示。由于市场需求不稳定，竞争激烈，加之该企业实力有限，为此决定从最坏处着眼，采用较为稳妥的经营方式，以渡过难关。应选择哪一种经营方案最为稳妥？

表6－1　　市场状态及年收益

方案	畅销(θ_1)	一般(θ_2)	滞销(θ_3)
代理商专营方案甲	90	70	40
中间商代销方案乙	120	80	－11
直接推销方案丙	100	60	30

6.1　不确定型决策的基本概念

在企业经营管理中，常常会遇到一些极少发生或应急的事件，因此，无法明确指出事物未来将会出现何种状态，而只能了解事物有可能出现哪几种状态，但对这几种自然状态出现的可能性有多大也无法确切知道，这就是不确定型情况。例如，某种新试制的产品是否应当投产？某种新设备是否应当购买？如何适应急剧变化的市场形势等。由于企业环境的复杂和企业内部人、财、物和时间的限制，有时不能进行起码的市场调查和预测，因此也就无法确定这些事件的哪一种自然状态将会发生以及各种自然状态发生的概率。可见，对这类事件的决策只能在不肯定情况下作出，即在知道可能出现的各种自然状态，但又无法确定各种自然状态发生概率的情况下作出，这类决策问题就是不确定型决策。

不确定型决策应满足以下四个条件。

（1）存在一个明确的决策目标。

（2）存在两种或两种以上随机的自然状态。

(3) 存在可供决策者选择的两种或两种以上的行动方案。

(4) 可求得各方案在各状态下的决策矩阵。

设某不确定型问题有 m 种方案 a_1，…，a_i，…，a_m，存在 n 种自然状态 θ_1，…，θ_j，…，θ_n，记方案 a_1 在状态 θ_j 下的收益值为 a_{ij}，则决策矩阵如表 6－2 所示。

表 6－2　　决策矩阵

方案	θ_1	θ_2	…	θ_j	…	θ_n
a_1	a_{11}	a_{12}	…	a_{1j}	…	a_{1n}
⋮	⋮	⋮	⋮	⋮	⋮	⋮
a_i	a_{i1}	a_{i2}	…	a_{ij}	…	a_{in}
⋮	⋮	⋮	⋮	⋮	⋮	⋮
a_m	a_{m1}	a_{m2}	…	a_{mj}	…	a_{mn}

在不确定型决策问题中，由于行动后果随状态不同而异，而状态发生的概率又不为决策者所知悉，因此，什么叫一个行动优于另一个行动，就成了值得研究的问题。

考虑有两个行动和两种状态的决策问题，其决策矩阵如表 6－3 所示。分析该问题可以发现，当状态 θ_1 发生时，行动 a_1 优于 a_2；当状态 θ_2 发生时，行动 a_2 优于 a_1。那么行动 a_1 和 a_2 究竟哪个优哪个劣？

表 6－3　　决策矩阵

方案	θ_1	θ_2
a_1	100	50
a_2	30	150

在不确定型决策问题的研究中，主要是确定衡量行动优劣的准则。准则一旦确定，问题便不难得到解决。从不同的角度出发，可以确立不同的准则，从而得到各种不同的决策方法，各种准则下的决策结果一般也不一致，至于在哪种场合下，应该采用哪一种准则，要根据具体情况和决策者的态度而定。

在不确定型决策问题中，说一个行动 a_1 优于另一个行动 a_2，都是在一定意义下（即在一定的准则下）的优于，并不是指在未来发生的实际状态下，a_1 一定优于 a_2。也许有人对此感到不满足，或总为不能获得未来实际状态下真正的最优行动而感到遗憾，但实际情况是，我们只掌握状态参数可能取到哪些值这样的很少的信息，除此之外一无所知，故优于的含义只能做到像上面所指的那样。企图在不占有精确资料的情况下作出精确分析，是不可能的。

由于有些因素难以确定，因此，不确定型决策完全取决于决策者的经验、对未来状态分析判断的能力以及审时度势的胆略和精确程度。其决策具有很大程度的主观随意性。但是，根据经验的积累总结，也有一些公认的决策准则。这些准则为解决一些极少发生或应急的事件决策问题提供了可行的思路和方法，决策者可根据自己的经验估计加以选用。

不确定型决策准则包括乐观决策准则、悲观决策准则、折中决策准则、后悔值决策准则和等概率决策准则等，在进行非确定型决策时，决策者的主要意志、胆识、经验、判断能力等素质占据重要的地位。对同一个不确定型决策问题，不同的决策者可能采取不同的决策方法来解决，而应用不同的方法可能得到不同的结果。由于这些方法之间没有一个统一的评价标准，因而难以判断哪种方法好，哪种方法不好，或者哪个结果对，哪个结果不对。为提高不确定型决策的准确性，决策者必须努力积累经验，深入调查研究，博览群书，提高决策能力。

6.2　乐观决策准则

持乐观决策准则的决策者在各方案可能出现的结果情况不明时，采取好中取好的乐观态度，选择最满意的决策方案。这种方法的基本思想是决策者对客观自然状态总是抱乐观态度，对于以收益最大为目标的决策而言，首先找出各方案的最大收益值，然后选择这些最大收益值中最大者所在的方案作为最优方案，此种情形的乐观决策准则又称最大最大期望值决策准则；对于损失而言，则应从各种方案的最小损失值中选择损失最小的方案，此种情形的乐观决策准则又称最小最小损失值决策准则。由此可见，乐观决策是把各方案的最大收益值的客观状态作为必然出现的状态来看待，从而把不确定型问题简化为确定型问题进行处理。选择这些最大收益值中最大的方案作为最优方案，就意味着选择“最有利中之最有利”方案，所以称为乐观的决策方法。它带有一定的冒险性质，反映了决策者的冒进乐观的态度。由于决策者过于乐观，一切从最好的情况考虑，难免冒较大的风险。

6.2.1　乐观决策的步骤

乐观决策是决策者采用最大最大期望值决策准则进行的一种决策方法，其基本包括以下步骤。

（1）判断决策问题可能出现的几种自然状态（即客观情况）θ_1，θ_2，…，θ_n。

（2）拟订备选方案 a_1，a_2，…，a_m。

（3）推测出各方案在各种自然状态下的收益值 $a_{ij}(a_i, \theta_j)$。

（4）选出各方案在不同自然状态下的最大收益值 $\max\limits_j\{a_{ij}\}$。

（5）比较各方案最大值，从中再选出最大期望值 $\max\limits_i\{\max\limits_j\{a_{ij}\}\}$，该值所对应的方案即决策者所选取的方案，如表 6－4 所示。

表 6－4　乐观法决策矩阵模型

方案	θ_1	θ_2	…	θ_n	$\max\limits_j\{a_{ij}\}$
a_1	a_{11}	a_{12}	…	a_{1n}	
a_2	a_{21}	a_{22}	…	a_{2n}	
⋮	⋮	⋮	⋮	⋮	

续表

方案	θ_1	θ_2	…	θ_n	$\max_j\{a_{ij}\}$
a_m	a_{m1}	a_{m2}	…	a_{mn}	
决策	$\max_i\{\max_j\{a_{ij}\}\}$				

以下举例说明乐观决策方法的具体应用。

【例6-1】（皮鞋生产问题） 某乡镇皮鞋厂根据自己的生产能力制订出三个生产计划方案。方案甲：生产男鞋、女鞋、童鞋各1万双；方案乙：生产男鞋1.2万双，生产女鞋1万双，生产童鞋0.7万双；方案丙：生产男鞋0.8万双，生产女鞋0.9万双，生产童鞋1.4万双。各方案的选优主要取决于市场销售情况，而市场销售情况与人们对运动鞋、胶鞋的兴趣和购买能力有关。根据预测，市场情况可能会有以下状态：①童鞋销售量较小，男鞋销售量较大，女鞋销售量平稳；②童鞋销售量大，男鞋销售量较小，女鞋销售量平稳；③童鞋销售量平稳，男鞋、女鞋销售量较小。三种鞋的成本、售价情况如表6-5所示。在三种状态下，三种鞋的预测需求量如表6-6所示。三种鞋的销售量、销售额和利润情况如表6-7所示。

表6-5　　三种鞋的成本、售价　　单位：元

指标	男鞋	女鞋	童鞋
成本	1.5	1.5	1.0
售价	4.3	4.5	3.7

表6-6　　三种鞋的预测需求量　　单位：万双

状态	男鞋	女鞋	童鞋
θ_1	1.2	1.0	0.7
θ_2	0.9	1.0	1.4
θ_3	0.8	0.9	1.0

表6-7　　销售量、销售额和利润情况

方案	品类	生产量/万双	成本/万元	销售量/万双			销售额/万元			利润/万元		
				θ_1	θ_2	θ_3	θ_1	θ_2	θ_3	θ_1	θ_2	θ_3
方案甲	男鞋	1	1.5	1.0	0.9	0.8	4.30	3.87	3.44	2.80	2.37	1.94
	女鞋	1	1.5	1.0	1.0	0.9	4.50	4.50	4.05	3.00	3.00	2.55
	童鞋	1	1.0	0.7	1.0	1.0	2.59	3.70	3.70	1.59	2.70	2.70
	总计		4.0	—			11.39	12.07	11.19	7.39	8.07	7.19
方案乙	男鞋	1.2	1.8	1.2	0.9	0.8	5.16	3.87	3.44	3.36	2.07	1.64
	女鞋	1.0	1.5	1.0	1.0	0.9	4.50	4.50	4.05	3.00	3.00	2.55
	童鞋	0.7	0.7	0.7	0.7	0.7	2.59	2.59	2.59	1.89	1.89	1.89
	总计		4.0	—			12.25	10.96	10.08	8.25	6.96	6.08

续表

方案	品类	生产量/万双	成本/万元	销售量/万双			销售额/万元			利润/万元		
				θ_1	θ_2	θ_3	θ_1	θ_2	θ_3	θ_1	θ_2	θ_3
方案丙	男鞋	0.8	1.2	0.8	0.8	0.8	3.44	3.44	3.44	2.24	2.24	2.24
	女鞋	0.9	1.35	0.9	0.9	0.9	4.05	4.05	4.05	2.70	2.70	2.70
	童鞋	1.4	1.4	0.7	1.4	1.0	2.59	5.18	3.70	1.19	3.78	2.30
	总计		3.95	—			10.08	12.67	11.19	6.13	8.72	7.24

鞋厂决策人认为，本厂产品有一定的市场信誉和广告宣传优势，又有一定的后备资金。因此，前途乐观，其决策包括以下过程。

（1）计算采取各种方案时，在各种状态下的生产成本、销售额和利润情况，如表6－7所示。

（2）列出决策矩阵，如表 6－8 所示。由表 6－8 可见，若选择方案甲，在第二种状态 θ_2 下，可获得最大利润 8.07 万元；若选择方案乙，则在状态 θ_1 时可获得最大利润 8.25 万元；若选择方案丙，则在 θ_2 状态下可获得最大利润 8.72 万元。决策者希望获得最大利润，故选择方案丙。虽然方案丙在状态 θ_1 时只能获利 6.13 万元，但乐观的决策者认为自己有能力在一定程度上改变销售状态，争取好的前景。

表 6－8　　决策矩阵　　单位：万元

方案	θ_1	θ_2	θ_3	$\max_j \{a_{ij}\}$
甲	7.39	8.07	7.19	8.07
乙	8.25	6.96	6.08	8.25
丙	6.13	8.72	7.24	8.72
决策	$\max_i \{\max_j \{a_{ij}\}\}$			8.72

6.2.2　乐观准则的评价

大中取大，忽略了有价值的信息，除了最大的收益外，所有其他的收益都被忽略，最坏的损失无论多大，不能影响方案选择。大中取大是最乐观的，也是最危险的决策准则。

当决策者对某一问题持乐观准则为决策原则时，通常反映了决策者对被决策问题的未来充满了信心，态度乐观。决策者认为问题的未来好的状态发生的可能性极大。从另一个角度，这也体现了决策者的进取精神与冒险性格。当然，事物都是一分为二的，对于敢于冒风险的决策者需要告诫自己，多了解事物的本质，预测事物发展的规律，遇事需三思而后行。

6.2.3 乐观决策法的适用范围

乐观决策法，即最大最大期望值决策法适用于以下情况。

（1）高收益值诱导。决策者运用有可能实现的高期望值目标，激励、调动人们奋进的积极性。实际结果如何并不重要，关键是重视决策目标的激励作用。

（2）绝处逢生。企业处于绝境，运用其他较稳妥的决策方法难以摆脱困境，此时，与其等着破产，还不如采用最大期望值的方案，通过拼搏，以求获得最后一线生机。

（3）前景看好。决策者对企业的前景充满信心，应当采取积极进取的方案，否则就会贻误最佳时机。

（4）实力雄厚。企业实力强，如果过于稳妥、保守，往往会无所作为，甚至削弱力量及降低地位。因此，企业应凭借其强大的风险抵御力勇于开拓，积极发展。

6.3 悲观决策准则

悲观决策准则的思想基础与乐观决策准则相反，对客观情况总持悲观态度，往往是决策者认为形势比较严峻，在未来发生的各种自然状态中，最坏状态出现的可能性较大，即设想采取任何一种方案，都是收益最小的状态发生。因此，必须从最坏处着眼，采用较为稳妥的决策准则。即从各种行动方案的最小收益中选取收益值最大的方案为决策方案。这种准则也称为最大最小期望值决策准则。它反映了决策者的一种悲观情绪，体现了决策者的一种保守思维方式。

这种方法是以最小收益值作为评价方案的标准，注意的重点是使收益值不低于一定限度。对每种客观自然状态而言，实际上是以收益值最小的客观状态作为必然出现的状态来看待的，这就把不确定型问题简化为确定型问题。从局部看是按最不利情况来处理的，但从总体看它又是从最小收益值中选择最大的作为决策的行动方案。实际上这是一种比较保守和稳妥的决策方法，因此有人又把这种方法称为保守的和悲观的决策方法。对于以损失值最小为目标的决策而言，该准则就变为大中取小准则，即从各方案的最大损失值的比较中，选出最大损失值为最小的那种方案为最优方案。可以把这个准则归纳为坏中求好准则，这样既适用于求收益最大为目标的决策，也适用于求损失最小为目标的决策。

6.3.1 悲观决策的步骤

建立在最大最小期望值决策准则基础上的决策分析方法即悲观法决策分析，一般包括以下几个步骤。

（1）判断某决策问题可能出现的几种客观情况（即自然状态）θ_1，θ_2，…，θ_n。

（2）拟订决策问题的备选方案 a_1，a_2，…，a_m。

（3）测定各方案在自然状态下的收益值 $a_{ij}(a_i, \theta_j)$。

（4）选出各方案在不同自然状态下的最小收益值 $\min\limits_{j}\{a_{ij}\}$。

（5）比较各方案的最小值，从中选取最大最小期望值 $\max\limits_{i}\{\min\limits_{j}\{a_{ij}\}\}$ 所对应的方案就是决策者所选择的最佳方案，如表 6－9 所示。

现沿用导入案例说明最大最小期望值决策分析方法的应用。

根据题意，该企业的决策者拟采用悲观法（保守原则），按最大最小期望值决策准则进行决策。先把每种方案在各种自然状态下的最小收益值找出来。方案甲的最小收益值为 40 万元，方案乙的最小收益值为 －11 万元（即亏损 11 万元），方案丙的最小收益值为 30 万元，分别填入表 6－10 中。

表 6－9　　悲观法决策矩阵模型

方案	θ_1	θ_2	…	θ_n	$\min\limits_{j}\{a_{ij}\}$
a_1	a_{11}	a_{12}	…	a_{1n}	
a_2	a_{21}	a_{22}	…	a_{2n}	
⋮	⋮	⋮	⋮	⋮	
a_m	a_{m1}	a_{m2}	…	a_{mn}	
决策	$\max\limits_{i}\{\min\limits_{j}\{a_{ij}\}\}$				

表 6－10　　企业决策矩阵

方案	θ_1	θ_2	θ_3	$\min\limits_{j}\{a_{ij}\}$
甲	90	70	40	40
乙	120	80	－11	－11
丙	100	60	30	30
决策	$\max\limits_{i}\{\min\limits_{j}\{a_{ij}\}\}$			40→甲

由表 6－10 可以明显看出，最小收益值中的最大值为 40 万元，所对应的方案为甲，即采用指定代理商专营的经营方案为最佳决策方案。这样，该企业就能够在最不利的情况下，也能获得 40 万元的收益；相反，如果企业采用方案乙，当出现 θ_3 市场状态时，不仅得不到收益，还会产生 11 万元的亏损；即便是采用方案丙，当出现 θ_3 市场状态时，也要少收益 10 万元。

6.3.2　悲观准则的评价

持悲观准则为决策原则的决策者遇事常想到事物的最糟的一面，较多地考虑是否能承受得住失败带来的打击。这充分地表现了决策者稳妥的性格与保守的品质。从另一个角度，也反映了决策者对问题的未来信心不足，态度悲观。当然，对于一个保守的决策者同样要告诫自己，不要走极端，在谨慎行事的前提下，应建立进取的信心。该项原则决策只用了最坏情况下的数据。

6.3.3 悲观决策法的适用范围

表面上看，最大最小期望值决策是对不确定型决策问题的决策，但由于决策者在决策问题时，立足于最坏处，即不论发生哪种情况，收益值只会增加或相等，绝不会减少。因而，这种方法实际上是把最小收益的自然状态假定为必然出现的自然状态，也是把不确定型问题当作确定型问题来处理。

悲观决策法，虽然带有保守性质，但它却留有余地，稳妥可靠，是在“最不利”中找出“最有利”的方案。因此，这种方法在一定场合下具有一定的适用性。例如，企业规模较小、资金薄弱，经不起大的经济冲击，或者决策者认为最坏状态发生的可能性很大，对好的状态缺乏信心等，另外，在某些行动中，人们已经遭受了重大的损失，如人员伤亡、天灾人祸等，需要恢复元气，一般也往往采用这一较为稳妥的准则进行决策。

但是，这种决策方法所依据的决策准则常常引导人们丧失进取心，不愿意冒风险。因此使用该准则时一定要慎重，具体情况具体分析。对于那些把握性很小、损失很大的决策问题，悲观决策法是可取的。

6.4 折中决策准则

乐观和悲观决策法是按照最好或最坏的可能性进行决策的，因此有一定的缺陷。在决策过程中，一般人们往往认为乐观法决策过于乐观、冒进，不愿采用；悲观法决策过于保守、悲观，也不愿采用。在这种情况下，赫维茨（Hurwicz）鉴于“坏中求好”准则和“好中求好”准则都属于走极端，前者过分保守，后者盲目乐观，所以都不够明智。他建议采取两者的折中，即采用折中决策法，可在一定程度上克服以上缺陷。为此他提出了“乐观系数”的概念，认为应根据对形势的判断确定一个 0 ~ 1 的乐观系数值 α，然后像计算期望值的办法那样，根据最大收益值（或损失值）和最小收益值（或损失值），计算出一个折中的收益值，最后比较各方案折中收益值的大小，确定折中收益值最大的那种方案为最优方案。因此，该决策准则又称为赫维茨决策准则。各方案的折中收益值为

$$\overline{a}_i = \alpha \cdot a_{i\ \max} + (1-\alpha) \cdot a_{i\ \min}$$

其中，α 为乐观系数，$a_{i\ \max}$ 为第 i 种方案的最大收益值，$a_{i\ \min}$ 为第 i 种方案的最小收益值。

决策目标为

$$Z = \max\{\overline{a}_i\}$$

如 α 的值 1，则表示完全乐观，此时就等于采用“好中求好”准则；如 α 的值为 0，则表示完全悲观，此时就等于采用“坏中求好”准则。一般情况下，$0 \leqslant \alpha \leqslant 1$，它越接近 1，就表示越乐观。

6.4.1 折中决策法的步骤

采用折中法决策准则进行决策分析的方法即折中决策法，其决策过程一般包括以下几

个步骤。

（1）测定一个表示决策者乐观程度的所谓“乐观系数”，用“α”表示（$0\leqslant\alpha\leqslant1$）。

（2）计算折中收益值。当乐观系数确定后，就可以按以下公式计算各方案的折中收益值。

$$折中收益值 = 最大收益值\times\alpha + 最小收益值\times(1-\alpha)$$

（3）进行比较。选择折中收益值最大的方案为最优决策方案，其决策矩阵如表 6 - 11 所示。

表 6 - 11　　折中决策矩阵

方案	θ_1	θ_2	…	θ_n	折中收益值
a_1	a_{11}	a_{12}	…	a_{1n}	
a_2	a_{21}	a_{22}	…	a_{2n}	
⋮	⋮	⋮	⋮	⋮	
a_m	a_{m1}	a_{m2}	…	a_{mn}	
决策	max(折中收益值)				

下面举例说明其具体决策过程。

【例 6 - 2】（手表生产线改造问题）　某手表厂为适应市场日益更新的需要，决定投产一种新产品。为此，提出了 4 种备选方案：a_1 是引进国外生产线；a_2 是对原生产线进行技术改造；a_3 是与国外某一名牌手表生产厂进行合作生产；a_4 是与国内某名牌手表生产厂进行合作生产。但该厂对该种新产品的投产又感到不能盲目乐观，决定以 $\alpha=0.7$ 的乐观系数，按照折中法决策准则进行决策。该厂通过估算，得到以上 4 种方案在市场上出现低需求、一般需求、高需求的情况下 10 年之内所获利润情况，如表 6 - 12 所示。

表 6 - 12　　手表厂收益值　　单位：万元

方案	θ_1	θ_2	θ_3
引进生产线 a_1	1000	1000	4000
改造生产线 a_2	-2000	1500	6000
与国外合作 a_3	0	2000	5000
与国内合作 a_4	1000	3000	2000

请问：该企业应选哪一种方案为最优方案？

利用折中决策法，实际决策工作可列表进行，如表 6 - 13 所示。

表 6 - 13　　现实估计收益　　单位：万元

方案	θ_1	θ_2	θ_3	折中收益值($\alpha=0.7$)
a_1	1000	1000	4000	$0.7\times4000+0.3\times1000=3100$
a_2	-2000	1500	6000	$0.7\times6000+0.3\times(-2000)=3600$

续表

方案	θ_1	θ_2	θ_3	折中收益值($\alpha=0.7$)
a_3	0	2000	5000	$0.7\times5000+0.3\times0=3500$
a_4	1000	3000	2000	$0.7\times3000+0.3\times1000=2400$
决策	max{折中收益值}			$3600\to a_2$

由表6－14可知，当$\alpha=0.7$时，方案a_2具有最大现实估计收益。

不过，对于不同的乐观系数α，每种方案相应的现实估计收益值也会改变。因而，用此方法选择的方案也可能不同。仍沿用此例，在乐观系数$\alpha\leqslant\frac{1}{2}$时，方案$a_1$具有最大现实估计收益；在$\frac{1}{2}\leqslant\alpha\leqslant\frac{2}{3}$时，方案$a_3$具有最大现实估计收益；而当时$\frac{2}{3}\leqslant\alpha\leqslant1$时，方案$a_2$具有最大现实估计收益；方案$a_4$仅当$\alpha=0$时才具有最大现实估计收益，如图6－1所示。

表6－14　为测定α值所设计的二行动、二状态决策问题的收益矩阵

方案	θ_1	θ_2
a_1	1	0
a_2	x	x

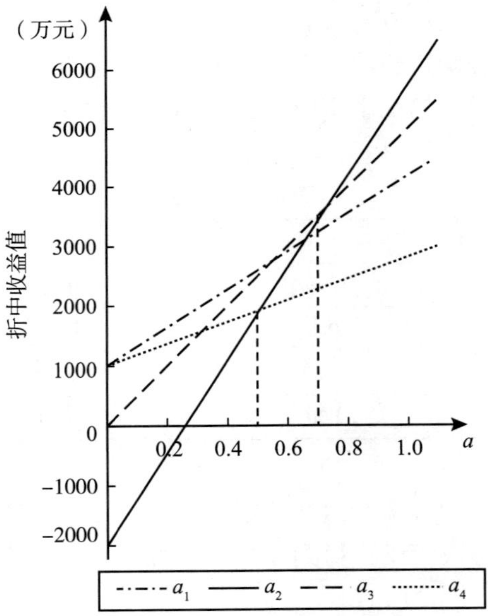

图6－1　折中决策法

测定一个特定的决策者的乐观系数，可以采用与确定后果的效用值类似的做法。设决策问题中最好的状态为θ_1，最坏的状态为θ_2。设定一个有二行动、二状态的决策问题，其收益矩阵如表 6－14 所示。向决策者提出以下问题：x 为何值时，行动 a_1 与行动 a_2 等效？他所回答的 x 值当然介于 0～1。如果决策者对状态的估计乐观，则他所回答的 x 值会比较大，否则 x 值会比较小。决策者回答一个 x 值后，由于他认为这时两个行动等效，即两个行动的 H 值相等，故有 $\alpha \times 1 + (1-\alpha) \times 0 = \alpha \times x + (1-\alpha) \times x$，也就是 $\alpha = x$，即他所回答的 x 值就是他的乐观系数。

【例 6－3】（电视机销售问题）　某电视机厂现在面临是否生产一批老型号的电视机，以便明年投放市场的决策问题。这种电视机的销售量主要取决于顾客明年的经济状况，以及是否有物美价廉的新型号电视机进入市场。如果生产的电视机卖不出去，就要廉价处理，这样该厂可能出现亏损。据有关专家估计，其收益（利润）矩阵如表 6－15 所示。

表 6－15　　　　某电视机厂的收益矩阵　　　　单位：万元

方案	θ_1	θ_2	θ_3	θ_4
a_1	100	30	－20	－80
a_2	0	0	0	0

其中，a_1，a_2 为生产和不生产这批电视机这两个行动；θ_1 为明年经济状况好，没有物美价廉的新型号电视机进入市场；θ_2 为明年经济状况好，但有物美价廉的新型号电视机进入市场；θ_3 为明年经济状况不好，没有物美价廉的新型号电视机进入市场；θ_4 为明年经济状况不好，有物美价廉的新型号电视机进入市场。

请问：该厂将如何利用折中原则进行决策？

为了测定该厂决策者对这个问题的状态所持的乐观系数 α，可拟下面的问题请决策者回答：假定只有两种状态 θ_1 和 θ_4。a_1：如果出现 θ_1，给你 100 元；如果出现 θ_4，不给你钱。a_2：不论出现哪种状态，都给你 x 元钱。你认为 x 为何值时，行动 a_1 才与行动 a_2 等效？

决策人根据客观资料或主观估计，基于对明年经济形势及市场状况的认识，回答出 x 的值。比如，他回答的是 $x=40$ 元。由于

$$100\alpha + 0(1-\alpha) = x\alpha + x(1-\alpha)$$

所以

$$\alpha = 0.4$$

有了乐观系数，便可按公式计算各行动的 H 值了。

求得

$$H(a_1) = 100 \times 0.4 - 80 \times 0.6 = -8 \quad H(a_2) = 0$$

因此，按赫维茨准则决策，最优行动为 a_2，即该厂不应生产这种老型的电视机。

在上面介绍的测定决策者乐观系数 α 的方法中，用到了最好状态与最坏状态这两个概念。在具体的经营管理决策问题中，它们往往容易为人们所找到。但是，从理论上讲，这两个概念的意义不是很明晰的。例如，抛掷一枚硬币，请猜它是正面还是反面，猜对将得到一元钱，猜错得不到钱。这显然是二行动、二状态的决策问题，其收益矩阵如表 6－16 所示。

表 6-16 收益矩阵

方案	θ_1	θ_2
a_1	1	0
a_2	0	1

其中，a_1，a_2 分别表示猜正面和猜反面这两个行动；θ_1，θ_2 分别表示硬币出正面和出反面这两种状态。试问，这里的 θ_1 和 θ_2 哪个算好状态，哪个算坏状态呢？

为了克服这一缺点，可以把赫维茨准则略加修改。对于每一行动 a_i，都确定一个乐观系数 $\alpha(a_i)$，不同的 a_i 可以对应不同的 $\alpha(a_i)$。把公式修改为

$$H(a_i)=\alpha(a_i)\max\ a_{ij}+[1-\alpha(a_i)]\min\ a_{ij}$$

然后再比较 $H(a_i)$ 的大小，确定最优行动。

用与上面类似的方法，可以对每个行动 a_i 分别测定决策者的乐观系数 $\alpha(a_i)$。例如，预测决策者对某一行动方案 a_0 的乐观系数，这时表中的好状态 θ_1 和坏状态 θ_2 应分别为采取行动 a_0 时的好状态和坏状态，即 θ_1 和 θ_2 分别使 $Q(a_0, \theta)$ 达到最大值和最小值。测定别的行动的乐观系数时，θ_1 和 θ_2 的内容可以改变。例如，在提到的猜硬币的决策问题中，测定 $\alpha(a_1)$ 时，好状态为 θ_1，坏状态为 θ_2；测定 $\alpha(a_2)$ 时，好状态为 θ_2，坏状态为 θ_1。

由此可以看出，乐观系数取值不同，可以得到不同的决策结果。究竟取什么值合适呢？这要视具体情况而定。首先，如果当时的条件比较乐观，则应取大一点；反之，应取小一点。但真正选择合适的却不容易，而且难免受决策者个人主观成见所左右，这是折中决策的一个缺点。其次，决策者对此不是持固定态度，例如见到报纸上某条消息后，就可能变乐观为悲观，或相反。这样又增加了确定的困难。最后，由于它只从最大收益值与最小收益值这两者之中求折中收益值，既不考虑中等的收益值，也不考虑在各种客观状态中最大或最小收益值出现的次数，因此往往与决策人意愿相违背。例如，有如表 6-17 所示的决策收益。

表 6-17 两种方案状态的不确定型决策收益 单位：百万元

方案	θ_1	θ_2	θ_3	θ_4	θ_5	θ_6
a_1	100	0	0	0	0	0
a_2	0	100	80	90	100	100

如按折中准则，则不论选取什么值，这两种方案的折中收益值均相等，似乎这两种方案没有差别，完全等价，选择哪种方案都无关紧要。但实际上决策者一般愿意选方案 a_2，因为这两种方案的最大收益值和最小收益值均为 100 和 0，但方案 a_1 只有当 θ_1 出现时才能得到最大收益，其余 5 种状态下则均为最小收益值；而方案 a_2 只有当 θ_1 状态出现时才出现最小收益值，其余 5 种状态中有 3 种状态（θ_2，θ_5，θ_6）都能获得最大收益值，另外两种状态也能获得接近于最大的收益值，无疑决策者会认为方案 a_2 获益的机会大。而这种准则反映不出这些情况。

6.4.2　折中决策法的评价

折中决策法，实际上是一种指数平均法。它的评选标准介于最小收益值和最大收益值之间，乐观系数在其中起到一个天平的作用，若乐观系数 α 取值偏向 1，则偏向乐观法；若乐观系数 α 取值偏向 0，则偏向悲观法。总之，折中决策法属于一种既稳妥又积极的决策方法。

但是，折中决策法存在以下两个严重的缺陷。

（1）乐观系数不易确定。运用此种方法，乐观系数测定不同，其决策方案必然有异。由于乐观系数的不易确定性，反映了不确定型决策的本质。它增强了决策者的灵活性，如决策者认为形势看好，可将乐观系数定得高些；若形势不好，可将乐观系数定得低些，决策者可灵活掌握。因而使决策的客观性降低，主观性增强，可靠性也就成问题了。

（2）折中决策法虽然克服了最大最小期望值决策法和最大最大期望值决策法的两种极端倾向，但也只注意到最好和最坏这两种形态，在决策分析中，只用到了 $\max\{a_{ij}\}$ 和 $\min\{a_{ij}\}$，而没有用到 a_{ij} 的其他各值。这说明，折中决策法没有充分利用收益函数所提供的全部信息。该缺陷自然要影响决策效果。

6.5　后悔值决策准则

后悔值决策准则，是由萨维奇（Savage）所提出的，故又称萨凡奇准则。指通常在决策时，应当选择收益值最大或者损失值最小的方案作为最优方案。但是，由于未来自然状态的不确定性对决策的影响，决策者可能在当初并未采取该方案，却采取了其他方案。这时决策者就会感到后悔，遗憾当初未选中收益值最大或损失值最小的方案。为了避免将来后悔太大，可采用后悔值决策法。

后悔值是指决策者失策所造成的损失价值。它是在某种自然状态下，方案中的最大收益值与各方案的收益值之差，或各方案的损失值与方案中的最小损失值之差。这种准则的基本思想是：当决策者选定决策方案之后，如果发现所选方案并非最优方案，必然会因为舍优取劣而感到后悔。这种后悔，实际上是一种机会损失。所选方案的收益值与最优方案的收益值之差越大，后悔值就越大。它是在某种自然状态下，方案中的最大收益值和各方案的收益值之差，或各方案的损失值与方案中的最小损失值之差。后悔值决策法就是首先算出各方案在各种自然状态下的后悔值，然后找出各方案的最大后悔值，再从这些最大后悔值中挑选出最小后悔值，最后把最小后悔值对应的方案作为最优方案。因此，后悔值决策准则，就是要求决策者在选择决策方案所产生的后悔感最小。

后悔感的大小是以“后悔值”指标来反映的，“后悔值”是指每种自然状态下最高收益值与其他收益值之差。

6.5.1　最小最大后悔值决策分析的步骤

最小最大后悔值决策法的决策包括以下步骤。

（1）建立决策矩阵，如表 6－18 所示。

表 6－18　　后悔值决策模型

方案	θ_1	θ_2	…	θ_n	$\max\limits_j\{R(a_{ij})\}$
a_1	$R(a_{11})$	$R(a_{12})$	…	$R(a_{1n})$	
a_2	$R(a_{12})$	$R(a_{22})$	…	$R(a_{2n})$	
⋮	⋮	⋮	⋮	⋮	
a_m	$R(a_{m1})$	$R(a_{m2})$	…	$R(a_{mn})$	
决策	$\min\limits_i\{\max\limits_j\{R(a_{ij})\}\}$				

（2）计算出在各种自然状态下每种方案的后悔值 $R(a_{ij})=\max\limits_j\{a_{ij}\}-\{a_{ij}\}$。

（3）逐一列出各方案的最大后悔值 $\max\limits_j\{R(a_{ij})\}$。

（4）比较后悔值，选取其中最小值 $\min\limits_i\{\max\limits_j\{R(a_{ij})\}\}$。该值所对应的方案即最佳方案，其决策矩阵模型如表 6－19 所示。

下面举例说明其决策过程。

【例 6－4】（形势判断问题）　某商业企业对当前形势进行可行性分析之后，提出了 3 种经营方案 A、B、C，预计有 3 种自然状态 θ_1、θ_2、θ_3 会出现，其收益值矩阵如表 6－19 所示。请决策最佳方案。

表 6－19　　企业收益值矩阵　　单位：万元

方案	θ_1	θ_2	θ_3
A	320	400	290
B	210	280	450
C	380	420	270

根据题目要求，采用最小最大后悔值决策法进行决策。首先求出后悔值决策矩阵，如表 6－20 所示。

表 6－20　　后悔值决策矩阵　　单位：万元

方案	θ_1	θ_2	θ_3	$\max\limits_j\{R(a_{ij})\}$
A	60	20	160	160
B	170	140	0	170
C	0	0	180	180
决策	$\min\limits_i\{\max\limits_j\{R(a_{ij})\}\}$			160→A

由表 6－20 可知，A 方案的最大后悔值为 160 万元，B 方案的最大后悔值为 170 万元，

C 方案的最大后悔值为 180 万元，其中 A 方案所产生的后悔值最小，为 160 万元，所以 A 方案为最佳方案。

对于要求目标达最小值的决策问题，应用后悔值法时，应注意以下事项。

（1）取各状态中最小收益值为理想值，减去其他各值，得到的后悔值全部为负值与零。

（2）取各方案后悔值中的最小者（绝对值最大者）。

（3）再取其中的最大值进行决策。

用后悔值的观点来处理问题时常常要计算后悔矩阵，它可以从收益矩阵中导出来。

由上述讨论可发现，在每一种客观状态下都有一种最佳的行动方案，使之达到本状态的最大收益值，如果没有采取这种最佳的行动方案，就一定存在一个后悔值。可见，在某种客观状态下能取得该状态的最大收益值的最佳方案是不存在后悔值的，即其后悔值为零；否则，由于采取了其他方案，就会产生后悔值，但后悔值都大于零，不存在负的后悔值。

6.5.2　后悔值决策准则的评价

如果原来的行动方案中再增加一种方案，则后悔值可能改变，即使不是选新增加的这种方案为最优方案，但由于后悔值的变化，有可能使原来的最优方案变为不是最优方案。

从某些方面而言，后悔值准则与悲观准则属同一类，只是考虑问题的出发点有所不同。后悔值准则是以尽量避免较大的决策失误为原则来进行决策的。它体现了决策者不求最好但求无过的保守性格，也反映了决策者对问题信心不足但又不愿失去机会的矛盾心态。由于它是从避免失误的角度进行决策，使此准则在某种意义上比悲观准则合乎情理一些，因此是一个稳妥的决策原则。

6.5.3　后悔值决策准则的适用范围

最小最大后悔值决策法一般适用于有一定基础的中小企业。因为这类企业一方面能承担一定风险，因而可以不必太保守，不必过于稳妥；另一方面又不能抵挡大的灾难，因而又不能像乐观法决策那样过于冒进。对这类企业来讲，采用最小最大后悔值决策法进行决策属于一种稳中求发展的决策。

另外，竞争实力相当的企业在竞争决策中也可采用此法。因为竞争者之间已有一定实力，必须以此为基础进一步开拓，不可丧失机会。但又不宜过激，否则欲速则不达，危及基础。因此，在势均力敌的竞争中，采用此法既可以稳固已有的地位，又可以使市场开拓机会的丧失降到最低限度。

6.6　等概率决策准则

悲观准则实质上就是认为对每个行动而言，出现最坏状态的概率是 1，其他状态的概率是0；乐观准则认为对每个行动而言，出现最好状态的概率是1，其他状态的概率是0。赫维茨准则虽然克服了上述两种极端思想，引进乐观系数，调整了对最好状态和最坏状态的概率估计，但不难看出，赫维茨准则认为最好状态发生的概率为 α，最坏状态发生的概率为 $1-\alpha$，而其他中间状态发生的概率都是0。因此，赫维茨准则没有充分利用收益函数所提供的全部信息。为了克服这一缺点，产生了等概率决策准则。等概率决策准则的基本思想是假定未来各种自然状态发生的概率相同，然后，求各行动方案的期望收益值，具有最大期望收益值的方案，即等概率决策准则下决策的最优方案。

6.6.1 等概率决策分析法的步骤

等概率决策分析法包括以下基本步骤。

（1）确定期望收益矩阵。

（2）计算各方案 a_i 等概率收益值之和 $\sum_{j=1}^{n} E_i(a_{ij})$。

（3）比较各方案的等概率收益值 $\sum_{j=1}^{n} E_i(a_{ij})$ 的大小，选择 $\max_i \sum_{j=1}^{n} E_i(a_{ij})$ 所对应的方案即决策的最佳方案，等概率决策矩阵模型如表6-21所示。

表6-21 等概率决策矩阵模型

方案	$\theta_1\theta_2\cdots\theta_n$				等概率期望值				$\sum_{j=1}^{n} E_i(a_{ij})$
					θ_1	θ_2	$\cdots$	θ_n	
					$\frac{1}{n}$	$\frac{1}{n}$	$\cdots$	$\frac{1}{n}$	
a_1	a_{11}	a_{12}	$\cdots$	a_{1n}	$E_1(a_{11})$	$E_1(a_{12})$	$\cdots$	$E_1(a_{1n})$	$i=1,2,\cdots,m$; $j=1,2,\cdots,n$
a_i	a_{21}	a_{22}	$\cdots$	a_{2n}	$E_2(a_{21})$	$E_2(a_{22})$	$\cdots$	$E_2(a_{2n})$	
$\vdots$	$\vdots$	$\vdots$	$\vdots$	$\vdots$	$\vdots$	$\vdots$	$\vdots$	$\vdots$	
a_m	a_{m1}	a_{m2}	$\cdots$	a_{mn}	$E_i(a_{m1})$	$E_i(a_{m2})$	$\cdots$	$E_i(a_{mn})$	
决策	$\max_i \sum_{j=1}^{n} E_i(a_{ij})$								

下面举例说明等概率决策法的应用。

【例6-5】（技术改造问题） 某外资生产企业，产品全部销往欧洲等地。最近，该企业拟定今后5年内的三种扩大生产方案。方案 B_1 为建设一个新厂；方案 B_2 为对所属各厂进行技术改造；方案 B_3 为扩建部分工厂。经过分析认为，今后5年之内可能遇到4种市场需求状况，即高需求、中需求、低需求、无需求，并估算了5年之内三种方案在不同需求状况下的收益值，如表6-22所示。若企业对市场把握不准，决策者采用等概率决策法进行决策，此时应如何决策？

表 6-22　　期望值估测　　单位：万元

方案	高需求 θ_1	中需求 θ_2	低需求 θ_3	无需求 θ_4
建新厂 B_1	160	70	-65	-130
技术改造 B_2	100	45	-5	-40
扩建原厂 B_3	125	60	-50	-95

由题意已知，采用等概率决策法进行决策。已知有 4 种状态可能出现，因此 $n=4$，等概率$\frac{1}{n}$即$\frac{1}{4}$，则决策矩阵如表 6-23 所示。

表 6-23　　等概率决策矩阵　　单位：万元

方案	等概率期望$\left(\frac{1}{n}=\frac{1}{4}\right)$				$\sum_{j=1}^{n} E_i(a_{ij})$
	θ_1	θ_2	θ_3	θ_4	
B_1	40	17.5	-16.25	-32.5	8.75
B_2	25	11.25	-1.25	-10	25
B_3	31.25	15	-12.5	-23.75	10
决策	$\max_i \sum_{j=1}^{n} E_i(a_{ij})$				25.00→B_2

由表 6-23 可知，方案 B_1 的期望收益值为 8.75 万元，方案 B_2 的期望收益值为 25 万元，方案 B_3 的期望收益值为 10 万元，其中方案 B_2 的期望收益值为最大，因此，方案 B_2 为最优方案，即该企业应选择技术改造方案。

若出现两种方案的期望值均最大，应分别用方案的期望值，减去该方案的最小收益值，取差最小者为最优方案。若两个差值仍相同，则均为最优方案。

在无法进一步了解未来随机状态的情况下，决策者往往简单地认为各种状态发生的可能性相同。因此，在决策者心目中，决策依据的是各行动在各状态下的收益值的平均值。这种准则的决策思想过于简单，但由于决策当中利用了所有的数据，避免了前两个决策准则的极端性。决策结果既不乐观也不悲观，有时效果出乎意料之好。

6.6.2　等概率决策法的评价

等概率决策法的优点是全面考虑了一种行动方案在不同自然状态下可能取得的不同结果，并把概率引入了决策问题。但是客观上各状态发生等概率的情况很少，这种方法也就很难与实际情况相符。另外，这样处理问题未免简单化了，实际上各种状态对行动的影响一般是不相同的。按等概率准则分析问题将使期望收益值不甚可靠，因而决策结果也不是十分稳妥的。等概率决策准则的这一缺点，只有按客观资料或主观经验制定状态参数的概率分布，从而把不确定型决策问题转化为风险型决策问题，才能得到彻底克服。

等概率决策法是将不确定型问题演变成风险型问题来处理，唯一不同的是，决策者将难以判定的各种自然状态发生的概率假定为一个等值。等概率决策法，既充分发挥了折中决策法有关系数调整的优点，又克服了折中决策法没有充分利用全部信息的缺点，这是一种较为积极的决策方法。

但是，也要注意到等概率决策法的弊病。等概率决策法是假设所有状态都出现，而且都以相等机会出现，该假设前提本身就是有问题的，很难与事实发展相吻合。

6.7 Excel 应用分析

前面介绍了五种概率未知情况下的决策准则。对于同一个有待决策的问题，应用不同的决策准则进行决策所得到的决策结果，一般来说是不同的，其中有正确的决策结果，也有错误的决策结果。这就提出了一个问题，根据什么选取决策准则，决策结果才是正确的？

决策准则的选择固然与决策者的主观意志有关，但是决策准则的选择不完全取决于决策者的主观意志。如果一个决策者不顾决策问题所面临的客观环境，仅凭想当然和个人兴趣选取决策准则，那所作出的决策很难是正确的决策，这样的决策者是不称职的决策者。如果同一个问题处于同一个客观环境下，可以依不同决策准则进行决策，那么各种决策准则都将失去其存在的意义。

决策准则的选取应以决策问题所处的客观条件为基础。下面以实例说明决策准则的选取问题。

【例 6-6】（设备引进问题） 某汽车制造公司根据 2004 年重型汽车和中型汽车需求量预测，制订了三种车身开发目标方案。

第一种方案，全面引进技术，进口设备。

第二种方案，全部依靠自己的力量，改造生产线，实现决策目标。

第三种方案，以自行改造为主，技术引进为辅。

该厂首先对三种方案进行了定性分析。

采用第一种方案的优点是技术先进，可以生产多品种的优质产品并提高生产能力。但是，外汇耗资大且不利于本厂产品的发展。

采用第二种方案的优点是费用少，但是工程周期长，受技术条件限制，开发后的产品不易达到国际先进水平。

采用第三种方案的优点是关键技术和设备可达到世界上 20 世纪 80 年代水平，周期短，投资不多，而且本厂有强大的技术后方，设计、制造、安装力量都较强，可以承担以自行改造为主的任务。不足之处是生产能力没有第一种方案大。

定量分析是在定性分析之后，是决策过程不可缺少的重要环节。进行了定性分析之后，还要进行以下定量分析。

首先，该厂根据历史统计资料并结合重型汽车和中型汽车需求预测，对本厂产品销售前景作以下推断：高需求时，每年销售量按 11% 递增；中需求时，每年销售量按 9% 递增；低需求时，每年销售量按 6.5% 递增。其中有部分销售量为按较高价格出售的自销量。

根据这样的资料可计算出8年之中采用三种方案时，在三种需求状态下，计划内产品和计划外产品的产量。

计划内产品和计划外产品的价格是已知的，三种方案的投资额是可以估算的。根据这些资料，计算采用三种方案，在三种状态下的利润值，如表6－24所示。

表6－24　　利润值　　单位：万元

方案	高需求 θ_1	中需求 θ_2	低需求 θ_3
全面引进 A_1	34040	27592	21300
全部自制 A_2	26450	26450	24500
引进与改造相结合 A_3	33840	30592	24300

Excel应用选择包括以下过程。

（1）依乐观决策准则，最高利润为34040万元，它对应是全面引进方案。但根据当前国家政策和国民经济发展形势，近三年内车身产品销售量不会出现最高需求峰值。另外，全面引进需要近3600万美元外汇，该厂不具备这种条件。因此，该决策问题不能依乐观决策准则进行决策。

可以通过调用Excel中的MAX函数进行最大值对应方案选取，如图6－2所示。

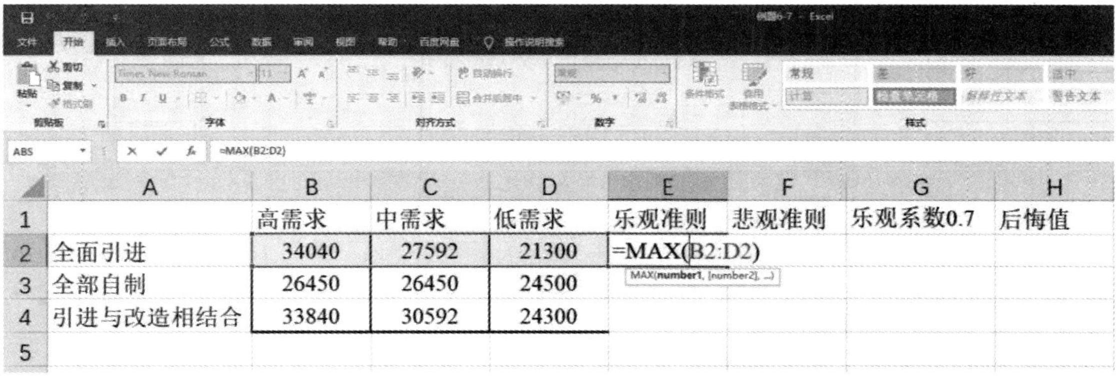

图6－2　乐观准则调用MAX函数

（2）依悲观决策准则，24500万元是决策目标值，它对应全部自制决策方案，对应的状态是低需求。但是，汽车发展趋势是乐观的，低需求出现的可能性很小，同时，采用全部自制方案将造成生产能力无潜力，产品质量很难达到国际先进水平，难以打入国际市场。因此，亦不可按照小中取大决策准则进行决策。

可以通过调用Excel中的MIN函数进行最小值对应方案选取，如图6－3所示。

（3）根据决策资料以及汽车业发展前景和汽车厂客观条件，该厂认为，决策环境中既有乐观因素也有悲观因素，且乐观因素大于悲观因素。因此，拟按折中决策准则进行决策。经分析，取乐观系数为 $\alpha=0.7$，则悲观系数为0.3，分别计算各方案综合利润值（见图6－4）。

图 6-3　悲观准则调用 MIN 函数

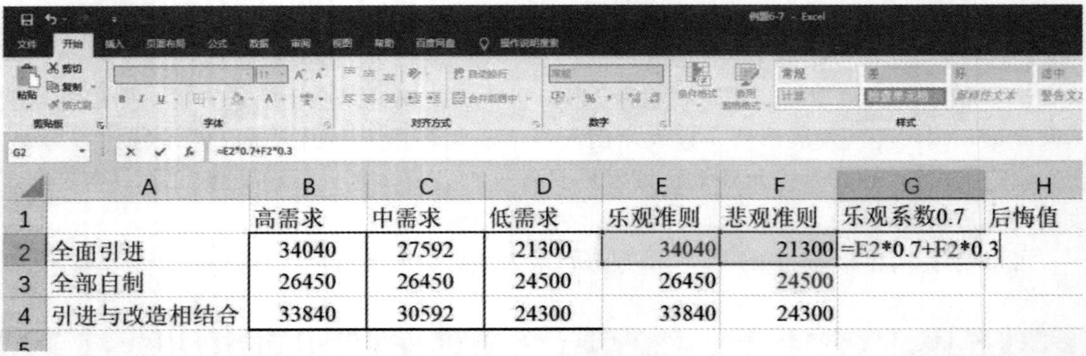

图 6-4　调用折中准则公式

$CV_1 = 0.7 \times 34040 + 0.3 \times 21300 = 30218$（万元）

$CV_2 = 0.7 \times 26450 + 0.3 \times 24500 = 25865$（万元）

$CV_3 = 0.7 \times 33840 + 0.3 \times 24300 = 30978$（万元）

其中，最大值为 30978 万元，它对应的方案是引进与改造相结合的方案，因此，拟选该方案为最佳决策方案。

（4）由于乐观系数 α 取值带有一定的主观性，因此，决定用后悔值决策准则对所选方案进行验证。根据表 6-24 作出后悔值矩阵如表 6-25 所示。

表 6-25　后悔值矩阵

方案	θ_1	θ_2	θ_3	$\max_j \{a_{ij}\}$
A_1	0	3000	3200	3200
A_2	7590	4142	0	7590
A_3	200	0	200	200
决策	$\min_i \{\max_j \{a_{ij}\}\}$			200

各方案最大后悔值中的最小值为 200，它对应方案 A_3，即引进与改造相结合的方案。同理，可以用 Excel 求解采用最大后悔值的方案。

最后，该厂决定采用引进与改造相结合的方案。在决策方案的执行过程中又不断修正方案的细节，加强决策执行管理，使工作进展顺利，较全面引进方案节省大量的投资。

习　题

1. 某合资日用化妆品公司，在市场需求不稳定、竞争激烈、市场预测公司产品销路不够理想的情况下，决定按悲观决策准则，采用较稳妥的经营方针。该公司的经营方案、市场状态及年收益情况如表6-26所示。

表6-26　经营方案、市场状态及年收益　单位：万元

方案	畅销	一般	滞销
A	9	7	4
B	12	8	-1
C	10	6	3

请问：公司决策者按此准则决策应采用哪种经营方案？

2. 某装潢公司对当前形势进行可行性研究之后，提出了三种生产方案 *A*、*B*、*C*。预计有三种自然状态 θ_1、θ_2、θ_3 会出现，其出现的概率无法确定。通过估算，各种方案对应的费用情况如表6-27所示。该公司决策者对前途充满信心，持乐观态度，决定用乐观决策准则决策，那么，应选择哪一种可行性方案？

表6-27　各种方案的估计费用　单位：万元

方案	θ_1	θ_2	θ_3
A	32	40	20
B	21	28	40
C	38	24	25

3. 某机电厂为了适应市场日益更新的需要，决定投产一种新产品。为此，提出了三种备选方案：方案 *A*，引进国外生产线；方案 *B*，对原生产线进行技术改造；方案 *C*，与国内某知名电机厂进行合作生产。但该厂对该种新产品的投产又感到不能盲目乐观，决定以 $\alpha=0.75$ 的乐观系数，按照折中决策准则进行决策。该厂通过估算，得出以上三种方案在市场出现高需求、中需求、低需求的情况下，15年之内所获利润情况如表6-28所示。

表6-28　15年之内所获利润情况　单位：万元

方案	高需求	中需求	低需求
A	650	200	-100
B	400	150	130
C	350	250	15

请问：该厂应选择哪一种方案作为最优方案？

4. 国内某外资生产企业，产品全部销往欧美国家。最近，该企业拟定了今后10年内的三种扩大再生产方案。方案 A_1，建设一个新厂；方案 A_2，对所属各厂进行技术改造；方案 A_3，扩建部分工厂。经过分析认为，今后10年之内可能遇到四种市场需求状态为高需求、中需求、低需求、不需求，并估算了10年之内三种方案在不同的需求状况下的收益值，如表6－29所示。

表6－29　　不同需求状态下的收益值

方案	高需求	中需求	低需求	不需求
A_1	152	70	-60	-150
A_2	100	45	-13	-53
A_3	118	63	-45	-98

若采用乐观准则、悲观准则、$\alpha=0.65$ 的折中决策准则分别进行决策，最优方案分别是哪种方案？

5. 对以上四题，若采用后悔值决策准则和等概率决策准则分别进行决策，则最优方案分别是哪种方案？

6. 某地方书店希望订购最新出版的图书。根据以往经验，新书的销售量可能为50本、100本、150本或200本。假定每本新书的订购价是5元，销售价是8元，剩书的处理价是2元。要求：①建立收益矩阵；②分别用乐观法、悲观法和等概率决策法决定该书店应订购的新书数量；③建立后悔矩阵，并用后悔值决策法决定书店该订购的新书数量。

7. 某钟表公司计划通过它的销售网推销一种低价钟表，计划零售价为每块25元。对这种钟表有三种设计方案：方案1，需一次投资10万元，投产后每块成本15元；方案2，需一次投资16万元，投产后每块成本12元；方案3，需一次投资25万元，投产后每块成本8元。该种钟表需求量不确切，但估计有三种可能：30000块、120000块、200000块。要求：①建立收益矩阵；②分别用乐观法、悲观法和等概率决策法决定公司该采用哪一种设计方案；③建立后悔矩阵，用后悔值决策法决定采用哪一种设计方案。

第7章 预　测

【教学目标】

(1) 理解预测的定义及其所包含的基本含义。

(2) 掌握预测的基本原理及程序。

(3) 掌握移动平均与指数平滑模型。

(4) 掌握线性回归与非线性回归模型。

(5) 了解混合时间序列模型和类神经元网络模型。

【导入案例】

在汶川大地震发生后，能否准确预测地震的发生，成为许多人关注的话题。而在大洋彼岸，美国地质调查局网站在其刊发的一篇《人类能够预报地震吗?》的文章中，对这一问题做出了明确的回答："不能!""无论是美国地质调查局还是加州理工学院或者任何其他科学家都没有预报过一次大地震。在可预见的未来他们不知道如何预报，并且也不打算知道。不过，借助科学数据，科学家可以计算出未来将发生地震的可能性。例如，科学家预测在未来30年内，旧金山湾区发生一次重大地震的概率为67%，而南加利福尼亚的概率是60%。美国地质调查局致力于通过提高基础设施的安全等级来长期减弱地震的危害性，而不是把精力放在研究短期预报上。"

那么，对于地震预报科学，我们究竟该持怎样的一种态度呢？中国地震局地震台网中心任鲁川研究员在科学报道沙龙上指出："现在最难的是短临预报，短临预报就是几天、几个小时的预报，这是世界上没有解决的问题。"尽管事后来看，汶川也像有发生地震的蛛丝马迹或异常现象，但是如果回到震前复杂的实地判断中，很难根据那些现象和信息得出汶川一带会有大地震的结论。这是为什么呢？任鲁川说："关键的问题是，那些事后看有些异常的迹象，在没有发生任何地震的很多情况中同样也经常会出现。"任鲁川还指出，因为大量不确定性因素的存在，地震预报是一种具有风险的决策。与地震类似，气象也有同样的问题，中国科学院大气物理研究所博士生导师王东海教授指出，目前科学监测仍面临许多不确定性因素，导致天气预报或灾难报道在理论和实践上也有许多目前尚不可逾越的障碍，所以关键是让公众接受不确定性的存在，这一点非常重要。

资料来源：李华，胡奇英．预测与决策教程［M］．北京：机械工业出版社，2012.

基于该案例，思考以下问题。

(1) 为什么汶川地震没能够准确预测?

(2) 生活或者商业活动中哪些行为或者现象可以预测?

在当今科学、技术和经济迅猛发展的时代，人类社会正朝着更为错综复杂的方向不断演进发展，用于探讨事物未来发展状况的预测工作也越来越引起人们的重视。随着社会运转速度的不断加快和信息量的不断膨胀，管理中需要决策的事项不但在数量上越来越多，而且事项之间的相互联系也愈加复杂，人们对决策在时间和质量方面也提出了更高的要求。决策是人们站在当前，对未来行动所进行的设计。因此，如果能对事物的未来发展情况作出有效的预测，无疑就能为人们作出合理的决策提供依据，从而使人们不犯错误或少犯错误，使决策取得更好的效果。

7.1 预测概述

7.1.1 预测的基本概念

1. 预测的定义

预测是指根据客观事物的发展趋势和变化规律，对特定对象未来的发展趋势或状态作出科学的推测与判断。换言之，预测是根据对事物的已有认识，作出对未知事物的预估。预测是一种行为，表现为一个过程；同时，它也表现为行为的某种结果。

预测有广义和狭义之分。广义的预测既包括在同一时期根据已知事物推测未知事物的静态预测，又包括根据某一事物的历史和现状推测其未来发展的动态预测；狭义的预测，仅指动态预测，也就是指对事物的未来演化作出的科学预测。

对于“预测”一词，可以从不同的角度来理解。它包括三个含义，即预测工作、预测结果、预测学。

(1) 从预测工作来看，它是指一种实践活动。预测是根据不确定事件或未知事件的过去和现状的信息来推断、估计未来，探索事件发展变化的规律，即根据已知推断未知的过程。

(2) 从预测结果来看，它是预测工作的成果和“产品”。预测具体表现为预测工作过程所获得的预测值，这些预测值反映社会经济现象的数量特征及其规律性。

(3) 从预测学来看，它是阐述预测方法的一门学科和理论。科学预测方法是采用科学的判断和计量方法，对未来事件的可能变化情况作出事先推测的一种技术。预测学是一门应用方法论的学科。科学预测方法要求根据社会经济现象的历史和现实，综合多方面的信息，运用定性和定量相结合的分析方法，揭示客观事物的发展变化规律，并指出事物之间的联系、未来发展的途径和结果等。

上述三个含义既有区别又有联系。预测结果是预测工作的成果，预测学是预测工作的理论概括和总结。预测学阐述的预测方法对预测工作起着指导作用；预测工作一方面接受预测方法对它的指导作用，另一方面可以用来检验预测理论和方法的正确性，从而促进预测理论方法的发展。预测学与预测工作、预测结果之间的关系表明：理论来源于实践，又反过来服务于实践，体现了理论与实践的辩证关系。

预测之所以是一种科学活动，是由预测前提的科学性、预测方法的科学性和预测结果的科学性决定的。

（1）预测前提的科学性包括三层含义：一是预测必须以客观事实为依据，即以反映这些事实的历史与现实的资料和数据为依据进行判断；二是作为预测依据的事实资料与数据，必须通过抽象上升到规律性的认识，并以这种规律性的认识作为预测的指导依据；三是预测必须以正确反映客观规律的某些成熟的科学理论做指导。

（2）预测方法的科学性包含两层含义：一是各种预测方法是在预测实践经验基础上总结出来，并获得理论证明与实践检验的科学方法，包括预测对象所处学科领域的方法以及数学的、统计学的方法；二是预测方法的应用不是随意的，它必须依据预测对象的特点来合理选择和正确运用。

（3）预测结果的科学性包含两层含义：一是预测结果是以已经认知的客观对象发展的规律性和事实资料为依据，采用定性与定量相结合的科学方法作出的科学推断，并用科学的方式加以表述；二是预测结果在允许的误差范围内可以验证预测对象已经发生的事实，同时在条件不变的情况下，预测结果能够经受实践的检验。

2. 预测的可能性

未来能否预测？对这个问题的回答取决于回答者的未来观。辩证唯物主义者认为未来是可以预测的。尽管未来不是一种客观存在，无法直接应用调查、考证等研究历史与现实的手段，但未来也不是凭空而生的。未来变为现实的过程是必然性和偶然性的统一。我们可以通过对必然性的认识来把握未来的变化规律，预测未来。这种必然性和偶然性的统一表现为：未来与现实及历史之间存在连续性；事物彼此之间相互关联、互相影响，具有相关性；不同事物的发展过程具有相似性。我们可以从事物运动的连续性、相关性及相似性来把握其未来状态是否合乎理性。

（1）未来与现实及历史之间存在连续性。对一个具有稳定性的系统而言，系统运行的轨迹必然具有连续性，系统过去和现在的行为必然影响到未来。例如，一个长期以农业产业为主的地区，不可能在一两年内迅速转变为以高科技产业为主的地区。系统结构越稳定，规模越大，历史越悠久，这种连续性表现得越明显。

（2）事物彼此之间相互关联、相互影响，具有相关性。对事物间相互影响、相互关联程度的分析，通常称为相关分析。例如，供电量与工业总产值之间，投资规模与经济增长率、物价增长率之间便存在这种相关关系。分析相关事物的依存关系和相互影响程度，可揭示相关事物变化的规律。利用相关事物一方的变化趋势预测另一方的未来状态，或者搞清楚相关事物之间的相互影响程度，可以预测它们未来变化的趋势。这些都是预测常用的基本原理。

（3）不同事物的发展过程具有相似性。我们可以利用这种相似性对事物进行类推预测。类推预测借助某一类事物属性及相关知识，通过比较与分析，找出它与另一类事物的某种相似性，从而预测后者的发展趋势。例如，通过观察生物生长过程，可以得到生长量与时间的关系曲线。又如，通过比较，发现大型建设项目的资金投入量与时间的关系曲线和生物生长量与时间的关系曲线相似。于是，我们便可以按照生长曲线所反映的规律来预测不同时间的资金投入量。类比方法实际上是从已知领域过渡到未知领域的探索，是一种重要的创造性方法。类比物之间的相似性特征越多，类比结果就越可靠。

3. 预测的不准确性

预测未来是可能的，但没有一种方法可以保证你能够获得绝对准确的预测结果。造成预测不准确的原因有以下几个方面。

（1）预测的准确性与预测对象变化的速度及其复杂性呈反向变化。只有在一个静止的系统中，一个规则不变的状态下，才能准确地预测未来。随着科学技术的发展，各种因素、现象之间的联系越来越复杂，变化的速度越来越快，准确地预测未来的难度也越来越大。

（2）人的认识能力是有限的。人的理性还不能看清楚其行为的所有结果，对很多事物还不能既知其然，又知其所以然。在这种情况下，人们想要把握事物的变化规律几乎是不可能的。预测要求人们能够超越现实，理解未来，然而人们的理解力又受限于他们的经历，这是一个难以解决的矛盾。因此，人们很难得出准确的预测结论。

（3）虽然可以采用概率统计的方法来研究偶然事件，但是人们并不能消除这些事件的偶然性。预测不准确缘于未来所具有的偶然性。

（4）预测活动本身也在“干扰”未来，即“非事实性预测”使预测结果发生变异。“非事实性预测”是指预测具有引导人们去“执行”预测结果的功能，人们行动的“合力”反过来影响预测结果是否成为现实。非事实性预测可以分为自实现预测和自拆台预测。例如，当“明年会出现经济萧条”的预测广泛流传和被公众接收到时，公众的合理反应是偿清一切债务、出售一切存货等，这种行为无疑会加速经济萧条的到来。这就是自实现预测的效应。再如，某预测咨询机构预测未来3年内某产品因“供需缺口”市场价格将上涨15%～20%。该预测引起生产厂家的注意，促使生产厂家想方设法挖掘生产潜力，甚至增加投资、扩大生产，有效地增加了该产品的生产供给，因此价格不仅没有上涨，反而略有下跌，这就是自拆台预测的效应。

4. 预测的基本功能和途径

预测的基本功能就是为决策系统提供制定决策所必需的未来信息。预测、决策与计划都与未来有关，三者之间既有联系，又有区别。预测在决策之前，计划在决策之后。预测为决策提供依据，是决策科学化的前提，而决策是预测的服务对象并为预测提供了实现机会。计划是预测与决策之后的产物，是决策在时间上的安排（何时干）、空间上的部署（在哪里干）、行动上的调度（怎样干）。因此，计划是预测与决策得以实现的桥梁，而正确的预测与决策是科学计划的前提。

科学的预测一般有以下几种途径：一是因果分析，通过研究事物的形成原因来预测事物未来发展变化的必然结果；二是类比分析，如把单项技术的发展同生物的增长相类比，把发展中的事物同历史上的“先导事件”相类比等，通过这种类比分析来预测事物的未来发展；三是统计分析，运用一系列数学方法，通过对事物过去和现在的数据资料进行分析，去伪存真，由表及里，揭示历史数据背后的必然规律性，明确事物的未来发展趋势。

本章重点介绍定量化的预测分析方法，通常是在对所研究系统进行深入分析的基础上，建立数学模型，运用数学模型获得所需要的预测结论。

7.1.2 预测的基本原理

现实世界是复杂的，然而事物变化发展的规律是客观存在的，是不以人的主观意志为转移的，人们能够通过实践来认识它、利用它。利用事物发展的规律对事物的发展前景进行预测是可行的。认识事物的发展变化规律，利用规律的必然性，是进行科学预测所应遵循的总原则。在寻求研究对象发展变化所隐含规律的过程中，科学预测所基于的原理是：系统性原理、连贯性原理、类推原理、相关性原理和概率推断原理。

1. 预测的系统性原理

预测的系统性原理，是指预测必须坚持以系统的观点为指导，采用系统分析方法，实现预测的系统目标。系统是相互联系、相互依存、相互制约、相互作用的诸事物及其发展过程所形成的统一体。预测工作中体现系统本质特性的观点应包括三个方面：一是全面地、整体地认识问题，而不是片面地、局部地认识问题。二是联系地、连贯地认识问题，而不是孤立地、分割地认识问题。在预测中，必须注意预测对象各层次之间的联系，预测对象与环境之间的联系，预测对象内部与外部各要素之间的彼此联系，预测对象各发展阶段之间的联系等。三是发展地、动态地认识问题，而不是静止地、凝固地认识问题。预测是对预测对象未来发展趋势的判断，没有发展变化，就不需要预测。预测必须根据预测对象系统的过去、现在推断未来，从而正确地反映发展观与动态观。

在预测工作中采用系统分析方法要求做到：一是通过对预测对象的系统分析，确定影响其变化的变量及其关系，建立符合实际的逻辑模型与数学模型：二是通过对预测对象的系统分析，系统地提出预测问题，确定预测的目标体系：三是通过对预测对象的系统分析，正确地选择预测方法，并通过各种预测方法的综合运用，使预测尽可能地符合实际；四是通过对预测对象的系统分析，按照预测对象的特点组织预测工作，并对预测方案进行验证和跟踪研究，为经营决策的实施提供及时的反馈。

2. 预测的连贯性原理

预测的连贯性原理，是指预测要研究预测对象的过去和现在，依据其惯性，预测其未来状态。连贯性是指事物的发展变化与其过去的行为总有或大或小的联系，过去的行为影响现在，也影响未来。我们把这种现象称为“连贯现象”，连贯性也称为连续性或惯性等。连贯性的强弱取决于事物本身的动力和外界因素的强度。连贯性越强，越不易受外界因素的干扰，其延续性就越强。在实际的运用过程中，应注意以下两方面的问题：一是连贯性的形成需要有足够长的历史，且历史发展数据所显示的变动趋势具有规律性；二是对预测对象演变规律起作用的客观条件必须保持在适度的变动范围之内，否则该规律的作用将随条件变化而中断，连贯性失效。

3. 预测的类推原理

预测的类推原理，是指通过寻找并分析类似事物相似的规律，根据已知的某事物的发展变化特征，推断具有近似特性的预测对象的未来状态。

许多特性相近的客观事物，它们的变化亦有相似之处。利用类推原则进行预测，首要的条件是两事物之间的发展变化具有类似性，否则，就不能进行类推。类似并不等于相同，再加上时间、地点、范围以及其他许多条件的不同，常常会使两事物的发展变化产生较大的差距。因此，在预测时，必须判断在诸多因素的影响下，类推原则是否依然适用。如果适用，则应当注意如何估计并修正由于因素不同所带来的偏差，这样才能使预测的误差尽量减小。

在有可能利用事物之间的相似性进行类推预测时，两事物的发展过程之间必定有一个时间差距。时间会使许多条件发生变化，也给了人们总结经验和教训的机会，使人们有可能根据变化了的条件去探索后发展事物在哪些方面还保持着与先发生事物相似的特征，在哪些方面已经不再相似等。基于这些认识去作出较为准确的预测。当由局部类推整体时，应注意局部的特征能否反映整体的特征，是否具有代表性。因为在任何整体中，都可能存在与整体发展相异的局部，或某些特征与整体特征差别较大的局部。用这些不具有代表性的局部去类推整体，就会出现大的错误。类推是从已知领域过渡到未知领域的探索，是一种重要的创造性方法。类推原理不仅适用于预测，同样也适用于决策。

4. 预测的相关性原理

预测的相关性原理，是指研究预测对象与其相关事物间的相关性，利用相关事物的特性来推断预测对象的未来状况。任何事物的发展变化都不是孤立的，都是在与其他事物的发展变化相互联系、相互影响的过程中确定其轨迹的，这种事物发展变化过程中的相互联系就是相关性。深入分析研究对象和相关事物的依存关系和影响程度（即它们之间的相关性），是揭示其变化特征和规律的有效途径。

从时间关系来看，相关事物的联系分为同步相关和异步相关两类。同步相关的典型事例是，冷饮食品的销售量与气候变化有关；服装的销售与季节的变化有关。它们之间的相互影响即时可见。先导事件与预测事件的关系表现为异步相关。例如，基本建设投资额与经济发展速度有关。又如，利息率的提高将会明显地导致房地产业的衰落。因而，根据先导事件的信息，可以有效地估计异步相关的预测事件的发展状态。

5. 预测的概率推断原理

预测的概率推断原理，是指当被推断的预测结果能以较大概率出现时则认为该结果成立。由于受到社会、经济、科技等因素的影响，预测对象的未来状态带有随机性。预测对象的未来状态实际上是一个随机事件，这一随机事件的变化与发展既受偶然因素的影响，又受必然因素的约束，我们可以用概率来表示这一事件发生可能性的大小。在预测中，采用概率统计方法求出随机事件出现各种状态的概率，然后根据概率推断原理去推测预测对象的未来状态，获得预测对象发展的必然规律。

掌握预测的基本原理，可以建立正确的思维程序。这对于预测人员开拓思路、合理选择和灵活运用预测方法都是十分必要的。然而，世界上没有一成不变的事物。预测对象的发展不可能是过去状态的简单延续，预测事件也不可能是已知的类似事件的机械再现，相似不等同于相同。因此，在预测过程中，还应对客观情况进行具体细致的分析，以提高预测结果的准确程度。

7.1.3 预测的分类

由于预测的对象、目标、内容和期限不同，形成了多种多样的预测方法。根据研究任务的不同，按照不同标准，预测可以有不同的分类。

1. 按预测的范围或层次不同分类

按预测的范围或层次不同分类，预测可分为宏观预测和微观预测。

（1）宏观预测。宏观预测，是指针对国家或部门、地区的活动进行的各种预测。它以整个社会经济发展的总图景作为考察对象，研究经济发展中各项指标之间的联系和发展变化。例如，对全国和地区社会再生产各环节的发展速度、规模和结构的预测，对社会商品总供给和总需求的规模、结构、发展速度及平衡关系的预测。

（2）微观预测。微观预测，是指针对基层单位的各项活动进行的各种预测。它以企业或农户生产经营发展的前景作为考察对象，研究微观经济中各项指标间的联系和发展变化。例如，对商业企业的商品购、销、调、存的规模和构成变动的预测，对工业企业所生产的具体商品的生产量、需求量和市场占有率的预测等。微观经济预测，是企业制定生产经营决策、编制和检查计划的依据。

宏观预测与微观预测之间有密切的关系：宏观预测应以微观预测为参考，微观预测应以宏观预测为指导，二者相辅相成。

2. 按预测的时间长短不同分类

按预测的时间长短不同分类，预测可分为长期预测、中期预测、短期预测和近期预测。

（1）长期预测。长期预测，是指对5年以上发展前景的预测。对于制定国民经济和企业生产经营发展的十年规划、愿景展望，提出经济长期发展目标和任务时，长期经济预测是进行决策的基本依据。

（2）中期预测。中期预测，是指对1年以上5年以下发展前景的预测。中期经济预测是制订国民经济和企业生产经营发展的五年计划，提出经济五年发展目标和任务的依据。

（3）短期预测。短期预测，是指对3个月以上1年以下发展前景的预测。它是制订企业生产经营发展年度计划、季度计划，明确规定经济短期发展具体任务的依据。

（4）近期预测。近期预测，是指对3个月以下企业生产经营状况的预测，它是制订企业生产发展月、旬计划，明确规定近期经济活动具体任务的依据。

也有人将短期预测和近期预测合并，凡是1年以下的预测，统称为短期预测。事实上，不同的领域，划分的标准也不一样。例如，气象预测规定不超过3天的为近期预测，一周以上的为中期预测，超过一个月的就是长期预测。

3. 按预测方法的性质不同分类

按预测方法的性质不同分类，预测可分为定性预测和定量预测。

（1）定性预测。定性预测，是指预测者通过调查研究，了解实际情况，凭自己的实践经验和理论与业务水平，对事物发展前景的性质、方向和程度作出判断并进行预测的方法，也称为判断预测或调研预测。预测目的主要在于判断事物未来发展的性质和方向，也可以在对具体情况进行分析的基础上提出粗略的数量估计。

一般来说，定性预测方法适用于缺少历史统计资料，而更多地需要依赖专家的经验的情况。定性预测方法通常有德尔菲法、主观概率法、市场调查法、领先指标法、模拟推理法和相关因素分析法等。

定性预测方法的特点可归纳为以下几点。

①强调对事物发展的性质进行描述性的预测。这一点主要依赖专家的经验以及分析判断能力，在对预测对象所掌握的历史数据不多或影响预测对象因素众多、复杂，难以作出定量分析的情况下，定性预测方法是较可行的方法。

②强调对事物发展的趋势、方向和重大转折点进行预测。例如，某商品在市场上所处的阶段、市场总体形势的变化、国家产业政策的变化、新产品的开发、企业经营环境分析等。

定性预测法的优点在于预测事物未来发展性质方面，且定性预测法的灵活性较强，能够充分发挥人们的主观能动性；同时，定性预测法预测简单迅速，可节省一定的人力、物力和财力。当然，定性预测方法也存在缺点，表现为它受人们的主观因素的影响较大，这是因为定性预测方法主要依赖于人们的知识、经验和能力的大小等，因此缺乏成套的数学模型，难以对事物发展作出数量上的精确度量。

（2）定量预测。定量预测，是指根据准确、及时、系统、全面的调查统计资料和信息，运用统计方法和数学模型，对事物未来发展的规模、水平、速度和比例关系的测定。定量预测与统计资料、统计方法有密切关系。

显然，定量预测方法适用于历史统计资料较为丰富的情况。定量预测方法通常有时间序列分析预测和因果分析预测两大类。时间序列分析预测是指，以连续性预测原理做指导，利用历史观察值形成的时间序列，对预测目标未来状态和发展趋势作出定量判断的预测方法，主要有移动平均法、指数平滑法、趋势外推法、季节指数预测法、马尔可夫预测法、ARMA 模型、Box - Jenkins 模型法等。因果分析预测是指，以因果性预测原理做指导，分析预测目标同其他相关事件及现象之间的因果联系，对事物未来状态和发展趋势作出预测的定量分析方法，主要有线性回归法、非线性回归法、投入产出预测法、灰色预测法、经济计量模型法、干预分析模型法等。

定量预测方法的特点可归纳为以下几点。

①强调对事物发展的数量方面进行较为准确的预测，这主要是通过历史统计数据建立相应的数学模型，对事物发展作出数量上的预测。

②强调对事物发展的历史统计资料利用的重要性。目前，国民经济核算体系及其他统计数据正好为定量预测法提供了信息来源。

③强调建立数学模型的重要性，并且要应用计算机技术来解决定量预测法中复杂的数学模型的参数计算问题。目前，计算机技术的迅速发展和普及，为定量预测法提供了良好的技术条件。

定量预测法的优点是：偏重于预测事物未来发展数量方面的准确描述，较少依赖人的知识、经验等主观因素，更多依赖预测对象客观的历史统计资料，利用计算机技术对数学模型进行大量的计算而获得预测结果。定量预测法的缺点是：对预测者的素质要求较高，预测者必须掌握数学方法、计算机技术及相应的专门理论；另外，定量预测法的精确度较多地依赖于统计资料的质量和数量；同时，若预测对象的系统结构发生质的变化，相应的统计数据发生较大的波动，此时定量预测法就难以获得满意的预测结果。

对于在预测工作中是选择定量预测方法还是定性预测方法，应该根据预测问题的要求和预测方法的特点，选择合适的预测方法，二者不存在孰轻孰重的问题。一般情况下，定性分析与定量分析要结合使用，因为二者是相互联系、相辅相成的。定量预测要以定性预测为基础，定性预测要通过定量预测来刻画；定量预测的结果要经得起定性预测的验证，定性预测的结论是对定量预测的升华。

7.1.4 预测的程序

为保证预测工作顺利进行，必须有组织、有计划地安排工作进程，以期取得应有的成效。预测包括以下程序或步骤。

1. 确定预测目标，制订预测计划

预测是为决策服务的，所以要根据决策的需要来确定预测对象、预测结果达到的精确度，确定是定性预测还是定量预测以及完成预测的期限等。预测计划是根据预测任务制订的预测方案，包括预测的内容、项目，预测所需要的资料，准备选用的预测方法，预测的进程和完成时间，编制预测的预算，调配力量，组织实施，等等。

2. 搜集、整理有关资料

预测是根据有关历史资料去推断未来，资料是预测的依据。应根据预测目标的具体要求去搜集资料。预测中所需的资料通常包括三项：一是预测对象本身发展的历史资料；二是对预测对象发展变化有影响作用的各相关因素的历史资料；三是形成上述资料的历史背景、影响因素在预测期内可能表现的状况。筛选资料的标准有三个：一是直接相关性；二是可靠性；三是最新性。

准确无误的资料，是确保预测准确性的前提之一。为了保证资料的准确性，要对资料进行必要的审核和整理。资料的审核，主要是审核来源是否可靠、准确和齐备，资料是否可比。资料的可比性包括：资料在时间间隔、内容范围、计算方法、计量单位和计算价格上是否保持前后一致。如有不同，应进行调整。资料的整理包括：对不准确的资料进行查证核实或删除；把不可比的资料调整为可比；对短缺的资料进行估计核算；对总体的资料进行必要的分类组合。

3. 选择预测方法

在占有资料的基础上，进一步选择适当的预测方法和建立数学模型，这是预测准确与否的关键。预测方法种类很多，不同的方法有着不同的适用范围、不同的前提条件和不同的要求。对于特定的预测对象很可能有多种方法可用，而有的预测对象因为受到人、财、物、时间等因素的限制则只能用一种或少数几种方法。

4. 建立预测模型

预测模型是对预测对象发展变化的客观规律的近似模型，预测结果是否有效取决于模型对预测对象未来发展规律近似的真实程度。对数学模型，要求出其模型形式和参数值；如用趋势外推法，则要求出反映发展趋势的公式；如用类推法，则要寻求与预测对象发展类似的事物在历史上所呈现的发展规律；等等。

5. 评价预测模型

评价预测模型就是评价模型能否真实地反映预测对象的未来发展规律。由于预测模型是用历史资料建立的，它们能否比较真实地反映预测对象未来发展的规律是需要讨论的，也就是说模型建立之后必须经过检验才能用于预测。模型检验主要包括考察参数估计值在理论上是否有意义，统计显著性如何，模型是否具有良好的超样本特性。一般地，评价模型优劣需遵循以下几条基本原则。

（1）要求理论上合理。参数估计值的符号、大小应和有关的经济理论相一致，所建立的模型应该能够恰当地描述预测对象。

（2）统计可靠性高。模型及其参数估计值应当通过必要的统计检验，以确定其有效性和可靠性。其实际意义一是看预测模型能否说明所要预测期间事物的发展情况；二是看预测模型的误差范围，利用模型进行预测一般要确定预测结果的置信区间。

（3）预测能力强。预测效果好坏是鉴别模型优劣的根本标准。为保证模型的预测能力，一般要求参数估计值有较高的稳定性，模型外推检验精度较高。稳定性是指：一是预测模型能够在较长的时期内准确地反映预测对象的发展变化情况；二是当建模数据发生变动或模型外部条件发生变化时，模型仍具有较强的预测能力，其参数和预测能力都不会受到较大的影响。

（4）简单适用。一个模型只要能够正确地描述系统的变化规律，其数学形式越简单，计算过程越简便，模型就越好。

（5）模型自身适应能力强。模型应该能在预测要求和条件变化的情况下做调整和修改，并能在不同情况下进行连续预测。

6. 利用模型进行预测和评价预测结果

利用模型进行预测，就是根据搜集到的有关资料，利用经过评价的模型，计算或推测出预测对象的未来结果。

利用模型得到的预测结果一般不会与事物发展的实际结果完全相符，大多会产生偏差，这是因为我们所建立的模型是对实际情况的近似模拟。因此，我们必须分析预测值偏离实际值的程度及其产生的原因。如果预测误差未超出允许的范围，即认为模型的预测功效合乎要求；否则，就需要查找原因，对模型进行修正和调整。由于在预测当时，预测对象的未来实际数值还不知道，此时的预测误差分析只能是样板数据的历史模拟误差分析或已知数据的事后预测误差分析。

7. 向决策者提交预测报告

以预测报告的形式将确认可以采纳的预测结果提交给决策者，其中应当说明假设前提、所用方法和预测结果合理性判断的依据等。

总之，预测过程是一个资料、技术和分析的结合过程。资料是预测的基础和出发点，预测技术的应用是核心，分析则贯穿了预测的全过程。没有分析，就不能称其为预测。在整个预测过程中，对预测成败影响最大的是两个“分析和处理”。一个是对搜集到的资料进行分析和处理，资料是基础，如果基础质量不好，建立在这个基础之上的大厦（预测模型）质量也差，那么预测结果的质量也必定差；另一个是对预测结果的分析和处理，这是对预测效果的最后一次检查，它直接决定预测的质量。这两个分析和处理最能体现预测者的水平，预测的质量完全取决于预测者对预测对象及客观条件的熟悉程度、知识面的广度、对事物的观察能力以及逻辑推理与分析判断的能力等。

7.2 时间序列预测

7.2.1 时间序列预测问题

管理决策所面对的社会经济客观事物系统行为现象是错综复杂的，事物之间、相关的要素之间存在着复杂的因果关系，如果人们了解了这类因果链，就可以抓住一个事物或要素沿着链条追根溯源。但由于人们对事物内在规律认知的局限，以及受所研究问题的目的及问题界定的范围所限，这种因果链是分散的且不关联的，从而使得处在一个链的起始端的因素或事物的自身行为发展变化无法依据因果关系进行预测分析。

但在实际的管理决策活动中，虽然人们不能确切地认知和把握事物的一个关系，但可以在实践活动中观测到事物随时间发展变化的不同时点或时段的状态值。任何事物和相关因素都是随时间变化的，把这种变化状态的记录值按照时间的顺序排列就称为时间序列。时间序列是一组时序的数值，它反映事物或相应要素的状态变化轨迹，蕴涵着事物变化的内在规律。

依据时间序列数据探求与分析它随时间变化的规律和趋势，通过时间外推，预测分析相关事物或因素目标未来时点的状态值的问题就是时间序列预测问题，所采用的工作程序和分析方法称为时间序列预测法。该方法仅依据事物因素自身的观测数据，与其他因素相对独立，是一种单因素分析法，因此，在缺乏完备的多因素统计资料的情况下，可以应用时间序列分析预测法分别进行单因素分析预测。

时间序列问题普遍存在。如每日可记录下农贸市场的鸡蛋价格，持续两个月后就会得到 60 个观测数据，把它们按时间顺序排列就构成了鸡蛋市场价格的时间序列。也可以依据各种观测监测仪器仪表获取如某一流域水质、某一处的空气质量指标等的随时间变化值，并可构造不同时间间隔的时间序列问题。从国家或地方政府统计部门获取社会经济统计资料，可以获得国内生产总值（GDP）、消费者物价指数（CPI）、工业总产值、劳动就业、能源消耗等大量的按年度或月度的时间序列数据，可以构造各种时间序列问题，进行多方位的经济预测分析。

7.2.2　时间序列的组成因素

时间序列是指某种统计指标的数值，按照时间先后排列起来的数列。例如工农业总产值按年度顺序排列起来的数列、某种商品销售量按季度或月度排列起来的数列等都是时间序列，一般设 y_1，y_2，…，y_t 表示一个时间序列，t 为时间，时间序列也简记为 $\{y_t\}$。

在时间序列中，每个时期指标数值的大小变化，本质上是受许多不同因素影响的。例如某商品的月销量，它受居民的购买力等各种因素影响。对这些因素加以细分，测定其作用的大小，那是很困难的。但按照系统科学的思想与观点，这恰恰说明被考察或分析的指标变化不是单纯的自身行为，而正是相关事务系统行为的一种表象。因此，从这样的一个时间序列可窥事物系统的一斑。时间序列数据一般蕴涵着事物系统发展变化的四大类特征因素，即长期趋势、季节变动、循环变动和不规则变动。

1. 长期趋势

长期趋势是指由于某种根本性因素的影响时间序列在较长时间内朝着一定的方向持续上升或下降，以及停留在某一水平上的倾向。它反映了事物系统的主要变化趋势。

2. 季节变动

季节变动是指由于自然条件和社会条件的影响时间序列在 1 年内随着季节的转变而引起的周期性变动。例如，农作物的生长季节影响，从而导致农产品加工工业的季节变动，这就是自然方面季节变动的表现；也有人为的季节变动，如春节、中秋节等节日期间，某些食品的需求量剧增，这就是人为季节变动的表现。

季节变动的周期性比较稳定，一般是以 1 年为周期变动。当然也有不到 1 年的周期变动，如银行的活期储蓄发工资前少，发工资后多，在每月具有周期性。

3. 循环变动

循环变动与季节变动本质上都属于周期变动，但它们的起因和特征不同。循环变动是以数年为周期的周期变动。它与长期趋势不同，不是朝单一方向持续发展，而是涨落相同的波浪式起伏变动；它与季节变动也不相同，它的波动时间较长，变动周期长短不一，短则在 1 年以上，长则数年数十年，上次出现以后，下次何时出现，则难以预料。

4. 不规则变动

不规则变动是指由各种偶然因素引起的无周期变动。不规则变动又可分为突然变动和随机变动。突然变动是指诸如战争、自然灾害、地震、意外事故、方针政策的改变所引起的变动；随机变动是指由于大量的随机因素所产生的影响，如常发性的社会、经济和自然因素随机变动及观测误差等。

构成时间序列的长期趋势、季节变动循环变动和不规则变动这四类因素，相互组合决定相应指标的变化轨迹。一般四类因素的组合形式有以下几种类型。

（1）加法型：

$$y_t = T_t + S_t + C_t + I_t$$

（2）乘法型：

$$y_t = T_t \times S_t \times C_t \times I_t$$

（3）混合型：

$$y_t = T_t \times S_t + C_t + I_t$$

或

$$y_t = S_t + C_t \times I_t \times T_t$$

其中，y_t 为时间序列的总变动；T_t 为长期趋势；S_t 为季节变动；C_t 为循环变动；I_t 为不规则变动。

对于一个具体的时间序列，要由哪几类变动组合采取哪种组合形式，应根据所掌握的资料、时间序列及研究的目的来确定。

7.2.3 移动平均模型

移动平均模型是一个常用的基本时间序列预测分析模型。移动平均法是根据时间序列资料按时间逐项推移，依次计算包含一定项数的时序平均数以反映长期趋势的方法。当时间序列的数值由于受周期变动和不规则变动的影响，起伏较大，不易显示出发展趋势时，可用移动平均法消除因素的影响，从而分析序列中的长期趋势。

移动平均法有简单移动平均法和趋势移动平均法等。

1. 简单移动平均法

设时间序列为 y_1，y_2，…，y_t，…，M_t 为 t 期移动平均数，那么

$$M_t = \frac{y_t + y_{t-1} + \cdots + y_{t-N+1}}{N}, \quad t \leqslant N \tag{7-1}$$

其中，N 为移动平均的项数。式（7－1）表明，当 t 向前移动一个时期，就增加一个新数

据，去掉一个远期数据得到一个新的平均数。由于它不断地“吐故纳新”，逐期向前移动，所以称之为移动平均法。

由式（7－1）可知

$$M_{t-1}=\frac{y_{t-1}+y_{t-2}+\cdots+y_{t-N}}{N}$$

因此

$$M_t=\frac{y_t}{N}+\frac{y_{t-1}+\cdots+y_{t-N+1}+y_{t-N}}{N}-\frac{y_{t-N}}{N}$$

$$M_t=M_{t-1}+\frac{y_t-y_{t-N}}{N} \tag{7－2}$$

这是它的递推公式。当 N 较大时，利用递推公式可以大大减少计算量。

由于移动平均可以平滑数据，消除周期变动和不规则变动的影响，使长期趋势显示出来，因此可以用于预测。

预测公式为

$$\hat{y}_{t+1}=M_t$$

即以第 t 期移动平均数作为第 $t+1$ 期预测值。

【例 7－1】（家电销售预测）　某城市家电销售公司某年 1 月至 12 月的电冰箱销售量如表 7－1 所示。试用简单移动平均法预测下年 1 月电冰箱销售量。

表 7－1　　**电冰箱销售量及移动平均预测值**　　单位：台

销售量	1 月	2 月	3 月	4 月	5 月	6 月	7 月	8 月	9 月	10 月	11 月	12 月	
实际销售量 y_t	423	358	434	454	527	429	426	502	480	384	427	446	
3 个月移动平均预测值				405	415	472	470	461	452	469	455	430	419
5 个月移动平均预测值						439	440	454	468	473	444	444	448

解： 分别取 $N=3$ 和 $N=5$ 按预测公式

$$\hat{y}_{t+1}=\frac{y_t+y_{t-1}+y_{t-2}}{3}$$

和

$$\hat{y}_{t+1}=\frac{y_t+y_{t-1}+y_{t-2}+y_{t-3}+y_{t-4}}{5}$$

计算 3 个月和 5 个月移动平均预测值，其结果列于表 7－1 中。

由表 7－1 可以看出，实际销售量的随机波动较大，经过移动平均法计算后，随机波动显著减少，即消除了随机干扰，而且求取平均值所用的月数越多，即 N 越大，修匀的程度越大，因此，波动也越小。但是，在这种情况下，对实际销售量真实的变化趋势反应也越迟钝。反之，如果 N 取得越小，对销售量真实变化趋势反应越灵敏，但修匀性越差，容易把随机干扰作为趋势反映出来。因此，N 的选择甚为重要，N 取多大，应该根据具体情况作出抉择。当 N 等于周期变动的周期时，则可消除周期变化的影响。

通常移动平均跨度 N 的选择应该使均方误差（Mean Square Error，MSE）尽可能小。

MSE 的计算式为

$$S = \frac{1}{n}\sum_{i=1}^{n}(y_i - \hat{y}_i)^2 \tag{7-3}$$

其中，n 为样本个数，y_i 为第 i 个样本的真实值，$\hat{y}_i$ 为预测值。

当 $N=3$ 时，例 7-1 的 MSE 为

$$S = \frac{1}{9}\sum_{t=4}^{12}(y_t - \hat{y}_t)^2 = \frac{29460}{9} = 3273.3$$

当 $N=5$ 时，例 7-1 的 MSE 为

$$S = \frac{1}{7}\sum_{t=6}^{12}(y_t - \hat{y}_t)^2 = \frac{10958}{7} = 1565.4$$

计算结果表明：$N=5$ 时，S 较小，所以选取 $N=5$。预测下年 1 月电冰箱的销售量为 448 台。

2. 加权移动平均法

在简单移动平均法式（7-1）中，每期数据在求平均时的作用是等同的。但是，每期数据所包含的信息量不一样，近期数据包含着更多关于未来情况的信息，因此，把各期数据等同看待是不尽合理的，应考虑各期数据的重要性不同，近期数据对未来影响会较大。应给予较大的权重，这就是加权移动平均法的基本思想。

设时间序列为 y_1，y_2，…，y_t，…，$M_{t\omega}$ 为第 t 期加权移动平均数，即

$$M_{t\omega} = \frac{\omega_1 y_t + \omega_2 y_{t-1} + \cdots + \omega_N y_{t-N+1}}{\omega_1 + \omega_2 + \cdots + \omega_N},\ t \geqslant N \tag{7-4}$$

其中，ω_i 为 y_{t-i+1} 的权数，并且 $\omega_1 > \omega_2 > \cdots > \omega_N$，体现了相应近期的 y_t 权重比较大。这样，加权移动平均法的预测公式为

$$\hat{y}_{t+1} = M_{t\omega}$$

即以第 t 期加权移动平均数作为第 $t+1$ 期预测值。

【例 7-2】（原煤产量预测） 某省 1999—2008 年原煤产量如表 7-2 所示，单位为千万吨，试用加权移动平均法预测 2009 年的产量。

表 7-2　　某省 1999—2008 年原煤产量统计数据及加权移动平均预测值

煤产量	1999 年	2000 年	2001 年	2002 年	2003 年	2004 年	2005 年	2006 年	2007 年	2008 年
原煤产量 y_t/千万吨	6.35	6.20	6.22	6.66	7.15	7.89	8.72	8.94	9.28	9.80
3 年加权移动平均数 $\hat{y}_t$/千万吨				6.24	6.44	6.83	7.44	8.18	8.69	9.07
相对误差/%				6.31	9.98	13.41	14.70	8.48	6.31	7.45

解：取 $\omega_1=3$，$\omega_2=2$，$\omega_3=1$，按预测公式

$$\hat{y}_{t+1} = \frac{3y_t + 2y_{t-1} + y_{t-2}}{3+2+1}$$

计算 3 年加权移动平均预测值，其结果如表 7-2 所示。2009 年该省原煤产量的预测值为

$$\hat{y}_{2009} = \frac{3\times 9.80 + 2\times 9.28 + 8.94}{6} = 9.48\ （千万吨）$$

这个预测值偏低，可以修正。其方法是：先计算各年预测值与实际值的相对误差，如2002年为

$$\frac{6.66-6.24}{6.66}\times100\%=6.31\%$$

将相对误差列于表中，再计算总的平均相对误差：

$$\left(1-\frac{\sum\hat{y}_t}{\sum y_t}\right)\times100\%=\left(1-\frac{52.89}{58.44}\right)\times100\%=9.50\%$$

由于总预测值的平均值比实际值低9.50%，所以可将2009年的预测值修正为

$$\frac{9.48}{1-9.5\%}=10.48\text{（千万吨）}$$

在加权移动平均法中，ω_i 的选择同样具有一定的经验性。一般的原则是：近期数据的权数大，远期数据的权数小。至于大到什么程度和小到什么程度，则需要按照预测者对序列的了解和分析来确定。

3. 趋势移动平均法

简单移动平均法和加权移动平均法，在时间序列没有明显的趋势变动时，能够较准确地反映实际情况。但当时间序列出现直线增加或直线减少的变动趋势时，用简单移动平均法和加权移动平均法来预测就会出现较大偏差。因此，需要进行修正，修正的方法是作二次移动平均，利用移动平均之后偏差的规律来建立直线趋势的预测模型，这就是趋势移动平均法。

一次移动的平均数为

$$M_t^{(1)}=\frac{y_t+y_{t-1}+\cdots+y_{t-N+1}}{N}$$

在一次移动平均的基础上再进行一次移动平均就是二次移动平均，其公式为

$$M_t^{(2)}=\frac{M_t^{(1)}+M_{t-1}^{(1)}+\cdots+M_{t-N+1}^{(1)}}{N} \tag{7-5}$$

它的递推公式为

$$M_t^{(2)}=M_{t-1}^{(2)}+\frac{M_t^{(1)}-M_{t-N}^{(1)}}{N}$$

下面讨论如何利用移动平均的滞后偏差建立直线趋势预测模型。

设时间序列 $\{y_t\}$ 从某时期开始具有直线趋势，且认为未来时期也按此直线趋势变化，则可设此直线趋势预测模型为

$$\hat{y}_{t+T}=a_t+b_tT,\ T=1,\ 2,\ \cdots \tag{7-6}$$

其中，t 为当前的时期数；T 为由 t 至预测期的时期数；y_{t+T} 为第 $t+T$ 期预测值；a_t 为截距；b_t 为斜率。a_t 和 b_t 又称为平滑系数。

根据移动平均值来确定平滑系数。由式（7-6）可知：

$$\begin{aligned}
&a_t=y_t\\
&y_{t-1}=y_t-b_t\\
&y_{t-2}=y_t-2b_t\\
&\cdots\\
&y_{t-N+1}=y_t-(N-1)b_t
\end{aligned}$$

所以

$$M_t^{(1)}=\frac{y_t+y_{t-1}+\cdots+y_{t-N+1}}{N}=\frac{y_t+(y_t-b_t)+\cdots+[y_t-(N-1)b_t]}{N}$$

$$=\frac{Ny_t+[1+2+\cdots+(N-1)]b_t}{N}=y_t-\frac{N-1}{2}b_t$$

因此

$$y_t-M_t^{(1)}=\frac{N-1}{2}b_t \tag{7-7}$$

由式（7－6）有

$$y_{t-1}-M_{t-1}^{(1)}=\frac{N-1}{2}b_t \quad （注意 b_t 为常数）$$

所以

$$y_t-y_{t-1}=M_t^{(1)}-M_{t-1}^{(1)}=b_t$$

类似式（7－7）的推导，可得

$$M_t^{(1)}-M_t^{(2)}=\frac{N-1}{2}b_t \tag{7-8}$$

于是，由式（7－7）和式（7－8）可得平滑系数的计算公式：

$$\begin{cases}a_t=2M_t^{(1)}-M_t^{(2)}\\ b_t=\dfrac{2}{N-1}(M_t^{(1)}-M_t^{(2)})\end{cases}$$

【例7－3】（发电量预测） 某地区1985—2005年发电总量如表7－3所示。试分别预测2006年和2007年的发电总量。

表7－3　　某地区1985—2005年发电总量　　单位：亿千瓦时

年份	t	发电总量 y_t	一次移动平均，$N=6$	二次移动平均，$N=6$
1985	1	676		
1986	2	825		
1987	3	774		
1988	4	716		
1989	5	940		
1990	6	1159		
1991	7	1384		
1992	8	1524		
1993	9	1668		
1994	10	1688		
1995	11	1958		
1996	12	2031		
1997	13	2234		
1998	14	2566		

续表

年份	t	发电总量 y_t	一次移动平均，$N=6$	二次移动平均，$N=6$
1999	15	2820	2216.2	
2000	16	3006	2435.8	
2001	17	3093	2625.0	
2002	18	3277	2832.7	
2003	19	3514	3046.0	
2004	20	3770	3246.7	2733.6
2005	21	4107	3461.2	2941.2

解： 由表 7－3 可以看出，发电量基本上呈直线上升趋势，可用趋势移动平均法来预测。

取 $N=6$，分别计算一次移动平均和二次移动平均值，并分别列于表 7－3 中：

$$M_{21}^{(1)}=\frac{4107+3770+3514+3277+3093+3006}{6}=3461.2$$

$$M_{21}^{(2)}=\frac{3461.2+3246.7+3046.0+2832.7+2625.0+2435.8}{6}=2941.2$$

由平滑系数公式得

$$a_{21}=2M_{21}^{(1)}-M_{21}^{(2)}=2\times 3461.2-2941.2=3981.2$$

$$b_{21}=\frac{2}{6-1}(M_{21}^{(1)}-M_{21}^{(2)})=\frac{2}{5}(3461.2-2941.2)=208$$

于是，得 $t=21$ 时直线趋势预测模型为

$$\hat{y}_{21+T}=3981.2+208T$$

分别预测 2006 年和 2007 年的发电总量为

$$\hat{y}_{2006}=\hat{y}_{22}=\hat{y}_{21+1}=3981.2+208=4189.2$$

$$\hat{y}_{2007}=\hat{y}_{23}=\hat{y}_{21+2}=3981.2+208\times 2=4397.2$$

趋势移动平均法对于同时存在直线趋势与周期波动的序列，是一种既能反映趋势变化，又可以有效分离出来周期变动的方法。

7.2.4　指数平滑模型

移动平均法存在两个不足之处：一是存储数据量较大；二是对 $t-N$ 期以前的数据完全不考虑，丢失历史信息价值，不够符合实际情况。而指数平滑法通过引进平滑指数可以有效克服这两个缺点，应用较为广泛。

指数平滑法根据平滑次数的不同可分为一次指数平滑法、二次指数平滑法和三次指数平滑法。

1. 一次指数平滑法

（1）预测模型。设时间序列为 y_1，y_2，…，y_t，…，一次指数平滑公式为

$$S_t^{(1)}=ay_t+(1-a)S_{t-1}^{(1)} \tag{7-9}$$

其中，$S_t^{(1)}$ 为一次指数平滑值；a 为加权系数，且 $0<a<1$。

式（7－9）是由移动平均公式改进而来的。由式（7－2）可知移动平均数的递推公式为

$$M_t = M_{t-1} + \frac{y_t - y_{t-N}}{N}$$

以 M_{t-1} 作为 y_{t-N} 的最佳估计，则有

$$M_t = M_{t-1} + \frac{y_t - M_{t-1}}{N} = \frac{y_t}{N} + \left(1 - \frac{1}{N}\right)M_{t-1}$$

令 $a=\frac{1}{N}$，以 $S_t^{(1)}$ 代替 M_t，得到式（7－9），即

$$S_t^{(1)} = ay_t + (1-a)S_{t-1}^{(1)}$$

为进一步理解指数平滑的实质，把式（7－9）依次展开，有

$$\begin{aligned}
S_t^{(1)} &= ay_t + (1-a)S_{t-1}^{(1)} \\
S_t^{(1)} &= ay_t + (1-a)[ay_{t-1} + (1-a)S_{t-2}^{(1)}] \\
&= ay_t + a(1-a)y_{t-1} + (1-a)^2 S_{t-2}^{(1)} \\
&= \cdots \\
&= ay_t + a(1-a)y_{t-1} + a(1-a)^2 y_{t-2} + \cdots + (1-a)^{t-1}[ay_1 + (1-a)S_0^{(1)}] \\
&= a(1-a)^0 y_t + a(1-a)y_{t-1} + a(1-a)^2 y_{t-2} + \cdots + a(1-a)^{t-1}y_1 + (1-a)^t S_0^{(1)} \\
&= a\sum_{j=0}^{t-1}(1-a)^j y_{t-j} + (1-a)^t S_0^{(1)}
\end{aligned} \tag{7-10}$$

由于 $0<a<1$，当 t 趋向于无穷大时，$(1-a)^t$ 趋向于0，于是式（7－10）变为

$$S_t^{(1)} = a\sum_{j=0}^{\infty}(1-a)^j y_{t-j}$$

由此可见，$S_t^{(1)}$ 实际上为 y_i，y_2，…，y_t，…的加权平均，加权系数分别为 a、$a(1-a)$、$a(1-a)^2$、…按几何级数衰减，越近的数据加权系数越大，越远的数据加权系数越小，且加权系数之和为1。由于其加权系数符合指数规律，又具有平滑数据的功能，故称之为指数平滑。

以这种平滑值进行预测，就是一次指数平滑法，其预测模型为

$$\hat{y}_{t+1} = ay_t + (1-a)\hat{y}_t \tag{7-11}$$

也就是以第 t 期指数平滑值作为 $t+1$ 期预测值。

（2）加权系数的选择。在进行指数平滑时，加权系数的选择是很重要的。由式（7－11）可以看出，a 的大小规定了在新预测值中新数据和原预测值所占的比重。a 值越大，新数据所占的比重就越大，原预测值所占的比重就越小；反之亦然。若把式（7－11）改写为

$$\hat{y}_{t+1} = \hat{y}_t + a(y_t - \hat{y}_t)$$

可以看出，新预测值是根据预测误差对原预测值进行修正而得来的。a 的大小则体现了修正的幅度，a 值越大修正幅度就越大。若选取 $a=0$，则 $\hat{y}_{t+1}=\hat{y}_t$，即下期期望预测值就等于本期预测值，在预测过程中不考虑任何新信息；当选取 $a=1$，则 $\hat{y}_{t+1}=y_t$，即下期预测值就等于本期观察值，完全不相信过去的信息。

因此 a 值既代表了预测模型对时间序列数据变化的反应速度，同时又决定了预测模型修正误差的能力。

a 值应根据时间序列的性质在 0 ~ 1 进行选择。具体如何选择，一般可遵循以下原则。

①如果预测误差是由某些随机因素造成的，即预测目标的时间序列虽有不规则起伏、波动，但基本发展趋势比较稳定，只是由于某些偶然变动使得预测产生或大或小的偏差，这时 a 值应取小一点（如 0.1 ~ 0.3），以便减小修正幅度，使预测模型能包含较长时间序列的信息。

②如果预测目标的基本趋势已经发生了系统的变化，也就是说，预测误差是由于系统变化造成的，则 a 应取大一点（如 0.6 ~ 0.8），使预测模型灵敏度高些。这样就可以根据当前的预测误差对原预测模型进行较大幅度的修正，以便使模型迅速跟上数据的变化。不过，a 取值过大，容易对随机波动反应过度。

③如果原始资料不足，初始值选取比较粗糙，则 a 的取值也应该大一些。这样，可以使模型加重对以后逐步得到的近期资料的依赖，提高模型的自适应能力，以便经过最初几个周期的矫正后，迅速逼近实际过程。

④假如有理由相信用以描述时间序列的预测模型仅在某一段时间内能较好地表达这个时间序列，则应该选择较大的 a 值，以减少对早期资料的依赖程度。

在实际中，选取 a 采用以下比较有效的方法。

①如果历史数据很多，可以将已知时间序列分成两段，选取一系列 a 值，用前一段数据建立模型，对后一段数据进行事后预测，以事后预测误差为评价标准，从中选取最优的 a 值，再建立真正的预测模型。

②如果观察数据不是很多，可以类似移动平均法，多取几个 a 值进行试算，然后选择均方误差最小的 a 值作为正式预测时的平滑系数。

（3）初始值的确定。用一次指数平滑法进行预测除了选择合适的 a 外，还要确定初始值 $S_0^{(1)}$。初始值是由预测者估计或者指定的。当时间序列的数据较多，初始值对以后的预测值影响很小，可选用第一期数据为初始值；如果时间序列的数据较少，初始值对以后的预测值影响很大，这时，就必须认真研究如何正确确定初始值，一般以最初及其实际值的平均值作为初始值。

【例 7-4】（电器销售额预测） 某地区 1996—2007 年某种电器销售额如表 7-4 所示，试预测 2008 年该电器销售额。

表 7-4　　某地区 1996—2007 年某种电器销售额及平滑预测值计算　　单位：万元

年份	t	实际销售额 y_t	预测值 $\hat{y}_t(a=0.2)$	预测值 $\hat{y}_t(a=0.5)$	预测值 $\hat{y}_t(a=0.8)$
1996	1	50	51	51	51
1997	2	52	50.80	50.50	50.20
1998	3	47	51.04	51.25	51.64
1999	4	51	50.23	49.13	47.93
2000	5	49	50.39	50.06	50.39

续表

年份	t	实际销售额 y_t	预测值 $\hat{y}_t(a=0.2)$	预测值 $\hat{y}_t(a=0.5)$	预测值 $\hat{y}_t(a=0.8)$
2001	6	48	50.11	49.53	49.28
2002	7	51	49.69	48.77	48.26
2003	8	40	49.95	49.88	50.45
2004	9	48	47.96	44.94	42.09
2005	10	52	47.97	46.47	46.82
2006	11	51	48.77	49.24	50.96
2007	12	59	49.22	50.12	50.99

解：采用指数平滑法，并分别取 $a=0.2$、0.5 和 0.8 进行计算初始值为

$$S_0^{(1)}=\frac{y_1+y_2}{2}=51$$

即

$$\hat{y}_1=S_0^{(1)}=51$$

按预测模型

$$\hat{y}_{t+1}=ay_t+(1-a)\hat{y}_t$$

计算各期预测值，列于表中。

从表 7-4 可以看出，当 $a=0.2$、0.5 和 0.8 时预测值是很不相同的。究竟取何值为好，可通过计算它们的均方误差 S，选取使 S 较小的那个 a 值。

当 $a=0.2$ 时，

$$S=\frac{1}{12}\sum_{t=1}^{12}(y_t-\hat{y}_t)^2=\frac{243.31}{12}=20.28$$

当 $a=0.5$ 时，

$$S=\frac{252.90}{12}=21.08$$

当 $a=0.8$ 时，

$$S=\frac{281.41}{12}=23.45$$

计算结果表明：$a=0.2$ 时，S 较小，故选取 $a=0.2$ 预测 2008 年该电器销售额为

$$\hat{y}_{2008}=0.2\times 59+(1-0.2)\times 49.22=51.18$$

2. 二次指数平滑法

一次指数平滑法虽然克服了移动平均法的两个缺点，但当时间序列的变动出现直线趋势时，用一次指数平滑法进行预测，仍存在明显的滞后偏差，因此也必须加以修正。修正的方法与趋势移动平均法相同。再作二次指数平滑，利用滞后偏差的规律建立直线趋势模型。计算公式为

$$S_t^{(1)}=ay_t+(1-a)S_{t-1}^{(1)}$$
$$S_t^{(2)}=aS_t^{(1)}+(1-a)S_{t-1}^{(2)}$$

其中，$S_t^{(1)}$ 为一次指数平滑值；$S_t^{(2)}$ 为二次指数平滑值。当时间序列 $\{y_t\}$ 从某时期开始

具有直线趋势时，类似趋势移动平均法，可用直线趋势模型进行预测。

$$\hat{y}_{t+T} = a_t + b_t T,\ T = 1,\ 2,\ \cdots$$

$$\begin{cases} a_t = 2S_t^{(1)} - S_t^{(2)} \\ b_t = \dfrac{a}{1-a}(S_t^{(1)} - S_t^{(2)}) \end{cases}$$

3. 三次指数平滑法

当时间序列的变动表现为二次曲线趋势时，则需要使用三次指数平滑法。三次指数平滑时在二次指数平滑的基础上，再进行一次平滑。其计算公式为

$$S_t^{(1)} = ay_t + (1-a)S_{t-1}^{(1)}$$

$$S_t^{(2)} = aS_t^{(1)} + (1-a)S_{t-1}^{(2)}$$

$$S_t^{(3)} = aS_t^{(2)} + (1-a)S_{t-1}^{(3)}$$

其中，$S_t^{(3)}$ 为三次指数平滑值。

三次指数平滑法的预测模型为

$$\hat{y}_{t+T} = a_t + b_t T + c_t T^2,\ T = 1,\ 2,\ \cdots$$

其中，

$$\begin{cases} a_t = 3S_t^{(1)} - 3S_t^{(2)} + S_t^{(3)} \\ b_t = \dfrac{a}{2(1-a)^2}[(6-5a)S_t^{(1)} - 2(5-4a)S_t^{(2)} + (4-3a)S_t^{(3)}] \\ c_t = \dfrac{a^2}{2(1-a)^2}[S_t^{(1)} - 2S_t^{(2)} + S_t^{(3)}] \end{cases}$$

7.2.5　混合时间序列模型

混合时间序列模型是一种组合长期趋势、季节变动、循环变动和不规则变动四大要素的组合时间序列模型。它吸收信息处理有关富氏级数、谱分析等技术，加入政策因素描述形成该模型独特的预测方法，把定性与定量相结合，发挥决策者和用户的主观能动性，并可以设定政策情景进行多方案预测，具有广泛的可用性。该模型依据时间序列数据和历史上对相应指标变化有突出影响的政策信息（也可以不考虑政策因素）可对未来政策状况（或相应因素）作定性预估判断，由此可加入人的经验信息，实现定性与定量的结合。

1. 基本模型

设一指标时间序列为 y_1，y_2，…，y_t，…记为 $\{y_t\}$，那么也可以把这一指标值作为时间 t 的函数，这里用 $y(t)$ 表示，则它应是以下组合函数：

$$y(t) = T(t) + C(t) + P(t) + e$$

其中，$T(t)$ 为描述长期趋势的函数，一般简单取为时间的线性函数，即

$$T(t) = a + bt$$

其中，a 为初始时刻的值，也称截距；b 为随时间变化的比例系数。

$C(t)$ 为包含多个周期分量的周期函数，一般取富氏级数来表达，这里记

$$C(t) = \sum_{i=1}^{k} C_i \cos(2\pi f_i t + \varphi_i)$$

其中，c_i 为第 i 个周期分量的振幅；f_i 和 φ_i 为相应的频率与相位。该函数综合描述了季节变动和循环变动要素对指标序列的影响。

$P(t)$ 为政策因素影响函数描述政策因素对指标 $y(t)$ 的影响，是一类不规则变动因素，这里取

$$P(t)=d\{z\}_t$$

其中，$P(t)$ 为刻画政策调整变化的时间序列数据；d 为政策影响强度系数；$\{z\}_t$ 为一与指标时间序列对应的模糊数序列，描述政策的有无影响及各政策对该指标的影响的相对比较程度值，如

$$\{z\}_t=\{0,\ 0,\ 10,\ 0,\ 0,\ -30,\ 0,\ 0,\ \cdots\}$$

其意味着在时间序列第三点和第六点有政策因素影响，其中第三点对应的政策因素是促使指标增加的，相对影响幅度是10；第六点对应的政策因素是促使指标减少的，影响幅度是第三点对应的政策因素的影响幅度的3倍，即 -30。

2. 模型应用

依据富氏级数理论，上述模型是可以比较精确地描述任一类指标的时间序列。同时决策者可通过调整 $\{z\}_t$ 时间序列值，使预测加入经验判断，使得经验知识与判断能够有机地融入定量预测模型中。

由于上述模型需要组合参数识别方法，计算比较复杂。特别是相应参数 c_i、f_i 和 φ_i 需要采用谱分析等方法进行估计，尽管该方法可自动获取季节变动和循环变动等周期分量，但计算比较繁复。所以，需要专门的计算机软件系统进行。软件系统可提供模型数据处理组件管理各经济指标原始数据和政策因素等模型数据，并以折线图方式描述各经济指标的原始数据，可以比较直观地了解原始数据的内容。提供的模型生成处理组件是一个后台服务组件，主要完成有关富氏级数、谱分析、长期趋势，并加入政策因素描述，实现参数辨识等建模工作。模型应用分析组件可以实现指标波动分析，即各指标在原始数据的基础上除去主趋势及政策因素后（如果建立政策因素数据）进行的波动部分分析。此外，该组件亦可应用建立的数学模型进行预测或模拟分析可按给定的时间点数进行后续时间点上的指标预测。

7.3 因果关系预测

7.3.1 因果关系预测问题

按照哲学的事物普遍联系的观点，管理决策所面对的社会经济客观事物之间、相关的要素之间普遍存在因果关系。在关联要素中能够向其他要素施加影响的要素为原因要素，而被影响的要素为结果要素。那么，研究识别这种影响关系的机制或规律，并利用所获得规律去模拟原因要素怎样影响结果要素，即假设原因要素的某些状态，依据规律推演预估结果要素的可能状态的问题就是因果关系预测问题。

因果关系及预测问题普遍存在。例如，农贸市场鸡蛋价格的变动是与鸡蛋的产量或市

场供给量和来该市场买鸡蛋的所有消费者的需求量相关的，这就是经济学的基本市场规律，即供求决定价格。那么，价格如何随着供给量和需求量这两个量的变化而变化，就是一个典型的因果关系仿真或预测问题。而对应所有消费品市场情形都存在这样的因果关系仿真或预测问题。再如，一个企业的宏观产出或生产总值是与企业人力、财力和物力的投入相关联的，或者说生产总值是企业人力、财力和物力三个投入要素的函数，可以记为

$$y=f(l,\ k,\ r)$$

其中，y 为生产总值；l 为企业人力投入量；k 为企业资本投入量；r 为企业物力投入量。这就是典型的生产函数。

一般来说，设一个结果要素 y 其对应的 n 个原因要素为 x_1，x_2，…，x_n，则它们的因果关系可表示为

$$y=f(x_1,\ x_2,\ \cdots,\ x_n) \tag{7-12}$$

这里 f 是一个广义函数。由于人们对客观事物认识的程度不同，对应不同事物 f 是不同的。根据对 f 的认知不同，因果关系问题可分为多种类型。如果相应的解析关系是确定的，则称其为确定性问题，所给出的收益函数为

$$R=c_1x_1+c_2x_2+\cdots+c_nx_n$$

其中，R 为收益值；c_1，c_2，…，c_n 和 x_1，x_2，…，x_n 分别为 n 种产品可按当前生产量卖出的单位价格和当前生产量。这是一个典型的收益为结果要素、n 种产品生产量为原因要素的因果关系问题，但其函数形式和参数价格都是已知的，所以是一个确定性问题。

但由于管理决策活动所面临的问题相应的因果关系是复杂的且不确定的，如果把因果关系表示为图 7－1，则可把 f 不确定情形称为黑箱问题。当 f 是半确定情形时，称之为灰箱问题。对不确定或半确定情形常常采用回归模型或神经网络模型进行分析。因此，本节分别介绍线性回归模型、非线性回归模型和类神经元网络模型。

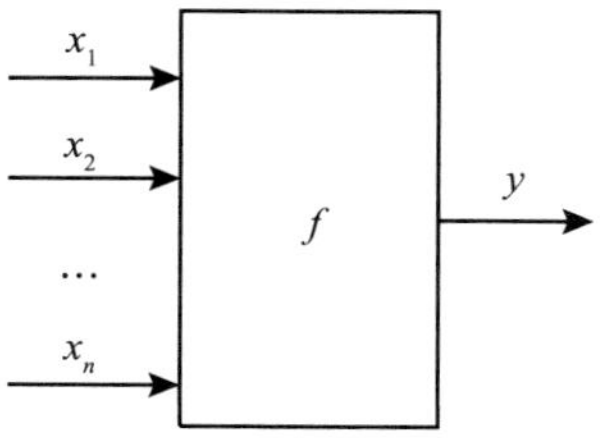

图 7－1　因果关系

7.3.2　线性回归模型

1. 一元线性回归模型

一元线性回归模型对应于只有一个原因要素和一个结果要素情形的问题。设 x 为原因要素并称为自变量，y 为结果要素并称为因变量，并假定 y 与 x 之间存在某种线性关系，即

$$y=a+bx$$

如果能够确知 a 和 b 的参数值，那么因果影响行为就是确知的。但大多数决策问题中这些参数是未知的。回归模型就是描述处理这种问题的一种方法。

设 $(x_i, y_i)(i=1, 2, \cdots, n)$ 为相应因果要素的一组观察值，则一元线性回归模型为

$$y_i = a + bx_i + e_i \tag{7-13}$$

其中，e_i 为各随机因素对 y_i 的影响总和，也称随机误差。设 $\hat{y}_i = a + bx_i (i=1, 2, \cdots, n)$，$\hat{y}_i$ 为 y_i 的估计值，对于每一个自变量 x_i 都可以得到一个估计值 $\hat{y}_i = a + bx_i$，并称 a 和 b 为回归系数。a 是直线 $\hat{y}_i$ 在 y 轴上的截距，它是 $x_i=0$ 时 $\hat{y}_i$ 的估计值；b 是 $\hat{y}_i$ 的斜率，表示自变量增加一个单位，因变量 $\hat{y}_i$ 相应地增加多少。可以证明，当 $b>0$ 时，x 和 y 为正相关；当 $b<0$ 时，x 与 y 为负相关。

估计模型的回归系数有许多办法，其中使用最广泛的是最小二乘法（Order Least Squares，OLS）。其中心思想是，通过数学模型，拟合一条较为理想的趋势线，并使得观测值与模型估计值的离差平方和最小。即

$$\sum_{i=1}^{n} (y_i - \hat{y}_i)^2 = \sum_{i=1}^{n} (y_i - a - bx_i)^2 = \min$$

这种离差平方即为二乘的含义。这样就变成了如何确定回归系数 a 和 b 的值，以使得上式达到最小化的求极值问题。由此可求得回归系数 a 和 b 对应的估计值，即

$$\hat{b} = \frac{n\sum x_i y_i - \sum x_i \sum y_i}{n\sum x_i^2 - (\sum x_i)^2}$$

$$\hat{a} = \frac{\sum y_i}{n} - \hat{b}\frac{\sum y_i}{n}$$

其中，$\sum$ 均指 $i=1$ 到 n 的求和运算。

2. 多元线性回归

多元线性回归模型对应于有多个原因要素和一个结果要素情形的问题。设有 m 个原因要素并表示为 x_1，x_2，$\cdots$，x_m，y 为对应结果要素，那么各个影响因素与 y 的线性关系可描述为

$$y = a_0 + a_1x_1 + a_2x_2 + \cdots + a_mx_m$$

其中，a_0 为初始常量，也称截距；a_1，a_2，$\cdots$，a_m 为 m 个原因要素变量对应的系数。

设 $(x_{i1}, x_{i2}, \cdots, x_{im}, y_i)(i=1, 2, \cdots, n)$ 为相应因果要素的一组观察值，则多元线性回归模型为

$$y_i = a_0 + a_1x_{i1} + a_2x_{i2} + \cdots + a_mx_{im} + e_i \tag{7-14}$$

其中，e_i 为随机误差。显然，一元线性回归模型是多元线性回归模型的一个特例，即自变量为一个时的情形。对应于有 m 个自变量的多元线性回归模型，有 $m+1$ 个估计参数或系数，即 a_0，a_1，a_2，$\cdots$，a_m。多元线性回归模型也可以采用矩阵和向量形式表述为

$$\boldsymbol{Y} = \boldsymbol{XA} + \boldsymbol{e}$$

其中，

$$\boldsymbol{Y}=\begin{Bmatrix}y_1\\y_2\\\vdots\\y_n\end{Bmatrix};\ \boldsymbol{X}=\begin{Bmatrix}1 & x_{11} & \cdots & x_{1m}\\1 & x_{21} & \cdots & x_{2m}\\\vdots & \vdots & & \vdots\\1 & x_{n1} & \cdots & x_{nm}\end{Bmatrix};\ \boldsymbol{A}=\begin{Bmatrix}a_1\\a_2\\\vdots\\a_m\end{Bmatrix};\ \boldsymbol{e}=\begin{Bmatrix}e_1\\e_2\\\vdots\\e_n\end{Bmatrix}$$

与一元线性回归模型一样，多元线性回归模型也可采用最小二乘法估计参数向量 $\boldsymbol{A}$，由于其计算繁复，并可以应用专门的计算机软件进行计算，此处不再赘述。

3. 模型有效性检验

从理论上讲，任意一组（x_{i1}，x_{i2}，…，x_{im}，y_i）($i=1$，2，…，n）观察值都可以获得回归方程的回归系数 a_0，a_1，a_2，…，a_m 的值，但它们有时是无效的或无意义的。所以，需要对其有效性进行检验。一般须经过三个层次的检验，即先验性检验、统计检验和经济计量检验。

（1）先验性检验。先验性检验是指应用经验性知识检验相应的估计系数的合理性。包括系数正负性是否符合经济物理含义的正确性，以及相应的值是否落在合理的值域范围内等。

（2）统计检验。统计检验是依据统计学理论的检验，也称显著性检验，主要包括以下几个检验指标。

①相关系数 R。相关系数 R 是线性回归模型中用来衡量因变量和自变量之间线性相关关系强弱程度的指标，它的统计公式为

$$R=\sqrt{1-\frac{\sum(y_i-\hat{y}_i)^2}{\sum(y_i-\bar{y})^2}}$$

其中，$\bar{y}=\frac{1}{n}\sum y_i$，可由相关软件计算给出。

一般来说，相关系数越大，说明变量之间的线性相关关系越强。但相关系数的绝对值大到什么程度时，才能认为两变量之间的线性相关关系是显著的，回归模型用来预测才是有意义的？对于不同组数的观测值、不同数值的显著性水平，衡量的标准是不同的。它是 0 ~ 1 的一个数值，越趋向 1 说明相关强度大，一般小于 0.5 被认为基本不相关。

②F 检验。F 检验是通过 F 统计量检验假设 H_0: $a_0=a_1=a_2=\cdots=a_m=0$ 是否成立的方法。这需要计算 F 统计量：

$$F=\frac{\sum(\hat{y}_i-\bar{y})^2/(m-1)}{\sum(y_i-\hat{y}_i)^2/(n-m)}$$

其中，$m-1$ 为回归变差 $\sum(\hat{y}_i-\bar{y})^2$ 的自由度；$n-m$ 为剩余变差 $\sum(y_i-\hat{y}_i)^2$ 的自由度。可以证明 F 统计量服从第一自由度为 $m-1$、第二自由度为 $n-m$ 的 F 分布，故对给定的显著性水平 a 查 F 分布表可得临界值 $F_a(m-1, n-m)$。若 $F>F_a(m-1, n-m)$，则否定假设 H_0，认为一组自变量 x_1，x_2，…，x_m 与因变量 y 之间的回归效果显著；反之，则不显著。

一般来讲，回归效果不显著的原因有三种：一是影响 y 的因素除了所选定自变量 x_1，x_2，…，x_m 之外，还有其他不可忽略的因素；二是 y 与自变量 x_1，x_2，…，x_m 之间的关系

不是线性的；三是 y 与自变量 x_1，x_2，…，x_m 之间无关。这时，回归模型就不能用来预测，应分析其原因并另选自变量或改变预测模型的形式。

③t 检验。R 检验和 F 检验都是将所有的自变量作为一个整体来检验它们与因变量 y 的相关程度以及回归效果，而 t 检验则是通过 t 统计量对所求回归模型的每一个系数逐一检验假设 H_0: $a_i=0(i=0, 1, 2, \cdots, m)$ 是否成立的方法。t 统计量值也由相关回归模型软件给出。这一检验值的有效性还与观测值的数量 n 也称样本量有关，由统计学可以证明，t 服从自由度为 $n-2$ 的 t 分布。查 t 分布表得临界值 $t_{\alpha/2}(n-2)$。若 $t>t_{\alpha/2}(n-2)$，则认为 a_i 显著异于0；反之，若 $t\leqslant t_{\alpha/2}(n-2)$，则认为 a_i 不显著异于0。

（3）经济计量检验。由于经济观察值一般为时间序列情形，所以会出现序列相关现象。而回归模型假设要求随机误差项之间不存在序列相关或自相关，如果存在序列相关就会导致回归模型无效。同时，对应多元线性回归模型有些自变量之间也会存在相关性，这就是所说的共线性问题，这样会导致有些自变量系数与经济含义相悖。这方面的研究首先出现在经济计量学中，所以也称为经济计量检验。

①DW 检验。误差项序列相关中最常见的是误差项为一期的序列相关又称一阶自相关，该检验法就是针对这种情形的方法。因杜宾（Durbin）和沃森（Watson）于1950年首先提出，故称之为 DW 检验法（Durbin－Watson 准则）。DW 统计量定义为

$$\mathrm{DW}=\frac{\sum_{i=2}^{n}(e_i-e_{i-1})^2}{\sum_{i=1}^{n}e_i^2}$$

当误差项序列正相关时，DW→0。当序列负相关时，DW→4。若不存在自相关或相关程度很低时，DW→2。由此可以看出，DW 值为0～4。该统计量可由一般的分析软件给出，严格情形可根据 DW 检验表来分析模型的经济计量的有效性，简单情形，如果 DW 值落在1.5～2.5，则模型被认为是基本有效的。

当模型被检验为误差项序列相关时，应考虑把略去的重要影响因素引入回归模型中，或者重新选择回归模型形式。其次可考虑增加观察样本容量和改善数据的准确性。

②自变量共线性检验。若多元回归模型的自变量间存在线性相关关系，会体现在回归计算中系数求解的奇异现象，或导致一些系数的负号或量值与经济物理含义相悖。因此，经济计量学给出些检验自变量间共线性方法可以参考。这里建议先进行自变量间的相关性分析，如果一组自变量间存在相关，可选择其中具有主要意义的自变量进行保留，而把其他自变量剔出原模型。

7.3.3 非线性回归模型

管理决策活动所面临的问题理论上讲都是非线性的。线性问题直观简单，但线性只是人们在认识或处理上的一种简化。非线性是复杂系统的一个基本特征。非线性回归模型，从字面意义理解是指用于描述客观事物的模型是非线性的，或称曲线型的。对应式（7－12）而言，f 为非线性解析式。

1. 非线性回归模型的分类

常见的非线性回归模型有以下几种。

（1）双曲线模型：

$$y_i = a_0 + a_1 \frac{1}{x_i} + e_i$$

（2）二次曲线模型：

$$y_i = a_0 + a_1 x_i + a_2 x_i^2 + e_i$$

（3）对数模型：

$$y_i = a_0 + a_1 \ln x_i + e_i$$

（4）三角函数模型：

$$y_i = a_0 + a_1 \sin x_i + e_i$$

（5）指数模型：

$$y_i = ab^{x_i} + e_i$$

$$y_i = e^{a_0 + a_1 x_{i1} + a_2 x_{i2} + e_i}$$

（6）幂函数模型：

$$y_i = a x_i^b + e_i$$

（7）罗吉斯曲线：

$$y_i = \frac{e^{a_0 + a_1 x_{i1}}}{1 + e^{a_0 + a_1 x_{i1}}} + e_i$$

（8）修正指数增长曲线：

$$y_i = a + br^{x_i}$$

上述模型中，y_i 和 x_{i1}，x_{i2} 分别为因变量和自变量；e_i 为随机误差项；其余均为相应系数。

2. 非线性回归模型的建立方法

建立求解非线性回归模型的基本思路是化非线性回归模型为线性回归模型，这一过程也被称为线性化。根据非线性回归模型线性化的不同性质，上述模型一般可分为三种类型。

第一类为直线换元型。这类非线性回归模型通过简单的变量换元可直接化为线性回归模型。如模型（1）设 $x_i' = \frac{1}{x_i}$，则原模型可线性化为

$$y_i = a_0 + a_1 x_i' + e_i$$

同理，对应模型（2）设 $x_i' = x_i^2$ 原模型化为

$$y_i = a_0 + a_1 x_i + a_2 x_i' + e_i$$

对应模型（3）设 $x_i' = \ln x_i$ 原模型化为

$$y_i = a_0 + a_1 x_i' + e_i$$

对应模型（4）设 $x_i' = \sin x_i$ 原模型化为

$$y_i = a_0 + a_i x_i' + e_i$$

可见这类模型的因变量没有变形，所以可以直接采用最小二乘法估计回归系数并进行检验和预测。

第二类为间接代换型。这类非线性回归模型经常通过对数变形的代换间接地化为线性回归模型，如指数模型、幂函数模型、罗吉斯曲线。把回归方程两边同时取对数，既可以把乘、除、幂运算化为加、减、乘运算，从而实现线性化。这类模型在对数变形代换过程中改变了因变量的形态，使得变形后模型的最小二乘估计失去了原模型的残差平方和为最小的意义，从而估计不到原模型的最佳回归系数，会造成回归模型与原数列之间的较大偏差。

第三类为不可线性化的非线性回归模型，如修正指数增长曲线。相应地可以说第一类和第二类非线性回归模型为可线性化的非线性回归模型。不可线性化的非线性回归模型现在还没有非常有效的系数估计或建模方法。可能会用到的一种方法是在给定变量值域情形下，按富氏级数展开，取一阶展开项，略去高阶，从而实现线性化，这也称之为分段线性化。

7.3.4 BP 神经网络预测模型

由于复杂的因果关系具有非线性特征，并且相应的解析表达式不能确知，或不能辨识表达式中的参数值，这类问题成为黑箱问题或灰箱问题。神经网络模型就是一种不需要确知关系解析结构情形，可以给出比较好的仿真与预测分析结果的方法。

人工神经网络（Artificial Neural Network，ANN）是由大量处理单元（即神经元，neuron）广泛互联而成的网络，是对人脑的抽象、简化和模拟，反映人脑的基本特征。神经网络由分布于若干层的节点组成，它的构成随神经网络的类型和复杂度的不同而不同。每个节点都有自己的输入值、权值、求和与激活函数以及输出值。在处理之前，数据被分为训练数据集和测试数据集，然后将权值和输入值指派到第一层的每一个节点。每次重复训练时，系统处理输入并与实际值相比较，得到度量后的误差，并反馈给系统，调整权重。在大多数情况下，调整后的权重都能更好地预测实际值。当达到预定义的最小误差水平时，处理结束。

误差逆传播神经网络，也称为 BP 神经网络（error back propagation network），是目前应用最为广泛和成功的神经网络之一。它是由鲁姆哈特（Rumelhart）和麦克利兰（MaClelland）于 1986 年提出的，是一种多层网络的“逆推”学习算法。其基本思想是：学习过程由信号的正向传播与误差的反向传播两个过程组成。正向传播时，输入样本从输入层传入，经隐含层逐层处理后传向输出层。若输出层的实际输出与期望输出不符，则转向误差的反向传播阶段。误差的反向传播是将输出误差以某种形式通过隐含层向输入层逐层反传，并将误差分摊给各层的所有单元，从而获得各层单元的误差信号，此误差信号即作为修正各单元权值的依据。

1. 人工神经元数学模型

根据生物神经元的结构与基本功能，可以将其简化为图 7－2 的形式。

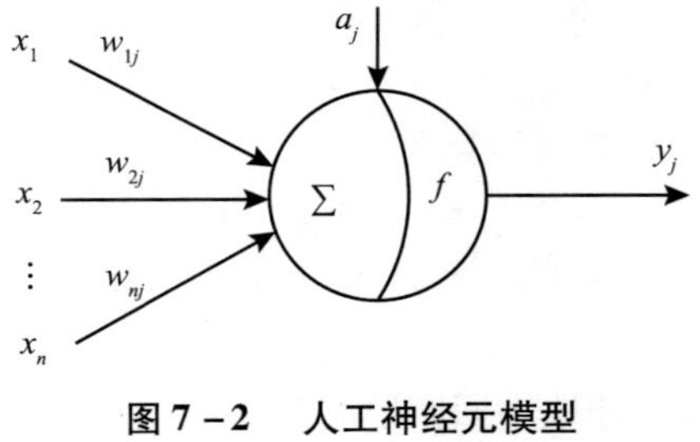

图 7－2 人工神经元模型

建立人工神经元数学模型：

$$y_j = f\left(\sum_{i=1}^{n} w_{ij}x_i - a_j\right) \tag{7-15}$$

其中，x_i 表示神经元 i 的输入；w_{ij}表示神经元 i 与神经元 j 之间的连接权值；a_j 表示神经元 j 的阈值（threshold）；$f(.)$ 是输入到输出传递函数（也称激活函数）；y_j 表示神经元 j 的输出。在这个模型中，神经元接收到来自 n 个其他神经元传递过来的输入信号，这些输入信号通过带权重的连接进行传递，神经元接收到的总输入值与神经元的阈值进行比较，然后通过“激活函数”映射以产生神经元的输出。

2. BP 神经网络的结构

BP 神经网络是一种单向传播的多层前向网络，具有三层或三层以上的神经网络，包括输入层、中间层（隐含层）和输出层。上下层之间实现全连接，每一层神经元之间无连接。当一对学习样本提供给网络后，神经元的激活值从输入层经过各中间层向输出层传播，在输出层的各神经元获得网络的输入响应。接下来，按照减少目标输出与实际误差的方向，从输出层开始，经过各中间层，逐层修正各连接权值，最后回到输入层。这种算法称“误差逆传播算法”，即 BP 算法。随着这种误差逆传播修正的不断进行，网络对输入模式响应的正确率也不断提高。

根据 BP 神经网络的设计网络，一般的预测问题都可以通过隐含层的网络实现，如图 7－3 所示。三层 BP 神经网络中，输入和输出神经元依据输入向量和研究目标而定。若输入向量有 n 个元素，则输入层的神经元可以选为 n 个，隐含层神经元个数 m 和输入层神经元个数 n 之间可以按照 $m=2n+1$ 的关系来选取。当然，在实际操作中要不断调整各种参数，观察学习训练的效果，力求找出最优的预测结果。

在图 7－3 所示的神经网络结构中，$x_i(i=1, \cdots, n)$ 是神经网络的（实际）输入，$y_j(j=1, \cdots, m)$ 是隐含层的输出，即为输出层的输入，$O_k(k=1, \cdots, l)$ 网络的（实际）输出，a，b 分别为隐含层和输出层神经元（节点）的阈值，w_{ij}，w_{jk}分别为输入层到隐含层和隐含层到输出层的权值。也就是说，图 7－3 所示的 BP 神经网络，它的输入层神经元（节点）个数为 n，隐含层神经元（节点）个数为 m，输出层神经元（节点）个数为 l，这种结构称为 $n-m-l$ 结构的三层 BP 神经网络。

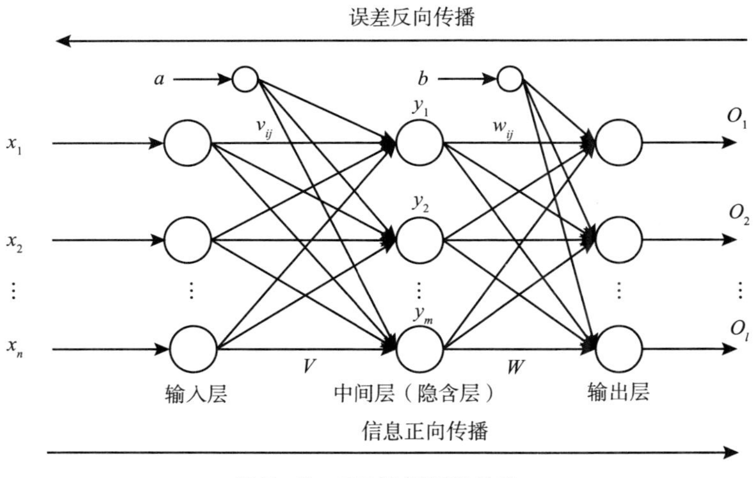

图 7－3　BP 神经网络结构

3. 传递函数（激活函数）

理想中的激活函数是阶跃函数，阶跃函数 sgn 为

$$\operatorname{sgn}(x)=\begin{cases}1, & x\geqslant 0\\ 0, & x<0\end{cases}$$

它将输入值映射为输出值 0 或 1，显然 1 对应于神经元兴奋，0 对应于神经元抑制。然而，阶跃函数具有不连续、不光滑等不良性质，因此实际常用 Sigmoid 函数（又称 S 函数）作为激活函数。单极 S 形函数（Losig）为 $f(x)=\frac{1}{1+e^{-\alpha x}}$，双极 S 形函数（Tansig）为 $f(x)=\frac{1-e^{-\alpha x}}{1+e^{-\alpha x}}$。

Sigmoid 函数把可能在较大范围内变化的输入值挤压到值域范围内，因此有时也称为“挤压函数”（squashing function）。双极 S 形函数与单极 S 形函数的主要区别在于函数的值域，双极 S 形函数值域是（-1，1），而单极 S 形函数值域是（0，1）。

表 7 – 5 给出了一些常用的神经网络传递函数。

表 7 – 5　　神经网络传递函数

名称	传递函数表达式
二值函数	$f(x)=\begin{cases}1, & x\geqslant 0\\ 0, & x<0\end{cases}$
线性函数	$f(x)=\alpha x$
分段线性函数	$f(x)=\begin{cases}0, & x\leqslant 0\\ cx, & 0<x\leqslant x_c\\ 1, & x>x_c\end{cases}$

4. BP 神经网络学习算法及流程

神经网络的学习过程，就是根据训练数据来调整神经元之间的“连接权”以及每个功能神经元的阈值，换言之，神经网络学到的东西，蕴含在连接权与阈值之中。以下是学习算法及流程。

（1）网络初始化。根据输入 $\boldsymbol{X}=[x_1, x_2, \cdots, x_n]$ 和期望输出 $\boldsymbol{D}=[d_1, d_2, \cdots, d_l]$ 来确定网络输入层、隐含层和输出层神经元（节点）个数，初始化各层神经元之间的连接权值 v_{ij}，w_{jk}，初始化隐含层阈值 a、输出层阈值 b，给定学习速率和激活函数。

（2）隐含层输出计算。根据输入向量 $\boldsymbol{X}$、输入层和隐含层间连接权值 v_{ij} 以及隐含层阈值 a，计算隐含层输出。

$$y_i=f\left(\sum_{i=1}^{n}v_{ij}x_i-a_j\right)=f\left(\sum_{i=0}^{n}v_{ij}x_i\right),\ i=1, 2, \cdots, m$$

其中，m 为隐含层节点数；$v_{i0}=-1$，$x_0=a_j$；$f(.)$ 为隐含层传递函数。这里采用传递函数为 $f(x)=(1+e^{-x})^{-1}$。

（3）输出层输出计算。根据隐含层输出 Y、连接权值 w_{jk} 和阈值 b，计算 BP 神经网络

的实际输出 O。

$$O_k = f\left(\sum_{j=1}^{m} w_{jk}y_j - b_k\right) = f\left(\sum_{j=0}^{m} w_{jk}y_j\right),\ k=1,\ 2,\ \cdots,\ l$$

（4）误差计算。根据网络实际输出 O 与期望输出 D，计算网络总体均方误差 E，即

$$E = \frac{1}{2}(D-O)^2 = \frac{1}{2}\sum_{k=1}^{l}(d_k - o_k)^2,\ k=1,\ 2,\ \cdots,\ l$$

（5）权值更新。根据网络总体误差 E，更新网络连接权值 v_{ij}，w_{jk}，即

$$v_{ij} = v_{ij} + \Delta v_{ij}$$

$$w_{jk} = w_{jk} + \Delta w_{jk}$$

$$\Delta v_{ij} = \eta\left(\sum_{k=1}^{l}\delta_k^o w_{jk}\right)y_j(1-y_j)x_i$$

$$\Delta w_{jk} = \eta\delta_k^o y_j$$

其中，$\delta_k^o = (d_k - o_k)o_k(1-o_k)$。$\eta \in (0,\ 1)$ 为学习效率，控制着算法每一轮的迭代中的更新步长，太大可能引起震荡，太小则收敛速度又会过慢。

（6）判断算法终止条件。判断算法迭代是否结束（可用网络总误差是否达到精度要求等方式来判断），若没有结束，返回（2）。

BP 神经元网络模型已有软件和软件包可以运用，一些繁复运算都已由计算机完成，应用者只需注重分析即可，如 Matlab 和 Python 的神经网络工具箱等。

7.4　Excel 应用分析

1. 移动平均预测应用分析

【例 7－5】（服装批发商销售量预测）　某品牌服装批发商在过去 12 个月内服装的销售数量如表 7－6 所示。试在 Excel 中建立移动平均模型以便预测第 13 个月的销售量。

表 7－6　　服装销售数量

月	销量观测值	月	销量观测值
1	27	7	32
2	31	8	28
3	29	9	32
4	33	10	30
5	28	11	27
6	30	12	32

Excel 应用包括以下步骤。

第一步，将表 7－6 的数据输入 Excel 工作表单元格 A2：B14 中（见图 7－4）。

	A	B
1	**历史销售数据**	
2	**月**	**销量观测值**
3	1	27
4	2	31
5	3	29
6	4	33
7	5	28
8	6	30
9	7	32
10	8	28
11	9	32
12	10	30
13	11	27
14	12	32

图 7－4　历史销售数据

第二步，利用“移动平均”分析工具生成服装销售量预测值。

在【文件】选项卡中选择【选项】，打开【Excel 选项】对话框，在对话框左边一栏里选择【加载项】，单击右边一栏的最下方【转到（G）…】按钮，Excel 将显示如图 7－5 所示的【加载宏】对话框。

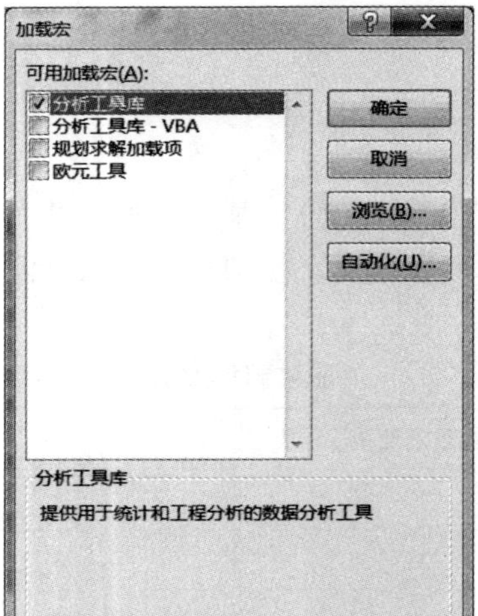

图 7－5　【加载宏】对话框

第三步，在【加载宏】对话框中选择【分析工具库】选项，单击【确定】按钮，将会在【数据】选项卡下方出现【分析】组，其中包含【数据分析】选项。选中【数据分析】，在弹出的【数据分析】对话框中选择【移动平均】（见图 7－6），将打开如图 7－7 所示的【移动平均】对话框。

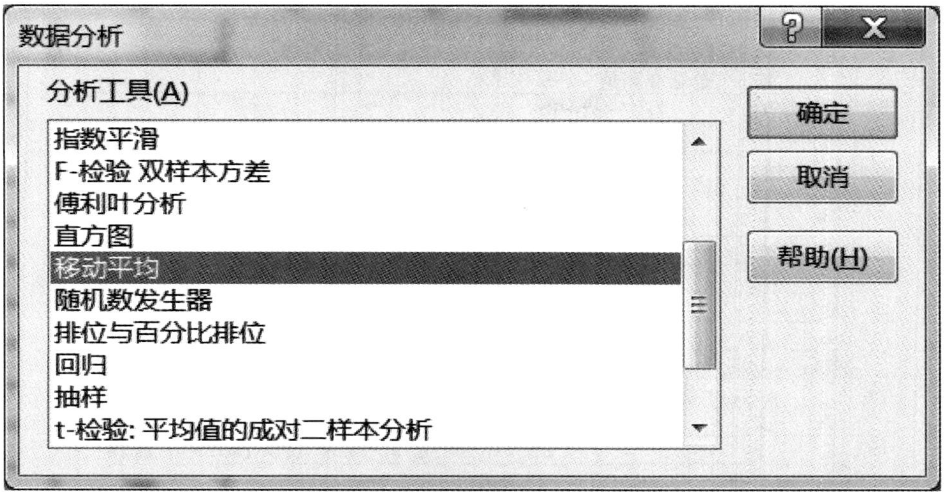

图7-6 【数据分析】对话框

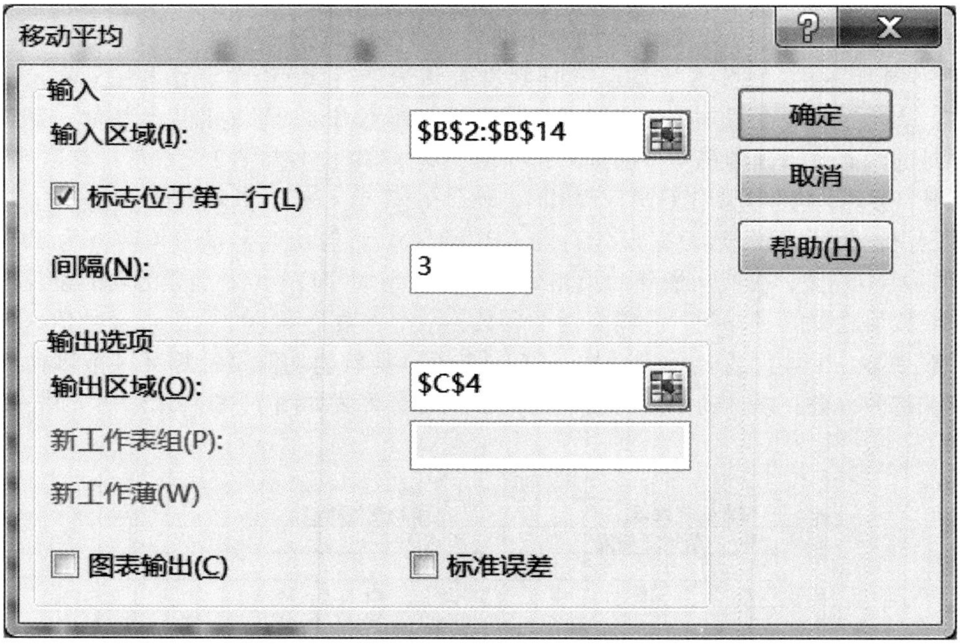

图7-7 【移动平均】对话框

第四步，在【移动平均】对话框中，在“输入区域”输入“B2：B14”单元格，在“间隔”输入“3”，这就意味着移动平均跨度为“3”。在“输出区域”输入“C4”单元格，单击【确定】按钮，将会看到如图7-8所示单元格C6：C15中的输出结果。移动平均跨度等于3意味着从第4个月开始有预测值，而该预测值在图7-8所示的单元格C15中，相应的第13个月的预测值在单元格C15中给出。

	A	B	C	D	E	F	G
1	历史销售数据		移动平均跨度				
2	月	销量观测值	3	4	5	6	7
3	1	27					
4	2	31	#N/A	#N/A	#N/A	#N/A	#N/A
5	3	29	#N/A	#N/A	#N/A	#N/A	#N/A
6	4	33	29	#N/A	#N/A	#N/A	#N/A
7	5	28	31	30	#N/A	#N/A	#N/A
8	6	30	30	30.25	29.6	#N/A	#N/A
9	7	32	30.33333	30	30.2	29.66667	#N/A
10	8	28	30	30.75	30.4	30.5	30
11	9	32	30	29.5	30.2	30	30.14286
12	10	30	30.66667	30.5	30	30.5	30.28571
13	11	27	30	30.5	30.4	30	30.42857
14	12	32	29.66667	29.25	29.8	29.83333	29.57143
15	13		**29.6667**	**30.25**	**29.8**	**30.1667**	**30.1429**

图 7-8　预测结果

第五步，重复上述步骤，分别计算出移动平均跨度为 4、5、6、7 时的预测值，如图 7-8 所示单元格 D15：G15 中的输出结果。

图 7-8 所示的“#N/A”表示该时刻没有预测值，如 C4 单元格与 C5 单元格中的“#N/A”表示在第 2 个月与第 3 个月没有预测值，因为当移动平均跨度为 3 时，需要利用前 3 个月的观测值来预测第 4 个时刻的预测值，这样第 2 个月与第 3 个月就没有预测值，因此在利用“移动平均”分析工具进行预测时，就会在 C4 单元格与 C5 单元格中出现“#N/A”。

第六步，利用函数 SUMXMY2（）与 COUNT（）计算出当移动平均跨度为 3、4、5、6、7 时的均方误差，以找出最佳的预测结果。其中 SUMXMY2（）函数的功能是返回两数组中对应数值之差的平方和，它需要两个参数，一个参数是第一个数组或者数值区域，另一个参数是第二个数组或者数值区域；COUNT（）函数的功能是计算某一范围内包含数字的单元格的个数。以移动平均跨度 3 为例，MSE 计算式如图 7-9 所示的单元格 C17。

	A	B	C	D	E	F	G
1	历史销售数据		移动平均跨度				
2	月	销量观测值	3	4	5	6	7
3	1	27					
4	2	31	#N/A	#N/A	#N/A	#N/A	#N/A
5	3	29	#N/A	#N/A	#N/A	#N/A	#N/A
6	4	33	29	#N/A	#N/A	#N/A	#N/A
7	5	28	31	30	#N/A	#N/A	#N/A
8	6	30	30	30.25	29.6	#N/A	#N/A
9	7	32	30.33333	30	30.2	29.66667	#N/A
10	8	28	30	30.75	30.4	30.5	30
11	9	32	30	29.5	30.2	30	30.14286
12	10	30	30.66667	30.5	30	30.5	30.28571
13	11	27	30	30.5	30.4	30	30.42857
14	12	32	29.66667	29.25	29.8	29.83333	29.57143
15	13		29.66667	30.25	29.8	30.16667	30.14286
16							
17	对应的MSE		=SUMXMY2(B6:B14,C6:C14)/COUNT(C6:C14)				

图 7-9　移动平均跨度为 3 的 MSE 计算过程

第七步，重复上述步骤，分别计算出移动平均跨度为 4、5、6、7 时的 MSE，如图 7 – 10 所示单元格 D17：G17 中的输出结果。

第八步，从单元格 C17：G17 中挑选最小的均方误差为单元格 E17 中的均方误差，且找到对应的移动平均跨度为 5，即最优的移动平均跨度为 5，则将移动平均跨度为 5 时作为最终的移动平均模型，并计算出第 13 个月的销量预测值为 29.8，如图 7 – 10 所示的单元格 E15。

	A	B	C	D	E	F	G
1	历史销售数据		移动平均跨度				
2	月	销量观测值	3	4	5	6	7
3	1	27					
4	2	31	#N/A	#N/A	#N/A	#N/A	#N/A
5	3	29	#N/A	#N/A	#N/A	#N/A	#N/A
6	4	33	29	#N/A	#N/A	#N/A	#N/A
7	5	28	31	30	#N/A	#N/A	#N/A
8	6	30	30	30.25	29.6	#N/A	#N/A
9	7	32	30.33333	30	30.2	29.66667	#N/A
10	8	28	30	30.75	30.4	30.5	30
11	9	32	30	29.5	30.2	30	30.14286
12	10	30	30.66667	30.5	30	30.5	30.28571
13	11	27	30	30.5	30.4	30	30.42857
14	12	32	29.66667	29.25	29.8	29.83333	29.57143
15	13		29.66667	30.25	29.8	30.16667	30.14286
16							
17	对应的MSE		5.62963	5.24219	4.11429	4.93981	5.03673

图 7 – 10　MSE 结算结果

2. 一元线性回归应用分析

【例 7 – 6】（工资总额线性回归问题）　根据统计年鉴的数据，获得城镇单位就业人员工资总额数据如表 7 – 7 所示。根据表中数据建立国有单位总额与合计总额之间的一元线性回归模型。

表 7 – 7　城镇单位就业人员工资总额数据

年份	工资总额/亿元		年份	工资总额/亿元	
	国有单位	合计		国有单位	合计
1995	6172.6	8055.8	2004	11038.2	17615.0
1996	6893.3	8964.4	2005	12291.7	20627.1
1997	7323.9	9602.4	2006	13920.6	24262.3
1998	6934.6	9540.2	2007	16689.1	29471.5
1999	7289.9	10155.9	2008	19487.9	35289.5
2000	7744.9	10954.7	2009	21862.7	40288.2
2001	8515.2	12205.4	2010	24886.4	47269.9
2002	9138.0	13638.1	2011	28954.8	59954.7
2003	9911.9	15329.6	2012	32950.0	70914.2

Excel 应用包括以下步骤。

第一步，输入数据。将数据整理在工作表的单元格 A1：C21 中，如图 7－11 所示。

	A	B	C
1	城镇单位就业人员工资总额		
2	年份	工资总额/亿元	
3		国有单位	合计
4	1995	6172.6	8055.8
5	1996	6893.3	8964.4
6	1997	7323.9	9602.4
7	1998	6934.6	9540.2
8	1999	7289.9	10155.9
9	2000	7744.9	10954.7
10	2001	8515.2	12205.4
11	2002	9138	13638.1
12	2003	9911.9	15329.6
13	2004	11038.2	17615
14	2005	12291.7	20627.1
15	2006	13920.6	24262.3
16	2007	16689.1	29471.5
17	2008	19487.9	35289.5
18	2009	21862.7	40288.2
19	2010	24886.4	47269.9
20	2011	28954.8	59954.7
21	2012	32950	70914.2

图 7－11　城镇单位就业人员工资总额数据

第二步，用回归分析报告完成一元线性回归分析。选择【数据】菜单中【数据分析】选项卡，然后在出现的【数据分析】对话框中选中【回归】，单击【确定】按钮，如图 7－12 所示。

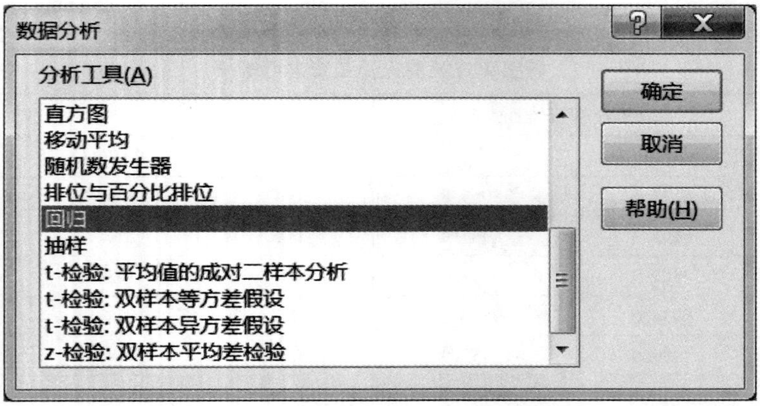

图 7－12　【数据分析】对话框

在弹出的【回归】对话框中按照图 7－13 进行设置，单击【确定】按钮，得到如

图 7 - 14 所示的回归分析结果。

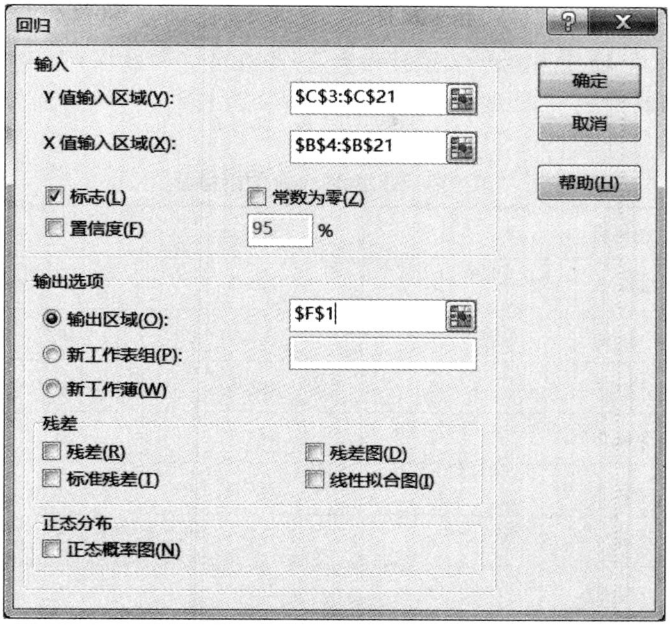

图 7 - 13　【回归】对话框

	F	G	H	I	J	K	L	M	N
1	SUMMARY OUTPUT								
2									
3	回归统计								
4	Multiple	0.99753							
5	R Square	0.995067							
6	Adjusted	0.994759							
7	标准误差	1369.383							
8	观测值	18							
9									
10	方差分析								
11		df	SS	MS	F	;nificance F			
12	回归分析	1	6.05E+09	6.05E+09	3227.399	6.9E-20			
13	残差	16	30003359	1875210					
14	总计	17	6.08E+09						
15									
16		Coefficient	标准误差	t Stat	P-value	Lower 95%	Upper 95%	下限 95.0%	上限 95.0%
17	Intercept	-7126.85	646.1674	-11.0294	6.91E-09	-8496.66	-5757.03	-8496.66	-5757.03
18	国有单位	2.271465	0.039983	56.8102	6.9E-20	2.186704	2.356226	2.186704	2.356226

图 7 - 14　回归分析结果

从图 7 - 14 的单元格 G17：G18 中可以看到参数 a 和 b 的值分别为 - 7126.85 与 2.271465，同时从单元格 G5 中可以看到相应的 R^2 为 0.995067。因此对应的一元线性回归模型为：$y = -7126.85 + 2.271465x$。有了一元线性回归模型，可以对任意给定的 x 预测出对应的 y 值。

习　题

1. 某冰箱厂连续24个月销售量资料如表7-8所示。求当$N=5$时的一次移动平均值并预测下一期的销售量。

表7-8　　某冰箱厂连续24个月的销售量　　单位：千台

月份	销售量	月份	销售量	月份	销售量
1	161.2	9	165.5	17	291.3
2	135.4	10	209.3	18	310.4
3	120.7	11	205.9	19	380.4
4	136.7	12	144.7	20	340.1
5	143.3	13	214.5	21	350.5
6	145.9	14	161.7	22	381.5
7	152.8	15	237.1	23	385.4
8	209.6	16	269.1	24	261.2

2. 某粮店2007年6~11月粮食销售量如表7-9所示，依次给定权数分别为0.5、1.0、1.5、2.0、2.5、3.0，使用加权移动平均法预测该年12月粮食销售量。

表7-9　　某粮店2007年6~10月粮食销售量　　单位：万吨

月份	6	7	8	9	10	11
销售量	19	18	19	21	20	22

3. 某游戏机厂2000—2010年游戏机产量如表7-10所示。试用一次指数平滑法预测2011年该厂游戏机产量（取$a=0.3$，初始值为13）。

表7-10　　某游戏机厂2000—2010年游戏机产量　　单位：千台

年份	2000	2001	2002	2003	2004	20005	2006	2007	2008	2009	2010
产量	13	14	15	11.8	16.5	18.1	12	23	30	37.5	45

4. 八大手机品牌企业在某一地区的销售额和销售利润如表7-11所示。试建立销售额与销售利润的一元线性回归模型。

表7-11　　八大手机品牌企业在某一地区的销售额和销售利润

企业编号	销售额/万元	销售利润/万元
1	170	8.1
2	220	12.5
3	390	18
4	430	22
5	480	26.5
6	650	40
7	950	64
8	1000	49

5. 根据统计年鉴的数据，获得1995—2012年城镇不同性质的单位就业人员工资总额数据如表7-12所示。根据表中数据建立国有单位总额和合计总额之间的多元线性回归模型。

表7-12　　1995—2012年城镇不同性质的单位就业人员工资总额数据　　单位：亿元

年份	国有单位	城镇集体单位	其他单位	合计
1995	6172.6	1210.6	672.6	8055.8
1996	6893.3	1269.4	801.7	8964.4
1997	7323.9	1283.9	994.5	9602.4
1998	6934.6	1054.9	1550.7	9540.2
1999	7289.9	995.8	1870.1	10155.9
2000	7744.9	950.7	2259.1	10954.7
2001	8515.2	898.5	2791.7	12205.4
2002	9138.0	863.9	2636.2	13638.1
2003	9911.9	867.1	4550.6	15329.6
2004	11038.2	876.2	5700.6	17615.0
2005	12291.7	906.4	7429.0	20627.1
2006	13920.6	983.8	9357.9	24262.3
2007	16689.1	1108.1	11674.3	29471.5
2008	19487.9	1203.2	14598.4	35289.5
2009	21862.7	1273.3	17152.1	40288.2
2010	24886.4	1433.7	20949.7	47269.9
2011	28954.8	1737.4	29262.4	59954.7
2012	32950.0	1990.4	35973.8	70914.2

第 8 章　项目进度管理

【教学目标】

(1) 掌握单代号网络图的绘制方法。

(2) 掌握工期确定的项目排程方法。

(3) 掌握工期不确定的项目排程方法。

(4) 掌握项目进度优化方法。

【导入案例】

科信建筑公司从一家大型制造商处成功中标一个价值540 万美元的新工厂建设项目。制造商要求新工厂在一年之内投入使用。因此，双方签订的合同中包含以下条款。

(1) 如果科信建筑公司在47 周内不能完成这项建设任务，就要赔偿30 万美元；

(2) 如果这个项目能在40 周内完成，科信建筑公司就会获得15 万美元的奖金，作为快速交付的奖励。

为了确保工程能按照进度进行，科信建筑公司安排最好的项目经理大卫·佩蒂进行该项目的管理。佩蒂先生在公司拥有多年的工作经验和骄人的工作成绩，管理层对他非常信任。佩蒂先生拿到工商管理学位不久以后，很快就晋升为建筑部经理。截至目前，他已经在这个职位上为公司工作了 14 年。尽管建筑部这份工作的压力很大，但他还是十分喜欢接受作为一个建筑管理人员所面临的挑战，其中包括有机会应用最新的项目管理技术。佩蒂先生十分愉快地接受了担任项目经理的最新任命。他对于按进度完成项目这一挑战非常期待，而且他有可能在这样的过程中获得升职。

佩蒂先生必须要安排全体员工在不同的时间里完成不同的施工任务。表 8－1 给出了活动列表及工作相关信息。

表 8－1　　科信建筑公司项目的活动列表及工作相关信息

工作	活动说明	紧前工作	估计工期/周	工作	活动说明	紧前工作	估计工期/周
A	挖掘	—	2	H	外部上漆	E，G	9
B	打地基	A	4	I	电路铺设	C	7
C	承重墙施工	B	10	J	竖墙板	F，I	8
D	封顶	C	6	K	铺地板	J	4
E	安装外部管道	C	4	L	内部上漆	J	5
F	安装内部管道	E	5	M	安装外部设备	H	2
G	外墙施工	D	7	N	安装内部设备	K，L	6

在项目管理过程中，佩蒂先生需要解决以下问题。

问题1：如何以图形方式来表示该项目，以便直观地展示工作流程？

问题2：如果没有延误发生，完成整个项目总共需要多长时间？

问题3：为了达到项目完成时间要求，各项工作最迟何时开始、何时结束？

问题4：如果没有延误发生，各项工作最早什么时候开始，最早什么时候可以完成？

问题5：如果没有延误发生，不允许任何延误的“瓶颈”工作是什么？

问题6：在不影响项目完工时间的情况下，其他工作延迟多长时间是允许的？

问题7：由于准确估计各项工作工期存在不确定性，项目在期限内（47周）完成的概率是多大？

资料来源：［美］费雷德里克·希利尔．数据、模型与决策：基于电子表格的建模和案例研究方法［M］．原书第5版．李勇建，等译．北京：机械工业出版社，2020.

8.1　网络计划技术简介

传统的进度计划编制方法是甘特图，其特点是通俗易懂、直观可视。但作为一种计划管理工具，甘特图的最大缺点是不能明确地表明各项工作之间相互依存与相互作用的关系，管理人员很难迅速判断某一工作的推迟和变化将会对项目的工期产生什么影响：在众多的工作和活动中，无法确定哪些是整个项目中最重要的、起支配作用的关键工作及关键路径。因此，要想预先确定作为重点管理的工作，或者在处理项目拖延时，确定哪些工作如何加快进度、哪些工作没有必要加快进度，对于诸如此类的问题，要想采用甘特图确切地加以判断是不可能的；甘特图也难以明确表达项目进度与资源、费用之间的内在联系和相互作用，因而也就不能对进度计划进行优化和控制。所有这些都使甘特图很难发挥项目管理的中心环节的作用。

随着现代化生产的不断发展，项目的规模越来越大，影响因素也越来越多，项目的组织管理工作也越来越复杂。为了适应对复杂系统进行管理的需要，20世纪50年代末，美国杜邦公司在新化工厂的建设过程中，在兰德公司的协助下开发出了关键路径法（Critical Path Method，CPM），同时美国航空航天计划局在北极星导弹的研制过程中在洛克菲勒公司的协助下提出了计划评审技术（Program Evaluation Review Technique，PERT）。这两种方法都是对进度进行管理的有效方法，形成了新的进度计划管理方法，从而很快渗透到各行业、各领域。实践证明，这两种方法是满足现代工业、现代国防、现代科学技术需要的科学管理方法。

1. 关键路径法

关键路径法（CPM）可以计算出项目各工作的最早、最迟开始和结束时间，通过最早时间和最迟时间的差额可以分析每一项工作相对时间紧迫程度及工作的重要程度，这种最早和最迟时间的差额称为时差，时差最小的工作通常称为关键工作。关键路径法的主要目的是确定项目中的关键工作和关键路径，以保证项目实施过程中能抓住主要矛盾，确保项目按期完成。

2. 计划评审技术

计划评审技术（PERT）是一种应用工作或活动不确定时间表示的网络计划图，其基本形式与 CPM 网络计划基本相同，只是在工作持续时间的确定方面与 CPM 法有一定的区别，即 CPM 法仅需要一个确定的工作时间，而 PERT 需要估计工作的三个时间：最乐观时间、最可能时间、最悲观时间，然后计算工作的期望时间。

网络计划技术是用网络计划对任务的工作进度进行安排和控制，以保证实现预定目标的科学的计划管理技术。网络计划是在网络图上加注工作的时间参数等而编制成的进度计划。所以，网络计划主要由两大部分组成：网络图和网络参数。

网络计划技术既是一种科学的计划方法，又是一种有效的科学管理方法。这种方法不仅能完整地揭示一个项目所包含的全部工作以及它们之间的关系，而且还能根据数学原理，应用最优化技术，揭示整个项目的关键工作并合理地安排计划中的各项工作。对于项目进展过程中可能出现的工期延误等问题能够防患于未然，并能进行合理处置，从而使项目管理人员能依照计划执行的情况，对未来进行科学的预测，使计划始终处于项目管理人员的监督和控制之中，达到以最佳的工期、最少的资源、最好的流程、最低的费用完成所控制的项目。

8.2 项目网络图

项目网络图是项目活动顺序和依存关系的描述文件，是由箭线和节点组成的用来表示工作关系的有向、有序的网状图形，如图 8 - 1 所示。

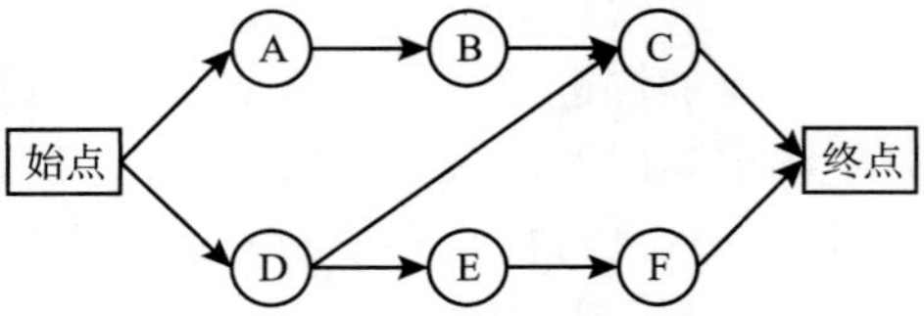

图 8 - 1　项目网络图示例

根据代号的不同，网络计划技术有双代号和单代号之分。双代号网络图又称箭线图（Activity - on - Arc，AOA），使用箭线表示项目活动，而使用节点表示项目活动之间的相互关系；单代号网络图又称为节点图（Activity - on - Node，AON），使用节点表示项目活动，使用节点之间的箭线表示项目活动间的相互关系。

我国自推广应用网络计划技术以来，用得较多的是双代号网络计划技术。双代号网络计划技术可以明确地表示工作之间的逻辑关系，便于进行动态管理和网络优化，而且可以编制成时间坐标网络。但是，双代号网络技术往往难以理解。单代号网络计划技术具有易画易读、便于检查修改以及非专业人士容易使用等优点，所以单代号网络也已在项目管理中获得成功应用，特别是在国外，网络计划的应用主要是单代号网络计划。因此，本章主要基于单代号网络图开展分析。

1. 单代号网络图的组成

单代号网络图由节点、箭线与路径三个基本要素组成。

（1）节点。在单代号网络图中，节点及其编号用于表达一项工作。该节点宜用圆圈或矩形表示，如图 8 - 2 所示。

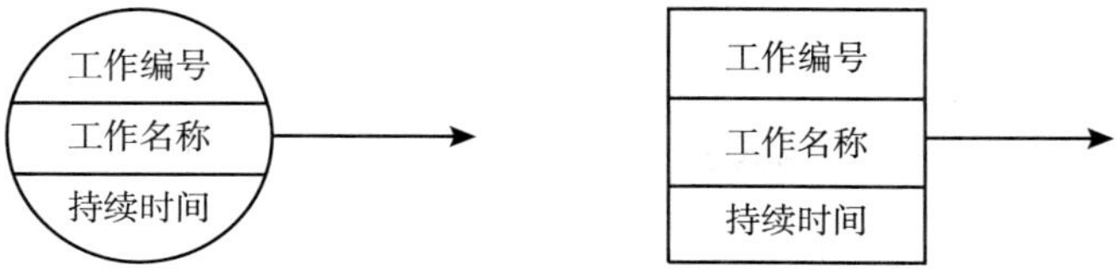

图 8－2　单代号网络图中节点的表达方式

节点必须编号，节点号即工作的代号。由于工作代号只有一个，故称为“单代号”。节点编号标注在节点内，可连续编号，也可间断编号，但严禁重复编号，箭尾节点的编号应小于箭头节点的编号。一项工作必须有唯一的一个节点和唯一的一个编号。

（2）箭线。单代号网络图中用箭线表示相邻工作之间的逻辑关系。箭线可画成直线、折线，箭线的水平投影方向应自左向右，表示工作的进展方向。

（3）路径。从起始节点开始，沿着箭线的方向连续通过一系列箭线与节点，最后到达终止节点的通路称为路径。每一条路径都有确定的完成时间，它等于该路径上各项工作持续时间的总和，也是完成这条路径上所有工作的计划时间，该时间也可称为路长。

2. 单代号网络图的绘制

（1）逻辑关系的表达。在单代号网络图中，箭尾节点表示的工作是箭头节点的紧前工作；反之，箭头节点所表示的工作是箭尾节点的紧后工作。单代号网络图所表示的逻辑关系易于理解，绘制不易出错。单代号网络图工作关系的表达方式，如表 8－2 所示。

表 8－2　　单代号网络图逻辑关系表示方式

工作关系描述	图示
A 工作是 B 工作的紧前工作	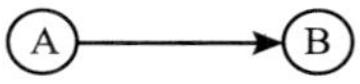
D 工作是 B、C 工作的紧后工作	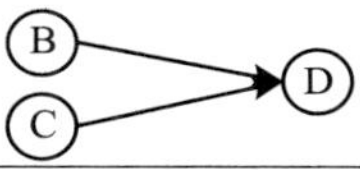
B 工作是 D、C 工作的紧前工作	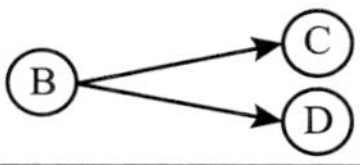
A 工作是 C 工作的紧前工作 C、D 工作是 B 工作的紧后工作	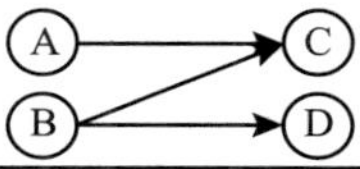

（2）单代号网络图的绘图规则。为了使编制的网络图规范、正确并具有通用性，就必须遵循必要的绘图规则。根据我国有关标准规程的规定，单代号网络图的编制应遵循以下基本规则。

①必须正确表达工作的逻辑关系。

②严禁出现循环回路。

③不能出现双向箭头或无箭头的连线。

④不能出现无箭尾节点的箭线或无箭头节点的箭线。

⑤在绘制网络图时，箭线不宜交叉；若交叉不可避免时，可采用过桥法或指向法，如

图 8 –3 所示。

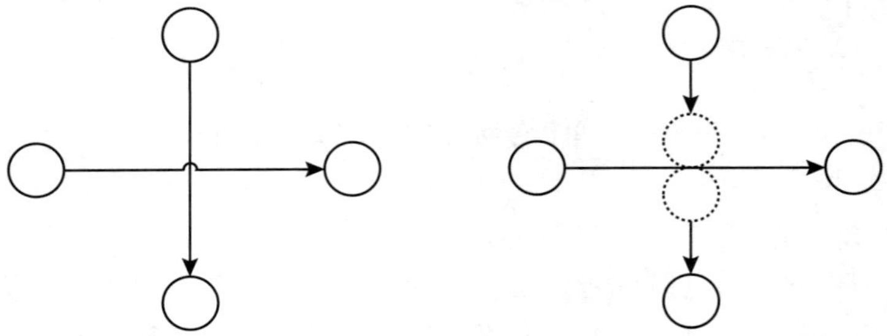
(a) 过桥法　　(b) 指向法

图 8 –3　交叉线的画法

⑥只能有一个起始节点和一个终止节点；当网络图中出现多项无内向箭线的工作或多项无外向箭线的工作时，应在网络图的左端或右端分设节点，作为该网络图的起始节点和终止节点。

绘图时，应从左向右，逐个处理项目工作列表中的关系，只有当紧前工作都绘制完成后，才能绘制本工作，使本工作与紧前工作相连。当出现多个起始节点或多个终止节点时，增加虚拟的起始节点或终止节点，并使之与多个起始节点或终止节点相连，形成符合绘图规则的完整图形。绘制完成后，应进行检查、调整，使之进一步完善。

（3）单代号网络图的绘图步骤。用网络计划方法编制进度计划的第一步是绘制网络图。通常是先画一个初步网络图，然后在此基础上进行优化和调整，最后得到正式的网络计划图。绘制初步网络图一般应按以下步骤进行。

①项目分解。任何项目都是由许多具体工作和活动组成的。所以，绘制网络图首要的问题是将一个项目根据需要分解为一定数量的独立工作和活动，其粗细程度可根据网络计划的作用加以确定，宏观控制的网络计划，可以分解得粗一些；具体实施的网络计划，可以分解得细一些。项目分解与工艺、方法的确定是密切相关的。对于较复杂的项目，项目分解是一项深入细致的工作，通常是在工艺和方法确定的基础上进行的。项目分解的结果是要明确工作的名称、工作的范围和内容等。

②确定工作关系。项目分析的主要目的是确定工作之间的紧前紧后关系。根据已确定的项目实施方法、工艺、环境条件以及其他因素，对项目进行分析，通过比较、优化等方法确定合理的紧前紧后关系。

③编制工作关系表。关系分析的结果是明确工作的紧前和紧后关系，以形成项目工作关系表，如表 8 –1 所示。

④绘制网络图。根据项目工作关系表，按照绘图规则绘制网络图，然后通过修改、完善，最终形成能正确表达工作逻辑关系并符合绘图规则的网络图。

在绘图时，可根据紧前工作和紧后工作的任何一种关系进行绘制。按紧前工作关系绘制时，从无紧前工作的工作开始，依次进行，将紧前工作一一绘出，并将最后的工作结束于一点，以形成一个终止节点；按紧后工作绘制时，也应从无紧前工作的工作开始，依次进行，将紧后工作一一绘出，直至无紧后工作的工作绘完为止，并形成一个终止节点。使用一种方法绘制完成后，可利用另一种方法进行检查；或根据网络图描述工作关系，若与项目工作关系表所述工作关系一致，则说明该网络图能正确地表达工作关系。通过检查或检验并对照绘图规则无误后，即可进行节点编号。

基于导入案例中表 8－1 给出的项目工作关系表，则可绘制科信建筑公司项目网络，如图 8－4 所示。

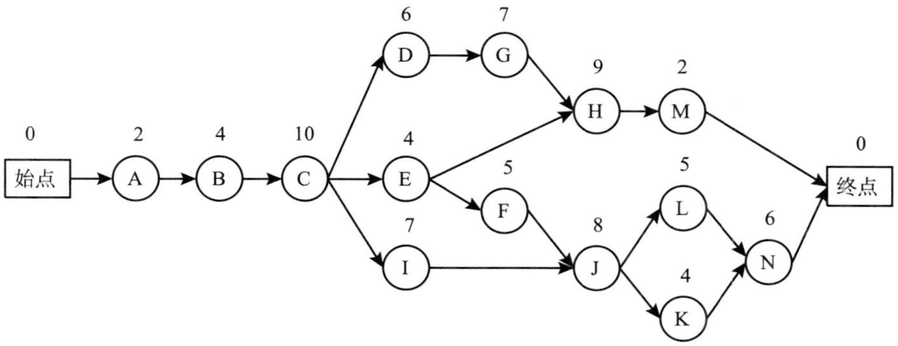

图 8－4　科信建筑公司项目网络

8.3　工期确定的项目排程

8.2 节解决了导入案例的问题 1，本节来解决以下五个问题。

问题 2：如果没有延误发生，完成整个项目总共需要多长时间？

问题 3：为了达到项目完成时间要求，各项工作动最迟何时开始、何时结束？

问题 4：如果没有延误发生，各项工作最早什么时候开始，最早什么时候可以完成？

问题 5：如果没有延误发生，不允许任何延误的“瓶颈”工作是什么？

问题 6：在不影响项目完工时间的情况下，其他工作延迟多长时间是允许的？

8.3.1　工作时间参数

网络图的绘制仅完成项目进度管理的第一项任务，更重要的任务是网络计划时间参数的计算，这是网络计划实施、优化、调整的基础。工作的时间参数是网络计划最为重要的时间参数，可归纳为四种类型：持续时间、最早时间、最迟时间和时差。

1. 持续时间

项目中一项工作或活动完成对应任务所花费的时间，即工时（活动工期），是一项工作的基本时间参数，用 D 表示。

2. 最早时间

最早开始时间（Earliest Start Time，ES）是指该工作的紧前工作已全部完成，本工作有可能开始的最早时刻。

$$ES = \max\{紧前工作的\ EF\}$$

最早结束时间（Earliest Finish Time，EF）是指该工作的紧前工作全部完成后，本工作有可能完成的最早时刻。

$$EF = ES + D$$

3. 最迟时间

最迟开始时间（Latest Start Time，LS）是指在不影响整个项目按期完成的前提下，本工作必须开始的最迟时刻。

$$LS = LF - D$$

最迟结束时间（Latest Finish Time，LF）是指在不影响整个项目按期完成的前提下，本工作必须完成的最迟时刻，即其所有紧后工作最迟开始时间 LS 中最小值。

$$LF = \min\{\text{紧后工作的 } LS\}$$

4. 时差

工作的时差是指在一定的前提条件下，工作可以机动使用的时间。根据前提条件的不同，时差可分为总时差和自由时差两种。

（1）工作总时差。它是指在不影响总工期的前提下，本工作可以利用的机动时间，用 TF 表示。对于每项工作，最早可以在 ES 时开始，在不影响总工期的前提下，最迟应在 LS 时开始，从最早开始时间到最迟开始时间之间是可以机动使用的时间，如图 8－5 所示。

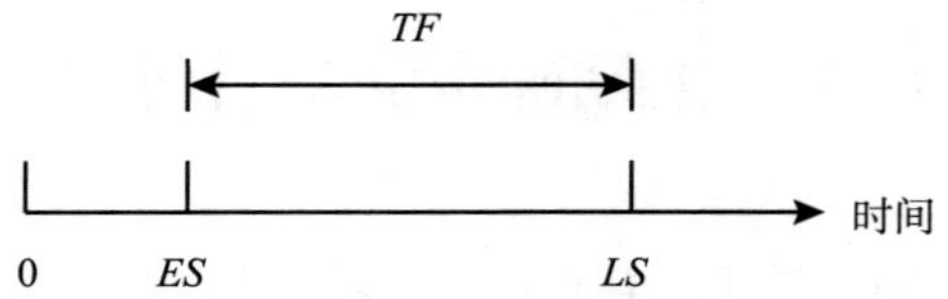

图 8－5　活动总时差计算示意

由图 8－5 可见，$TF = LS - ES$；由于 $LS = LF - D$，$ES = EF - D$，显然 $TF = LF - EF$。工作的总时差反映了该工作对工期的敏感度，总时差越小表明对工期越敏感。

（2）工作自由时差。它是指在不影响其紧后工作按最早开始的前提下，本工作可以利用的机动时间，用 FF 表示。FF 在数轴上表示如图 8－6 所示。

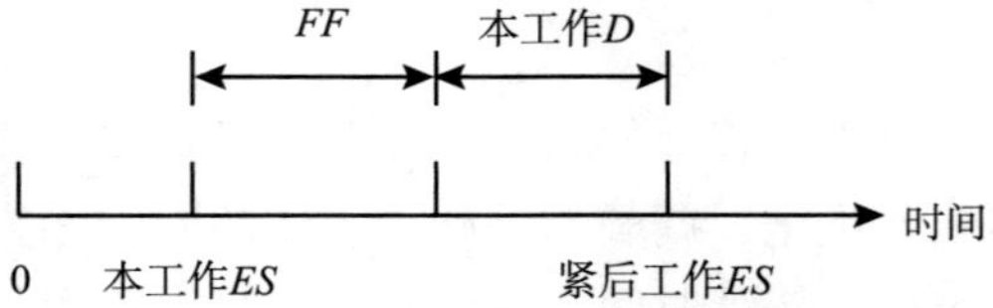

图 8－6　自由时差计算示意

由图 8－6 可见

$$FF = \text{紧后工作 } ES - \text{本工作 } D - \text{本工作 } ES = \text{紧后工作 } ES - \text{本工作 } EF$$

若有若干紧后工作，则

$$FF = \min\{\text{紧后工作 } ES\} - EF$$

在调整工作时间安排时，自由时差首先应该被利用。

8.3.2 关键路径

项目的开展可以看作是从开始节点到结束节点的不断推进，网络图中任意一条沿着箭头的方向从开始节点到结束节点的线路为网络图中的一条路径，沿着路径所有工作的工期之和为该路径的长度。表 8 -3 给出了图 8 -4 中项目网络的六条路径。

表 8 -3　　科信建筑公司项目网络中的路径和路径长度

序号	路径	长度
1	始点→A→B→C→D→G→H→M→终点	2 +4 +10 +6 +7 +9 +2 =40
2	始点→A→B→C→E→H→M→终点	2 +4 +10 +4 +9 +2 =31
3	始点→A→B→C→E→F→J→K→N→终点	2 +4 +10 +4 +5 +8 +4 +6 =43
4	始点→A→B→C→E→F→J→L→N→终点	2 +4 +10 +4 +5 +8 +5 +6 =44
5	始点→A→B→C→I→J→K→N→终点	2 +4 +10 +7 +8 +4 +6 =41
6	始点→A→B→C→I→J→L→N→终点	2 +4 +10 +7 +8 +5 +6 =42

从表 8 -3 可知，存在一条最长的路径（序号 4），这条路径的长度决定着项目的完工时间。要使项目以最短的时间完工，则必须要不加停顿地顺序执行该条路径上的所有活动。据此，可以得出一个重要的结论：整个项目的完成时间由项目网络图中从开始节点到结束节点的最长路径决定，项目工期等于最长路径的长度。

根据该结论，存在两个重要概念：关键路径与关键工作。

1. 关键路径

项目网络图中最长的路径被称为关键路径（如果最长路径不止一条，则它们都是关键路径）。

2. 关键工作

关键路径上的工作称为关键工作。关键工作是不允许延误的，否则会导致整个项目的延误。这就意味着关键路径上的工作都是关键的瓶颈工作，这就要求在项目执行过程中不能有任何拖延，因为关键路径上的任何工作拖延一个小时均会导致项目工期拖延一个小时。从工期计算网络参数的角度，关键工作的总时差为 0。换而言之，由关键工作组成的从网络起始节点到终止节点的路径为关键路径。

8.3.3 关键路径法

对于类似给出导入案例的小型项目网络而言，枚举所有路径并确定最长路径是找出关键路径的一种简便方法。然而，工程实践领域存在很多大型且复杂的项目网络，这些项目网络的关键路径确定就需要借助科学的方法。鉴于关键路径的特性，关键路径法（CPM）作为一种高效的项目网络图分析方法被广泛应用于大型项目管理。

CPM 不仅对大型项目十分有效，与枚举所有路径的方法相比，该方法还能提供更多有助于支撑项目进度管理的信息。尤其是可以解答 8.3 节开始时提出的五个问题，决策者可以根据这些信息为所有的工作安排日程，并评估任何一个工作不按照进度进行所产生的影响。

利用 CPM 开展项目进度安排主要包括以下三个步骤：首先，通过前向推进，确定每项工作的最早开始时间和最早结束时间；其次，通过后向逆推，确定每项工作的最迟结束时间和最迟开始时间；最后，通过计算每项工作的总时差来确定关键活动和关键路径。

下面以科信建筑公司项目为例开展利用 CPM 应用分析。

（1）前向推进。从开始节点出发，沿着有向边的方向，确定每项工作的最早开始时间 *ES* 和最早结束时间 *EF*，如图 8 - 7 所示。

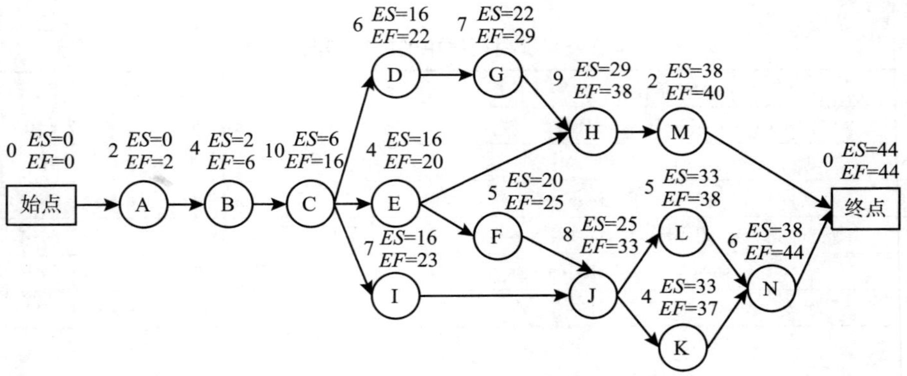

图 8 - 7　科信建筑公司项目关键路径法前向推进示意

一项工作的最早开始时间 *ES* 等于它的所有紧前工作的最早结束时间 *EF* 的最大值，即只有等所有的紧前工作都完成后，该项工作才能开始。特别地，如果某项工作只有一项紧前工作，那么这项工作的 *ES* 等于其紧前工作的 *EF*。如没有特殊说明，开始节点的最早结束时间为 0，所以它所有紧后节点的最早开始时间也为 0。

根据以上计算规则，针对活动 A，$ES=0$，$EF=ES+2=2$。针对工作 H，其紧前工作为工作 G 和工作 E，工作 G 的 *EF* 为 29，工作 E 的 *EF* 为 20，则工作 H 的 *ES* 取 29 和 20 两者中的较大者，则工作 H 的 $ES=29$，$EF=ES+9=38$。

通过前向推进，不仅可以得到各项工作的时间安排（最早开始时间），还能够获得整个项目的最早完成时间（44 周）。

（2）向后逆推。从结束节点出发，沿着有向边的反方向，确定每项工作的最迟开始时间 *LS* 和最迟结束时间 *LF*，如图 8 - 8 所示。

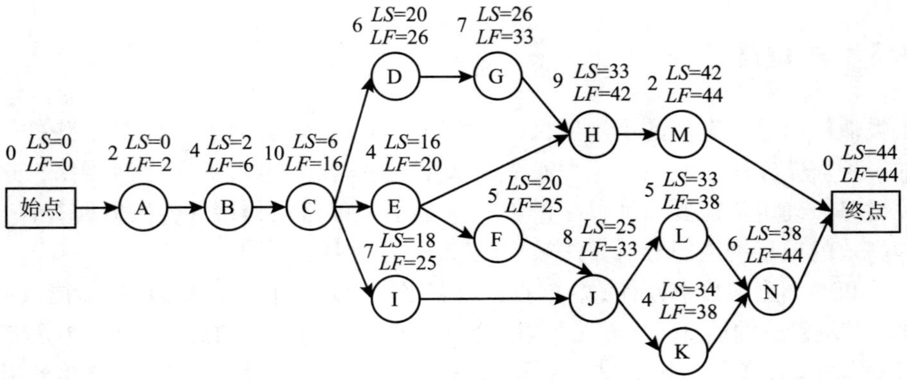

图 8 - 8　科信建筑公司项目关键路径法后向逆推示意

工作的最迟结束时间 *LF* 指的是在保证整个项目的工期不被延误的前提下，允许该活动最晚完成的时间。一项工作的最晚结束时间 *LF* 等于其所有紧后工作最晚开始时间 *LS* 的最小值。因为一个工作的紧后工作一直要等到该工作结束后才能开始，这样才能保证所有紧后工作的正常开始（不被延误）。对于终止节点而言，其最迟开始时间为其最早结束时间，即 *LF* = *EF*，因为只有这样才能保证项目能够在最短时间内完成。

根据以上计算规则，针对工作 N，其唯一的紧后工作为终止节点，则工作 N 的 *LF* = 44（为终止节点的最迟开始时间 44），*LS* = *LF* − 2 = 42。同理，可以计算出工作 L 的 *LS* = 33，*LF* = 38，工作 K 的 *LS* = 34，*LF* = 38。针对工作 J，其有两个紧后工作，分别为工作 L 和工作 K，则其最迟开始时间 *LS* = 33，为工作 L 的 *LS* = 33 和工作 K 的 *LS* = 34 两者的较小值。

（3）计算工作总时差，确定关键路径。结合图 8 − 7 和图 8 − 6 可知，某些工作的 *LS* 和 *LF* 比 *ES* 和 *EF* 要晚，如活动 D、G、H、M、I 和 K，表明这些工作的时间安排存在时差。

时差反映的是在不影响项目总工期的条件下，工作可延迟开始（或结束）的最大时间。为了便于找到各项工作的总时差，需要将图 8 − 9 的最早时间和图 8 − 8 中的最迟时间合并到一张图中，图 8 − 9 以工作 M 为例进行了工作时间的信息标示。

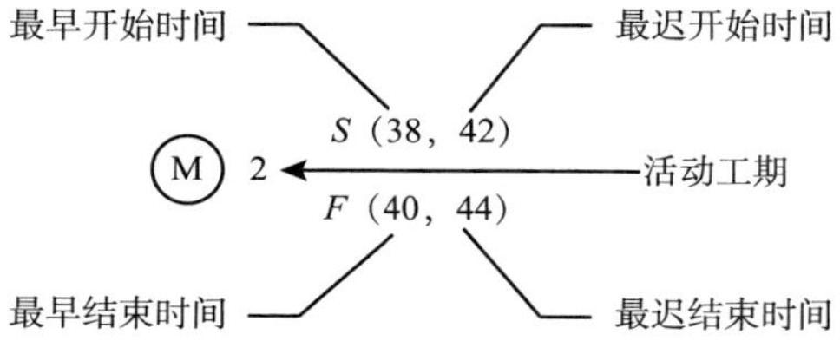

图 8 − 9　工作时间的信息标示

基于工作时间的信息标示，图 8 − 10 显示了整个项目的信息。

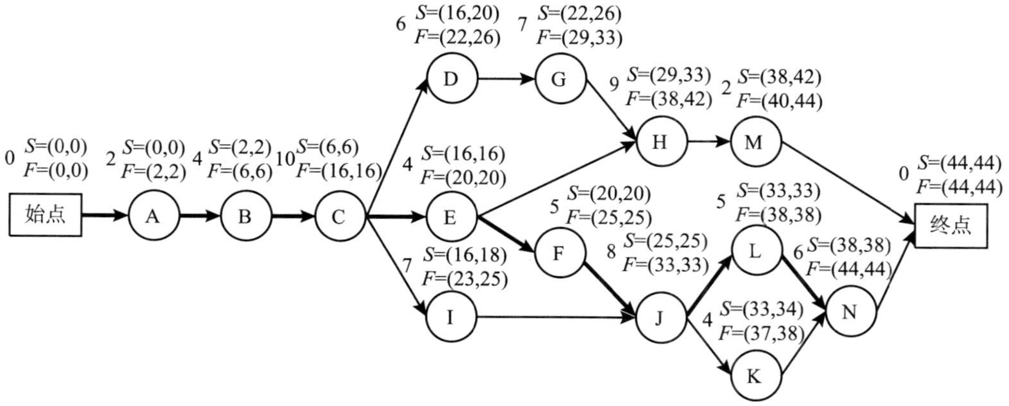

图 8 − 10　科信建筑公司项目时差计算示意

工作 M 的时差为 44 − 40 = 4，意味着在最早时间日程安排下工作 M 最多可以延迟 4 周而不会耽误整个项目的完成时间。若一项工作的时差为0，则意味着该项工作的最早结束时间 *EF* 和最晚结束时间 *LF* 相同，即不允许出现延误，否则会导致整个项目出现延误。时差为0的工作就是要找的关键工作。

由于从开始节点到结束节点，完全由关键工作构成的路径为关键路径，因此，该项目的关键路径为：始点→A→B→C→E→F→J→L→N→终点。这与8.3.2节用枚举法得到的结果完全一致。这条路径在图8－10中用粗黑箭头表示。在进度管理过程中，需要认真监控关键路径上的工作以保证项目按时或者以最快速度完成。

8.4 工期不确定的项目排程

8.4.1 工作工期估计

对于一些新的或是探索性的项目，由于缺乏经验和历史数据，其工作的持续时间往往是难以确定的，例如，新产品或工艺的研发、新系统的设计与安装等。此时，不宜采用常量来表示工作的持续时间，而应该采用随机变量。因此，对于持续时间不确定的工作，我们需要给出工作的时间估计。根据PERT方法，存在三种常用的时间估计方法。

（1）乐观估计：最有利条件下的工期估计，即顺利完成工作所需要的最短时间。

（2）最大可能估计：最可能的工期估计，即一般状态下（正常情况下）完成工作所需要的时间。

（3）悲观估计：最不利条件下的工期估计，即遭遇重大延误时完成工作所需要的最长时间。

三种估计概率密度分布图形的位置示意如图8－11所示。

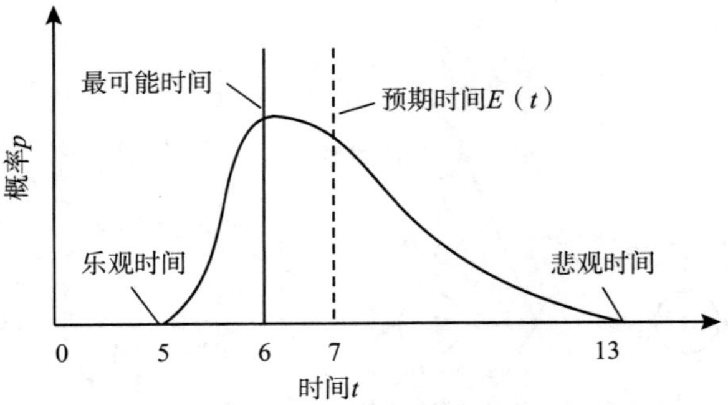

图8－11　工作持续时间的概率密度分布示意

从图8－11可看出，乐观估计和悲观估计位于概率分布曲线上可能出现的极端位置，而最大可能估计位于概率分布曲线的最高点。由于工作持续时间的分布通常是非对称的，为了计算概率分布的均值和方差，通常假设这种概率分布形式为贝塔（Beta）分布，记为 β。β 分布提供了一个合理的时间分布的形状，包括两个端点（a 和 b），以及一个最高点

(m)，其中，a 为乐观时间，b 为悲观时间，m 为最可能时间。则期望时间（平均时间）为

$$E(t)=\frac{a+4m+b}{6}$$

工作持续时间的方差为

$$\sigma^2=\left(\frac{b-a}{6}\right)^2$$

显然，该公式对最大可能估计赋予了最大的权重，其他两种估计的权重较小且相等。需要注意的是，随着管理决策研究的深入，$E(t)$ 和 σ^2 的计算公式近年来引发了一些争议，一些研究对这些估计的准确性提出了质疑，并提出了一些其他的评估方法。但是，这些公式仍是标准项目进度管理中处理不确定工期的构成部分。

8.4.2　项目工期分析

导入案例中，佩蒂经理和负责各个工作的小组负责人对项目的每项工作的工期都作出了三种估计，据此得出各项工作的持续时间估计，如表 8－4 所示。

表 8－4　科信建筑公司项目各项工作持续时间估算

工作	乐观估计 a	最大可能估计 m	悲观估计 b	均值 $E(t)$	方差 σ^2
A	1	2	3	2	1/9
B	2	3.5	8	4	1
C	6	9	18	10	4
D	4	5.5	10	6	1
E	1	4.5	5	4	4/9
F	4	4	10	5	1
G	5	6.5	11	7	1
H	5	8	17	9	4
I	3	7.5	9	7	1
J	3	9	9	8	1
K	4	4	4	4	0
L	1	5.5	7	5	1
M	1	2	3	2	1/9
N	5	5.5	9	6	4/9

在工期不确定环境下，所有工作的工期在乐观估计和悲观估计之间变化，CPM 方法只关注均值关键路径，即各项工作的工期都等于其均值的情况下得到的关键路径。在导入案例中，表 8－4 中各项工作的平均工期正好等于表 8－1 中的估计工期，因此根据平均工期计算的关键路径与 8.3 节估计工期计算的关键路径是一样的：始点→A→B→C→E→F→J→L→N→终点，期望总工期为 44 周。

将均值关键路径作为项目网络中最长的路径，这是一个粗略的近似，因为该假设并不适用于一般情况，在一般情况下，有些工作的工期并不等于它们的均值，这就意味着均值关键路径的长度和实际项目完成时间会存在一定的偏差。

因此，由于各项工作的工期不确定，导致整个项目的完成时间也不确定，需要对项目完成时间作进一步的统计分析。完成项目的总时间 T 是一个随机变量，其作为多个独立随机变量的加和，根据中心极限定理，可假设其服从正态分布：

$$T \sim N(\mu_p,\ \sigma_p^2)$$

其中，μ_p 表示在均值关键路径上的活动工期均值之和；σ^2 表示在均值关键路径上的工作工期方差之和。项目在工期 d 内完成对应的累计分布函数为

$$P(T \leqslant d) = \Phi\left(\frac{d-\mu_p}{\sigma_p}\right)$$

导入案例中，

$$\mu_p = E(t_A) + E(t_B) + E(t_C) + E(t_E) + E(t_F) + E(t_J) + E(t_L) + E(t_N) = 44$$
$$\sigma_p^2 = \sigma^2(A) + \sigma^2(B) + \sigma^2(C) + \sigma^2(E) + \sigma^2(F) + \sigma^2(J) + \sigma^2(L) + \sigma^2(N) = 9$$

进一步，可以得出平均关键路径总时间的标准差 $\sigma = \sqrt{9} = 3$。该项目在 47 周完成的概率为

$$P(T \leqslant 47) = \Phi\left(\frac{47-44}{3}\right) = \Phi(1) = 0.84$$

项目期望总工期为 44 周，然而项目能够在 47 周内完成的概率为 0.84，表明对于工作时间不确定的项目，期望总工期有一定的意义，但实际意义并不大，更重要的是计算项目各时间段内完成的概率，从而得到一个能够在较高概率内完成的时间。

8.5 项目进度优化

采用 8.3 节的关键路径法可以确定在正常情况下如何合理安排项目以使总的工期最短。但在实际中，由于某些原因可能需要提前完成项目，例如，提前完成项目会有奖金、延期完成则会有罚款。正如导入案例中，科信建筑公司和制造商签订合同中的以下条款。

（1）如果科信建筑公司从现在起 47 周内不能完成这项建设任务，就要赔偿 30 万美元。

（2）如果这个项目能在 40 周内完成，科信建筑公司就会获得 15 万美元的奖金，作为快速交付的奖励。此时，提前完成项目就非常重要。

提前完成项目，一般可以通过增加资源来减少工作的持续时间，但增加资源往往也会导致成本增加，这就涉及时间—成本平衡。那么，如何以最低成本提前完成规定的任务则是管理决策者关心的主要问题。

根据 8.3 节导入案例的分析可知，该新建工厂项目在正常情况下需要 44 周才能完成。为了获得 15 万美元的奖金，佩蒂经理需要在 40 周内建成。因此需要对相关活动的持续时间进行压缩，对应的可压缩时间和赶工成本如表 8-5 所示。

表 8－5　　科信建筑公司项目各项活动的时间—费用信息

工作	工作时间/周		成本/万美元		最大压缩时间/周	压缩一周费用/万美元
	正常	最短	正常	最短		
A	2	1	18	28	1	10
B	4	2	32	42	2	5
C	10	7	62	86	3	8
D	6	4	26	34	2	4
E	4	3	41	57	1	16
F	5	3	18	26	2	4
G	7	4	90	102	3	4
H	9	6	20	38	3	6
I	7	5	21	27	2	3
J	8	6	43	49	2	3
K	4	3	16	20	1	4
L	5	3	25	35	2	5
M	2	1	10	20	1	10
N	6	3	33	51	3	6

表 8－5 第 6 列的“最大压缩时间”为各项工作最大能够压缩的时间，很显然，压缩工作时间需要增加投入成本，第 7 列“压缩一周费用”为各项工作时间压缩一周的费用，第 3 列“最短”为完成该项工作需要的最短时间，毕竟投入的增加不能无限制压缩工期。

项目正常进行时总工期为 44 周，如果对关键路径中的所有工作均进行压缩处理，完成整个项目只需 28 周，但是可计算出项目总成本 615 万美元，远超出合同价格 540 万美元，即便加上 15 万美元的奖金，企业的投入也要远大于收益。因此，需要合理决策压缩哪些活动的工期。

8.5.1　边际成本分析法

边际成本分析为项目进度优化提供了一种可行的解决方法，其具体包括以下步骤。

（1）建立边际成本分析初始表，如表 8－6 所示，表中列出项目网络中所有的路径以及这些路径的长度。

表 8－6　　科信建筑公司项目边际成本分析初始表

压缩工作	压缩成本	路径长度					
		ABCDGHM	ABCEHM	ABCEFJKN	ABCEFJLN	ABCIJKN	ABCIJLN
		40	31	43	44	41	42

（2）按单位时间压缩关键路径长度。由于第四条路径为关键路径，长度最长（44 周），将所有项目完成时间缩短一周的唯一途径就是将该条路径上的工作的完成时间压缩 1 周。比较表 8－5 所有工作压缩一周的费用，成本最小的工作是 J，为 3 万美元（注意，

虽然工作 I 有着相同的成本，但是它并不在这条路径上）。因此第一个改变是将工作 J 压缩一周。这一改变导致包含了工作 J 在内的所有路径的长度均缩短 1 周，如表 8－7 第二行所示。

（3）重复（2）的过程。此时第四条路径仍为关键路径（长度为 43 周），需要在该路径上找到成本最低的工作以缩短该路径。由于工作 J 的最大压缩时间为 2 周，因此需要压缩的工作仍为 J。表 8－7 第三行显示出第二次缩短工作 J 的工期所得到的结果。

表 8－7　　科信建筑公司项目边际成本分析终表

压缩工作	压缩成本	路径长度					
		ABCDGHM	ABCEHM	ABCEFJKN	ABCEFJLN	ABCIJKN	ABCIJLN
		40	31	43	44	41	42
J	3	40	31	42	43	40	41
J	3	40	31	41	42	39	40
F	4	40	31	40	41	39	40
F	4	40	31	30	40	39	40

以此类推，可以得到表 8－7 第四行和第五行的结果，在第五行中，第一、四、六条路径的长度均为 40，满足工期要求。此时增加的工作压缩成本为 14 万美元，比 40 天完成项目的奖金 15 万美元少，可见该优化方案是可行的。

8.5.2　线性规划方法

为了系统性地解决项目安排优化问题，也可以构建一个线性规划模型来对其进行求解。设决策变量 x_i 表示工作 i 的最早结束时间，决策变量 y_i 表示工作 i 的压缩时间，模型的目标函数和约束条件为

$$z=\min\ 10y_A+5y_B+8y_C+4y_D+16y_E+4y_F+4y_G+6y_H+3y_I+3y_J+4y_K+5y_L+10y_M+6y_N \tag{8-1}$$

$$\text{s.t.}\quad x_A\geqslant 0+2-y_A \tag{8-2}$$

$$x_B\geqslant x_A+4-y_B \tag{8-3}$$

$$x_C\geqslant x_B+10-y_C \tag{8-4}$$

$$x_D\geqslant x_C+6-y_D \tag{8-5}$$

$$x_E\geqslant x_C+4-y_E \tag{8-6}$$

$$x_F\geqslant x_E+5-y_F \tag{8-7}$$

$$x_G\geqslant x_D+7-y_G \tag{8-8}$$

$$x_H\geqslant x_E+9-y_H \tag{8-9}$$

$$x_H\geqslant x_G+9-y_H \tag{8-10}$$

$$x_I\geqslant x_G+7-y_I \tag{8-11}$$

$$x_J\geqslant x_F+8-y_J \tag{8-12}$$

$$x_J\geqslant x_I+8-y_I \tag{8-13}$$

$$x_K \geqslant x_J + 4 - y_K \tag{8-14}$$

$$x_L \geqslant x_J + 5 - y_L \tag{8-15}$$

$$x_M \geqslant x_H + 2 - y_M \tag{8-16}$$

$$x_N \geqslant x_K + 6 - y_N \tag{8-17}$$

$$x_N \geqslant x_L + 6 - y_N \tag{8-18}$$

$$x_N \leqslant 40 \tag{8-19}$$

$$y_A \leqslant 1,\ y_B \leqslant 2,\ y_C \leqslant 3,\ y_D \leqslant 2,\ y_E \leqslant 1,\ y_F \leqslant 2,\ y_G \leqslant 3,$$
$$y_H \leqslant 3,\ y_I \leqslant 2,\ y_J \leqslant 2,\ y_K \leqslant 1,\ y_L \leqslant 2,\ y_M \leqslant 1,\ y_N \leqslant 3 \tag{8-20}$$

其中，式（8－1）为目标函数，表示最小化压缩总成本。约束（8－2）~（8－18）为项目工作的紧前关系约束，表示每项工作必须在其所有的紧前工作都完成后才能开始执行。当一项工作有两个或者多个紧前工作时（例如，工作 H 有两个紧前活动 E 和 G），需要添加对应数量的约束。约束（8－19）为项目总时间约束，最后工作节点的最早结束时间代表整个项目完成时间。约束（8－20）为可压缩时间约束，表示各项工作的压缩时间不能超过最大压缩时间。

通过运用 Excel 对模型求解，得到最优解为：$y_A^*=0$，$y_B^*=0$，$y_C^*=0$，$y_D^*=0$，$y_E^*=0$，$y_F^*=2$，$y_G^*=0$，$y_H^*=2$，$y_I^*=0$，$y_J^*=2$，$y_K^*=0$，$y_L^*=0$，$y_M^*=0$，$y_N^*=0$。结果与边际成本分析得到的结果完全一致。

8.6　Excel 应用分析

运用 Excel 开展导入案例中的项目进度管理的结果如图 8－12 所示，图 8－13 给出了各表格的计算公式。

	A	B	C	D	E	F	G	H	I	J
1	**活动**	**活动说明**	**紧前活动**	**工期**	**ES**	**EF**	**LS**	**LF**	**时差**	**关键链？**
2	A	挖掘	—	2	0	2	0	2	0	是
3	B	打地基	A	4	2	6	2	6	0	是
4	C	承重墙施工	B	10	6	16	6	16	0	是
5	D	封顶	C	6	16	22	20	26	4	否
6	E	安装外部管道	C	4	16	20	16	20	0	是
7	F	安装内部管道	E	5	20	25	20	25	0	是
8	G	外墙施工	D	7	22	29	26	33	4	否
9	H	外部上漆	E，G	9	29	38	33	42	4	否
10	I	电路铺设	C	7	16	23	18	25	2	否
11	J	竖墙板	F，I	8	25	33	25	33	0	是
12	K	铺地板	J	4	33	37	34	38	1	否
13	L	内部上漆	J	5	33	38	33	38	0	是
14	M	安装外部设备	H	2	38	40	42	44	4	否
15	N	安装内部设备	K，L	6	38	44	38	44	0	是
16										
17				**项目工期**		**44**				

图 8－12　科信建筑公司项目进度管理计算结果

	E	F	G	H	I	J
1	**ES**	**EF**	**LS**	**LF**	**时差**	**关键链?**
2	0	=ES+工期	=LF-工期	=MIN(G3)	LF-EF	=IF(时差=0，"是"，"否")
3	=MAX(F2)	=ES+工期	=LF-工期	=MIN(G5)	LF-EF	=IF(时差=0，"是"，"否")
4	=MAX(F3)	=ES+工期	=LF-工期	=MIN(G5,G6,G10)	LF-EF	=IF(时差=0，"是"，"否")
5	=MAX(F4)	=ES+工期	=LF-工期	=MIN(G8)	LF-EF	=IF(时差=0，"是"，"否")
6	=MAX(F4)	=ES+工期	=LF-工期	=MIN(G7,G9)	LF-EF	=IF(时差=0，"是"，"否")
7	=MAX(F6)	=ES+工期	=LF-工期	=MIN(G11)	LF-EF	=IF(时差=0，"是"，"否")
8	=MAX(F5)	=ES+工期	=LF-工期	=MIN(G9)	LF-EF	=IF(时差=0，"是"，"否")
9	=MAX(F6,F8)	=ES+工期	=LF-工期	=MIN(G14)	LF-EF	=IF(时差=0，"是"，"否")
10	=MAX(F4)	=ES+工期	=LF-工期	=MIN(G11)	LF-EF	=IF(时差=0，"是"，"否")
11	=MAX(F7,F10)	=ES+工期	=LF-工期	=MIN(G12,G13)	LF-EF	=IF(时差=0，"是"，"否")
12	=MAX(F11)	=ES+工期	=LF-工期	=MIN(G15)	LF-EF	=IF(时差=0，"是"，"否")
13	=MAX(F11)	=ES+工期	=LF-工期	=MIN(G15)	LF-EF	=IF(时差=0，"是"，"否")
14	=MAX(F9)	=ES+工期	=LF-工期	=项目工期	LF-EF	=IF(时差=0，"是"，"否")
15	=MAX(F12,F13)	=ES+工期	=LF-工期	=项目工期	LF-EF	=IF(时差=0，"是"，"否")
16						
17	**项目工期**	=MAX(EF)				

图 8－13　科信建筑公司项目进度管理计算公式

习　　题

1. 克里斯汀·菲利普斯负责为其公司制订明年春天的营销管理培训计划和协调工作。他已经列出了这个项目的各个活动，如表 8－8 所示。

表 8－8　营销管理培训项目工作列表

工作	工作名称	紧前工作	时间/周
A	选址	—	2
B	获得发言人名单	—	3
C	制订发言人交通计划	A，B	2
D	准备和邮寄宣传册	A，B	2
E	接受预定	D	3

（1）构造这个项目的网络图。

（2）找出每一个活动的最早时间、最迟时间和时差，并利用这些数据来确定关键路径。

（3）如果克里斯汀比计划中提前了一周找到了开会地点，是否会缩短整个项目完成所需的时间？为什么？

2. 肯·约翰斯顿是摩根士丹利银行的数据管理人员，他正在规划一个安装新管理系统的项目。他希望这个项目在 20 周之内完成。在确定了该项目所需执行的 14 个独立活动以及他们的紧前和估计完成时间（以周为单位）之后，肯建立了如图 8－14 所示的项目网络图。

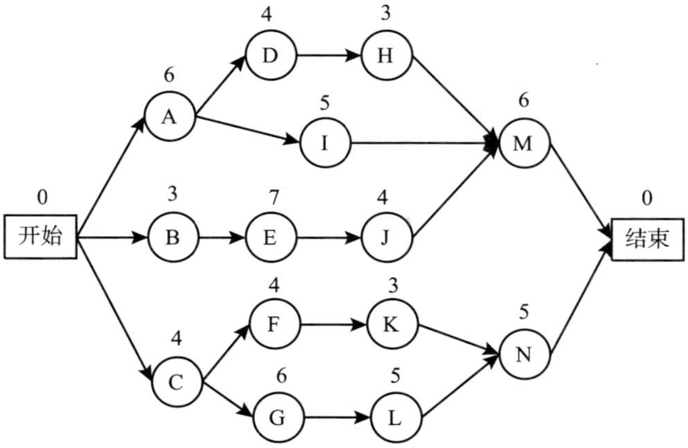

图 8-14　管理系统项目网络

(1) 找出这个项目网络的所有路径以及路径的长度，并指出关键路径。

(2) 找出每一个活动的最早时间、最迟时间和时差。如果没有延误，肯是否能够在预定的时间内完成这个项目?

(3) 使用从问题 (2) 得到的信息确定哪一条路径是关键路径。为了使项目能够按照计划进行，肯需要着重注意哪些活动?

(4) 如果活动 1 多用了 2 周时间，使用从问题 (2) 中得到的信息确定项目完成所需的时间是多少。如果活动 H 多用了 2 周，项目完成需要多长时间? 如果活动 J 多用了 2 周，项目完成需要多长时间?

3. 你和你的朋友计划要吃一次意大利晚餐。需要执行的任务、任务的紧前工作以及完成它们所需的时间如表 8-9 所示。

表 8-9　意大利晚餐项目的工作列表

工作	工作名称	紧前工作	时间/分钟
A	购买意大利干酪	—	30
B	把意大利干酪切成碎片	A	5
C	打两个鸡蛋	—	2
D	混合鸡蛋和意大利干酪	C	3
E	把洋葱和蘑菇切成丝	—	7
F	做番茄汁	E	25
G	烧开大量的水	—	15
H	煮意大利面条	G	10
I	去除面条中的水	H	2
J	把这些原料混合在一起	I，F，D，B	10
K	预热烤箱	—	15
L	烘烤意大利面条	J，K	30

(1) 设计项目网络图；

(2) 找出通过网络图的所有路径以及路径长度，并指出哪一条路径是关键路径；

(3) 找出各项工作的最早开始时间和最早结束时间；

(4) 找出各项工作的最迟开始时间和最迟结束时间；

(5) 找出各项工作的时差，并找出关键路径；

(6) 由于在切洋葱或蘑菇的时候正好有一个电话，被打断了6分钟，那么这份晚餐将会延误多久？如果使用了食品粉碎机，这将使你们用于切洋葱和蘑菇的时间由7分钟缩短到2分钟，那么晚餐会晚多久？

4. 洛克希德飞机制造公司正在着手进行一个为美国空军开发的新型战斗机项目。公司和美国国防部的合同中规定，这个合同要在100周之内完成，否则公司就要为延误支付罚金。该项目拥有10项工作。这些工作以及它们之间的紧前关系的项目网络图如图8－15所示。

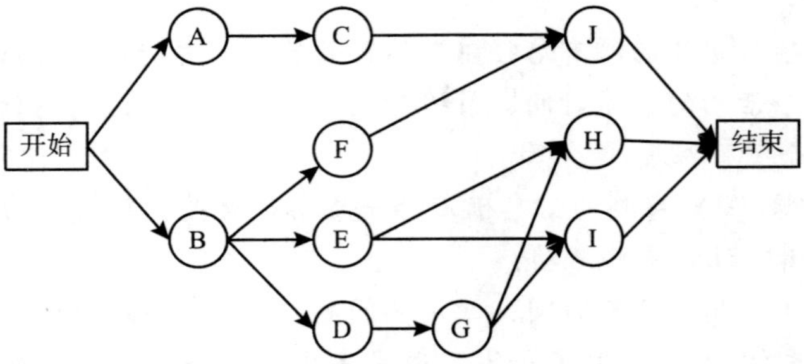

图8－15　战斗机研发项目网络图

使用PERT的三种估计，得到每一项工作工期的三种估计，如表8－10所示。

表8－10　新型战斗机研发项目各项工作持续时间估算

工作	需要的时间/周		
	乐观估计	最大可能估计	悲观估计
A	28	32	36
B	22	28	32
C	26	36	46
D	14	16	18
E	32	32	32
F	40	52	74
G	12	16	24
H	16	20	26
I	26	34	42
J	12	16	30

(1) 求出各项工作的均值和方差；

（2）找出均值关键路径；

（3）求出在 100 周之内完成项目的近似概率。

5. 亭科公司正在开展一新工厂的建设项目，该项目的相关数据如表 8 - 11 所示。由于最近公司承接了一个重要的大订单，为了保证该订单按期交货，新工厂需要在 18 周之内建好并投入使用。因此，需要对相关工作的持续时间进行压缩，对应的可压缩时间和赶工成本如表 8 - 12 所示。

表 8 - 11　　新工厂建设项目工作列表

工作	工作名称	紧前工作	时间/周
A	画建筑图	—	2
B	申请建筑许可	A	5
C	选承包商	A	4
D	施工	B，C	10
E	采购招标	A	6
F	设备购买	E	3
G	设备运输	D，F	2
H	设备装配	G	3

表 8 - 12　　新工厂建设项目工作时间—费用信息

工作	工作时间/周		成本/万元		最大压缩时间/周	压缩一周费用/万元
	正常	最短	正常	最短		
A	2	1	10	16	1	6
B	5	3	4	7	2	1.5
C	4	2	2	4	2	1
D	10	5	100	140	5	8
E	6	3	3	6	3	1
F	3	1	1	50	2	5
G	2	1	1	8	1	3
H	3	2	2	5	1	2

（1）画出项目网络图；

（2）找出各项工作的最早开始时间和最早结束时间；

（3）找出各项工作的最迟开始时间和最迟结束时间；

（4）指出该项目关键路径；

（5）利用边际成本分析法给出项目的工期压缩方案；

（6）利用线性规划方法构建项目的工期压缩方案模型并用 Excel 求解。

第9章　多准则决策

【教学目标】

（1）了解多准则决策的概念及决策特点。

（2）了解多属性决策过程及评价指标体系构建原则。

（3）掌握多属性决策中数据规范化方法，熟悉权重确定方法。

（4）掌握计分模型、TOPSIS 法和 AHP 法等多属性决策方法。

（5）掌握多目标决策问题的目标规划方法。

【导入案例】

某市政府正在做一份城市规划，计划开办 A 和 B 两座工厂，总预算为 1000 万元。建立一座 A 厂的成本是 200 万元，建立一座 B 厂的成本是 100 万元。开办工厂能够获得效益，但是不可避免地也会带来环境污染。每建立一座 A 厂，污染综合指数值会增加 100；每建立一座 B 厂，污染综合指数值会增加 200。每建立一座 A 厂能够获得的效益是 800 万元，每建立一座 B 厂能够获得的效益是 1000 万元。经整理，得到如表 9－1 所示的相关数据。通过多方研讨，确定了两个目标：（1）污染综合指数增加值控制在 800 以内，并且尽可能低；（2）效益达到 6400 万元以上，并且尽可能高。

表9－1　　两座工厂数据

指标	工厂 A	工厂 B	总量
成本/百万元	200	100	≤1000
污染综合指数值	100	200	≤800
效益/百万元	800	1000	≥6400

对上述问题进行分析可知，存在两个决策变量。设决策变量 x 表示建立工厂 A 的数量，决策变量 y 表示建立工厂 B 的数量。对应以下数学模型。

目标函数：

$$\min\ 200x+100y \qquad \text{目标1：污染最小化}$$

$$\max\ 800x+1000y \qquad \text{目标2：效益最大化}$$

约束条件：

$$200x+100y\leqslant 1000 \qquad \text{约束1：预算约束}$$

$$100x+200y\leqslant 800 \qquad \text{约束2：污染约束}$$

$$800x+1000y\geqslant 6400 \qquad \text{约束3：效益约束}$$

上述模型只包含两个决策变量，所以可以尝试用图解法进行分析与求解，如图 9－1 所示。

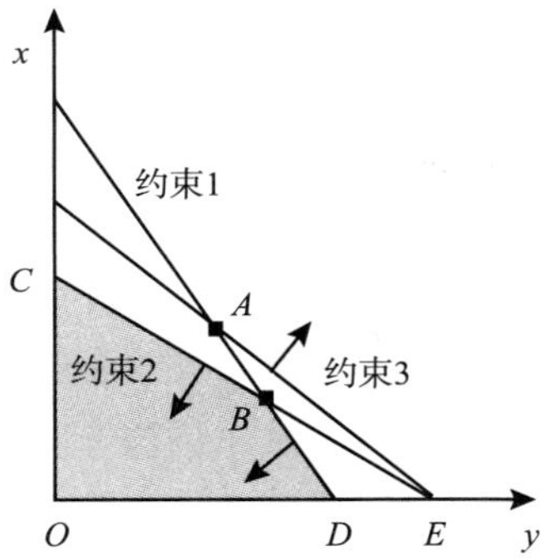

图 9-1　城市规划问题图解法示意

约束 1 和约束 2 的交叉点为 B（400，200），满足约束 1 和约束 2 的可行解域为区域 $CODB$，约束 3 与约束 1 的交叉点为点 A（300，400），约束 3 和约束 2 的交叉点为点 E（800，0）。点 A 和点 E 处于区域 $CODB$ 外，因此没有可行解能够同时满足这三个约束条件。同时可发现，当优化目标 1 时，会导致目标 2 的函数值变差，即二者相互冲突。

资料来源：刘宏志．数据、模型与决策［M］. 北京：机械工业出版社，2019.

思考：如何处理这类问题?

9.1　多准则决策概述

9.1.1　多准则决策的概念及分类

多准则决策问题是指在具有相互冲突、不可共度的有限（无限）方案集中进行选择的决策。它是分析决策理论的重要内容之一。常用的多准则决策问题可以根据决策问题中备选方案的数量分为多目标决策问题和多属性决策问题。

1. 多目标决策问题

多目标决策问题是指需要同时考虑两个或两个以上目标的决策。这一类决策问题中的决策变量是连续型的，即备选方案数有无限多个，因此，有些文献也称之为无限方案多目标决策问题。在实际的经济实践中，如某企业要在几种产品中选择一种产品生产，就既要考虑获利大小，又要考虑现有设备能否生产以及原材料供应是否充足等因素，只有使这些相互联系和相互制约的因素都能得到最佳的协调、配合和满足，才是最优的决策。再如导入案例中，要在预算、污染和效益三类约束的共同作用下同时考虑污染最小化和利润最大化两个目标。

2. 多属性决策问题

多属性决策问题也称有限方案多目标决策问题，是指在考虑多个属性的情况下，选择最优备选方案或进行方案排序的决策问题，它是现代决策科学的一个重要组成部分。这一类决策问题中的决策变量是离散型的，其中的备选方案数量为有限个。这一类问题求解的核心是对各备选方案进行评价后排定各方案的优劣次序，再从中择优。

多属性决策的理论和方法在社会、工程、技术、经济、管理和军事等诸多领域中都有广泛的应用，如投资决策、项目评估、质量评估、方案优选、企业选址、资源分配、科研成果评价、人员考评、经济效益综合排序、定标定级等。决策者要从具有多个属性的一组备选方案中进行选择，其目的是要从多种备选方案中选择一种相对最优的方案，使该方案的各个属性能最大程度地达到决策者满意。

属性是指“目标”或“指标”，上述各种备选方案通常都具有多个属性，而各个属性一般具有不同的单位，各个属性之间还有可能存在冲突。多属性决策往往只含有有限个预先制订的方案。满意方案的最后抉择与产生最后决策的属性满足程度有关，最终方案的选择在属性内进行判断与比较完成。

【例 9-1】（下雨天出行决策问题） 早上起来去上学，发现外面下雨了，这时候需要选择一种出行方式，并选择一种雨具使自己不被雨淋。现在有雨衣、雨伞、斗笠三件雨具可供选择，如果骑自行车出门最好选择雨衣，如果开车或者坐车出门最好选择雨伞，如果步行出门则可以选择斗笠，而开车或者坐车可以最快速地到达目的地，骑自行车比较方便快捷，步行最经济。如果是女孩子出门可能还要考虑是否安全、美观、舒适。出行、不被雨淋湿就是我们的目标，显而易见目标有两个；而出行有不同的雨具和交通工具可供选择，这两者称之为方案；快速、方便快捷、经济等这些指标称之为属性（或方案属性）；像安全、美观、舒适这些是评价目标的指标，可以称为目标的属性。

经典多属性决策问题可以描述为：给定一组可能的备选方案 $X=\{x_1, x_2, \cdots, x_m\}$，对于每种方案 x，都需要从若干个属性 $U=\{u_1, u_2, \cdots, u_n\}$（每个属性代表不同的评价准则）去对其进行综合评价。决策的目的就是要从这一组备选方案中找到一个使决策者达到最满意的方案，或者对这一组方案进行综合评价排序，且排序结果能够反映决策者的意图。

以下为多属性决策的现实场景。

(1) 我国 2008 年 9 月 25 日发射神舟七号载人飞船（以下简称“神七”），它除了要准确控制发射时间和轨道运行路线以外，“神七”必须在神舟六号的基础上解决两个比较大的问题：第一是航天员有一个密封舱，在这个舱里穿航天服，离开这个舱就没有了空气，所以航天服本身就必须能供给氧气；第二是没有温度控制时，航天服能保证航天员正常的温度。

(2) 某地区现有的医院现已无法完全容纳该地区的“甲流”患者，需要扩建其中一家的发热门诊。在扩建时，既要满足患者到医疗水平较高的医院，又要使扩建费用尽可能小。

(3) 大学生毕业后，通常有几种考虑：考研究生、考公务员、就业。拿考研来说，通常又要考虑学校、城市、专业、研究方向、导师等因素，因此考研问题也是典型的多属性决策问题。

(4) 购物，比如买衣服，总希望物美（品牌、尺寸合适、款式新颖、颜色中意、面料结实、加工质量高等）价廉。

以上这些问题是本章研究的重点内容。

9.1.2 多准则决策的特点

通过多准则决策的含义和上述例子，可发现多准则决策问题具有以下特点。

（1）决策问题的目标及目标属性不止一个。例如，一个企业在经营过程中不仅要考虑产量尽可能多，还要考虑成本、产品性能等多个目标及目标属性。

（2）多属性决策问题的目标间不可公度。各目标没有统一的计量单位或者衡量标准，因此难以进行比较。例如，本科生可以用学分或成绩来考核其在校期间的学习情况，发电厂可以用年发电量（亿度/年）或装机容量（万千瓦）来描述其发电能力，这两者是没有统一标准的，即不可公度；而某个集装箱的大小只能用容积（立方米）来表述，投资的多少则应该用货币（万元）表示，这两个是有统一标准的，即可公度。

（3）各目标间的矛盾性。如果多准则决策问题中，存在一种备选方案能使所有目标都达到最优，也就是说存在最优解，那么目标间的不可公度性就不成问题了，但是这种情况很少出现。换言之，大量存在的现象是各属性之间存在着某种矛盾，即存在着冲突——当采用一种方案改进某一个目标值的同时，很可能使另一个目标值不能够得到改善，甚至会使该目标值变差。例如，某化工企业想拓展业务领域，意图收购某机械厂，但是拓展领域的同时可能会给企业短期效益带来损害，而且如果收购后经营不善很可能导致企业的亏损甚至倒闭。

（4）决策者的偏好不同导致决策结果不同。不同的决策者对同一个决策问题会有不同的看法，决策的结果也就有所不同。所谓仁者见仁，智者见智。

9.2　多属性决策基础

9.2.1　多属性决策过程

用规范化的方法求解一个多属性问题的全过程如图 9－2 所示。

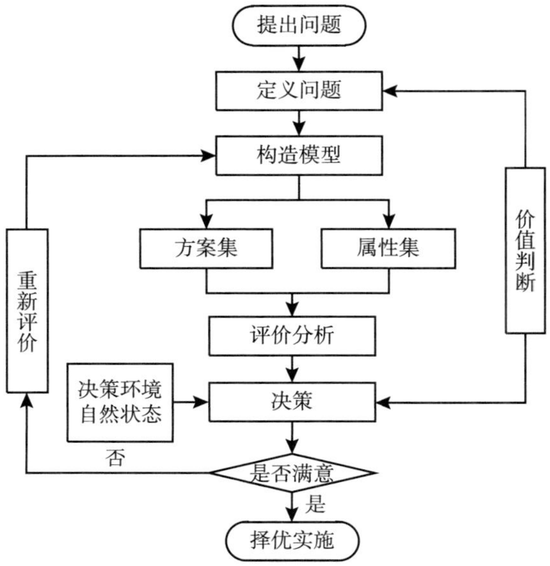

图 9－2　典型的多属性决策决策过程

（1）提出问题。基于对需求的认识和理解，提出需要决策的问题。该阶段对所面临问题的认识是主观而模糊的，大多源于定性分析，所提出的目标也是高度概括的。

（2）定义问题。此时要使目标具体化，要确定衡量各目标达到程度的标准，并且明确决策的边界与环境。有些问题可以由一个或几个准则进行比较和评价，有些则难以直接评价，需将这些难以评价的准则分解成若干个级别较低的子目标。

（3）构造模型。选择决策模型的形式，确定关键变量以及这些变量之间的逻辑关系，估计各种参数，并在上述工作的基础上确定备选方案。

（4）评价分析。利用模型并根据主观判断，采集或标定各备选方案的各属性值，并根据决策规则进行排序、优化并对结果进行分析。

（5）择优实施。上述评价结果，择优付诸实施。

以上步骤只是一种理想的多目标决策流程，从（3）开始，就有可能需要返回前面某一步进行调整，如在前面确定的二级子目标如果不能反映一级子目标，就要重新确定适合的子目标。决策问题越复杂，目标准则体系就越复杂，越需要逐层分解，形成多层次结构的子目标系统，使得最后一层的子目标可以由单一准则进行评价。

9.2.2 指标体系构建的原则

多属性决策指标体系构建应遵循以下基本原则。

1. 系统性原则

指标体系应该反映决策系统的整体性能和综合情况，指标体系的整体评价功能大于各分析指标的简单总和。应该注意使指标体系层次清楚、结构合理、相互关联、协调一致。要抓住主要因素，既要反映直接效果，又要反映间接效果，以保证决策的全面性和可信度。

2. 可比性原则

决策分析是根据系统的整体属性和效用值的比较进行方案排序，可比性越强，决策结果的可信度越大。决策指标和评价标准的制定要客观实际，便于比较。指标间要避免显见的包含关系，隐含的相关关系要以适当的方法加以消除。不同量纲的指标应该按特定的规则作标准化处理，化为无量纲指标，便于整体综合评价。指标处理要保持同趋势化，以保证指标间的可比性。

3. 科学性原则

以科学理论为指导，以客观系统内部要素及其相互之间的本质联系为依据，定性和定量分析结合，正确反映系统整体和内部相互关系的量效特征。定量指标要注意绝对量和相对量结合使用，绝对量反映总量和规模，相对量反映强度和密度。定性指标可作适当的量化处理。两者结合，便于建模综合评价。

4. 实用性原则

决策指标含义要明确，数据要规范，口径要一致，资料收集要可靠。指标设计必须符合国家和地方的方针、政策、法规，口径和计算要与通用的会计、统计、业务核算协调一致。决策模型设计要有可操作性，计算分析简便，结构模块化，计算程序化，便于在计算机上操作实现。

9.2.3　决策矩阵

多属性决策问题的决策矩阵是求解多属性决策问题的依据，是属性值和决策准则这两个要素的基础。先引入用来描述决策问题的常用符号。

属性集通常用 $F=\{f_1, f_2, \cdots, f_n\}$，或者用符号 $Y=\{y_1, y_2, \cdots, y_n\}$ 来表示。属性集是由为综合评价各种方案而选定的各个指标构成的集合。

方案集表示为 $X=\{x_1, x_2, \cdots, x_m\}$，也可以简记为 $X=\{1, 2, \cdots, m\}$，方案集即为待评价方案构成的集合。

设多目标决策问题中可选择的方案集为 $X=\{x_1, x_2, \cdots, x_m\}$，用向量 $\boldsymbol{Y}_i=\{\boldsymbol{y}_{i1}, \boldsymbol{y}_{i2}, \cdots, \boldsymbol{y}_{in}\}$ 表示方案 x_i 的 n 个属性值，其中，y_{ij}是第 i 种方案的第 j 个属性值。各方案属性值可列成决策矩阵（或称为属性矩阵、属性值表），如表 9－2 所示。

表 9－2　　决策矩阵示意

方案	y_1	…	y_j	…	y_n
x_1	y_{11}	…	y_{1j}	…	y_{1n}
…	…	…		…	
x_i	y_{i1}	…	y_{ij}	…	y_{in}
…	…	…	…	…	…
x_m	y_{m1}		y_{mj}	…	y_{mn}

【例 9－2】（示范性街区评价问题）　为了客观地评价某城市 5 个街区，监管部门组织了一次评估，选择其中一个作为示范性街区。由于所评价的街区包括商业街、小型工业园区、城市绿化用地、文化娱乐街、住宅区等，所以有关部门收集了一些数据作为评价标准。对于评选示范性街区，需要综合考虑各街区的各个属性指标，最终获得如表 9－3 所示的决策矩阵。

表 9－3　　示范性街区评估决策矩阵

街区 i	属性 j			
	住宅商品房面积（y_1）/10^6 平方米	人均绿地面积（y_2）/(平方米/人)	税收（y_3）/(万元/年)	交通事故死亡率（y_4）/(%)
1	0.1	5	5000	4.7
2	0.2	7	4000	2.2
3	0.6	10	1260	3.0
4	0.3	4	3000	3.9
5	2.8	2	284	1.2

9.2.4 数据规范化方法

1. 数据规范化的作用

在多准则决策分析过程中，属性值的量纲和属性导向往往是不一样的，必须对各种数据进行预处理，也就是说要对各种方案所对应的属性值进行规范化。对不同量纲属性值进行规范化具有以下作用。

（1）统一属性值。指标的属性值类型多样，有些指标的属性值越大越好，如人均绿地面积、税收等，称作效益型指标；有些指标的属性值越小越好，如费用、交通事故死亡率等，称作成本型指标。这些属性放在一起不便于直接从数值大小判断方案的优劣，因此需要对某些属性进行转换，使得最后在进行比较时，统一以属性值越大方案越好来进行判别。

（2）非量钢化。多属性决策的困难之一在于目标间的不可公度性，即属性值间的量纲（单位）不同，如费用的量纲为万元，距离的量纲为千米。即便属性相同，采用不同的计量单位，属性值也会不同。因此，在用多属性决策方法进行分析评价时，需要避免量纲的选用对决策或评估结果的影响，这就是非量纲化，或者说是设法消去（而非简单删除）量纲，即仅用数值的大小来反映属性值的优劣。

（3）归一化。不同属性的属性值的数值大小差别很大。如街区的税收即使已经以万元为单位，其数量级还是成百上千；而住宅商品房面积、交通事故死亡率的数量级是个位数或小数。为了直观，更为了便于采用各种多属性决策方法进行评价，需要把属性数值进行归一化，即把属性数值均变换成 0 ~ 1 的区间上。

2. 数据规范化处理方法

在大部分情况下，数据规范化的本质是要给出某个属性的属性值在决策者评价方案优劣时的实际价值。下面介绍几种常用的数据规范化处理方法。

（1）线性变换。线性变换是针对效益型和成本型指标转换的方法。原始决策矩阵记为 $\boldsymbol{Y}=(y_{ij})_{m\times n}$ 中，变换后的决策矩阵记为 $\boldsymbol{Z}=(z_{ij})_{m\times n}$。决策矩阵中第 j 列中的最大值记为 $y_j^{\max}$，最小值记为 $y_j^{\min}$。

若 j 为效益型属性，则

$$z_{ij}=\frac{y_{ij}}{y_j^{\max}} \tag{9-1}$$

利用式（9－1）进行数据处理后，最佳的属性值为 1，但最差的属性值不一定为 0。

若 j 为成本型属性，则

$$z_{ij}=1-\frac{y_{ij}}{y_j^{\max}} \tag{9-2}$$

经过式（9－2）变换后可以看出，最差的属性值一定为 0，因为成本最大的属性值经过式（9－2）变换后，属性值为 0，但最佳的属性值不一定为 1。成本型属性也可以这样变换：

$$z_{ij}=\frac{y_j^{\min}}{y_{ij}} \tag{9-3}$$

用式（9－3）变换后的属性值最差不一定是 0，但最佳属性值是 1，且为非线性变换。表 9－3 所示的属性 y_1，y_3，y_4 经过线性变换后所得的属性值见表 9－4。其中，属性 y_1 和 y_3 属于效益型指标，使用式（9－1），而 y_4 属于成本型指标，使用式（9－2）。由于属性 y_2 的变换比较特殊，讨论见“（3）区间变换”。

表 9－4　经过线性变换后的属性值

i	j		
	$z_1(y_1)$	$z_3(y_3)$	$z_4(y_4)$
1	0.0357	1.0000	0.0000
2	0.0714	0.8000	0.5319
3	0.2143	0.2520	0.3617
4	0.1071	0.6000	0.1702
5	1.0000	0.0568	0.7447

（2）标准 0－1 变换。由表 9－4 可知，属性值进行线性变换后，若属性 j 的最优值为 1，则最差值一般不为 0；若最差值为 0，最佳值就往往不为 1。为了使每个属性变换后的最佳值为 1 且最差值为 0，可以进行标准 0－1 变换。

若 j 为效益型属性，令

$$z_{ij}=\frac{y_{ij}-y_j^{\min}}{y_j^{\max}-y_j^{\min}} \tag{9-4}$$

若 j 为成本型属性，令

$$z_{ij}=\frac{y_j^{\max}-y_{ij}}{y_j^{\max}-y_j^{\min}} \tag{9-5}$$

表 9－4 所示的属性值经过标准 0－1 变换后所得的属性值见表 9－5，最佳值是 1，最差值是 0，而且这种变换是线性的。

表 9－5　经过标准 0－1 变换后的属性值

i	j		
	$z_1(y_1)$	$z_3(y_3)$	$z_4(y_4)$
1	0.0000	1.0000	0.0000
2	0.0370	0.7880	0.7142
3	0.1852	0.2070	0.4857
4	0.0741	0.5759	0.2286
5	1.0000	0.0000	1.0000

（3）区间变换。有些属性既非效益型又非成本型，即太大或者太小都不好，如人均绿地面积。显然这种属性不能采用以上方法处理。设给定的最佳属性区间为 $[y_j^0, y_j^*]$，y_j^- 为无法容忍下限，y_j^+ 为无法容忍上限，则

$$z_{ij}=\begin{cases}1-\dfrac{y_j^0-y_{ij}}{y_j^0-y_j^-}, & y_j^-<y_{ij}<y_j^0\\ 1, & y_j^0\leqslant y_{ij}\leqslant y_j^*\\ 1-\dfrac{y_{ij}-y_j^*}{y_j^+-y_j^*}, & y_j^*<y_{ij}<y_j^+\\ 0, & 其他\end{cases} \tag{9-6}$$

变换后的属性值 z_{ij} 与原属性 y_{ij} 之间的函数图形为一般梯形。如示范性街区的人均绿化地面最佳区间为［5，6］，$y_j^-=2$，$y_j^+=12$，则函数图像如图 9－3 所示。当属性值最佳区间的上下限相等时，最佳区间将会退化为一个点，函数图像由梯形退化为三角形。

表 9－4 中属性 z_{ij} 的数据经过式（9－6）变换后的结果见表 9－6。

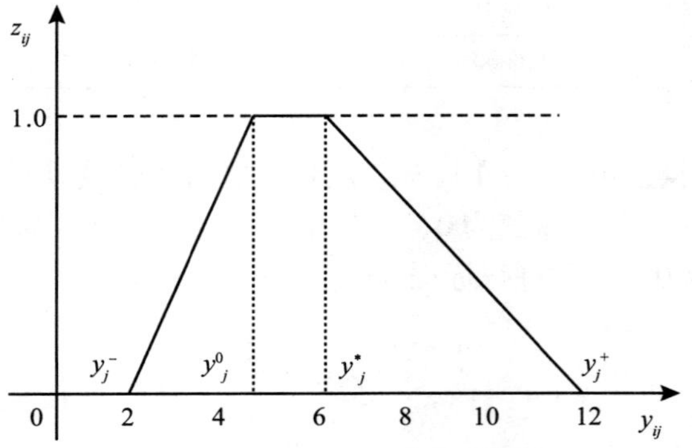

图 9－3　最佳属性为区间的函数图像

表 9－6　最佳属性为区间的数据处理

i	j	
	人均绿地面积 y_2/（平方米/人）	z_2
1	5	1.0000
2	7	0.8333
3	10	0.3333
4	4	0.6666
5	2	0.0000

（4）向量归一化。向量归一化即把属性数值均变换成 0～1 的区间上。无论成本型属性还是效益型属性，向量归一化计算公式为

$$z_{ij}=\frac{y_{ij}}{\sqrt{\sum_{i=1}^{m}y_{ij}^2}}\quad(1\leqslant i\leqslant m,\ 1\leqslant j\leqslant n) \tag{9-7}$$

则矩阵 $\mathbf{Z}=(z_{ij})_{m\times n}$ 称为向量归一标准化矩阵。显然矩阵 $\mathbf{Z}$ 的各个列向量即同一属性值的平方和为 1，经过归一化处理后，各个指标件不存在量纲不同的问题。表 9－4 经过式（9－7）进行向量归一化后的结果见表 9－7。

表9-7　　表9-4经过标准0-1变换后的属性值

i	j			
	z_1 (y_1)	z_3 (y_3)	z_4 (y_4)	$z_2'(z_2)$
1	0.0346	0.6956	0.6482	0.6666
2	0.0693	0.5565	0.3034	0.5555
3	0.2078	0.1753	0.4137	0.2222
4	0.1039	0.4174	0.5378	0.4444
5	0.9695	0.0398	0.1655	0.0000

注：表中最后一列为属性2经过式（9-6）变换后的值再进行向量规范化的结果。

（5）标准样本变换法。在决策矩阵 $\boldsymbol{Y}=(y_{ij})_{m\times n}$ 中，令

$$z_{ij}=\frac{y_{ij}-\overline{y_j}}{s_j}\quad(1\leqslant i\leqslant m,\ 1\leqslant j\leqslant n)\tag{9-8}$$

其中，样本均值 $\overline{y_j}=\frac{1}{m}\sum_{i=1}^{m}y_{ij}$，样本均方差 $s_j=\sqrt{\frac{1}{m}\sum_{i=1}^{m}(y_{ij}-\overline{y_j})^2}$。矩阵 $\boldsymbol{Z}=(z_{ij})_{m\times n}$ 称为标准样本变换矩阵。

（6）定性指标量化方法。在多属性决策指标体系中，有些指标是定性指标，只能作定性描述，例如“可靠性”“灵敏度”“员工素质”等。对定性指标作量化处理，常用的方法是将这些指标根据问题性质划分为若干级别，分别赋以不同的量值。为了习惯与方便，推荐取0~10的整数，极端值0和10通常不同，用于极特殊的情况。常用的有五级量表和九级量表，如表9-8所示，可能时尽量用九级量表。

表9-8　　定性等级量表

重要度/满意度		极高	很高	高	较高	一般	较低	低	很低	极低
权重	五级	9		7		5		3		1
	九级	9	8	7	6	5	4	3	2	1

【例9-3】（航空公司购买飞机问题）　某航空公司在国际市场上购买飞机，按四个决策指标对不同型号的飞机进行综合评价，这四个指标是：最大速度（f_1）、最大范围（f_2）、最大负载（f_3）、价格（f_4）、可靠性（f_5）、灵敏度（f_6）。现有四种型号的飞机可供选择，具体指标见表9-9。

表9-9　　飞机属性

机型	最大速度(f_1)/马赫	最大范围(f_2)/千米	最大负载(f_3)/千克	价格(f_4)/百万美元	可靠性(f_5)	灵敏度(f_6)
A1	2.0	1500	20000	5.5	一般	很高
A2	2.5	2700	18000	6.5	低	一般
A3	1.8	2000	21000	4.5	高	高
A4	2.2	1800	20000	5.0	一般	一般

指标 f_5 和 f_6 为定性指标，根据定性等级量表中的九级量化方法，可得飞机可靠性与灵敏度属性量化值如表 9－10 所示。

表 9－10　　飞机可靠性与灵敏度属性量化值

机型	可靠性(f_5)	灵敏度(f_6)
A1	5	8
A2	3	5
A3	7	7
A4	5	5

在决策指标中，f_1，f_2，f_3 是效益型指标，越大越好；f_4 是成本型指标，越小越好。表 9－9 对应的决策矩阵为

$$\boldsymbol{X}=(x_{ij})_{4\times6}=\begin{bmatrix}2.0 & 1500 & 20000 & 5.5 & 5 & 8\\ 2.5 & 2700 & 18000 & 6.5 & 3 & 5\\ 1.8 & 2000 & 21000 & 4.5 & 7 & 7\\ 2.2 & 1800 & 20000 & 5.0 & 5 & 5\end{bmatrix}$$

根据不同的方法对属性值进行规范化，可以得到响应的标准化矩阵。采用向量归一法可得标准化矩阵为

$$\boldsymbol{Y}=(y_{ij})_{4\times6}=\begin{bmatrix}0.4671 & 0.3662 & 0.5056 & 0.5069 & 0.4811 & 0.6266\\ 0.5839 & 0.6591 & 0.4550 & 0.5990 & 0.2887 & 0.3916\\ 0.4204 & 0.4882 & 0.5308 & 0.4147 & 0.6736 & 0.5483\\ 0.5139 & 0.4394 & 0.5056 & 0.4608 & 0.4811 & 0.3916\end{bmatrix}$$

而利用线性变换法得到的标准化矩阵为

$$\boldsymbol{Y}=(y_{ij})_{4\times6}=\begin{bmatrix}0.8000 & 0.5556 & 0.9524 & 0.8182 & 0.7143 & 1.0000\\ 1.0000 & 1.000 & 0.8571 & 0.6923 & 0.4286 & 0.6250\\ 0.7200 & 0.7407 & 1.000 & 1.0000 & 1.0000 & 0.8750\\ 0.8800 & 0.6667 & 0.9524 & 0.9524 & 0.7143 & 0.6250\end{bmatrix}$$

在各个不同指标下对应着属性值 1 为最好的属性，由于前三个指标为效益型指标，属性值 1 所对应的原属性值为该列最大值，而第四个指标为成本型指标，属性值 1 所对应的原属性值为该列最小值。

9.2.5　权重确定方法

多属性决策问题的特点在于各个指标间的重要性不同及指标间的不可公度性，后者可以通过数据预处理减少属性值带来的误差，而前者主要通过权（weight，权重）来解决。权重表示各个指标的重要程度，合理地确定和适当调整指标权重，是在指标体系中体现决策者偏好的重要途径。权重这一概念体现了以下几种因素。

（1）决策者对指标的重视程度，间接体现出决策者对各个方案属性关心的方面和程度。

（2）各指标间的差异。

（3）各指标对应的属性值对于决策者作决策所起到的作用大小。

权是指标重要性的数量化表示，但当指标较多时，决策者往往难以直接确定每个指标的权重，因此通常的做法是让决策者通过不同的方法对各个指标进行赋值。确定权重的常用方法包括相对比较法、专家咨询法和熵值法等。

1. 相对比较法

相对比较法是一种主观赋权法。根据三级比例标度，将指标分别进行两两比较并评分，将各指标评分值按行求和，得到各指标评分总和，然后进行归一化处理。

设有 n 个决策指标 $f_j(1\leqslant j\leqslant n)$，按三级比例标度方法将指标两两相对比较评分，分值记为 a_{ij}，可得

$$a_{ij}=\begin{cases}1, & \text{当 } f_i \text{ 比 } f_j \text{ 重要时}\\ 0.5, & \text{当 } f_i \text{ 与 } f_j \text{ 同等重要时}\\ 0, & \text{当 } f_j \text{ 比 } f_i \text{ 重要时}\end{cases}$$

其评分构成矩阵 $\boldsymbol{A}=(a_{ij})_{n\times n}$，显然，$a_{ij}=0.5$，$a_{ij}+a_{ji}=1$。指标 f_i 的权重系数为

$$w_i=\frac{\sum_{j=1}^{n}a_{ij}}{\sum_{i=1}^{n}\sum_{j=1}^{n}a_{ij}}\quad(i=1,\ 2,\ \cdots,\ n)\tag{9-9}$$

使用相对比较法确定权重时要注意的是任意两个指标间相对重要的程度要具有可比性和传递性，即若 f_1 比 f_2 重要，f_2 比 f_3 重要，则 f_1 比 f_3 重要。如果发生了逻辑上的冲突，即违反了一致性原则，就要及时对评分值进行适当的调整，使其满足一致性。关于指标一致性的问题，萨蒂（Satty）教授于 1980 年给出了关于一致性的判别指标，但后来也有不少学者怀疑萨蒂给出的一致性判别指标的科学性。

采用上述相对比较法，对案例 9－3 的指标两两比较给出评分值，并根据式（9－9）计算各指标权重 w_i（$i=1$，2，…，6），结果见表 9－11。

表 9－11　　相对比较法计算飞机评价指标权重

机型	f_1	f_2	f_3	f_4	f_5	f_6	评分总值	权重 w_i
f_1	0.5	1	1	1	0.5	0	4	0.22
f_2	0	0.5	0.5	0.5	0	0	1.5	0.08
f_3	0	0.5	0.5	0.5	0	0	1.5	0.08
f_4	0	0.5	0.5	0.5	0	0	1.5	0.08
f_5	0.5	1	1	1	0.5	0	4	0.22
f_6	1	1	1	1	0.5	0.5	5.5	0.31

2. 专家咨询法

组织若干个专家，通过一定的方式引导专家独立地对指标权重发表个人见解，然后对专家的见解作适当处理和调整，这种方法称作德尔菲（Delphi）法。

设有 n 个指标 $f_j(1\leqslant j\leqslant n)$，组织 m 个咨询专家，每个专家确定一组指标权重估计值：

$$w_{i1},\ w_{i2},\ \cdots,\ w_{in}\quad(1\leqslant i\leqslant m)$$

对 m 个专家给出的权重估计值进行平均，得到 m 个专家的平均估计值：

$$\overline{w_j} = \frac{1}{m}\sum_{i=1}^{m} w_{ij} \quad (1 \leqslant j \leqslant n)$$

计算估计值与平均估计值之间的偏差：

$$\Delta_{ij} = |w_{ij} - \overline{w_j}| \quad (1\leqslant i\leqslant m,\ 1\leqslant j\leqslant n)$$

对偏差较大的第 j 个指标的权重估计值需要请第 i 个专家重新估计 w_{ij}。经过几轮反复调整，直到偏差在所规定的范围内为止。这样，便得到一组指标权重的平均估计修正值 $\overline{w_j}$ $(1\leqslant j\leqslant n)$。

3. 熵值法

熵值法是一种客观赋权法，根据各指标所包含的信息量大小，确定指标权重。熵的概念源于热力学，是对系统状态不确定性的一种度量。在信息论中，信息是系统有序程度的一种度量，而熵是系统无序程度的一种度量，两者绝对值相等，但符号相反。信息量越大，不确定性越小，熵也就越小；反之，信息量越小，不确定性越大，熵也就越大。

熵值法是利用指标熵值来计算权重，设有 m 个方案，n 个指标，指标值为 $y_{ij}(1\leqslant i\leqslant m,\ 1\leqslant j\leqslant n)$，其计算包括以下几个步骤。

（1）对决策矩阵 $\boldsymbol{Y}=(y_{ij})_{m\times n}$ 用线性变换做标准化处理，得到标准化矩阵 $\boldsymbol{Z}=(z_{ij})_{m\times n}$ 并进行归一化处理，得到

$$p_{ij} = \frac{z_{ij}}{\sum_{i=1}^{m} z_{ij}} \quad (1\leqslant i\leqslant m,\ 1\leqslant j\leqslant n) \tag{9-10}$$

（2）计算第 j 个指标的熵值为

$$e_j = -k\sum_{i=1}^{m} p_{ij}\ln p_{ij} \quad (1\leqslant j\leqslant n) \tag{9-11}$$

其中，$k>0$，$e_j\geqslant 0$。

（3）计算第 j 个指标的差异系数。对于第 j 个指标，指标值的差异越大，对方案评价的作用越大，熵值就越小；反之，指标值的差异越小，熵值就越大。定义差异系数为

$$g_j = 1 - e_j \quad (1\leqslant j\leqslant n) \tag{9-12}$$

（4）确定指标权重。第 j 个指标的权重为

$$w_j = \frac{g_j}{\sum_{j=1}^{n} g_j} \quad (1\leqslant j\leqslant n) \tag{9-13}$$

熵值法的最大特点是根据原始数据所带来的信息确定指标权重，在一定程度上避免了主观随意性。

9.3 计分模型

9.3.1 计分模型求解思路

计分模型是一种常用的多目标决策方法，其本质上是一种加权目标规划模型。将每个

目标看作是一个评价方案好坏的准则或指标，决策者通过给每个准则赋予权值以描述其相对重要性，并根据每种备选方案满足各个准则的程度来计算其综合得分，进而对备选方案进行排序。计分模型主要包括以下几个步骤。

（1）列出评价准则和备选方案。

（2）确定每个准则 i 的重要程度 w_i。

（3）确定每种备选方案 j 相对于每个准则 i 的满意度 r_{ij}。

（4）计算每种备选方案 j 的综合得分 $s_j = \sum_i w_i r_{ij}$。

（5）将备选方案按综合得分从大到小进行排序。

9.3.2　计分模型应用分析

【例 9－4】（物流服务商选择问题）　某物流公司希望从四家候选仓储服务商中选择一家为其客户提供仓储服务。四家仓储服务商在不同评价指标下的数据如表 9－12 所示。

表 9－12　　仓储服务商评价指标数据

服务商	客户满意度	资产规模/万元	年租赁费/万元	行业经验/年
A	80	1500	50	11
B	100	2700	40	4
C	70	3000	60	8
D	88	1800	25	4

根据指标 1（客户满意度），最优方案为服务商 B，其客户满意度最高；根据指标 2（资产规模），最优方案为服务商 C，其资产规模最大；根据指标 3（收费评价），最优方案为服务商 D，其年租赁费最低；根据指标 4（行业经验），最优方案为服务商 A，其行业经验最丰富。可以看出，根据不同指标，候选方案的排名及最优方案都不同。

为了综合考虑各项指标，决策者需要根据自身的效用函数设置每项指标的重要程度。假设决策者对四项指标的重要程度的赋值如表 9－13 所示。

表 9－13　　仓储服务商评价指标权重

指标	客户满意度	资产规模	年租赁费	行业经验
权重	5	2	4	4

由于各项评价指标的度量单位（量纲）不同，无法直接进行比较，因此需要采用一个统一的量表对其进行度量。例 9－4 采用九级量表，可得到标准化的评价指标值，如表 9－14 所示。

表 9-14　　仓储服务商标准化指标得分

服务商	客户满意度	资产规模	年租赁费	行业经验
A	7	3	4	9
B	9	7	6	5
C	6	9	3	7
D	8	5	8	5

根据指标评价得分 r_{ij} 和各项指标权重 w_i，依据公式 $s_j = \sum_i w_i r_{ij}$，对各指标进行加权求和，可得到不同供应商的综合得分，如表 9-15 所示。

表 9-15　　仓储服务商综合评分

指标	客户满意度	资产规模	年租赁费	行业经验	分值
权重	5	2	4	4	
服务商 A	7	3	4	9	93
服务商 B	9	7	6	5	103
服务商 C	6	9	3	7	88
服务商 D	8	5	8	5	102

根据表 9-15 的结果可知，服务商 B 得分最高。因此，综合考虑各项指标，该公司应该选择服务商 B 为其客户提供仓储服务。

9.4　TOPSIS 法

计分模型虽然思想简单，但是在操作过程中，需要决策者手动针对每个评价准则（指标）给各种候选方案进行满意度打分，工作量较大。针对这一不足，有学者提出了另一种常用的多属性决策方法，称为逼近理想解的排序法（Technique for Order Preference by Similarity to an Ideal Solution，TOPSIS），简称理想解法。该方法能够根据给定数据自动计算出各候选方案针对每个评价准则的相对满意度。

9.4.1　TOPSIS 法求解思路

TOPSIS 基本思想为：根据候选方案与理想解（理想方案）的接近程度对其进行排序。具体而言，该方法通过计算候选方案与正理想解、负理想解的距离来对候选方案进行评价与排序，因此，该方法又称双基点法。

设一个多属性决策问题的备选方案为 $X=(x_1, x_2, \cdots, x_m)$，衡量方案优劣的属性向量为 $\boldsymbol{Y}=(y_1, y_2, \cdots, y_n)$；此时，方案集 X 中的各种方案 $x_i(i=1, 2, \cdots, m)$ 的 n 个属性值构成的向量是 $\boldsymbol{Y}_i(y_{i1}, y_{i2}, \cdots, y_{in})$，它作为 n 维空间中的一点，能唯一地表征方案 x_i。

“理想解”和“负理想解”是 TOPSIS 法的两个基本概念。理想解 x^+ 是一个方案集 X 中并不存在的虚拟的最佳方案，它的每个属性值都是决策矩阵中该属性的最好的值；而负理想解 x^- 则是虚拟的最差方案，它的每个属性值都是决策矩阵中该属性的最差的值。在 n 维空间中，将方案集 X 中的各备选方案 $x_i(i=1, 2, \cdots, m)$；与理想解 x^+ 和负理想解 x^- 的距离进行比较，既靠近理想解又远离负理想解的方案就是方案集 X 中的最佳方案，并可以据此排定方案集 X 中各备选方案的优先序，若某候选方案最靠近正理想解同时又最远离负理想解，则为最优。

TOPSIS 法采用欧式距离来测度各自方案目标值靠近理想解和远离负理想解的程度。距离测度同时采用理想解和负理想解是因为在仅使用理想解时会出现某两种备选方案与理想解的距离相同的情况，为了区分这两种方案的优劣，引入负理想解并计算这两种方案与负理想解的距离，距离负理想解远者为优。

TOPSIS 法的思路可以用图 9－4 来说明。图 9－4 表示两个同性的决策问题，f_1 和 f_2 为加权的规范化属性且均为效益型；方案集 X 中的六种方案 x_1 到 x_6，根据它们的加权规范化属性值标出了在图中的位置，并确定理想解 x^+ 和负理想解 x^-。图中 x_4 和 x_5 与理想解 x^+ 的距离相同，引入它们与负理想解 x^- 的距离后，由于 x_4 比 x_5 离负理想解 x^- 远，因此 x_4 更优。六种方案的优先排序为 $x_4>x_5>x_6>x_3>x_2>x_1$。

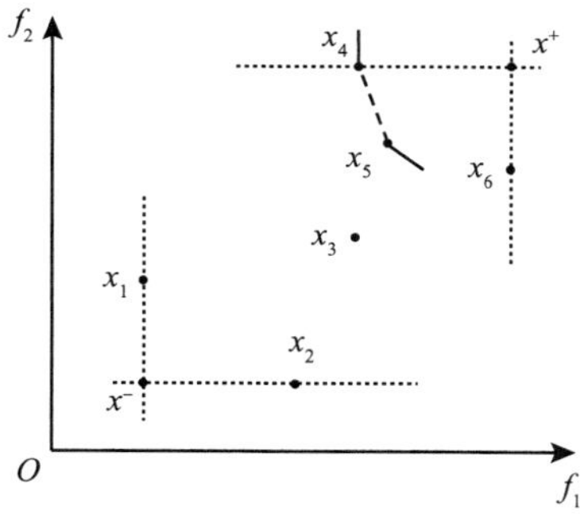

图 9－4　理想解和负理想解示意

9.4.2　TOPSIS 法求解步骤

基于 TOPSIS 法的求解思路，其求解过程具体分为以下七步。

1. 目标同向化

目标同向化是为了对所有目标方向进行统一，如将所有非最大化目标转换为最大化目标。对于最小化目标，如成本、风险等，可通过求倒数或是相反数转换为最大化目标。

$$x'_{ij}=\frac{1}{x_{ij}}\ (x_{ij}>0)\ \text{或者}\ x'_{ij}=M-x_{ij} \tag{9-14}$$

其中，M 为目标（指标）可能取的最大值。对于表 9－12 中的年租赁费（最小化目标）进行转换可得表 9－16。

表 9－16　目标同向化矩阵

服务商	客户满意度	资产规模/万元	年租赁费(转换)	行业经验/年
A	80	1500	1/50	11
B	100	2700	1/40	4
C	70	3000	1/60	8
D	90	1800	1/25	4

2. 数据规范化与目标赋权

为解决各项指标度量单位不统一的问题，需要对决策矩阵进行数据规范化处理得到规范化的决策矩阵。运用9.2.4节的向量归一法对表9－16进行数据规范化处理后得到规范化决策矩阵，如表9－17所示。

表 9－17　规范化决策矩阵

服务商	客户满意度	资产规模/万元	年租赁费(转换)	行业经验/年
A	0.47	0.32	0.37	0.75
B	0.58	0.58	0.46	0.27
C	0.41	0.64	0.31	0.54
D	0.52	0.39	0.74	0.27

通过目标同向化和数据规范化能够解决计分模型中候选方案针对各个目标（指标）的满意度赋值问题，但是各个目标（指标）的相对重要程度还需要决策者给定。设决策者给定的目标权重向量为 $\boldsymbol{W}=(w_1,\ w_2,\ \cdots,\ w_n)^{\mathrm{T}}$，通过加权求和可得赋权决策矩阵 $\boldsymbol{Z}=(z_{ij})_{m\times n}$，其中

$$z_{ij}=x_{ij}w_i$$

例如，针对上述的服务商选择问题，设指标权重向量为 $\boldsymbol{W}=(0.4,\ 0.1,\ 0.3,\ 0.2)^{\mathrm{T}}$，对表9－17进行赋权可得赋权决策矩阵，如表9－18所示。

表 9－18　赋权决策矩阵

服务商	客户满意度	资产规模/万元	年租赁费(转换)	行业经验/年
A	0.19	0.03	0.11	0.15
B	0.23	0.06	0.14	0.05
C	0.16	0.06	0.09	0.11
D	0.21	0.04	0.22	0.05

3. 确定理想解与负理想解

TOPSIS法假设存在两个理想解：正理想解（最优情况）和负理想解（最劣情况）。正理想解是理想的最优方案，由赋权决策矩阵 $\boldsymbol{Z}$ 中每列（每个指标）元素的最大值构成，即

$$Z^{+}=(z_1^{+}, z_2^{+}, \cdots, z_n^{+}) \tag{9-15}$$

其中，$z_i^{+}=\max\limits_{1\leqslant j\leqslant m}\{z_{ij}\}$，则表 9－18 的正理想解为 $Z^{+}=(0.23, 0.06, 0.22, 0.15)$。负理想解由赋权决策矩阵 Z 中每列（每个指标）元素最小值构成，即

$$Z^{-}=(z_1^{-}, z_2^{-}, \cdots, z_n^{-}) \tag{9-16}$$

其中，$z_i^{-}=\min\limits_{1\leqslant j\leqslant m}\{z_{ij}\}$，则表 9－18 的负理想解为 $Z^{-}=(0.16, 0.03, 0.09, 0.05)$。

4. 候选方案排序

基于赋权决策矩阵，可以计算出各候选方案到正理想解和负理想解的距离。候选方案 A_i 到正理想解 Z^{+} 的距离为

$$d_i^{+}=\sqrt{\sum_{j=1}^{n}(z_j^{+}-z_{ij})^2} \tag{9-17}$$

候选方案 A_i 到负理想解 Z^{-} 的距离为

$$d_i^{-}=\sqrt{\sum_{j=1}^{n}(z_{ij}-z_j^{-})^2} \tag{9-18}$$

针对表 9－18 的赋权决策矩阵所对应的理想解，可以计算出各候选方案到正理想解和负理想解的距离，如表 9－19 所示。

表 9－19　候选方案到理想解的距离

服务商	客户满意度	资产规模	年租赁费	行业经验	距离 d_i^{+}	距离 d_i^{-}
A	0.19	0.03	0.11	0.15	0.12	0.10
B	0.23	0.06	0.14	0.05	0.13	0.09
C	0.16	0.06	0.09	0.11	0.15	0.06
D	0.21	0.04	0.22	0.05	0.10	0.14
正理想解 Z^{+}	0.23	0.06	0.22	0.15		
负理想解 Z^{-}	0.16	0.03	0.09	0.05		

基于候选方案 A_i 到正理想解 Z^{+} 的距离 d_i^{+} 和到负理想解 Z^{-} 的距离 d_i^{-}，可计算出其与理想解的接近程度（见表 9－20）：

$$C_i=\frac{d_i^{-}}{d_i^{+}+d_i^{-}} \tag{9-19}$$

可见 $0\leqslant C_i\leqslant 1$，$C_i$ 越接近 1 表明候选方案 A_i 越优。

表 9－20　候选方案与理想解的接近程度

服务商	客户满意度	资产规模	年租赁费	行业经验	距离 d_i^{+}	距离 d_i^{-}	C_i
A	0.19	0.03	0.11	0.15	0.12	0.10	0.45
B	0.23	0.06	0.14	0.05	0.13	0.09	0.41
C	0.16	0.06	0.09	0.11	0.15	0.06	0.29
D	0.21	0.04	0.22	0.05	0.10	0.14	**0.58**
正理想解 Z^{+}	0.23	0.06	0.22	0.15			
负理想解 Z^{-}	0.16	0.03	0.09	0.05			

根据 TOPSIS 法的综合评价结果，服务商 D 为最优方案，与理想解的接近程度为 0.58。

9.5 层次分析法

层次分析法或多层次权重解析方法（Analytic Hierarchy Process，AHP）是 20 世纪 70 年代初期由美国著名运筹学家、匹兹堡大学的萨蒂教授首次提出来的。该方法是定量和定性分析结合的多属性决策方法，能够有效地分析目标准则体系层次间的非序列关系，有效地综合测度决策者的判断和比较。由于该方法系统、简洁、实用，其在社会、经济、管理等许多方面，得到越来越广泛的应用。

9.5.1 层次分析法概述

AHP 的基本思想是把复杂的多目标决策问题看作一个系统，然后将相关元素分解成目标、(子) 准则、方案等层次，并在此基础之上进行定性和定量分析。

决策者通过将复杂问题分解为若干层次和若干因素（见图 9-5），在各因素之间进行简单的两两比较和计算，就可以得出不同目标（准则）的权重（重要程度）。进一步可获得各种方案相对于各目标（准则）的满意度。之后，采用类似计分模型的步骤，通过加权求和得到各种方案的综合得分，进而为最佳方案的选择提供依据。AHP 的主要步骤包括：建立层次模型、构造两两比较矩阵、一致性检验、计算权向量、综合得分排序等。

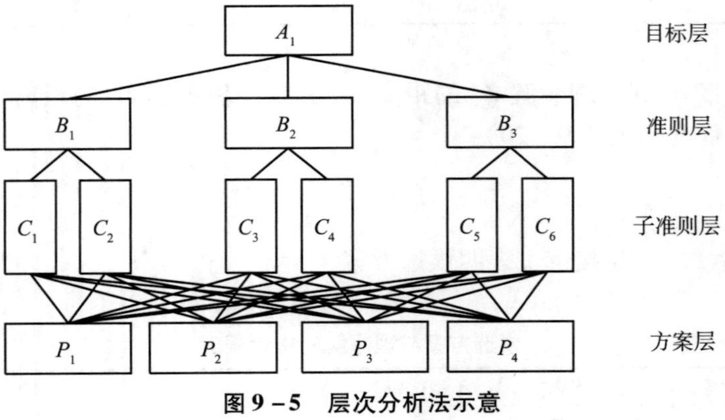

图 9-5 层次分析法示意

【例 9-5】（购房决策） 某城市新建了三个不同的小区，即 P_1、P_2、P_3，一个刚来到该城市的年轻人想要在三个小区中挑选一个购买新房。该年轻人购买新房考虑的主要因素包括：位置地段、户型面积、房屋价格和交通便利。以该例开展 AHP 决策过程分析。

9.5.2　层次结构模型

应用AHP进行多属性决策，首先需要把问题层次化、条理化，构造出能够反映系统本质属性以及各个属性间内在关系的递阶层次结构模型。在这种层次结构模型中，根据系统分析结果，厘清系统与环境的关系、系统所包含的因素、因素之间的相互联系和隶属关系等，将具有共同属性的元素归并为一组，作为结构模型的一个层次，同一层次的元素既对下一层次元素起着制约作用，同时又受到上一层次元素的制约。

一般来说，可以将层次分为三种类型。

（1）最高层：只包含一个元素，表示决策分析的总目标，也称目标层。

（2）中间层：包含若干层元素，包括达成目标所涉及的包括各种准则、约束、策略和指标等，也称准则层。

（3）最底层：表示实现目标的各可行方案、措施等，也称为方案层。

在层次结构模型中相邻两层次元素之间的关系用直线标明，称为作用线；元素之间不存在关系，就没有作用线。如果某一元素与相邻下一层次所有元素均有关系，则称此元素与下一层次存在完全层次关系。如果某元素仅与相邻下一层次部分元素存在关系，则称为不完全层次关系。在实际操作中，模型的层次数由系统的复杂程度和决策的实际需要而定，不宜过多。每一层次元素一般不要超过9个，过多的元素会给主观判断比较带来困难。构造一个合理而简洁的层次结构模型，是AHP方法的关键。

基于例9-5，对问题进行层次化分解以确定问题的层次模型。这是一个从目标、准则和备选方案等多方面展现问题层次的模型，如图9-6所示。

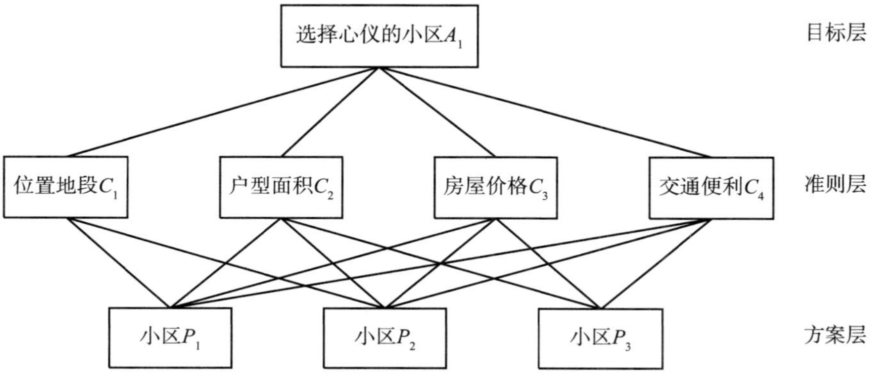

图9-6　购房决策的层次模型

接下来，需要根据该层次模型来分析和计算各备选方案（小区）相对于总目标（选房）的得分（满意度或心仪度）。不同于计分模型需要人工同时对所有因素（准则）或备选方案进行打分，层次分析法采用了一种更为简单易行的打分方法：两两比较打分，以得到多个两两比较矩阵。

9.5.3 判断矩阵

在应用 AHP 对各个目标进行排序的过程中，判断矩阵起到了重要的作用，尤其当各个目标对应的属性值难以量化时，判断矩阵通过对目标间两两的比较解决了这个问题。

设有 m 个目标（方案或元素），根据某一准则，将这 m 个目标两两进行比较，把第 i 个目标（$i=1, 2, \cdots, m$）对第 j 个目标的相对重要性记为 a_{ij}（$j=1, 2, \cdots, m$），这样构造的 m 阶矩阵用于求解各个目标关于某准则的优先权重，称为权重解析判断矩阵，简称判断矩阵，记作 $\boldsymbol{A}=(a_{ij})_{m\times m}$。

为了便于比较第 i 个目标对第 j 个目标的相对重要性，即给出 a_{ij} 的值，萨蒂教授于 1980 年根据一般人的认知习惯和判断能力给出了属性间相对重要性等级表（见表 9－21）。利用该表取 a_{ij} 的值，称为 1～9 标度方法。

表 9－21 目标重要性各级标度的含义

标度	定义	含义
1	同样重要	两个元素同样重要
3	比较重要	一个元素比另一个元素稍微重要
5	很重要	一个元素比另一个元素明显重要
7	非常重要	一个元素比另一个元素强烈重要
9	极度重要	一个元素比另一个元素极端重要
2，4，6，8	相邻标度中值	需要折中时采用
上列标度倒数	反比较	元素 i 对元素 j 的标度为 a_{ij}，反之为 $1/a_{ij}$

1～9 标度方法则符合人的认识规律，具有一定的科学依据。从人的直觉判断能力来看，在区分事物数量差别时，总是习惯使用相同、较强、强、很强、极强等判断语言。心理学实验表明，多数人对不同事物在相同属性上的差异分辨能力介于 5～9 级，1～9 标度反映了多数人的判断能力。萨蒂教授将 1～9 标度方法和其他标度方法进行对比，通过大量模拟实验证明，1～9 标度方法是可行的，与其他标度方法比较，能更有效地将思维判断数量化。

设有 m 个元素 $A_1, A_2, \cdots, A_m$，现在构造关于准则 C_r 的判断矩阵。将 m 个元素自上而下排成一列，自左向右排成一行，左上角交叉处标明准则记号 C_r。将左边第一列任一元素 A_i（$i=1, 2, \cdots, m$）和上边第一行的任一元素 A_j（$j=1, 2, \cdots, m$）比较，关于准则 C_r 的重要程度作出判断，按照 1～9 标度给出的相应的标度值 a_{ij}。这样，就构造出元素 $A_1, A_2, \cdots, A_m$ 关于准则 C_r 的判断矩阵 $\boldsymbol{A}=(a_{ij})_{m\times n}$，其形式如表 9－22 所示。

表 9 - 22　　判断矩阵

C_r	A_1	A_2	…	A_j	…	A_m
A_1	a_{11}	a_{12}	…	a_{1j}	…	a_{1m}
A_2	a_{21}	a_{22}	…	a_{2j}	…	a_{2m}
⋮	⋮	⋮	⋮	⋮	⋮	⋮
A_i	a_{i1}	a_{i2}	…	a_{ij}	…	a_{im}
⋮	⋮	⋮	⋮	⋮	⋮	⋮
A_m	a_{m1}	a_{m2}	…	a_{mj}	…	a_{mm}

对图 9 - 6 中层次模型的准则层的四个元素——位置地段、户型面积、房屋价格和交通便利，进行两两比较，可得准则层的两两比较结果，如表 9 - 23 所示。例如，相对于户型，位置的重要程度介于很重要（分值为 5）和比较重要（分值为 3）之间，所以"位置—户型"的得分为 4。

表 9 - 23　　准则层的两两比较结果

成对比较	重要程度	分值
位置—户型	比较重要与很重要之间	4
位置—房价	同样重要	1
位置—交通	比较重要	3
房价—户型	很重要	5
房价—交通	比较重要与很重要之间	4
交通—户型	比较重要与同样重要之间	2

两两比较矩阵可看作一个正互反矩阵 $\boldsymbol{A} = (a_{ij})_{m \times m}$，其中 m 表示同一层次要比较的元素的个数，a_{ij}表示元素 i 相对于元素 j 的重要程度，

$$a_{ij} > 0,\ a_{ij} = \frac{1}{a_{ji}},\ a_{ii} = 1$$

根据两两比较结果（见表 9 - 23），可得对应的两两比较矩阵（见表 9 - 24）。矩阵中对称位置的分值互为倒数，例如，位置比户型的分值为 4，则户型比位置的分值为 1/4。

表 9 - 24　　准则层的两两比较矩阵

准则层	位置	户型	房价	交通
位置	1	4	1	3
户型	1/4	1	1/5	1/2
房价	1	5	1	4
交通	1/3	2	1/4	1

除了针对总目标，准则层需要建立两两比较矩阵之外，针对各准则，方案层也需要建立对应的两两比较矩阵，如表 9 - 25 所示。

表 9-25　　方案层的两两比较矩阵

(a) 位置地段

方案层	P_1	P_2	P_3
P_1	1	1/5	3
P_2	5	1	3
P_3	3	1/3	1

(b) 户型面积

方案层	P_1	P_2	P_3
P_1	1	5	2
P_2	1/5	1	1/3
P_3	1/2	3	1

(c) 房屋价格

方案层	P_1	P_2	P_3
P_1	1	1/3	1/5
P_2	3	1	1/2
P_3	5	2	1

(d) 交通便利

方案层	P_1	P_2	P_3
P_1	1	1/5	1/2
P_2	5	1	3
P_3	2	1/3	1

与准则层的两两比较矩阵（见表9-24）类似，方案层的两两比较矩阵（见表9-25）中的数值 P_{ij}，表示两种候选方案（小区）P_i 和 P_j 之间的相对优先级。例如表9-25（a）中的 $P_{13}=3$，表示购房人在考虑房屋所处位置地段时，小区 P_1 要优于小区 P_3，且二者有“比较”明显的差异。

9.5.4　一致性检验

虽然相比于计分模型需要一次性同时给出各元素的重要程度或满意度，层次分析法采用的两两比较法操作起来更加简单易行，但是通过两两比较得到的两两比较矩阵可能会出现整体不一致的问题。例如，观察准则层的两两比较矩阵（见表9-24）会发现，位置 C_1 相比于交通 C_4 的结果 C_{14} 为3（即认为相比于交通 C_4 而言，位置 C_1 比较重要），而交通 C_4 相比于户型 C_2 的结果 C_{42} 为2（即认为相比于户型 C_2，交通 C_4 介于“比较重要与同样重要”之间），据此推理可得，位置 C_1 相比于户型 C_2 的结果 C_{12} 应该为 $6=2\times3$（即相比于户型 C_2，位置 C_1 介于“很重要与非常重要”之间），但是实际给出的位置 C_1 相比于户型 C_2 的结果 C_{12} 为4，因此出现了不一致。

构建两两比较矩阵本质上是一个将决策者的定性比较转换为定量表示的过程。这一过程中，很难保证两两比较矩阵是完全一致的，不可避免地会出现一些不一致现象。在使用两两比较矩阵做进一步地量化分析之前，需要保证其中的不一致程度是可以接受的，即需要对其做一致性检验。

若 $\boldsymbol{A}=(a_{ij})_{m\times m}$ 是完全一致的两两比较矩阵，则

$$a_{ik}=a_{ij}\cdot a_{jk},\ i,\ j,\ k=1,\ 2,\ \cdots,\ m$$

假设对四个因素进行两两比较，各因素的重要程度分别为

$$(w_1,\ w_2,\ w_3,\ w_4)=(8,\ 4,\ 2,\ 1)$$

对应的完全一致性两两比较矩阵为

$$\boldsymbol{A}=\begin{bmatrix} 1 & \frac{w_1}{w_2} & \frac{w_1}{w_3} & \frac{w_1}{w_4} \\ \frac{w_2}{w_1} & 1 & \frac{w_2}{w_3} & \frac{w_2}{w_4} \\ \frac{w_3}{w_1} & \frac{w_3}{w_2} & 1 & \frac{w_3}{w_4} \\ \frac{w_4}{w_1} & \frac{w_4}{w_2} & \frac{w_4}{w_3} & 1 \end{bmatrix}=\begin{bmatrix} 1 & 2 & 4 & 8 \\ \frac{1}{2} & 1 & 2 & 4 \\ \frac{1}{4} & \frac{1}{2} & 1 & 2 \\ \frac{1}{8} & \frac{1}{4} & \frac{1}{2} & 1 \end{bmatrix}$$

矩阵 $\boldsymbol{A}$ 的各行（各列）成比例，即该矩阵的秩 $\text{rank}(\boldsymbol{A})=1$，矩阵 $\boldsymbol{A}$ 只有一个非零特征值为4，等于因素的数量 m。矩阵 $\boldsymbol{A}$ 的各列（包括最后一列，因素的权重向量 $(8, 4, 2, 1)^T$）都是该特征值对应的特征向量。

为度量两两比较矩阵的一致性，通常采用一致性比率作为度量指标，具体包括以下几个步骤。

（1）计算两两比较矩阵 $\boldsymbol{A}=(a_{ij})_{m\times m}$ 的最大特征值 $\lambda_{\max}$。

（2）计算一致性指标（Consistency Index，CI）$CI=(\lambda_{\max}-m)/(m-1)$。

（3）查表找出平均随机一致性指标（Random Index，RI）。

（4）计算随机一致性比率 $CR=CI/RI$。

（5）若 $CR\leqslant 0.1$ 时，则矩阵 $\boldsymbol{A}$ 的不一致性程度在可容忍范围内；否则需要调整 $\boldsymbol{A}$。

一致性检验的理论依据为：正互反矩阵 $\boldsymbol{A}=(a_{ij})_{m\times m}$ 的最大特征值 $\lambda_{\max}\geqslant m$；当且仅当 $\lambda_{\max}=m$ 时，矩阵 $\boldsymbol{A}$ 满足一致性；当 $\lambda_{\max}\to m$ 时，矩阵 $\boldsymbol{A}$ 接近完全一致；$\lambda_{\max}$ 越大，矩阵 $\boldsymbol{A}$ 的一致性越差。CI 的值越小，说明两两比较矩阵的一致性程度越大，$CI=0$（对应 $\lambda_{\max}=m$）表示该矩阵完全一致。

要比较的元素越多，即两两比较矩阵的阶数 m 越大，两两比较出现偏差的可能性也就越大。因此，对于不同阶数的两两比较矩阵，人们对其不一致性的容忍程度也不同。为了针对不同阶数的矩阵，给出一个统一的不一致性容忍程度的范围，层次分析法引入了平均随机一致性指标 RI。

RI 度量的是在完全随机的情况下，两两比较矩阵的平均一致性。对于不同阶数的矩阵，RI 的取值可以通过直接查表（见表9-26）获得。如果矩阵阶数超出表9-26给的范围，可以自行计算，计算方法为：

随机地构造 n 个 $m\times m$ 的两两比较矩阵，$\boldsymbol{A}_1$，$\boldsymbol{A}_2$，…，$\boldsymbol{A}_n$（n 要足够大）；

计算各矩阵的一致性指标 CI_1，CI_2，…，CI_n；

计算平均随机一致性指标 $RI=(CI_1+CI_2+\cdots+CI_n)/n$。

表9-26　RI 的取值

阶数	RI	阶数	RI
1	0	8	1.41
2	0	9	1.46
3	0.52	10	1.49
4	0.89	11	1.52
5	1.12	12	1.54
6	1.26	13	1.56
7	1.36	14	1.58

将两两比较矩阵的 CI 与对应的 RI 相比，可得到 CR。一般认为，当 $CR<0.1$ 时，符合一致性要求，即不一致性程度是可接受的，否则需要对两两比较矩阵进行调整。

计算一致性比率 CR 的关键在于计算两两比较矩阵 $\boldsymbol{A}$ 的最大特征值 $\boldsymbol{\lambda}_{\max}$。根据线性代数的相关知识，对于矩阵 $\boldsymbol{A}$，若 $\boldsymbol{AX}=\lambda\boldsymbol{X}$ 有非零解向量 $\boldsymbol{X}$，则称 λ 为 $\boldsymbol{A}$ 的特征值，$\boldsymbol{X}$ 为对

应的特征向量。结合上面对完全一致的两两比较矩阵的性质分析可知，矩阵的所有列向量都是其唯一特征值对应的特征向量，且与因素的权重向量成比例。基于该性质，可以对两两比较矩阵 $\boldsymbol{A}$ 的最大特征值进行估算。假设矩阵 $\boldsymbol{A}$ 的每一列都是对因素权重向量的一个估计，则可以通过各列向量的加和（或平均）来估算因素的权重向量 $\boldsymbol{X}=(x_1,\ x_2,\ \cdots,\ x_m)^{\mathrm{T}}$，即每一行的加和（或平均值）可看作是对应因素的权重（优先级）估计值，即 $x_i=\sum_{j=1}^{m}a_{ij}$。具体计算包括以下几个步骤。

1. 计算优先级

通过归一化得到各因素的标准优先级

$$w_k = x_k \Big/ \sum_{i=1}^{m} x_i = \sum_{j=1}^{m} a_{kj} \Big/ \sum_{i=1}^{m}\sum_{j=1}^{m} a_{ij} \tag{9-20}$$

其中，$x_k=\sum_{j=1}^{m}a_{kj}$ 为因素 k 的权重（优先级）估计。通过除以所有元素和 $\sum_{i=1}^{m}\sum_{j=1}^{m}a_{ij}$ 实现归一化（即所有因素的权重加和为1），所得的 w_k 称为因素 k 的标准优先级。

2. 求特征向量

$\boldsymbol{W}=(w_1,\ w_2,\ \cdots,\ w_m)^{\mathrm{T}}$ 可近似作为两两比较矩阵 $\boldsymbol{A}$ 的最大特征值 $\lambda_{\max}$ 对应的特征向量。

3. 求最大特征值

根据特征值的定义 $\boldsymbol{AX}=\lambda\boldsymbol{X}$，估算最大特征值。

$$\lambda_{\max} = \frac{1}{m}\sum_{i=1}^{m}\frac{(\boldsymbol{AW})_i}{w_i} = \frac{1}{m}\sum_{i=1}^{m}\frac{\sum_{j=1}^{m}a_{ij}w_j}{w_i} \tag{9-21}$$

根据上述方法，对表 9-25 的两两比较矩阵进行计算，可以得到对应的最大特征值 $\lambda_{\max}=4.046$ 和因素的标准优先级向量 $\boldsymbol{W}=(0.353,\ 0.076,\ 0.431,\ 0.140)$（见表 9-27）。

表 9-27　准则层的两两比较矩阵的一致性检验

a_{ij}	位置	户型	房价	交通	$x_i=\sum_{j=1}^{m}a_{ij}$	$\sum_{j=1}^{m}a_{ij}w_j$	$\sum_{j=1}^{m}a_{ij}w_j/w_i$
位置	1	4	1	3	9	1.510	4.283
户型	1/4	1	1/5	1/2	1.95	0.321	4.201
房价	1	5	1	4	11	1.727	4.008
交通	1/3	2	1/4	1	3.583	0.518	3.693
优先级 w_j	0.353	0.076	0.431	0.140	$\lambda_{\max}=4.046$		

求得两两比较矩阵的最大特征值 $\lambda_{\max}$ 后，依据公式可以计算出该矩阵对应的一致性指标：

$$CI=\frac{\lambda_{\max}-m}{m-1}=\frac{4.046-4}{3}=0.015$$

查表 9-26 可得，当元素数量 $n=4$ 时，对应的 $RI=0.89$，进而可以得到随机一致性比率：

$$CR=\frac{CI}{RI}=\frac{0.015}{0.89}\approx 0.017<0.10$$

因此该两两比较矩阵是满足一致性要求的。按照同样的方法，可以对其他两两比较矩阵进行一致性检验。

当两两比较矩阵不满足一致性要求时，需要对其进行调整。此时，应该优先调整不一致程度较大的三元组关系，即数量 a_{ik} 和 $a_{ij}\cdot a_{jk}$ 差异较大的三元组 $(i,\ j,\ k)$。

9.5.5　综合比较

在进行两两比较矩阵的一致性检验过程中，得到各元素相对于上层元素的标准优先级 w_k，即层次模型中各条边的权值。表 9－27 给出了各准则相对于总目标的标准优先级，表 9－28 给出了各候选方案相对于各准则的标准优先级。

表 9－28　　方案层的两两比较矩阵

(a) 位置地段

方案层	P_1	P_2	P_3	优先级
P_1	1	1/5	3	0.240
P_2	5	1	3	0.513
P_3	3	1/3	1	0.247

(b) 户型面积

方案层	P_1	P_2	P_3	优先级
P_1	1	5	2	0.570
P_2	1/5	1	1/3	0.109
P_3	1/2	3	1	0.321

(c) 房屋价格

方案层	P_1	P_2	P_3	优先级
P_1	1	1/3	1/5	0.109
P_2	3	1	1/2	0.321
P_3	5	2	1	0.570

(d) 交通便利

方案层	P_1	P_2	P_3	优先级
P_1	1	1/5	1/2	0.121
P_2	5	1	3	0.641
P_3	2	1/3	1	0.238

按照类似计分模型的思路，把方案层的优先级根据准则层的优先级进行加权求和，可得到各候选方案相对于总目标的得分（见表 9－29）。

表 9－29　　候选方案的综合得分

优先级 w_j	位置	户型	房价	交通	综合得分
	0.353	**0.076**	**0.431**	**0.140**	
P_1	0.240	0.570	0.109	0.121	0.192
P_2	0.513	0.109	0.321	0.641	**0.417**
P_3	0.247	0.321	0.570	0.238	0.391

比较三种候选方案的综合得分，小区 P_2 分值最高，所以应该选购小区 P_2 的房屋。

9.5.6　模型拓展

例 9－5 中，在总目标和方案层之间只有一层准则，则可以按照上述过程来计算各方案的综合得分。然而对于复杂的问题，中间层可能不止一层，因此需要一种更为通用的综合得分计算方法。该类决策问题的层析结构模型称为递阶层次结构模型，如图9-7所示，最上层为总目标A，中间为n个准则层，第k准则层各因素分别记为数量$B_1^{(k)}$，$B_2^{(k)}$，…，$B_{n_k}^{(k)}$。最低层为方案层，共有m种待评价方案，记为a_1，a_2，…，a_m。相邻两层因素之间存在关系，则标明作用线，无作用线表示不存在关系。

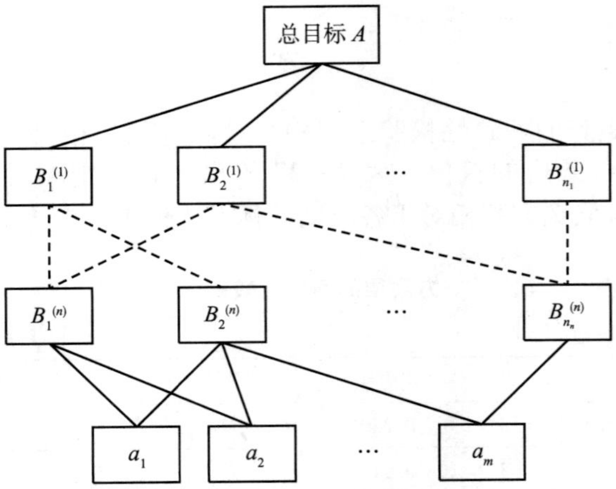

图9-7 递阶层次结构模型

1. 递阶层次结构解析过程

针对该类结构模型的权重决策过程称为递阶层次结构权重解析过程。在层次权重解析过程中，应该注意不完全层析关系。例如在图9-7中，关于准则$B_{n_n}^{(n)}$，方案a_1与准则$B_{n_n}^{(n)}$不存在关系。构造判断矩阵应将a_1除外，得到$m-1$阶矩阵，解得$m-1$维特征向量。在权重解析过程中，方案a_1关于准则$B_{n_n}^{(n)}$的权重应为0。方案层关于准则$B_{n_n}^{(n)}$的优先权重向量，将方案a_1的权重0补进去，仍为m维向量。对一般不完全层次关系，均应做类似的处理。

AHP方法的目的在于求出各方案对总目标A的优先权重，求解过程从上到下，在相邻层次之间逐层进行，故称之为递阶权重解析。

首先，讨论相邻两层次间的权重解析。设已经计算出第$k-1$层子目标关于总目标A的优先权重向量为

$$\boldsymbol{W}^{(k-1)}=(w_1^{(k-1)},\ w_2^{(k-1)},\ \cdots,\ w_{n_{k-1}}^{(k-1)})^{\mathrm{T}}$$

第k层与目标的n_k个元素对以第$k-1$层子目标的第j个元素为准则的优先权重向量为

$$\boldsymbol{P}_j^{(k)}=(p_{1j}^{(k)},\ p_{2j}^{(k)},\ \cdots,\ p_{n_kj}^{(k)})^{\mathrm{T}}$$

令

$$\boldsymbol{P}^{(k)}=(\boldsymbol{P}_1^{(k)},\ \boldsymbol{P}_2^{(k)},\ \cdots,\ \boldsymbol{P}_{n_{k-1}}^{(k)})^{\mathrm{T}}$$

这是$n_k\times n_{k-1}$矩阵，表示第k层子目标n_k个元素关于第$k-1$层各元素的n_{k-1}个优先权重向量所构成的矩阵。于是，第k层子目标关于总目标A的组合优先权重向量为

$$\boldsymbol{W}^{(k)}=\boldsymbol{P}^{(k)}\boldsymbol{W}^{(k-1)}=(w_1^{(k)},\ w_2^{(k)},\ \cdots,\ w_{n_k}^{(k)})^{\mathrm{T}}$$

其中，

$$w_i^{(k)}=\sum_{j=1}^{n_{k-1}}p_{ij}^{(k)}w_j^{k-1}\ (i=1,\ 2,\ \cdots,\ n_k)$$

以此类推，从上到下，推出第 n 准则层关于总目标 A 的组合优先权重向量为

$$\boldsymbol{W}^{(n)}=(w_1^{(n)},\ w_2^{(n)},\ \cdots,\ w_{n_n}^{(n)})^{\mathrm{T}}$$

最后，方案层对第 n 准则层第 j 个因素为准则的优先权重向量为

$$\boldsymbol{P}_j^a=(p_{1j}^{(a)},\ p_{2j}^{(a)},\ \cdots,\ p_{mj}^{(a)})^{\mathrm{T}}$$

令

$$\boldsymbol{P}^a=(\boldsymbol{P}_1^{(a)},\ \boldsymbol{P}_2^{(a)},\ \cdots,\ \boldsymbol{P}_{n_n}^{(a)})$$

从而得到方案层关于总目标 $\boldsymbol{A}$ 的组合优先权重向量为

$$\boldsymbol{W}^{(a)}=\boldsymbol{P}^{(a)}\boldsymbol{W}^{(n)}=(w_1^{(a)},\ w_2^{(a)},\ \cdots,\ w_m^{(a)})^{\mathrm{T}}$$

其中，

$$w_i^{(a)}=\sum_{j=1}^{n_n}p_{ij}^{(a)}w_j^{(n)}\ (i=1,\ 2,\ \cdots,\ m)$$

显然

$$\boldsymbol{W}^{(a)}=\boldsymbol{P}^{(a)}\boldsymbol{P}^{(n)}\cdots\boldsymbol{P}^{(2)}\boldsymbol{W}^{(1)} \tag{9-22}$$

式（9－22）仅是低层次结构权重总排序的理论公式，实际计算是利用判断矩阵的表格形式，从上到下逐层进行计算。

2. 递阶层次结构模型基本步骤

用 AHP 方法进行决策分析，大体上可以总结为以下四个基本步骤。

（1）建立层次结构模型。对社会经济系统进行调查研究，将目标准则体系所包含因素划分为不同层次，如目标层、准则层、方案层等，构建层次结构模型。用不同形式的框图表明层次结构因素间的从属关系，应该突出重点，抓住关键因素，每一层因素不宜过多，AHP 方法对于序列型和非序列型层次结构模型都是适用的。

（2）构造判断矩阵。按照层次结构模型，从上到下逐层构造判断矩阵。每一层因素都以相邻上一层次各因素为准则，按“1～9 标度方法”两两比较构造判断矩阵，也可以用其他改进的标度方法构造。

（3）层次单排序及其一致性检验。根据实际情况，用不同方法求解判断矩阵最大特征值相对应的特征向量，经过归一化处理，即得层次单排序权重向量。层次结构复杂，每一层因素较多，宜采用幂法在计算机上计算，也可以应用 AHP 软件计算。层次单排序要进行一致性检验，检验不合格的要修正判断矩阵，直到符合满意的一致性标准。

（4）层次总排序及其一致性检验。层次总排序是从上到下逐层进行的。在实际计算中，一般按表格形式计算较为简便。设相邻两层次中，假设层次 A 包含有 m 个因素 A_1，A_2，…，A_m，层次 B 中包含 n 个因素 B_1，B_2，…，B_n。上一层次因素总排序权重分别为 w_1，w_2，…，w_m，下一层因素关于上一层次因素 A_j 的层次单排序权重向量为（p_{1j}，p_{2j}，…，p_{nj}）^{T}，则层次 B 的总排序权重值可根据表 9－30 计算。

表 9－30　　计算层次 B 的总排序权重值

层次 B	$A_1, A_2, \cdots, A_m$ $w_1, w_2, \cdots, w_m$	层次 B 的总排序权值
B_1	$p_{11}, p_{12}, \cdots, p_{1m}$	$\sum_{j=1}^{m} w_j p_{1j}$
B_2	$p_{21}, p_{22}, \cdots, p_{2m}$	$\sum_{j=1}^{m} w_j p_{2j}$
…	…	…
B_n	$p_{n1}, p_{n2}, \cdots, p_{nm}$	$\sum_{j=1}^{m} w_j p_{nj}$

同样地，层次总排序的一致性检验也是从上到下逐层进行的。层次 B 关于层次 A 的因素 A_j 的单排序检验一致性指标为 CI_j，平均随机一致性指标为 RI_j，则层次总排序检验的一致性指标、平均随机一致性指标和一致性比率指标分别为

$$CI = \sum_{j=1}^{m} w_j CI_j \tag{9-23}$$

$$RI = \sum_{j=1}^{m} w_j RI_j \tag{9-24}$$

$$CR = \frac{CI}{RI} = \frac{\sum_{j=1}^{m} w_j \cdot CI_j}{\sum_{j=1}^{m} w_j \cdot RI_j} \tag{9-25}$$

当 $CR<0.1$ 时，总排序才通过一致性检验，总排序结果才有令人满意的一致性。由于关于总目标一致性比率是累积的，层次越多，要求的层次单排序的一致性比率就越小，总排序才越容易通过一致性检验。应该注意，在实际操作中，层次总排序的一致性检验通常可以省略。这是因为层次单排序通过了一致性检验，层次总排序的一致性检验通常不会有太大的偏离。再者，实际构造判断矩阵难以兼顾层次总排序的一致性。目前大多数实际工作都没有对整体一致性进行严格检验。

9.6 目标规划

目标规划又称为目的规划，由查恩斯（Charnes）和库珀（Cooper）于 1961 年提出。目标规划克服了线性规划目标单一的缺点，是一种实用的多目标决策方法。这种方法对单层次目标准则体系的决策问题十分有效，在管理决策中的应用越来越广泛。

9.6.1 目标规划模型

本节以线性规划为例介绍目标规划方法。首先给出多目标线性规划的一般形式，即

$$\begin{cases}\min Z_k = \sum_{j=1}^{n} c_{kj}x_j (k=1,2,\cdots,K) \\ \text{s. t.} \ \sum_{j=1}^{n} a_{ij}x_j \leqslant b_i (i=1,2,\cdots,m) \\ x_j \geqslant 0 (j=1,2,\cdots,n)\end{cases}$$

其中，Z_k（$k=1, 2, \cdots, K$）是第 k 个目标函数。由于管理实践中的所有的决策目标均可以转化为求最大值或者最小值两类，且二者之间可以相互转化（通过在函数前添加“-”号），因此，此处用最小化（min）来统一表达多个目标的决策意图。

将多目标问题转化为目标规划问题求解需要基于以下两个假设。

（1）在制定目标时，决策者会针对每个目标设定一个目标值，即决策者希望目标规划最终得到的决策值要小于、等于或大于某一值。

（2）多个目标有主次之分，即不同目标优先级不同。

目标规划基本方法是：对每一个目标函数引进一个期望值。由于条件限制，这些目标值不尽然都能达到。引入正、负偏差变量，表示实际值与期望值的偏差，并将目标函数转化为约束条件，与原有约束条件构成新的约束条件组。引入目标的优先等级和权系数，构造新的单一的目标函数，将多目标问题转化为单目标问题求解。

基于上述分析，下面讨论将多目标规划问题转化为目标规划问题的方法。

1. 目标函数的期望值

对于多目标规划的每一个目标值 Z_k（$k=1, 2, \cdots, K$），根据实际情况和决策者的希望，确定一个期望值 e_k。由于 K 个目标的期望值难以全部达到，寻求可行解应该使这些目标的期望值最接近地得以实现。

2. 正、负偏差变量

对于目标函数值，分别引入正、负偏差变量 d_k^+、d_k^-，且 d_k^+、$d_k^- \geqslant 0$（$k=1, 2, \cdots, K$）。正偏差变量 d_k^+ 表示第 k 个目标超出期望值 e_k 的数值，负偏差变量 d_k^- 表示第 k 个目标未达到期望值 e_k 的数值。对于同一个目标函数，d_k^+、d_k^- 至少有一个为零，即 $d_k^- \cdot d_k^+ = 0$。引入偏差变量之后，目标函数就变成了约束条件，成为约束条件组的一部分。原有的约束条件，也可以引入偏差变量的办法，将不等式约束变成等式约束，偏差变量起着松弛变量的作用。

3. 达成函数

各个目标函数引入期望值和偏差变量后，已并入约束条件组，需要构造新的目标函数。目标规划模型的目标函数称为达成函数（准则函数），是一个以各偏差变量取最小值，单一综合性的目标函数。通过构造达成函数，多目标问题就转化为单目标问题。达成函数的一般形式为

$$\min Z = f(d_k^+, d_k^-)$$

其具体形式有以下三种。

（1）要求某个目标恰好达到期望值，正、负偏差变量 d_k^+、d_k^- 均应该取最小值，可取使式 $d_k^+ + d_k^-$ 达到最小值。达成函数的形式为

$$\min Z = f(d_k^+ + d_k^-)$$

(2) 要求某个目标不低于期望值，即该目标的正偏差变量 d_k^+ 不受限制，负偏差变量 d_k^- 取最小值，达成函数形式为

$$\min\ Z = f(d_k^-)$$

(3) 要求某个目标不高于期望值，即该目标的负偏差变量 d_k^- 不受限制，正偏差变量 d_k^+ 取最小值。达成函数形式为

$$\min\ Z = f(d_k^+)$$

(4) 优先因子和加权系数。由于各目标有主次之分，为此，引入优先因子 P_i ($i=1, 2, \cdots, l$) 表示目标属于第 i 个优先级别，共有 l 个优先等级。例如，$P_1(d_k^+)$ 表示第 k 个正偏差变量列入第 1 个优先级别。优先因子 P_i 不仅作为一种记号，还可以看作偏差变量的一种特殊正系数，参加一般运算。相邻优先级别的关系是"$P_i \gg P_{i+1}$"，规定级别 P_i 比 P_{i+1} 有更大优先权。首先必须保证级别 P_i 的目标实现，其后再考虑 P_{i+1} 级目标。由于 P_i 和 P_{i+1} 不是同一级别的量，对于任意正数 M，均有 $P_i > MP_{i+1}$。例如，$P_i > 100P_{i+1}$。

在同一优先级别中，为了区分不同目标偏差变量的重要程度，引入权系数 w_{ij}，$\sum_{j=1}^{k} w_{ij} = 1$，权系数的数值根据实际情况而定。

根据上述讨论，目标规划模型的一般形式为

$$\begin{cases} \min\ Z = \sum_{i=1}^{l} P_i \sum_{k=1}^{K} (w_{ik}^- d_k^- + w_{ik}^+ d_k^+) \\ \text{s.t.}\ \sum_{j=1}^{n} c_{kj} x_j + d_k^- - d_k^+ = e_k (k = 1, 2, \cdots, K) \\ \quad \sum_{j=1}^{n} a_{ij} x_j + d_k^- - d_k^+ = b_i (i = 1, 2, \cdots, m) \\ \quad x_j \geqslant 0 (j = 1, 2, \cdots, n) \\ \quad d_k^-, d_k^+ \geqslant 0 (k = 1, 2, \cdots, K) \\ \quad d_i^-, d_i^+ \geqslant 0 (i = 1, 2, \cdots, m) \end{cases}$$

目标规划的建模包括以下几个步骤。

(1) 假设决策变量。

(2) 建立约束条件。

(3) 建立各个目标函数。

(4) 确定各目标期望值，引入偏差变量，将目标函数转化为约束方程。

(5) 确定各目标优先级别和权系数，构造达成函数。

9.6.2 目标规划应用分析

从分析实际问题到建立模型，是应用目标规划解决实际问题的关键而困难的一步。下面通过实例说明。

【例 9-6】（产品生产决策问题） 某厂生产 A、B 两种型号的产品，需要消耗甲、乙两种材料，其单位消耗、单位利润和材料库存如表 9-31 所示（单耗：万千克/万件）。市

场对产品 B 型号的需求量大，要尽可能多生产，如何安排生产 A、B 型号产品，使厂家获得最大利润。根据市场需求情况，决策者确定首要目标是确保利润 755 万元，其次是产品 B 的产量不得低于目标值 650 万件。试对厂家生产作出决策分析。

表 9-31　　单位消耗、单位利润和材料库存

材料	A/(万千克/万件)	B/(万千克/万件)	材料库存/万千克
甲	0.5	0.3	300
乙	0.1	0.3	180
利润/(万元/万件)	0.7	1.0	

解： 设 A、B 型号产品的产量分别为 x_1、x_2 万件，先分析该问题的约束条件。

（1）原材料约束：由表 9-31 可知，对于材料甲，A、B 型产品的单耗分别为 0.5 万千克/万件、0.3 万千克/万件，材料存量为 300 万千克。于是，有约束条件为

$$0.5x_1 + 0.3x_2 \leqslant 300$$

同样，对于材料乙，有约束条件为

$$0.1x_1 + 0.3x_2 \leqslant 180$$

（2）利润约束：A、B 型产品的单位利润分别为 0.7 万元、1.0 万元，于是，有约束条件为

$$0.7x_1 + x_2 \geqslant 755$$

由于第一级管理目标是要确保利润值，设利润值的正、负偏差变量为 d_3^+、d_3^-，有约束条件为

$$0.7x_1 + x_2 + d_3^- - d_3^+ = 755$$

（3）产量约束：产品 B 的产量不得低于 650 万件，于是有

$$x_2 \geqslant 650$$

由于第二级管理目标是目标产量不低于 650 万件，设产品 B 的正、负偏差变量为 d_4^+、d_4^-，有约束条件为

$$x_2 + d_4^- - d_4^+ = 650$$

再分析达成函数的优先级别，各级管理目标依次为以下几项。

P_1 级目标：确保利润值恰好为 755 万元，即 $P_1(d_3^- + d_3^+)$，表示利润值的正负偏差变量之和最小。

P_2 级目标：产品 B 的产量不得低于 650 万件，即 $P_2d_4^-$，表示产品 B 产量的负偏差变量最小。

另外，为使材料约束条件的不等式约束化为等式约束，分别设 d_1^+、d_1^- 为甲材料的正、负偏差变量，d_2^+、d_2^- 为乙材料的正、负偏差变量。综上分析，此问题的目标规划模型为

$$\begin{cases} \min\ Z = P_1(d_3^- + d_3^+) + P_2 d_4^- \\ \text{s. t.}\ \ 0.5x_1 + 0.3x_2 + d_1^- - d_1^+ = 300 \\ \qquad 0.1x_1 + 0.3x_2 + d_2^- - d_2^+ = 180 \\ \qquad 0.7x_1 + x_2 + d_3^- - d_3^+ = 755 \\ \qquad x_2 + d_4^- - d_4^+ = 650 \\ \qquad x_1,\ x_2 \geqslant 0 \\ \qquad d_i^-,\ d_i^+ \geqslant 0\ (i = 1, 2, 3, 4) \end{cases}$$

利用 Excel 求得结果为：$x_1 = 150$，$x_2 = 650$，$d_1^+ = 30$，$d_1^- = 0$，$d_2^+ = 0$，$d_2^- = 30$，$d_3^+ = 0$，$d_3^- = 0$，$d_4^+ = 0$，$d_4^- = 0$，总利润为 $0.7x_1 + x_2 = 755$。

9.7 Excel 应用分析

【例 9－7】（数据库设计竞赛方案评价） 某机构组织数据库设计竞赛，评判标准为：（1）功能完整；（2）界面清晰；（3）结构合理。现有 A、B、C 三名选手进入总决赛。三名选手中，A 所编程序的功能比较完整、界面比较清晰，结构也比较合理；B 所编程序功能最完整、界面较清晰，但结构稍差；C 所编程序功能稍差，但结构较好、界面清晰。试对评判三名选手的最终成绩作出决策分析。

Excel 应用包括以下几个步骤。

第一步，构建层次结构模型。确定目标层：选手成绩排序；构造三项准则（功能、界面、结构），构造准则层；确定方案层（选手 A、选手 B、选手 C）。层次结构模型如图 9－8 所示。

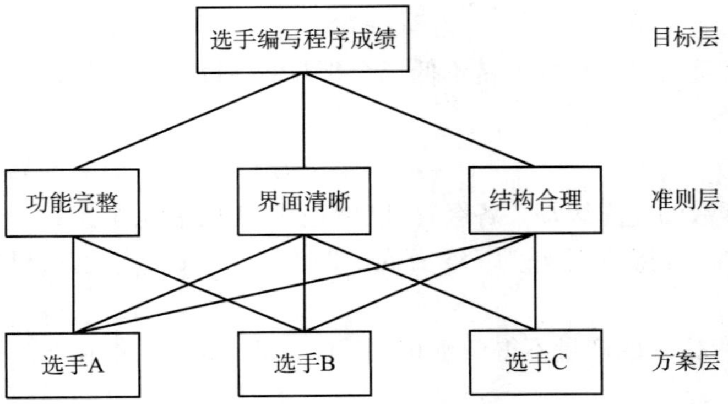

图 9－8 层次结构模型

第二步，构造各层次间判断矩阵、层次单排序、一致性检验。

（1）对功能完整标准进行分析。将选手 A、B、C 两两进行比较，如选手 A 与选手 A 相比，功能完整方面相等；选手 B 在功能完整方面比选手 A 高，是选手 A 的 4 倍；选手 C 的功能完整是选手 A 的 1/2，以此类推，两两比较，得出其他两列的系数，得到判断矩阵。利用特征向量和特征值的近似计算方法，计算选手相对功能完整这项准则的优先权重，如图 9－9 所示。图 9－10 是各部分计算公式，其中 MMULT( ) 函数用于计算两个数组的矩阵乘积。

	A	B	C	D	E	F	G	H	I	J	K
1	功能完整准则判断矩阵					功能完整准则判断矩阵					
2	功能完整	选手A	选手B	选手C		选手A	选手B	选手C	优先权重	*Aw*	
3	选手A	1.0000	0.2500	2.0000	归一化	0.1818	0.1818	0.1818	0.1818	0.5455	3.0000
4	选手B	4.0000	1.0000	8.0000	列向量	0.7273	0.7273	0.7273	0.7273	2.1818	3.0000
5	选手C	0.5000	0.1250	1.0000		0.0909	0.0909	0.0909	0.0909	0.2727	3.0000
6	列之和	5.5000	1.3750	11.0000					特征向量		
7									**特征值**	**3.0000**	
8		CI=	0.0000	RI=	0.5200	CR=	0.0000	<0.1000			

图 9－9　选手相对功能完整准则的优先权计算

	A	B	C	D	E	F	G	H	I	J	K
1	功能完整准则判断矩阵					功能完整准则判断矩阵					
2	功能完整	选手A	选手B	选手C		选手A	选手B	选手C	优先权重	*Aw*	
3	选手A					=B3/B6	=C3/C6	=D3/D6	=AVERAGE(F3:H3)	=MMULT(B3:D3,I3:I5)	=J3/I3
4	选手B					=B4/B6	=C4/C6	=D4/D6	=AVERAGE(F4:H4)	=MMULT(B4:D4,I3:I5)	=J4/I4
5	选手C					=B5/B6	=C5/C6	=D5/D6	=AVERAGE(F5:H5)	=MMULT(B5:D5,I3:I5)	=J5/I5
6	列之和	=SUM(B3:B5)	=SUM(C3:C5)	=SUM(D3:D5)					特征向量		
7									**特征值**	=AVERAGE(K3:K5)	
8		CI=	=(J7-m)/(m-1)			CR=	=C8/E8				

图 9－10　选手相对功能完整准则的优先权计算公式

（2）用同样的方法计算出选手 A、B、C 相对于其他两项判断标准界面清晰和结构合理的优先级，得到图 9－11 和图 9－12。

11	界面清晰准则判断矩阵					界面清晰准则判断矩阵					
12	界面清晰	选手A	选手B	选手C		选手A	选手B	选手C	优先权重	*Aw*	
13	选手A	1.0000	4.0000	0.3333	归一化	0.2353	0.3077	0.2286	0.2572	0.7754	3.0152
14	选手B	0.2500	1.0000	0.1250	列向量	0.0588	0.0769	0.0857	0.0738	0.2217	3.0038
15	选手C	3.0000	8.0000	1.0000		0.7059	0.6154	0.6857	0.6690	2.0311	3.0360
16	列之和	4.2500	13.0000	1.4583					特征向量		
17									**特征值**	**3.0183**	
18		CI=	0.0092	RI=	0.5200	CR=	0.0176	<0.1000			

图 9－11　选手相对界面清晰准则的优先权重计算

21	结构合理准则判断矩阵					结构合理准则判断矩阵					
22	结构合理	选手A	选手B	选手C		选手A	选手B	选手C	优先权重	*Aw*	
23	选手A	1.0000	1.0000	0.3333	归一化	0.2000	0.1429	0.2174	0.1867	0.5630	3.0147
24	选手B	1.0000	1.0000	0.2000	列向量	0.2000	0.1429	0.1304	0.1578	0.4756	3.0147
25	选手C	3.0000	5.0000	1.0000		0.6000	0.7143	0.6522	0.6555	2.0045	3.0581
26	列之和	5.0000	7.0000	1.5333					特征向量		
27									**特征值**	**3.0292**	
28		CI=	0.0146	RI=	0.5200	CR=	0.0280	<0.1000			

图 9－12　选手相对结构合理准则的优先权重计算

（3）比较准则层各因素对总目标的优先权重及一致性检验。对功能完整、界面清晰和结构合理这三项评判标准进行两两比较，并用上述方法计算出各项评价标准的优先级，结果如图 9 – 13 所示。

31	总目标判断矩阵					总目标判断矩阵					
32	总目标	功能完整	界面清晰	结构合理		功能完整	界面清晰	结构合理	优先权重	***Aw***	
33	功能完整	1.0000	5.0000	3.0000	归一化	0.6522	0.5556	0.6923	0.6334	1.9456	3.0719
34	界面清晰	0.2000	1.0000	0.3333	列向量	0.1304	0.1111	0.0769	0.1062	0.3196	3.0111
35	结构合理	0.3333	3.0000	1.0000		0.2174	0.3333	0.2308	0.2605	0.7901	3.0329
36	列之和	1.5333	9.0000	4.3333					特征向量		
37									**特征值**	**3.0387**	
38		CI=	0.0193	RI=	0.5200	CR=	0.0372	<0.1000			

图 9 – 13　准则层相对总目标的优先权重计算

第三步，层次总排序求选手相对总目标的优先权重。将以上求得的各项优先权重填写在图 9 – 14 中，再去求出选手的总排序优先级。计算公式如图 9 – 15 所示。

41		功能完整	界面清晰	结构合理	总排序
42		0.6334	0.1062	0.2605	优先级
43	选手A	0.1818	0.2572	0.1867	0.1911
44	选手B	0.7273	0.0738	0.1578	0.5096
45	选手C	0.0909	0.6690	0.6555	0.2993

图 9 – 14　选手相对总目标的优先权重排序

41		功能完整	界面清晰	结构合理	总排序
42		=I33	=I34	=I35	优先级
43	选手A	=I3	=I13	=I23	=SUMPRODUCT(B42:D42,B43:D43)
44	选手B	=I4	=I14	=I24	=SUMPRODUCT(B42:D42,B44:D44)
45	选手C	=I5	=I15	=I25	=SUMPRODUCT(B42:D42,B45:D45)

图 9 – 15　选手相对总目标的优先权重排序计算公式

从图 9 – 14 的计算结果看出，选手 B 的优先级最高，也就是选手 B 的综合评价分数最高，其次为选手 C，再次为选手 A。

习　　题

1. 为了客观地评价我国研究生教育的实际状况和各研究生院的教学质量，国务院学位委员会办公室组织过一次研究生院的评估。为了取得经验，先选五所研究生院，收集有关数据资料进行了试评估，有关数据如表 9 – 32 所示。由于生师比为既非效益型又非成本型属性，表中第二列 z_2 的数据是在假设生师比最佳区间为［5，6］时，对 y_2 数据进行变换后的结果。试用 TOPSIS 法对这五所研究院排序。

表 9－32　研究生院试评估部分数据

i	人均专著/(部/人)	生师比	科研经费/(万元/年)	逾期毕业率/%
	y_1	$y_2(z_2)$	y_3	y_4
1	0.1	5(1.0000)	5000	4.7
2	0.2	7(0.8333)	4000	2.2
3	0.6	10(0.3333)	1260	3.0
4	0.3	4(0.6666)	3000	3.9
5	0.8	2(0.0000)	284	1.2

2. 随着经济的全球化趋势，现代企业为了在激烈的竞争中更多地占有优势，进行企业间的结盟即形成企业联盟成为企业发展的新方向。但在选择联盟伙伴时，企业就要面临如何在各备选伙伴中作出选择。某企业机构以下四个属性来衡量备选伙伴的优劣，分别是：(1) 商品价格；(2) 商品质量；(3) 企业财务状况；(4) 售后服务水平。而且该企业机构给定了这四个属性的两两重要性比较矩阵，见表 9－33。试采用 AHP 方法为企业选择联盟伙伴并采用 Excel 求解。

表 9－33　四个属性两两重要性比较矩阵

属性	商品价格	商品质量	企业财务状况	售后服务水平
商品价格	1	2	3	4
商品质量	1/2	1	2	3
企业财务状况	1/3	1/2	1	3/2
售后服务水平	1/4	1/3	2/3	1

3. 科研课题的评价往往涉及众多因素，每项课题攻关方向也不一样。但不管哪项课题，都要涉及成果贡献、人才培养、可行性及发展前景等因素，因此可以将这四个因素作为一级判断准则。与这四个因素相关的又有以下几个因素。

(1) 实用价值。指课题的研究成果给社会带来的效益，包括经济效益、社会效益、实用效益和成果贡献。这与人才培养、发展前景等目标都有关系。

(2) 科技水平。指课题在学术上的理论价值以及在同行中的领先水平。科技水平直接关系到成果贡献，也关系到人才培养、发展前景。

(3) 优势发挥。指课题发挥本单位学科以及人才优势程度，体现与同类课题比较的有利因素。这与人才培养、课题可行性和发展前景均有关系。

(4) 难易程度。指课题本身的难度以及课题组现有人才、设备条件所决定的成功可能性，这与课题可行性、发展前景相关联。

(5) 研究周期。指课题研究预计所需时间。这与可行性直接相关。

(6) 财政支持。指课题的经费、设备以及经费来源，还包括有关单位支持。这与课题的可行性、发展前景直接相关。

根据以上信息，构建科研课题评价的层次结构模型。

4. 采用目标规划方法对导入案例的问题进行决策分析并采用 Excel 求解。

5. 某纺织厂生产尼龙布和棉布，平均生产能力是每小时 1 千米，工厂开工能力为每周 80 小时。根据市场预测，每周最大销售量为尼龙布 70 千米，棉布 45 千米。尼龙布单位利润为每米 2.5 元，棉布单位利润为每米 1.5 元。厂家确定四级管理目标。

P1：保证正常生产，避免开工不足；

P2：限制加班时间，不超过 10 小时；

P3：尽量达到最大销售量，尼龙布 70 千米，棉布 45 千米；

P4：尽可能减少加班时间。

试运用目标规划方法对该厂尼龙布和棉布生产进行决策分析并采用 Excel 求解。

第10章 序贯决策

【教学目标】

(1) 掌握多阶段决策的步骤与序列决策方法。

(2) 了解马尔可夫决策的适用条件，熟悉马尔可夫决策分析的步骤。

(3) 熟悉常用的三种群体决策方法。

【导入案例】

盒中有白黑两种球，共100个。两种球数目之比为1:9，但是不知白球多还是黑球多。假定白球多的概率和黑球多的概率各为0.5。现在请你猜哪种球多。如果猜对了给你1元钱；如果猜错了，不给钱。在猜之前，你可以从盒中抽样，每抽一个，费用为0.1元，抽多少次都可以。那么，你会如何决策呢？

10.1 多阶段决策

10.1.1 多阶段决策问题

在经济活动中，常常遇到以上决策问题。由于它的特殊性，需要将过程分为若干个相互联系的阶段。在它的每一个阶段都需要作出决策，从而使整个过程达到最好的活动效果。当各个阶段决策确定后，就组成了一个决策序列，因而也就决定了整个过程的一条活动路线。这种把一个问题看作是一个前后关联的具有链状结构的多阶段过程就称为多阶段决策过程。多阶段决策具有以下三个特点：第一，决策者需要作出时间上有先后之别的多次决策；第二，前一次决策的选择将直接影响到后一次决策，后一次决策的状态取决于前一次决策的结果；第三，决策者关心的是多次决策的总结果，而不是各次决策的即时后果。

10.1.2 多阶段决策方法

解决多阶段决策问题的主要方法是决策树方法和动态规划方法，动态规划在运筹学中已经讨论过，这里主要介绍决策树方法。决策树由节点和分枝组成，每一条由树根通往树梢的路线都表示一种决策方案及可能遇到的一种情况。在分枝上，除注明其本身的意义外，在状态分枝上也要标出该状态发生的概率。每一路线的末端标出行动结果，行动结果可以用收益表示，也可以用损失表示。用收益表示行动结果，经决策分析后得到最优行动的收益期望值。用损失表示行动结果后，可得到最优行动的最小期望损失。

进行决策分析时，要由树梢往树根依次计算。遇到状态节点，取各分枝所表示行动结果的期望值；遇到行动节点，要取各分枝行动结果的最优值，同时将不是最优行动的各分枝截断。这种从后到前进行决策分析的方法叫作逆序归纳法。

多阶段决策分析包括以下几个步骤。

（1）根据具体问题适当划分阶段。

（2）确定各阶段的状态变量，寻找各阶段之间的联系。

（3）由后到前用逆序归纳法进行决策分析。

10.1.3 多阶段决策应用实例

【例 10－1】（离散情形的决策分析） 某企业考虑是否花费 4000 元钱从某科研机关购买某项技术，然后产销新产品。如果买技术，可以进行大批生产（a_1）、中批生产（a_2）或小批生产（a_3），可能出现的市场销售情况也分为畅销（θ_1）、一般（θ_2）和滞销（θ_3）三种。其收益矩阵如表 10－1 所示。

表 10－1　某公司产销新产品的收益矩阵

θ	$P(\theta)$	a_1/元	a_2/元	a_3/元
θ_1	0.4	40000	30000	10000
θ_2	0.3	20000	30000	10000
θ_3	0.3	－30000	－20000	10000

为了更正确地了解市场情况，正式投产前可先生产少量产品试销。由于要增添少量生产设备等原因，试销费需要 600 元。由于试销前未做广告，顾客对产品不太了解，加之试销量较小，试销结果不很准确。假设试销结果分为产品受欢迎（H_1）、一般（H_2）和不受欢迎（H_3）三种，其准确度（似然分布矩阵）如表 10－2 所示。

表 10－2　试销结果的准确度

θ	$P(\theta)$	$P(H_1 \mid \theta)$	$P(H_2 \mid \theta)$	$P(H_3 \mid \theta)$
θ_1	0.4	0.4	0.3	0.3
θ_2	0.3	0.2	0.4	0.4
θ_3	0.3	0.4	0.5	0.1

如不买此项技术，把这笔费用用在其他方面，在同样的时期可获利 8000 元。那么，

该公司应该如何决策？

（1）是否买技术？

（2）如果买技术，是否采取试销办法？

（3）如果不试销，应大批生产、中批生产还是小批生产？如果试销，又应该如何根据试销结果决定其行动？

解： 这是一个三阶决策问题。首先画出决策树的基本形式，此决策过程可以分为 3 个阶段。按照逆序归纳法，从后到前，依次分阶段进行。

先计算买技术并且试销时各试销结果的概率及在一定的试销结果下各状态的后验概率：

$$P(H_1) = \sum_{j=1}^{3} P(H_1 \mid \theta_j)P(\theta_j) = 0.4 \times 0.4 + 0.3 \times 0.2 + 0.3 \times 0.4 = 0.34$$

$$P(\theta_1 \mid H_1) = \frac{P(H_1 \mid \theta_1)P(\theta_1)}{P(H_1)} = \frac{0.4 \times 0.4}{0.34} = 0.471$$

$$P(\theta_2 \mid H_1) = \frac{P(H_1 \mid \theta_2)P(\theta_2)}{P(H_1)} = \frac{0.2 \times 0.3}{0.34} = 0.176$$

$$P(\theta_3 \mid H_1) = \frac{P(H_1 \mid \theta_3)P(\theta_3)}{P(H_1)} = \frac{0.4 \times 0.3}{0.34} = 0.353$$

同理可得

$P(H_2) = 0.39$　　$P(\theta_1 \mid H_2) = 0.308$　　$P(\theta_2 \mid H_2) = 0.308$　　$P(\theta_3 \mid H_2) = 0.384$

$P(H_3) = 0.27$　　$P(\theta_1 \mid H_3) = 0.445$　　$P(\theta_2 \mid H_3) = 0.445$　　$P(\theta_3 \mid H_3) = 0.110$

从而得到矩阵如表 10－3 所示。

表 10－3　　试销结果下的后验概率

H	$P(H)$	$P(\theta_1 \mid H)$	$P(\theta_2 \mid H)$	$P(\theta_3 \mid H)$
H_1	0.34	0.471	0.176	0.353
H_2	0.39	0.308	0.308	0.384
H_3	0.27	0.445	0.445	0.110

将以上各概率标记在决策树的分枝上，然后就可以进行决策分析了。计算 S_2 上各状态节点的收益期望值：

$40000 \times 0.471 + 20000 \times 0.176 - 30000 \times 0.353 = 11770$（元）

$30000 \times 0.471 + 30000 \times 0.176 - 20000 \times 0.353 = 12350$（元）

$40000 \times 0.308 + 20000 \times 0.308 - 30000 \times 0.384 = 6960$（元）

$30000 \times 0.308 + 30000 \times 0.308 - 20000 \times 0.384 = 10800$（元）

$40000 \times 0.445 + 20000 \times 0.445 - 30000 \times 0.110 = 23400$（元）

$30000 \times 0.445 + 30000 \times 0.445 - 20000 \times 0.110 = 24500$（元）

将这些收益期望值填入决策树 S_2 上各节点处，并将 A_3 上各行动节点处的最优行动收益期望值填好，将表示非最优行动的各分枝截断。

再计算 S_1 上状态节点处的收益期望值：

由于 15026 - 600 = 10426 < 15000，所以将 15000 填入 S_1 上的节点处。再填写 A_2，A_1 上的行动节点的最优行动收益期望值，并将非最优行动分枝截断。

决策分析至此全部完结。决策树如图 10 - 1 所示。

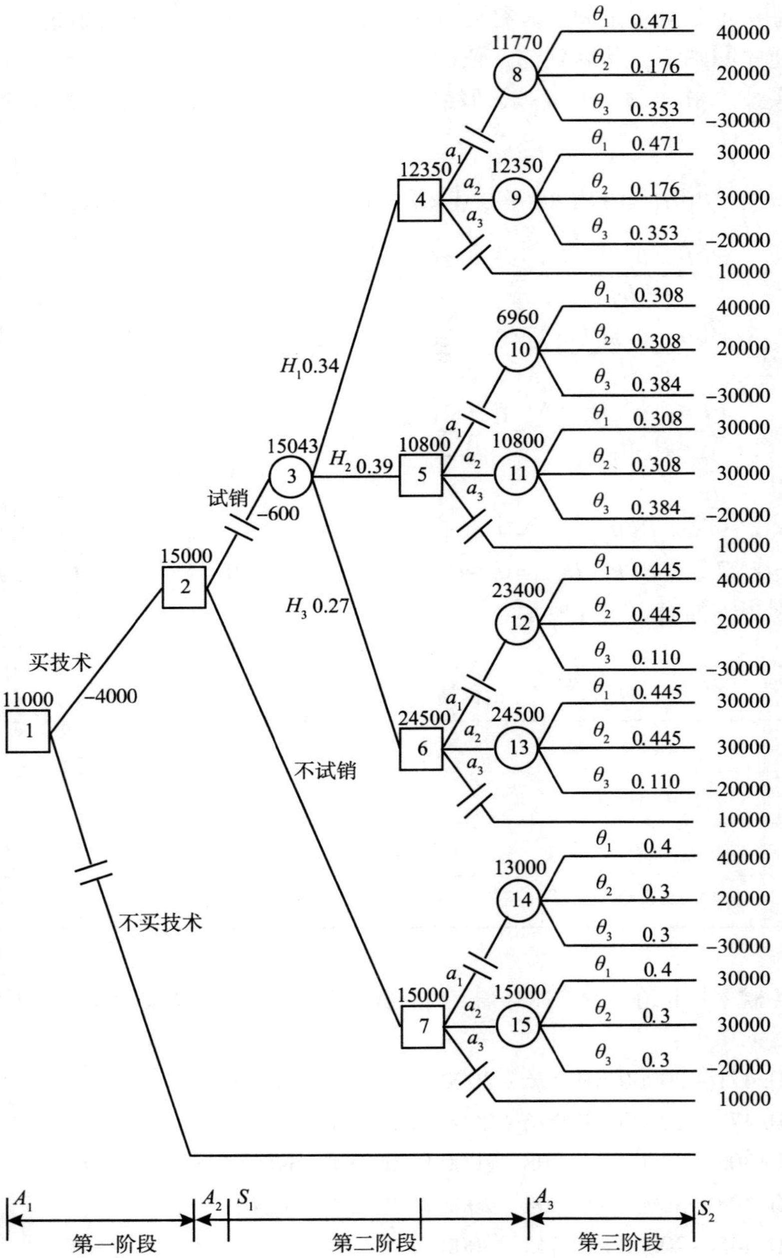

图 10 - 1　决策树

由决策树上可以看到决策结果：买技术并不试销，采用中批生产。

【例10-2】（连续情形的决策分析） 某工厂现有10万元资金可供生产某种产品使用，生产过程有两种方案可供选择。方案1：每万元资金，每年可产生0.5万元的利润，年产量为2000吨。方案2：每万元资金，每年可产生0.2万元的利润，年产量为3000吨。每年可用一部分资金采取一种方案生产，另外一部分资金采取另一种方案进行生产，但一年内不变。假设前一年的利润可作为下一年的资金在两种方案间再行分配，但一种方案前一年的资金不得在下一年向另一种方案转移。那么，为使四年内的总产量最高，该厂在这四年中应该如何分配资金？

解：设第i年分配给方案1和方案2的资金分别为x_i万元，y_i万元（$i=1, 2, 3, 4$）。除了第1年的资金源于原有的10万元外，以后各年可分配的资金都是上一年的利润，因此上述问题可以转化为典型的线性规划问题，即

$$\max\ Q=4(2000x_1+3000y_1)+3(2000x_2+3000y_2)+2(2000x_3+3000y_3)+(2000x_4+3000y_4) \tag{10-1}$$

$$\text{s.t.}\begin{cases} x_1+y_1=10 & (10-2)\\ x_2+y_2=0.5x_1+0.2y_1 & (10-3)\\ x_3+y_3=0.5(x_1+x_2)+0.2(y_1+y_2) & (10-4)\\ x_4+y_4=0.5(x_1+x_2+x_3)+0.2(y_1+y_2+y_3) & (10-5)\\ x_i,\ y_i\geqslant 0(i=1, 2, 3, 4) & (10-6) \end{cases}$$

该问题可以用单纯形法求解，但其计算量较大，这里采用逆序归纳法求解。

首先，直接来研究第四年的资金应如何分配。由逆序归纳法，可以假定前三年的分配方案已经确定，这样，式（10-1）中的前三部分均为常数，而在第四部分$2000x_4+3000y_4$中，x_4的系数小于y_4的系数，故应把所有可分配的资金都给方案2，这样才能达到总产量最大化，即$x_4=0$，y_4的值由式（10-5）决定。

将$x_4=0$代入式（10-1）和式（10-5）中，再将式（10-5）代入式（10-1），得

$$\begin{aligned}Q&=(8000x_1+12000y_1)+(6000x_2+9000y_2)+(4000x_3+6000y_3)\\&\quad+1500(x_1+x_2+x_3)+600(y_1+y_2+y_3)\\&=(9500x_1+12600y_1)+(7500x_2+9600y_2)+(5500x_3+6600y_3)\end{aligned} \tag{10-7}$$

其次，再来研究前三年的资金分配。假定前两年的分配方案已确定，即式（10-7）右边的前两部分已为常数。由于第三部分中x_3的系数小于y_3的系数，故亦应该把全部可分配的资金都给方案2，即$x_3=0$，y_3的值由式（10-4）决定。

将$x_3=0$代入式（10-4）和式（10-7）中，得

$$\begin{aligned}Q&=(9500x_1+12600y_1)+(7500x_2+9600y_2)\\&\quad+3300(x_1+x_2)+1320(y_1+y_2)\\&=(12800x_1+13920y_1)+(10800x_2+10920y_2)\end{aligned} \tag{10-8}$$

与上面类似，第二年的情况为

$$Q=(12800x_1+13920y_1)+(5460x_1+2184y_1)=18260x_1+16104y_1 \tag{10-9}$$

这时，由于x_1的系数大于y_1的系数，故第一年的资金应全部分配给方案1。综上所述，决策结果是：第一年的10万资金应全部采用方案1生产，以后各年把上一年的利润

都全部分配给方案2。这样，将 $x_1=10$ 代入式（10－9），可得

$$Q_{\max}=18260\times10+16104\times0=182600\text{（吨）}$$

10.2 序列决策

有些决策问题，在进行决策后又产生一些新情况，需要进行新的决策，接着又有一些新的情况，又需要进行新的决策。这样决策、情况、决策……，就构成一个序列，这就是序列决策。解决序列问题的有利办法仍然是决策树。

【例10－3】（石油勘探问题，期望收入最大化） 设某石油勘探队，在一片估计能出油的荒田钻探，可以先做地震试验，然后决定是否钻井。或者不做地震试验，只凭经验决定是否钻井。做地震试验的费用为每次3000元，钻井费用为10000元。若钻井后出油，钻井队可收入40000元；若不出油就没有任何收入。各种情况下出油的概率已估计出，并标在图10－2上。问钻井队的决策者如何作出决策使收入的期望值为最大。

解：上述决策问题用决策树来求解，并将有关数据标在图10－2上。

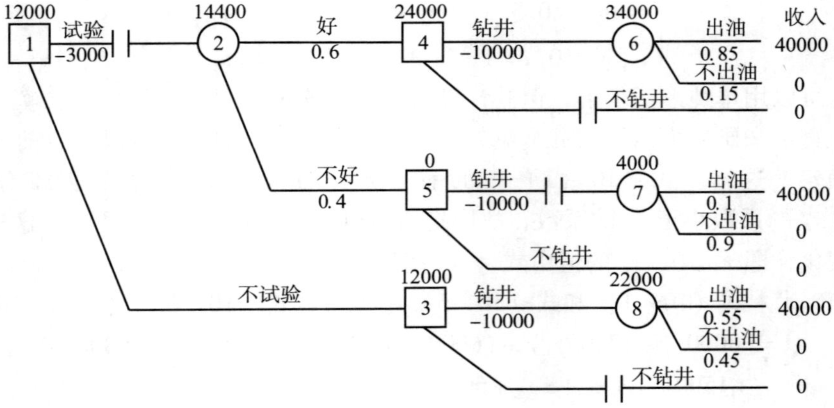

图10－2 原决策树

图10－2表明这是两级随机决策问题，采用逆决策顺序方法求解，包括以下计算步骤。

（1）计算各事件点的收入期望值。

6：$40000\times0.85+0\times0.15=34000$（元）

7：$40000\times0.10+0\times0.90=4000$（元）

8：$40000\times0.55+0\times0.45=22000$（元）

将收入期望值标在相应的各点处，这时可将原决策树图10－2简化为图10－3。

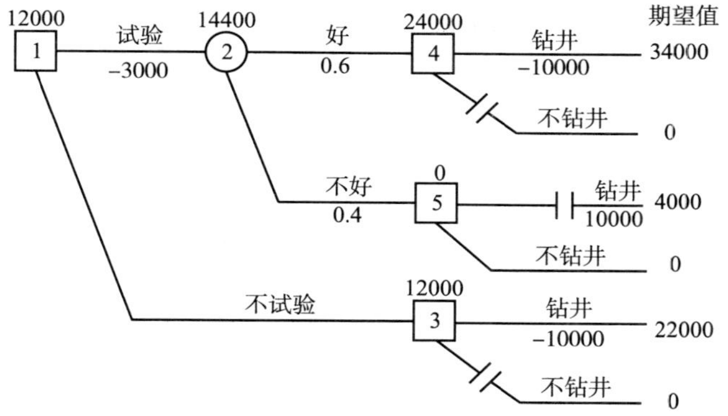

图 10－3 经过简化的决策树

（2）按最大收入期望值决策准则在图 10－3 上给出各决策点的抉择。在决策点 4，按

$\max_4\{(34000-10000),0\}=24000$

所对应的策略为应对策略，即钻井。在决策点 5，按

$\max_5\{(4000-10000),0\}=0$

所对应的策略为应对策略，即不钻井。在决策点 3，按

$\max_3\{(22000-10000),0\}=12000$

所对应的策略为应对策略，即钻井。

（3）在决策树上保留各决策点的应选方案，把淘汰策略去掉，得到图 10－4。

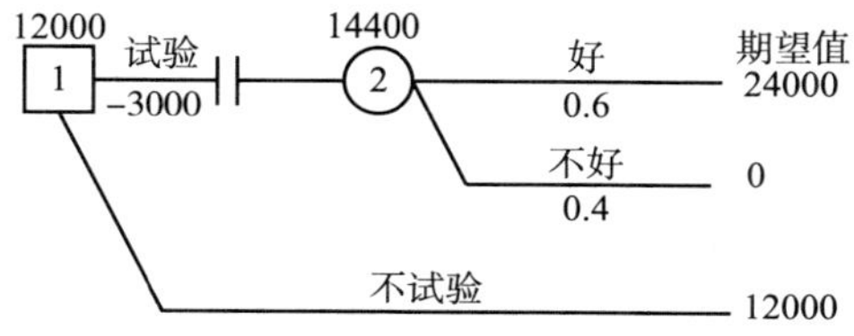

图 10－4 把淘汰策略去掉后的决策树

这时再计算事件 2 的收入期望值。

$24000\times0.60+0\times0.40=14400$（元）

将它标在 2 旁。

（4）决策点 1 有两种方案：做地震试验和不做地震试验。各自的收入期望值为（14400－3000）元和 12000 元。按

$\max_1\{(14400-3000),12000\}=12000$

所对应的策略为应选策略，即不做地震试验。收入期望值为 12000 元。

【例 10－4】（石油勘探问题，期望效用最大化） 设决策者的效用曲线如图 10－5 所示。试以最大效用期望值为决策准则，对例 10－3 进行决策。

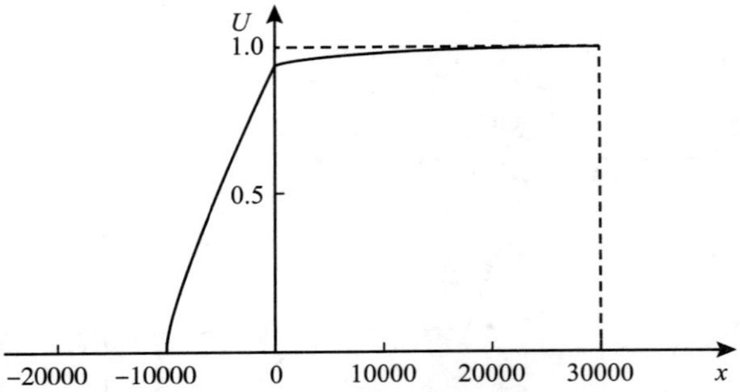

图 10－5　决策者的效用曲线

解：如例 10－3 一样采用决策树作为工具，在决策树的右端标上纯收入

纯收入＝收入－支出

然后由决策者的效用曲线查得各纯收入相应的效用值，并将此值记录在相应的纯收入旁，如图 10－6 所示。

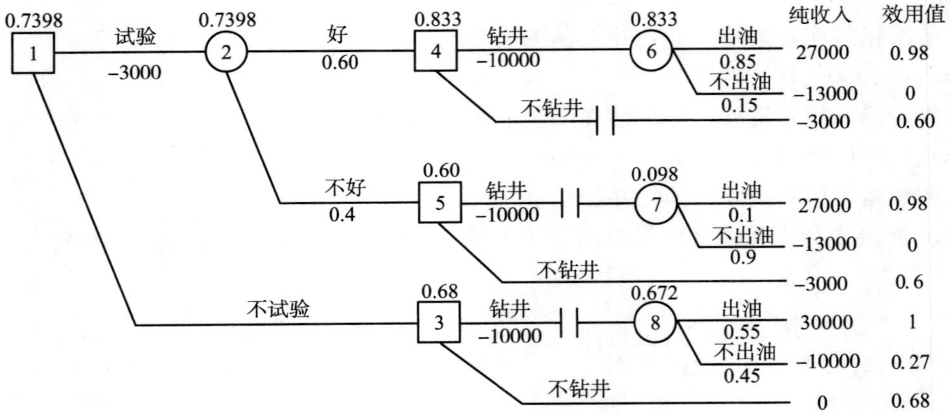

图 10－6　决策树

决策分析可在图 10－6 上进行。以下按逆序先计算决策点 6、7、8 的效用期望值分别为 0.833、0.098、0.672，并标在相应各点旁。然后在各决策点 4、5、3 进行选择，其计算为

$\max_4\{0.833, 0.60\}=0.833$

$\max_5\{0.098, 0.60\}=0.60$

$\max_3\{0.672, 0.68\}=0.68$

接着计算决策点 2 的效用期望值为 0.7398，记在 2 旁。决策点 1 的选择为

$\max_1\{0.7398, 0.68\}=0.7398$

根据以上计算在决策树上可见决策序列为：先做地震试验，若结果好则钻井，若结果不好则不钻井。显然这种决策是保守型的，因为决策者的效用曲线是保守型的。

10.3 马尔可夫决策

10.3.1 马尔可夫决策问题

有一类决策问题，虽然采取的行动已经确定，但将行动付诸实践的过程又分为几个时期。在不同的时期，系统可以处在不同的状态，而这些状态发生的概率又可受前面时期实际所处状态的影响。这类问题情况复杂，有的只需要开始时作出一次决策，有的则需要在每个时期都作出决策。因此，这类问题可能是一阶决策问题，也可能是多阶决策问题，甚至是序列决策问题。其中一种最简单、最基本的情形，是每一时期状态参数的概率分布只与这一时期的前一时期实际所处的状态有关，而与更早的状态无关，这就是所谓的马尔可夫链。

利用马氏过程分析系统当前状态并预测未来状态的决策方法，称为马尔可夫决策。

10.3.2 马尔可夫链与转移概率矩阵

随机过程$\{X(t), t\in T\}$，如果对任意$t_1<t_2<\cdots<t_n$，$t_i\in T$都存在，则

$$P\{x(t_n)<y\,|\,x(t_{n-1})=x_{n-1}\cdots x(t_1)=x_1\}=P\{x(t_n)<y\,|\,x(t_{n-1})=x_{n-1}\}$$

则称$\{X(t), t\in T\}$具有马尔可夫性。

所谓马尔可夫性或称之为无后效性，它表述：$\{x(t_n)\}$的将来只是通过现在与过去发生联系，一旦现在已知则将来与过去无关。

条件概率$P\{x_n=j\,|\,x_{n-1}=i\}$称为转移概率。它表示已知系统在$n-1$步状态为i时，系统在第n步状态时为j的条件概率。由于它是由系统第$n-1$步转移到第n步的转移概率，故称为一步转移概率。

如果系统第0步取状态i而在第1步时取状态j，记系统的一步转移概率为$P_{ij}=P\{x_1=j\,|\,x_0=i\}$，设这种一步转移概率不随时间的进程而变化（稳定性假设），即$P\{x_n=j\,|\,x_{n-1}=i\}=P\{x_1=j\,|\,x_0=i\}=P_{ij}$，则各状态之间的转移概率可记为

$$\boldsymbol{P}=\begin{bmatrix} p_{11} & \cdots & p_{1k} \\ \vdots & & \vdots \\ p_{k1} & \cdots & p_{kk} \end{bmatrix}$$

其中，$\sum_j p_{ij}=1$，对所有i；且$p_{ij}\geqslant 0$，对所有i，j，称$\boldsymbol{P}$为一步转移概率矩阵。

定义10－1 如果随机过程$\{X_t\}$，$t=0, 1, \cdots$，满足以下性质，则称$\{X_t\}$是一个有限状态的马尔可夫链（Markov）。

（1）具有有限种状态。

（2）具有马尔可夫性。

（3）转移概率具有平稳性。

对于离散时间、离散状态的马尔可夫过程，它必须符合两个假设，即马尔可夫假设和稳定性假设，它是一般随机过程的简化形式。在这种随机过程中只有在顺序两相邻随机变量之间具有相关性质，从而避免了对过程中所有随机变量的相关性分析。

【例 10－5】（轮岗的转移概率问题） 某企业为使技术人员具有多方面经验，实行技术人员在技术部门、生产部门和销售部门的轮换工作制度。轮换办法采取随机形式，每半年轮换一次。初始状态，即技术人员开始是在某部门工作概率用 $P_j^{(0)}$ 表示，$j=1, 2, 3$；P_{ij}表示处于第 i 个部门的技术人员在半年后（一步）转移到第 j 个部门的概率。已知

$$\boldsymbol{P}=\begin{bmatrix} P_{11} & P_{12} & P_{13} \\ P_{21} & P_{22} & P_{23} \\ P_{31} & P_{32} & P_{33} \end{bmatrix}=\begin{bmatrix} 0.5 & 0.5 & 0 \\ 0 & 0.5 & 0.5 \\ 0.75 & 0.25 & 0 \end{bmatrix}$$

$$\boldsymbol{P}^{(0)}=(P_1^{(0)}, P_2^{(0)}, P_3^{(0)})=\left(\frac{1}{3}, \frac{1}{3}, \frac{1}{3}\right)$$

如果某人开始在工程技术部门工作（部门 1），则经过两次转移后他在生产部门工作（部门 2）的概率是多少？

从状态转移图上可看出由状态 1 经两次转移到状态 2 的所有途径：

$$1\to1\to2 \qquad 1\to2\to2 \qquad 1\to3\to2$$

记由状态 i 经两步转移到状态 j 的概率为 $P_{ij}^{(2)}$，则

$$P_{12}^{(2)}=P_{11}P_{12}+P_{12}P_{22}+P_{13}P_{32}=0.5$$

同理

$$P_{13}^{(2)}=P_{11}P_{13}+P_{12}P_{23}+P_{13}P_{33}=0.25$$

$$P_{11}^{(2)}=P_{11}P_{11}+P_{12}P_{21}+P_{13}P_{31}=0.25$$

…………

记

$$\boldsymbol{P}^{(2)}=\begin{bmatrix} P_{11}^{(2)} & P_{12}^{(2)} & P_{13}^{(2)} \\ P_{21}^{(2)} & P_{22}^{(2)} & P_{23}^{(2)} \\ P_{31}^{(2)} & P_{32}^{(2)} & P_{33}^{(2)} \end{bmatrix}$$

称 $\boldsymbol{P}^{(2)}$ 为二步转移矩阵，则

$$\boldsymbol{P}^{(2)}=\boldsymbol{P}\times\boldsymbol{P}=\boldsymbol{P}^2$$

即二步转移矩阵就是一步矩阵的平方，以此类推，则

$$\boldsymbol{P}^{(3)}=\boldsymbol{P}^3$$

$$\boldsymbol{P}^{(n)}=\boldsymbol{P}^n$$

$$\boldsymbol{P}^{(n)}=\boldsymbol{P}^{(n-m)}\boldsymbol{P}^{(m)}$$

据此，如果已知系统在初始阶段处于某状态的概率 P_i^0 及转移矩阵 $\boldsymbol{P}$，则 n 步后系统处于状态 j 的概率 $P_j^{(n)}$ 可以由下式计算：

$$P_j^{(n)}=\boldsymbol{P}\{x_n=j\}=\sum_i \boldsymbol{P}\{x_n=j \mid x_0=i\}\boldsymbol{P}\{x_0=i\}=\sum_i P_{ij}^{(n)}P_i^{(0)}$$

则

$$(P_1^{(n)}P_2^{(n)}\cdots P_k^{(n)})=\boldsymbol{P}^{(0)}\boldsymbol{P}^n$$

其中，$(P_1^{(n)}P_2^{(n)}\cdots P_k^{(n)})$ 是系统第 n 步的绝对概率，在上述问题中：

$$(P_1^{(0)}P_2^{(0)}P_3^{(0)})=\left(\frac{1}{3},\ \frac{1}{3},\ \frac{1}{3}\right)$$

$$(P_1^{(2)}P_2^{(2)}P_3^{(2)})=\boldsymbol{P}^{(0)}\boldsymbol{P}^2=(0.333,\ 0.458,\ 0.208)$$

$$(P_1^{(3)}P_2^{(3)}P_3^{(3)})=\boldsymbol{P}^{(0)}\boldsymbol{P}^3=(0.323,\ 0.448,\ 0.229)$$

以此类推，可以得到多次转移后的概率分布。

10.3.3 稳态概率

如前所述，由转移概率和初始状态的概率分布可以确定任意步上的转移概率和绝对概率分布，下面讨论当 n 逐步增大时 $P_{ij}^{(n)}$ 的变化趋势。

称 $\pi_j=\lim\limits_{n\to\infty}P_j^{(n)}=\lim\limits_{n\to\infty}P\{x_n=j\}$ 为稳态概率。

由于初始状态对 n 步转移后所处状态的影响随 n 增大后而减少，所以

$$\lim_{n\to\infty}P\{x_n=j\mid x_0=i\}=\lim_{n\to\infty}P\{x_n=j\}=\pi_j$$

因此，可以从 n 步转移矩阵的 $n\to\infty$ 极限取得稳态概率分布

$$P^n=P^{n-1}P$$

$$\lim_{n\to\infty}P^{(n)}=\lim_{n\to\infty}P^{n-1}P$$

得

$$\begin{bmatrix}\pi_1 & \cdots & \pi_k\\ \pi_1 & \cdots & \pi_k\\ \pi_1 & \cdots & \pi_k\end{bmatrix}=\begin{bmatrix}\pi_1 & \cdots & \pi_k\\ \pi_1 & \cdots & \pi_k\\ \pi_1 & \cdots & \pi_k\end{bmatrix}P$$

记 $\pi=[\pi_1\pi_2\cdots\pi_k]$，则 $\pi=\pi P$，且 $\sum\limits_{i=1}^{k}\pi_i=1$。

此方程组为稳态方程。

仍引用例10－5，由

$$\begin{cases}(\pi_1\pi_2\pi_3)=(\pi_1\pi_2\pi_3)\begin{bmatrix}0.5 & 0.5 & 0\\ 0 & 0.5 & 0.5\\ 0.75 & 0.25 & 0\end{bmatrix}\\ \pi_1+\pi_2+\pi_3=1\end{cases}$$

解之得

$$\pi_1=\frac{1}{3}$$

$$\pi_2=\frac{4}{9}$$

$$\pi_3=\frac{2}{9}$$

10.3.4 马尔可夫决策应用实例

【例10－6】（同类产品营销竞争策略问题） 某生产商标为 α 的产品的厂商为了与另

外两个生产同类产品 β 和 γ 的厂家竞争，有三种可供选择的措施：措施 1 为发放有奖债券；措施 2 为开展广告宣传；措施 3 为优质售后服务。三种方案分别实施以后，经统计调查可知，该类商品的市场占有率的转移矩阵分别为

$$\boldsymbol{P}_1 = \begin{bmatrix} 0.80 & 0.15 & 0.05 \\ 0.20 & 0.45 & 0.35 \\ 0.30 & 0.40 & 0.30 \end{bmatrix}$$

$$\boldsymbol{P}_2 = \begin{bmatrix} 0.90 & 0.05 & 0.05 \\ 0.10 & 0.80 & 0.10 \\ 0.10 & 0.15 & 0.75 \end{bmatrix}$$

$$\boldsymbol{P}_3 = \begin{bmatrix} 0.90 & 0.05 & 0.05 \\ 0.10 & 0.80 & 0.10 \\ 0.10 & 0.15 & 0.75 \end{bmatrix}$$

已知三种商标的商品的月总销售量为 1000 万件，每件可获利 1 元。另外，三种措施的成本费分别为 150 万元、40 万元、30 万元。从长远利益考虑，生产商标为 α 的产品的厂商应该采取哪种措施？

解：由于考虑的是长期经营，而且采取的是不变策略，所以采用三种措施的稳定状态概率进行决策。

（1）利用以上方法，计算出措施 1 的稳定状态概率为

$$\pi_1(1)=0.5444,\ \pi_2(1)=0.27778,\ \pi_3(1)=0.17778;$$

措施 2 的稳定状态概率为

$$\pi_1(2)=0.559,\ \pi_2(2)=0.235,\ \pi_3(2)=0.206;$$

措施 3 的稳定状态概率为

$$\pi_1(3)=0.5,\ \pi_2(3)=0.2857,\ \pi_3(3)=0.2143。$$

（2）生产商标为 α 的商品的厂商采取措施后的期望值为 $10^7\pi_1$，采取措施后的纯利润计算如表 10－4 所示。

表 10－4　　采取措施后的纯利润

措施	市场占有率	毛利期望值/万元	措施成本费用/万元	纯利润期望值/万元
1	0.5444	544.4	150	394.4
2	0.559	559	40	519
3	0.5	500	30	470

（3）计算结果表明，生产商标为 α 的商品的厂商应该采用措施 2。

【例 10－7】（广告投放策略问题）　我国出口某种设备，在国际市场上的销售状况有两种：畅销和滞销。畅销时每年可以获利 100 万元，滞销时每年仅获利 30 万元。以一年为一个时期，如果不采取广告措施或采取广告措施，状态的转移矩阵分别如表 10－5 和表 10－6 所示。

表10－5　　不采取广告措施

销售状况	畅销	滞销
畅销	0.8	0.2
滞销	0.4	0.6

表10－6　　采取广告措施

销售状况	畅销	滞销
畅销	0.9	0.1
滞销	0.7	0.3

假定上一年处于畅销状态，每年的广告费为15万元。为了保证今后3年的利润最大化，是否应该采取广告措施？

解：这是短期经营不变策略问题，所以不能像例10－6那样用稳态概率来计算。可以把不采取广告措施和采取广告时这三年中每一年畅销、滞销的概率分别求出来，然后计算每一年的利润期望值，通过比较每种措施下三年利润期望值之总和，便可得出结论。

（1）不采取广告策略，令 $\boldsymbol{P}=\begin{bmatrix}0.8 & 0.2\\0.4 & 0.6\end{bmatrix}$，则第二、第三年的转移矩阵分别为

$$\boldsymbol{P}^2=\begin{bmatrix}0.72 & 0.28\\0.56 & 0.44\end{bmatrix}$$

$$\boldsymbol{P}^3=\begin{bmatrix}0.688 & 0.312\\0.624 & 0.376\end{bmatrix}$$

由于上一年处于畅销状态，因此，如不采取广告措施，第一年畅销和滞销的概率分别为0.8和0.2，第二年畅销和滞销的概率分别为0.72和0.28，第三年畅销和滞销的概率分别为0.688和0.312。所以可以算得，三年所获期望利润值总和为

$$Q_1=(100\times0.8+30\times0.2)+(100\times0.72+30\times0.28)+(100\times0.688+30\times0.312)$$
$$=244.56\text{（万元）}$$

（2）采用广告策略时，同理，令

$$\boldsymbol{\omega}=\begin{bmatrix}0.9 & 0.1\\0.7 & 0.3\end{bmatrix}$$

则

$$\boldsymbol{\omega}^2=\begin{bmatrix}0.88 & 0.12\\0.84 & 0.16\end{bmatrix}$$

$$\boldsymbol{\omega}^3=\begin{bmatrix}0.88 & 0.12\\0.84 & 0.16\end{bmatrix}$$

由采取广告策略时三年所获得期望利润值总和，减去广告成本费，得到纯期望利润值总和为

$$Q_2=(100\times0.9+30\times0.1)+(100\times0.88+30\times0.12)+(100\times0.876+30\times0.124)-3\times15=230.92\text{（万元）}$$

（3）比较上面各式，可知最满意的方案应该是不采取广告策略，其期望利润值总和为 244.56 万元。

【例 10 -8】（短期经营可变策略问题） 在例 10 -7 中，如果每年是否采取广告措施可根据上一年的经营情况确定。那么，应该如何决策？

解： 这是一个短期经营可变策略问题，既不能使用稳定状态概率，也不能像例 10 -7 那样计算。该问题是一个三阶决策问题，因为在三个时期中的每一个时期都要作出一次决策。为了简化决策树图，根据马氏链的性质，每一个时期的状态概率仅与相邻前一期状态概率有关。因此可以由各阶段的所有决策中拿出两个加以研究。其中一个前期取畅销状态，另一个前期取滞销状态。

分别用 x_i、y_i 表示第 $i-1$ 个时期处于畅销、滞销状态，而从第 i 个时期起一直采取最优策略时第 i 个时期及以后各个时期的总利润期望值。

用决策树表示 x_{i-1}、y_{i-1} 与 x_i、y_i 之间的关系，如图 10 -7 所示。

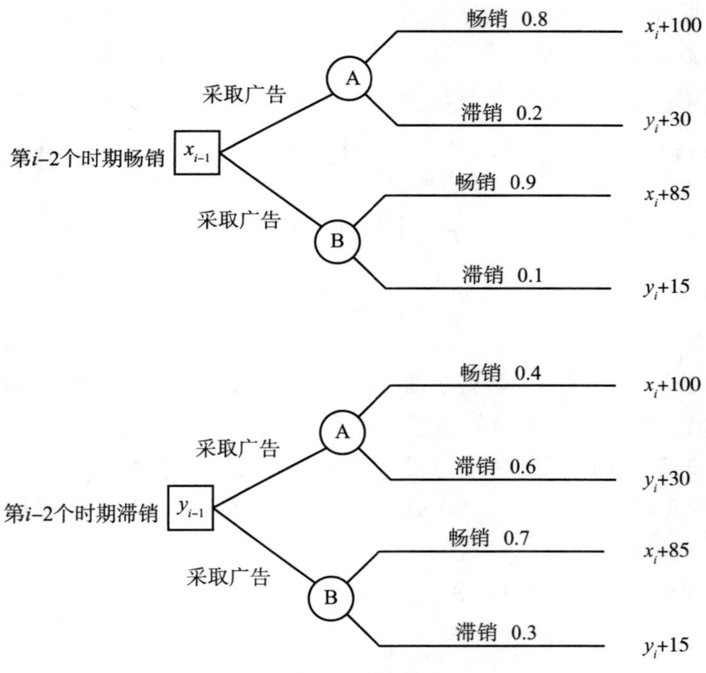

图 10 -7 决策树

各状态节点处的收益期望值分别为

$$A：0.8(x_i+100)+0.2(y_i+30)=0.8x_i+0.2y_i+86$$

$$B：0.9(x_i+85)+0.1(y_i+15)=0.9x_i+0.1y_i+78$$

$$C：0.4(x_i+100)+0.6(y_i+30)=0.4x_i+0.6y_i+58$$

$$D：0.7(x_i+85)+0.3(y_i+15)=0.7x_i+0.3y_i+64$$

由决策树可以得到递推公式

$$\begin{cases} x_{i-1}=\max(0.8x_i+0.2y_i+86,\ 0.9x_i+0.1y_i+78) \\ y_{i-1}=\max(0.4x_i+0.6y_i+58,\ 0.7x_i+0.3y_i+64) \end{cases}$$

下面用逆序归纳法进行决策分析。由于只考虑三年，因此 $x_4 = y_4 = 0$，在上面的递推公式中，令 $i = 4$，得到

$$x_3 = \max(86,\ 78)$$

$$y_3 = \max(58,\ 64)$$

这就表明：若第二年为畅销，则第三年不宜采取广告；若第二年为滞销，则第三年应采取广告。

再令 $i = 3$，得到

$$\begin{aligned} x_2 &= \max(0.8\times86+0.2\times64+86,\ 0.9\times86+0.1\times64+78)\\ &= \max(167.6,\ 161.8) = 167.6 \end{aligned}$$

$$\begin{aligned} y_2 &= \max(0.4\times86+0.6\times64+58,\ 0.7\times86+0.3\times64+64)\\ &= \max(130.8,\ 143.4) = 143.4 \end{aligned}$$

所以，若第一年为畅销，则第二年不应使用广告；若第一年为滞销，则第二年使用广告。

再令 $i = 2$，得到

$$\begin{aligned} x_1 &= \max(0.8\times167.6+0.2\times143.4+86,\ 0.9\times167.6+0.1\times143.4+78)\\ &= \max(248.76,\ 243.18) = 248.76 \end{aligned}$$

$$\begin{aligned} y_1 &= \max(0.4\times167.6+0.6\times143.4+58,\ 0.7\times167.6+0.3\times143.4+64)\\ &= \max(211.08,\ 224.34) = 224.34 \end{aligned}$$

于是，第一年不使用或使用广告，亦取决于前一年是否畅销。

综合上面各年的情况，可知：每年是否采取广告，都由上一年是否畅销决定。三年内销售该商品的期望利润值总和为248.76万元。

10.4 群体决策

10.4.1 群体决策的概念

在现实生活中，决策往往是群体行为，是由多人参加进行行动方案的选择活动，如各种委员会、董事会、代表大会等就是这样的群体决策机构。这些组织的成员、代表就是群体决策者中的一员。作为群体决策，其决策程序、决策评价标准与单个决策者的决策有很大的差异，在决策原则、方法等许多方面都有新的内容，因而应用单个决策者的决策方法进行群体决策在许多方面都受到了限制。群体决策理论研究的问题一般具有三个前提：①自主性。决策者有独立选择机会，其行动不受较高层权利的支配，但不排除群体成员间相互影响。②共存性。决策成员都在已知的共同条件下进行选择。在一部分成员未作出选择的情况下，就不能认为其他成员的决策行动最后完成。群体决策不能在撇开一部分成员的条件下去完成。③共意性。群体作出的必然是所有参与者一致能够接受的方案。然而，这并不意味着所有参与者都认定此方案最优。有的成员也可能持反对态度，但面临集体的最后决策而不得不作出妥协和认可。

群体决策研究与个人决策研究相比，问题要复杂很多。这主要由于以下几个因素引起：①优先度。集体中每个成员都有各自的目标和优先观念以及不同的效用函数。某些情况下成员优先度完全一致，而另一些情况下成员则有相互的对立的优先度，对方的受益成为自己的受损，这是两种极端的情况。大量的是在群体中既有一致的又有矛盾的优先观念，群体成员间优先度的矛盾强度影响着决策方式。②主观概率判断。群体中各成员由于信息的感受和处理方式不一样，对未来状态出现概率的估计也不同，这直接影响着方案的选择。③沟通。群体决策可以在完全没有沟通信息的情况下进行，如无记名投票表决。而更多的决策是在有相互沟通信息的情况下进行。在沟通过程中，相互交流各自的目标、优先度及对未来事件的判断，以影响对方的认识和弥补自己掌握信息的不足。

10.4.2 群体决策的有效程度

决策可以由个人作出，也可以由群体集体作出。在许多研究中提出这样一个问题：群体决策与个人决策相比较，是优于、劣于还是一样？对此，几乎每一种类型的提法都有许多研究给予支持。群体决策的成功和失败取决于很多因素，例如群体进行决策的情况，群体成员的水平、能力，特别是全体领导者的水平和能力。

1. 群体决策客观存在的因素

群体决策客观上存在有利与不利因素。

（1）群体决策的有利因素。在群体中有大量综合性的知识和信息，因而决策所需运用的知识和信息可从群体中取得，这比由个人收集更为有利。这可以使群体在决策中集思广益，有助于作出最佳决策。参加群体决策的决策者往往也是决策的执行人，因而决策就成为大家的决议，从而能为更多成员所接受。个别人作出的决策，往往需要说服小组中的其他人，有些人可能会抵制这些人提出的最好决策。让每个人参与研究，会使更多人感觉到对问题负有更大的责任，且会产生与别人分担责任的感觉，增强集体意识并使某些人感到满足。

（2）群体决策的不利因素。群体制定决策时，每个成员在表态时往往有一定的压力。期望成为一个受欢迎的合群的群体成员，往往趋向于不提出不同的意见，或保持沉默，或附和多数人的意见。在面对一个强有力的绝对多数情况下，不管理由是否充分、决策是否恰当，其决策也往往为大家所接受。在某些群体中，如群体被一个有才干的人所掌握，这个人由于他在组织中的地位、声望和身份，就可以左右组织的决策。虽然这些品质和特征没有一个为作出决策所必需，然而它们在人们中起到抑制群体讨论、降低其他成员的创造力、妨碍其他成员作出积极贡献的作用。

“固执己见”也是群体决策中的一个障碍。通常绝大多数的问题都具有一种以上的可行方案，而群体各个成员又有其个人的偏爱。有些时候，一个成员会坚持他自己的意见。

2. 群体决策与个人决策的对比

现有的决策表明，当事人各自单独地为解决某一问题想办法，想出来的好主意要比在群体中面对面时想出来得多。这些发现在部分科学研究人员、管理人员与学生中得到了验证。群体决策的优点已经作了论述，它们必须与群体决策的短处进行权衡。两者主要具有以下区别。

（1）决策的正确性。群体决策由于多人参加，有更多智慧和更多方面的知识，能产生比较多的可供选择的方案，具有错误校正的机制。并且各人对问题环境的了解是多方面的、具体的，通过讨论得出的决策可以将他们的判断结合在一起，更少片面性。因而，群体决策比较切合实际。

（2）决策的速度。群体决策的过程是群体成员一起对问题进行分析、讨论和争议，需要比个人决策花费更多的时间。

（3）决策的创造性。个人决策具有较大的创造性。当将四个人单独工作时的成绩予以综合、平均，再与具有四个成员的群体的成绩进行比较时，结果表明，前者较为成功。个人能产生较多的主意、较独特的和更好的主意；群体决策由于受多数相互不同意见与论点的约束以及心理因素影响，不易使决策具有大的创造性。因而个人决策适于工作结构不明确、需要创新的工作；而群体决策则适于任务结构明确、有固定的执行程序的工作。

（4）决策的风险性。在决策理论中，大多以损益期望值作为评选决策方案的标准，该期望值可通过计算得出。然而，决策是由决策人担当的，决策人自身的主观因素对决策必定产生影响，这与决策人的个人性格、当前处境及对未来的展望有关。即使是同一决策人，由于时期、条件等不同，对相同的利益和损失的期望也不完全相同。决策人对利益和损失的独特的兴趣、感受或反应，称为效用。效用实际上代表决策人对风险的态度。

对于个人决策及群体决策具有较大风险性的问题，曾经进行了大量的研究。许多人，特别是企业管理者都认为，群体决策可以抑制大胆冒进和风险，在选择较多或较少风险型的两种行动时将倾向采取比较保守的决策。然而，许多组织行为学家的研究和实验，却得出了惊人的、完全相反的、引起争议的发现：群体决策与个体决策相比，群体决策具有一种敢冒更大风险的倾向。群体决策会具有更大风险性的原因在于：在群体决策中，个体在群体压力下存在从众性，当群体中大多数人愿意承担风险时，将隐瞒自己的意见而附和众议。同时在群体决策中，责任往往由群体承担，一般成员容易滋生不负责任的倾向，敢冒更大的风险。不过也有些研究实验认为，当群体中多数成员（特别是领导人）比较保守时，群体决策也趋向于保守，这一现象称为群体决策的极化。

10.4.3 群体决策的规则：简单多数规则

集体中各成员所面临的选择有不同的优先度。不同概率判断，虽无信息沟通，但都希望以集体名义作出某种选择。这就要研究一种机制，可以把各个成员的优先选择合理地集中起来形成集体的优先选择。

简单多数规则是集体决策中最早且最常用的方法。例如有 14 人的集体就 A、B 两种方案进行选择，其中 10 人选方案 A 而其余 4 人选方案 B。按照简单多数规则应选方案 A。这样有 4 人接受自认为并不优先的方案。尽管他们并不满意此方案，但由于某种约束或者有其他受益，而愿意继续留在此集体内并认同方案 A 的实施。

这种简单多数规则在运用中视具体环境而有不同形式。例如，联合国安理会通过提案的方式，只要一个常任理事国投票反对，则其他 14 个理事国即使投赞成票也不起作用。

如果待选择的方案有 3 个，则情况更复杂。例如，24 人中有 9 人赞成方案 A，8 人赞成方案 B，7 人赞成方案 C。简单多数规则将选择方案 A，即使有 15 人并不认为它是优先方案。

有些情况下这种简单规则会导致相悖的结果。如有 3 人选择方案 A、B、C，成员甲认为 $A>B$，$B>C$，成员乙认为 $B>C$，$C>A$，成员丙认为 $C>A$，$A>B$。此情况按多数规则（3 人中得 2 票），群体优先顺序应是 $A>B$，$B>C$，$C>A$。假定符合可传递性，由 $A>B$，$B>C$，则必须有 $A>C$，但事实上多数人也认为 $C>A$。

个人选择符合传递性规则，群体决策结果却无法符合传递性。这样，选择的顺序将影响到选择结果，理性选择是难以相容的。这个有名的悖论是南逊（Nanson）1882 年提出的。

法国数学家康多西特（Condorcet）在 18 世纪也注意到多数原则的相悖结论，提出了成对比较的规则，将某一方案和其他各种方案成对比较，如能赢得集体中超过半数的赞成票，则获得通过。这样进行一系列投票直到选定最后的方案。18 世纪法国的另一位数学家波德（Borda）则提出反映优先强度的排序规则。集体中每一位成员将各种方案排序，如有 N 种方案。各成员对每个自认为最优先的方案给 n 分，给次优的方案 $n-1$ 分，然后统计各方案的得分并选出其中分数最高的方案。例如，张、赵两人对于 5 种方案 A、B、C、D、E 判定优先次序，结果如下：

张　　$A>C>D>E>B$

赵　　$B>A>C>D>E$

如按简单多数规则方案 A 和 B 不相上下。按波德规则得出，方案 A 的波德数为 $5+4=9$，而方案 B 的波德数为 $5+1=6$。方案 A 优于方案 B。

波德规则在实用时亦会出现相悖的情况。一个原因是波德规则的结果和方案数相关。现设甲、乙、丙三人对方案 A、B、C 优先顺序的判断如表 10-7 所示。

表 10-7　　甲、乙、丙三人对方案 A、B、C 优先判断顺序

方案	A	B	C
甲	1	2	3
乙	2	3	1
丙	3	1	2
波德数	6	6	6

方案 A 的顺序数之和为 $3+2+1=6$。方案 B、C 亦为 6，不分优劣。现加入一种方案 D，同时此三人保持原先的对方案 A、B、C 的优先判断顺序，结果如表 10-8 所示。

表 10-8　　加入方案 D 后的优先判断顺序

方案	A	B	C	D
甲	4	3	2	1
乙	2	1	4	3
丙	1	3	2	4
波德数	7	7	8	8

方案 C 却优于方案 A 和方案 B，这样就有机可乘。引入若干不相干的预选方案而达到某个决策成员的目的，显然违背理想选择的要求。

相悖的另一个原因是波德数未提供优先强度的信息。例如，张、赵两人对 5 种方案的优先强度可用图 10－8 表示。则两人将共同选择方案 B 而不是按波德数的结果选择方案 A。

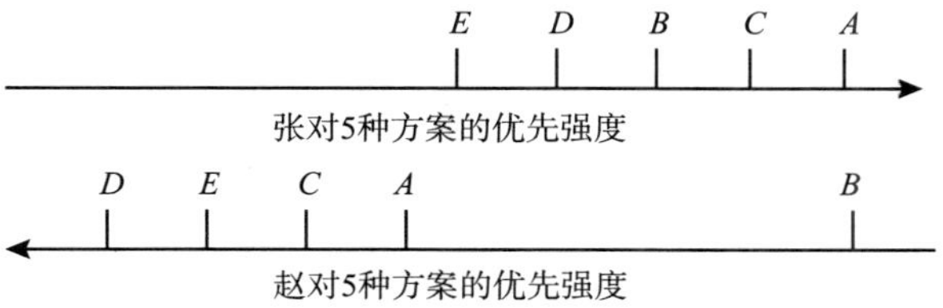

图 10－8　优先强度

以上各种决策规则都反映了人们对于一种通用的公平的群体决策规则的追求（将个人优先顺序集结为一致认可的群体优先顺序）。这种需要是显而易见的，有集体就有如何公平合理地反映集体意见的问题。投票表决的简单多数规则、波德规则等尽管有缺陷，却以它的简便实用容易为集体所接受。那么，是否存在一种规则能够在各种环境条件下运用而不会产生悖论，这一直是在探讨的课题。直到 20 世纪 50 年代，阿罗等提出了不可能定理和命题，才作出了否定的答复。它证明了社会选择并不能在完全符合理性的条件下将个人选择顺序集结为群体的选择顺序，少数服从多数的规则并不能提供一个令人满意的社会选择顺序。

10.4.4　常用的群体决策方法及其应用实例

1. 委托求解法

假设：第一，群体中各成员对选择权都负有责任；第二，群体中各成员对选择权的值各有各的意见。

（1）委托过程必须满足三点公设。

①（委托公设）群体的 n 个成员中的每一个人，都有一委托小组，该小组是由群体其余 $n-1$ 个成员组成。成员 i 对委托小组每个成员 j 指定一个权数 p_{ij}，有

$$0 \leqslant p_{ij} \leqslant 1 \quad (i, j = 1, 2, \cdots, n)$$

当且仅当 $i=j$ 时，$p_{ij}=0$，并且

$$\sum_{j=1}^{n} p_{ij} = 1 \ (i=1, 2, \cdots, n)$$

②（决策公设）每个委托小组都有一形式为 $U(x) = \sum_{i=1}^{n} \lambda_i U_i(x)$ 的群体效用函数，对方案进行排队，权数 p_{ij} 按委托公设确定。

③（代替公设）用联系到成员 i 的委托小组的群体效用函数去代替成员 i 的效用函数，每次替代均作为委托求解的一个步骤。

上述公设的意义在于，在已知群中每个成员效用函数的情况下，由委托公设，成员

i 按照自己的偏好，确定委托组中成员 j 的权系数 p_{ij}，规定了在群体效用函数的线性组合中，成员效用函数在决策中所起的作用。代替公设给出了委托求解的过程中每一步均是用委托组的群体效用函数代替成员 i 的效用函数，从而解出群体效用函数的权向量。

(2) 委托求解法的步骤。假设成员 i 知道其他每个成员的效用函数，不知道其他成员设定的权值。成员 i 能够根据其他成员的效用函数选择权 $p_{ij}(j=1, \cdots, n)$，使这些效用函数的组合几乎能够反映成员 i 的偏好。

第一步，设成员 i 对他委托的小组中各成员的效用 u_j^0，指定的权系数为 $p_{ij}(j=1, \cdots, n)$，则成员 i 的效用函数 u_i^1 用委托组的群体效用函数代替，即

$$u_i^1 = \sum_{j=1}^{n} p_{ij} u_j^0 \ (i=1, 2, \cdots, n)$$

第二步，将第一步得到的效用函数 u_i^1 作为各成员的效用函数，一般仍用原设定的权系数 p_{ij}，第二步再产生成员 i 的新的委托效用函数，即

$$u_i^2 = \sum_{j=1}^{n} p_{ij} u_j^1 = \sum_{j=1}^{n} p_{ij}^{(2)} u_j^0 \ (i=1, 2, \cdots, n)$$

第三步，继续上面的委托过程，则成员 i 第 k 步的委托效用函数，即

$$u_i^k = \sum_{j=1}^{n} p_{ij} u_j^{k-1} = \sum_{j=1}^{n} p_{ij}^{(k)} u_j^0 \ (i=1, 2, \cdots, n)$$

如果 u^k 的每个分量均收敛，委托过程将产生唯一的群体效用函数，即

$$u_i = \lim_{n \to \infty} u_i^k \ (i=1, 2, \cdots, n)$$

$$u = \sum_{j=1}^{n} \lim p^k u_j^0$$

其中，u 为群体效用函数；u_i^k 为成员 i 第 k 步的委托效用函数。

又

$$u = \boldsymbol{\lambda}^{\mathrm{T}} u^0$$

所以

$$\boldsymbol{\lambda}^{\mathrm{T}} = \lim p^k$$

注意计算 $\boldsymbol{\lambda}^{\mathrm{T}}$ 时，应该借助齐次马尔可夫链的遍历性，归结为求解方程组

$$\boldsymbol{\lambda} = \lim_{k \to \infty} p^k = \lim_{k \to \infty} p^{k-1} p = \lambda p$$

即

$$\lambda_j = \sum_{i=1}^{n} \lambda_i p_{ij} \ (j=1, 2, \cdots, n)$$

满足条件 $\sum_{j=1}^{n} \lambda_j = 1$ 的唯一解。

【例 10-9】（委托求解法应用实例） 三个小型公司计划按照等额投资联合组成一个新公司，按照合同，三个公司享受同等的投资效果。为了使联合企业在某计划期内进行投资决策，试用委托求解法构造群体效用函数。

解：设群体效用函数具有线性结构，即

$$P = \begin{bmatrix} 0 & \frac{2}{3} & \frac{1}{3} \\ \frac{1}{2} & 0 & \frac{1}{2} \\ \frac{1}{3} & \frac{2}{3} & 0 \end{bmatrix}$$

由（$\lambda_1\lambda_2\lambda_3$）=（$\lambda_1\lambda_2\lambda_3$）$\boldsymbol{P}$，联立下列方程：

$$\begin{cases} \lambda_1 = \frac{1}{2}\lambda_2 + \frac{1}{3}\lambda_3 \\ \lambda_2 = \frac{2}{3}\lambda_1 + \frac{2}{3}\lambda_3 \\ \lambda_1 = \frac{1}{3}\lambda_1 + \frac{1}{2}\lambda_2 \\ \lambda_1 + \lambda_2 + \lambda_3 = 1 \end{cases}$$

可得到

$$\lambda_1 = \frac{3}{10}，\ \lambda_2 = \frac{4}{10}，\ \lambda_3 = \frac{3}{10}$$

因此，联合企业的群体效用函数为

$$U(x) = \frac{3}{10}u_1(x) + \frac{4}{10}u_2(x) + \frac{3}{10}u_3(x)$$

2. 逐步形成群体的意见的方法：名义群体法（Nominal Group Technique，NGT）

（1）适合规模较小的群，以5～9个成员为宜，整个过程通常需要60～90分钟。

（2）名义群体法的步骤。群体中有一组织者去指导实施以下步骤。

第一步，每个成员在安静的环境下写出自己的意见。

第二步，组织者不分先后地听取并记录这些意见。

第三步，集体逐条讨论这些意见，并清楚它们的意义。

第四步，对归纳意见所形成的条目的重要性作初步投票。

第五步，讨论初步投票结果。

第六步，最终投票。

3. 德尔菲法（Delphi 法）

（1）此种方法与NGT方法的不同之处。

①成员数以2050人为宜。

②书面反映情况。

③整个过程大约需要1～2小时。

（2）三个重要特征。

①匿名反映：向群体中每个成员发意见咨询表，匿名反映意见。

②迭代和受控反馈：包括几次迭代（轮），每一轮都把收集到的意见经过统计处理反馈给群中的成员，经过信息反馈，各成员意见将逐步集中。

③统计群体的反应：把最后一轮得到的各成员的意见，组合成群体的意见。决策人提出问题，期望使用分析结果。

德尔菲法的参加人员分为3部分。一是决策者，提出决策的目标和要求，希望达到的分析结果。二是专业人员，负责解决方法的技术问题，收集并整理咨询的意见。三是反应者，即德尔菲法征求意见的对象，群体的成员。

（3）德尔菲法的步骤。

第一步，提出问题（要进行决策、预测或技术咨询的问题）。

第二步，选择并确定群体中的成员（反应者）。对群体成员的要求：①代表性广；②对问题较熟悉，具有丰富的知识、经验、权威性：③感兴趣，有时间投入；④人数适当。

第三步，制定第一个咨询表，并散发给群体的成员。

第四步，收集第一个咨询表，并进行分析。

第五步，制定第二个咨询表，并散发给群体的成员。

第六步，收集第二个咨询表，并对数据进行统计处理。

第七步，制定第三个咨询表，并散发给群体的成员。

第八步，收集第三个咨询表，并对数据进行统计处理。

第九步，准备最后的报告。

（4）几种常用的统计指标和计算方法。

这里需要说明的是，德尔菲方法的每一轮咨询结果都要作出数据处理。数据处理之前，定性评估结果需要量化。统计指标选择和具体表达形式取决于决策问题的类型和要求。以下介绍几种常用的统计指标和计算方法。

①中位数和上、下四分位点。在德尔菲统计数据处理中，常用中位数表示专家的评价的协调结果，上、下四分位点表示专家的意见分散程度。将评价结果依次表示在横轴上，并把数据四等分。中分点称为中位数，小于中位数的四分点称为上四分位点，大于中位数的四分点称为下四分位点。上、下四分位点越接近中位数，表示专家意见越集中。落在上、下四分位点之外的评价值，表示该专家与多数专家意见分歧。在预测事件完成时间的统计处理中，设中位数为 T_0，组织预测时间为 T，中位数与组织预测时间之差为 $T-T_0=X$，则上四分位点 T_1 和下四分位点 T_2 分别为

$$T_1=T_0+\frac{2}{3}X$$

$$T_2=T_0+\frac{5}{3}X$$

②均值和方差。方案的优劣程度常用方案的评分值表示。设有 m 个专家对 n 种方案进行评价，评价矩阵 $\boldsymbol{A}=(a_{ij})_{mn}$。其中 a_{ij} 表示第 i 个专家对第 j 种方案的评分值，分值一般取0~100分。方案评分均值和方差分别为

$$M_j=\frac{1}{m}\sum_{i=1}^{m}a_{ij}\ (j=1,\ 2,\ \cdots,\ n)$$

$$D_j=\frac{1}{m-1}\sum_{i=1}^{m}(a_{ij}-M_j)^2\ (j=1,\ 2,\ \cdots,\ n)$$

专家根据上一轮评价结果的均值和方差修改自己的意见，使意见离散程度越来越小，逐渐趋于一致。

③满分频率和变异系数。满分频率是对第 j 种方案打满分的专家人数和参加咨询的专家人数之比。即满分频率

$$K_j=\frac{m_j}{m}\quad(j=1, 2, \cdots, n)$$

K_j 值越大，表示给第 j 种方案打满分的专家越多，该方案的重要程度就越高。

变异系数表示方案评分值的波动程度。设方案 j 的评分值标准差 $\sigma_j=\sqrt{D_j}$，则变异系数

$$V_j=\frac{\sigma_j}{M_j}=\frac{\sqrt{\frac{1}{m-1}\sum_{i=1}^{m}(a_{ij}-M_j)^2}}{\frac{1}{m}\sum_{i=1}^{m}a_{ij}}$$

V_j 越小，表示方案 j 的评分值的波动程度越小，专家间的协调程度越高。

④协调系数。协调系数表示专家评价中的相互协调程度，用方案的评价等级测算。设有 m 个专家对 n 种方案进行评价，评价等级矩阵 $\boldsymbol{C}=(c_{ij})_{m\times n}$

c_{ij}表示第 i 个专家对第 j 种方案的评定等级，依自然数 1 ~ N 的顺序排列，等级 1 最高，等级 N 最低。方案 j 的等级和为

$$S_j=\sum_{i=1}^{m}c_{ij}$$

方案 j 等级和与全部方案等级和的均值之差记为

$$d_j=S_j-\frac{1}{n}\sum_{j=1}^{n}S_j$$

当各位专家对各方案没有给出相同等级时，协调系数计算公式为

$$W=\frac{12}{m^2(n^3-n)}\sum_{j=1}^{n}d_j^2$$

当存在相同等级时，应该调整为

$$W=\frac{12}{m^2(n^3-n)-m\sum_{i=1}^{m}T_i}\sum_{j=1}^{n}d_j^2$$

其中，T_i 为相同等级指标，计算公式为

$$T_i=\sum_{k=1}^{L}(t_k^3-t_k)$$

其中，L 为第 i 个专家评价中相同等级的组数，t_k 表示在 L 组中，第 k 组相同等级的方案数，$k=1, 2, \cdots, L$。

⑤多指标群组决策方法。所谓多指标群组决策，是指在独立的情况下，专家组中的各专家单独作出评价之后，然后根据各个不同的评价结果，综合成群组决策的结论。建立项目评审和科研项目鉴定中的主审委员会、专家小组等，都需要应用群组决策方法。

综合加权法的概念：设有 m 种方案，n 个目标，s 个决策者。n 个目标的权重向量为 $\boldsymbol{W}=(w_1, w_2, \cdots, w_n)^{\mathrm{T}}$，$\sum_{j=1}^{n}w_j=1$，$w_j\geqslant 0(j=1, 2, \cdots, n)$。第 k 个决策者的权重系数为 λ_k，$\sum_{k=1}^{s}\lambda_k=1$，$\lambda_k>0(k=1, 2, \cdots, s)$。

综合加权法包括以下几个步骤。

第一步，专家组的每个决策者单独对各方案进行多指标决策。设第 k 个决策者对第 i

种方案的第 j 个目标评价值为 $u_{ij}^{(k)}$（$i=1, 2, \cdots, m$；$k=1, 2, \cdots, s$）。评价值采用统一标准评分，得到评价值矩阵

$$U^{(k)}=(u_{ij}^{(k)})_{m\times n}$$

第二步，分别计算各方案的算术加权平均分和几何加权平均分。算术加权平均分为

$$p_i^{(k)}=\sum_{j=1}^{n}w_j u_{ij}^{(k)}\ (i=1, 2, \cdots, m; k=1, 2, \cdots, s)$$

几何加权平均分为

$$q_i^{(k)}=\sum_{j=1}^{n}(u_{ij}^{(k)})^{w_j}\ (i=1, 2, \cdots, m; k=1, 2, \cdots, s)$$

第三步，计算各方案的混合平均分为

$$t_i^k=\frac{p_i^{(k)}+q_i^{(k)}}{2}$$

第四步，计算各方案的总体平均分为

$$v_i=\sum_{k=1}^{s}\lambda_k t_i^{(k)}\ (i=1, 2, \cdots, m)$$

第五步，计算各方案的评价系数为

$$e_i=\frac{v_i}{\sum_{i=1}^{m}}v_i\ (i=1, 2, \cdots, m)$$

第六步，根据评价系数 e_i，从小到大排列各方案群组决策的优先序。

【例 10－10】（综合加权法应用实例） 设有 5 种方案，2 个目标，2 个专家。决策目标的权重向量 $W=(0.5, 0.5)^T$，专家的权重系数为 $\lambda_1=0.5$，$\lambda_2=0.5$。采用五级评分制，两个专家单独对方案进行评价。其评价矩阵分别为

$$U^{(1)}=\begin{bmatrix}1&5\\2&4\\3&3\\4&2\\5&1\end{bmatrix},\ U^{(2)}=\begin{bmatrix}2&4\\3&1\\5&2\\4&5\\1&3\end{bmatrix}$$

试用综合加权法进行群组决策。

解：按照综合加权法的计算步骤，计算结果如表 10－9 所示。

表 10－9　　计算结果

方案	$p_i^{(k)}$		$q_i^{(k)}$		$t_i^{(k)}$		v_i	e_i
	$p_i^{(1)}$	$p_i^{(2)}$	$q_i^{(1)}$	$q_i^{(2)}$	$t_i^{(1)}$	$t_i^{(2)}$		
A_1	3	3	2.24	2.83	2.62	2.915	2.7675	0.194
A_2	3	2	2.83	1.73	2.915	1.865	2.39	0.168
A_3	3	3.5	3	3.16	3	3.33	3.165	0.222
A_4	3	4.5	2.83	4.47	2.915	4.485	3.7	0.259
A_5	3	2	2.24	1.73	2.62	1.865	2.2425	0.157

根据评价系数从大到小，各方案的综合排序结果为

$$A_4 > A_3 > A_1 > A_2 > A_5$$

10.5 Excel应用分析

下面通过一个例题说明采用Excel求解决策树法的具体操作过程。

【例10－11】（生产工艺改进） 某厂计划改进一项生产工艺，取得新工艺有两种途径：一是自行研究，需投资270万元，成功的可能性为0.6；二是引进技术，投资300万元，成功的可能性为0.8。主要设备寿命期均为5年。无论采用哪一种方案，如果成功，都要考虑两种生产规模：一是保持原产量，二是扩大产量。如果失败，则仍采用原工艺进行生产，并保持原产量不变。据市场预测，估计今后5年内这种产品价格下跌的可能性为0.1，保持不变的可能性为0.5，上涨的可能性为0.4。各状态下的损益值如表10－10所示。哪种方案为优？

表10－10 各种状态下的损益值 单位：万元

自然状态	按原工艺生产	引进技术成功		自行研究成功	
		产量不变	扩大产量	产量不变	扩大产量
价格下跌	－100	－200	－300	－200	－300
价格不变	0	50	50	0	－250
价格上涨	100	150	250	200	600

1. 运用决策树进行决策

（1）画出决策树，如图10－9所示。

（2）计算各点损益期望值，进行一级决策。各点的损益期望值是其对应各决策终点收益值与概率之积的和，有

$E(4)=(-100)\times0.1+0\times0.5+100\times0.4=30$（万元）

$E(8)=(-200)\times0.1+50\times0.5+150\times0.4=65$（万元）

同理可得

$E(9)=95$（万元）；$E(7)=30$（万元）

$E(10)=60$（万元）；$E(11)=85$（万元）

对于决策点5，由于$E(9)>E(8)$，故选择扩大产量的方案；对于决策点6，同样选择扩大产量的方案。

（3）计算第二级决策方案的期望收益值，进行第二级决策。计算办法同（2），$E(2)=82$（万元），$E(3)=63$（万元）。

通过计算和对两方案期望收益值的比较，引进技术的期望收益值较大。因此，选择引进技术并扩大产量的方案。

2. 运用Excel进行决策分析的程序

第一步，进入Excel，输入原始数据。

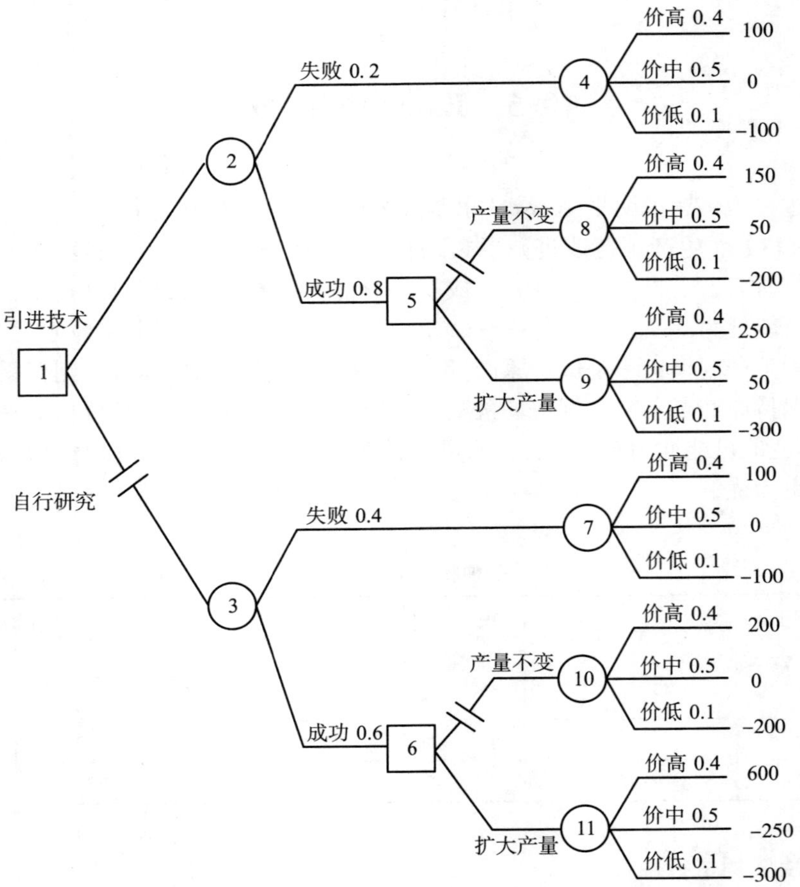

图 10－9　生产工艺改进的决策树

第二步，进行一级决策，可按以下步骤进行。按前面所述公式，在相应单元格内输入相应的公式，计算相应决策点的期望损益值。

（1）计算引进技术失败（点 4）的期望损益，选择 G9，输入公式“ = B4 * 0. 1 + B5 * 0. 5 + B6 * 0. 4”。

（2）按 Enter 键，G9 单元格中显示数值即点 4 的期望损益值，同时编辑栏中显示计算公式。

（3）重复上述步骤，分别得到点 8、点 9、点 10、点 11 的期望损益值。

第三步，比较各决策点的期望损益值，确定一级决策最优方案，包括以下步骤。

（1）选择 G15，单击【公式】菜单栏选项卡，然后单击【插入函数】，选中“MAX”（最大值函数），单击【确定】按钮（见图 10－10），然后在参数“Number1”中输入“G10 : G11”，单击【确定】按钮（见图 10－11），G15 单元格中得到引进技术扩大产量与否的期望损益值中的较大者。

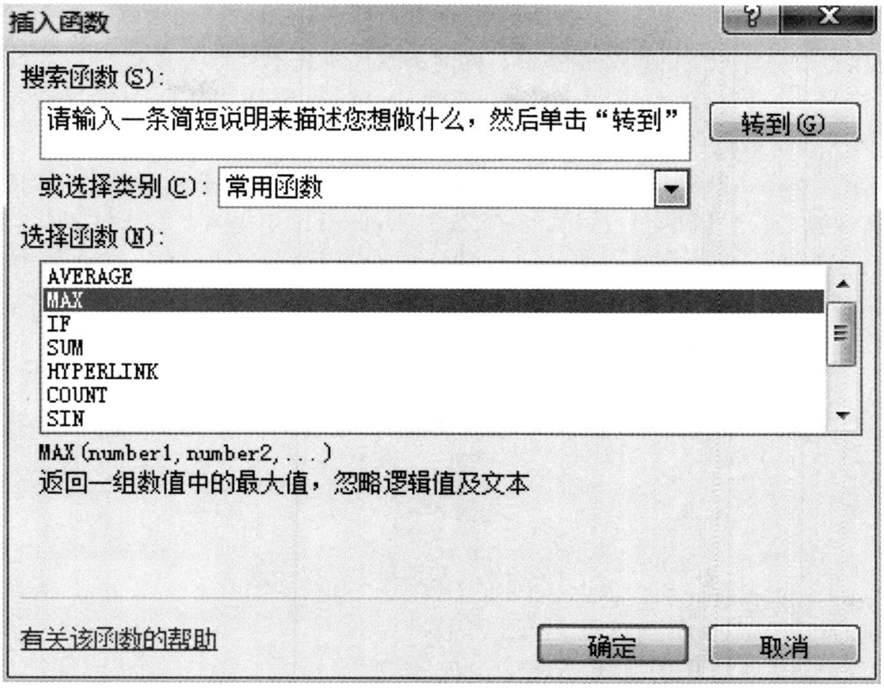

图 10－10　插入函数

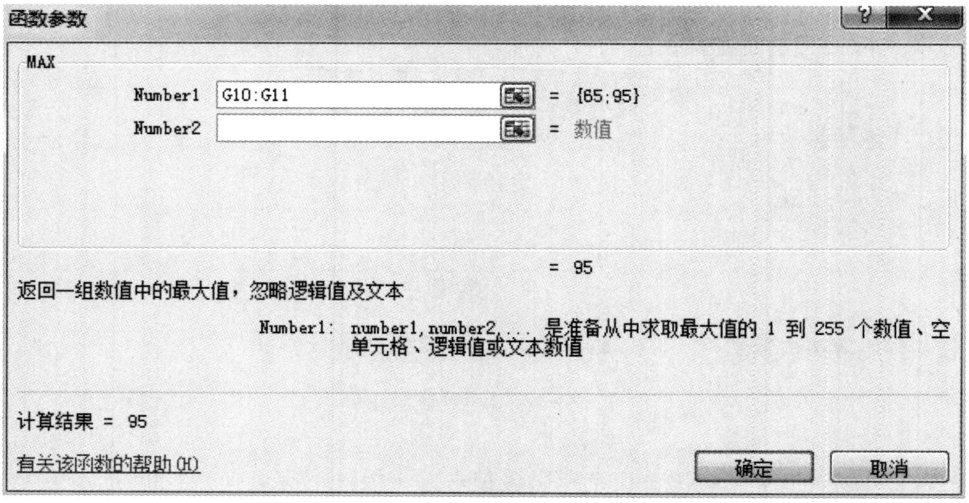

图 10－11　输入参数

（2）选择 G16，单击【公式】菜单栏选项卡，然后单击【插入函数】，选中“MAX”（最大值函数），单击【确定】按钮，在参数“Number1”中输入“G12：G13”，单击【确定】按钮，G16 单元格中得到自行研究扩大产量与否的期望损益值中的较大者，同时编辑栏中显示函数。

由一级决策对应的期望损益值可以看出，扩大产量是较优的选择。

第四步，进行二级决策，原理同前，按以下步骤进行。

（1）选择 G21，输入公式“ = G15 * E19 + G9 * (1 - E19)”，单击【确定】按钮，G21 单元格中显示数值即点 2 的期望损益值，同时编辑栏中显示计算公式。

（2）选择 G22，输入公式“ = G16 * E20 + G14 * (1 - E20)”，单击【确定】按钮，G22 单元格中显示数值即点 3 的期望损益值，同时编辑栏中显示计算公式。

（3）选择 G26，单击【公式】菜单栏选项卡，然后单击【插入函数】，选中“MAX”（最大值函数），单击【确定】按钮，在参数“Number1”中输入“G21 : G22”，单击【确定】按钮，G26 单元格中得到引进技术与自行研究期望损益值中的较大者，同时编辑栏中显示函数。

最终求解结果如图 10 - 12 所示。

	A	B	C	D	E	F	G
4	价格下跌	-100	-200	-300	-200	-300	0.1
5	价格不变	0	50	50	0	-250	0.5
6	价格上涨	100	150	250	200	600	0.4
7							
8	一级决策：决定是否扩大产量						
9	引进技术失败期望损益（点4）						30
10	引进技术成功产量不变期望损益（点8）						65
11	引进技术成功扩大产量期望损益（点9）						95
12	自行研究成功产量不变期望损益（点10）						60
13	自行研究成功扩大产量期望损益（点11）						85
14	自行研究失败期望损益（点7）						30
15	一级决策点5对应的期望损益值						95
16	一级决策点6对应的期望损益值						85
17	由一级决策知扩大产量期望收益高						
18	二级决策：决定是引进还是自行研究						
19	引进技术成功概率				0.8		
20	自行研究成功概率				0.6		
21	引进技术期望损益						82
22	自行研究期望损益						63
23							
24	结论						
25							
26	在该决策的决策结果是：			引进技术	相应的期望值为：		82

图 10 - 12　Excel 求解结果

从结果可以看出：二级决策应选择引进技术，一级决策应选择扩大产量。也就是应采取引进技术，若成功，采取扩大产量的方案。

习　题

1. 某工厂的产品所使用的元件要从外厂购买。今有甲、乙两家工厂都生产该种元件。如果使用甲厂元件，每箱可获利 800 元；如果使用乙厂元件，由于每箱元件的次品率不同，获利情况也不同。乙厂元件每箱的次品率有 0.2、0.3、0.4 三种，其概率分别为 0.3、0.4、0.3。使用这三种次品率的元件，每箱分别获利 800 元、600 元、400 元。

购买乙厂元件时，如果买主愿意，可以从一箱中抽取2个元件检验。每箱的价格也随检验结果有所调整：如果2个元件都是合格品，每箱的价格要提高8元；如果被检验的2个元件有一个是合格品，有一个是次品，则每箱价格降低12元；如果两箱都是次品，降价32元。一旦决定检验，不论结果如何，必须购买。

现在需要决策的问题是：该厂所需元件该从哪家购买？如果从乙厂购买，是否应采取抽样检验的办法？

2. 某工厂需要一箱（100个）某种电子元件，欲外购。这种电子元件的市场价格一般为每箱600元，其中大约有一半为优质品，另一半为普通品，每个优质品要比每个普通品贵2.5元。现交电公司有一箱该种元件正在出售，价格亦为每箱600元。但据悉一箱的优质品率可能为0.1、0.5、0.9，其概率分别为0.2、0.7、0.1。顾客为了了解一箱的具体情况，可以从中抽取1件检验，如果是优质品再决定是否购买该箱元件。抽取1件检验后，还可以再抽取1件，抽取几次都可以，但每抽取1件检验都要交付检验费2元。该厂是否应购买交电公司的这种元件，若购买是否抽样，抽取几次，试作出决策。

3. 设不同商标的三种同一类型商品的市场占有率的转移矩阵为

$$\boldsymbol{P}=\begin{bmatrix}0.8 & 0.1 & 0.1\\ 0.07 & 0.9 & 0.03\\ 0.15 & 0.25 & 0.6\end{bmatrix}$$

初始状态概率为

$$\boldsymbol{S}(0)=(0.3,\ 0.45,\ 0.25)$$

求：(1) 第1个时期的状态概率向量 $\boldsymbol{S}(1)$。

(2) 二步转移矩阵 $\boldsymbol{P}(2)$。

(3) 第2个时期的状态概率向量 $\boldsymbol{S}(2)$。

(4) 稳定状态概率。它们的经济意义都是什么？

4. 某企业今年是亏损单位。新上任的厂长准备从明年开始采取改革方案 A 或 B。以一年为一个时期，方案 A 和方案 B 的转移矩阵分别如表10-11和表10-12所示。

表10-11 方案 A 的转移矩阵

概率	盈	亏
盈	0.8	0.2
亏	0.7	0.3

表10-12 方案 B 的转移矩阵

概率	盈	亏
盈	0.7	0.3
亏	0.8	0.2

该厂为了以最大的概率在第3年实现盈利，厂长应该采取哪种方案？假定在三年内所采取的方案不变。

5. 设有4种方案，2个目标，3个专家。决策目标的权重向量 $\boldsymbol{W}=(0.5,\ 0.5)^{\mathrm{T}}$，专家的权重系数。采用五级评分制。三个专家单独对方案评价，其评价矩阵分别为

$$\boldsymbol{U}^{(1)}=\begin{bmatrix}1 & 4\\ 2 & 1\\ 3 & 2\\ 4 & 3\end{bmatrix},\quad \boldsymbol{U}^{(2)}=\begin{bmatrix}3 & 2\\ 1 & 3\\ 4 & 1\\ 2 & 4\end{bmatrix},\quad \boldsymbol{U}^{(3)}=\begin{bmatrix}2 & 4\\ 3 & 3\\ 1 & 1\\ 4 & 2\end{bmatrix}$$

试用综合加权法进行群组决策。

第 11 章　竞争型决策

【教学目标】

（1）了解竞争型决策分析的适用场合，理解竞争型决策与博弈论的关系。

（2）理解四种竞争型决策类型，掌握对应求解思路和方法。

（3）能够熟练应用竞争型决策分析方法解决实际问题。

【导入案例】

出售同类产品的商家之间本来可以通过共同将价格维持在高位而获利，但实际上却是相互杀价，结果都赚不到钱。

当一些商家共谋将价格抬高，消费者实际上不用着急，因为商家联合维持高价的垄断行为一般不会持久，可以等待垄断的自身崩溃，价格就会掉下来。

例如，2000 年我国几家生产彩电的大厂商合谋将彩电价格维持高位，他们成立了“彩电厂家价格自律联盟”，并在深圳举行了由多家彩电厂商首脑参加的“彩电厂商自律联盟高峰会议”。当时，国家有关部门还未出台相关的反垄断法律，对于这种在发达国家明显属于违法行为的所谓“自律联盟”，国家在法律上暂时还是无能为力的。

但是，尽管政府当时无力制止这种事情，公众也不必担心彩电价格会上涨。这是因为，“彩电厂商自律联盟”只不过是一种“囚徒困境”，彩电价格不会上涨。在高峰会议之后不到两周，国内彩电价格不是上涨而是一路下跌。这是因为厂商们都有这样一种心态：无论其他厂商是否降价，我自己降价是有利于自己的市场份额扩大的。

资料来源：董志强．身边的博弈［M］．北京：机械工业出版社，2021.

11.1　竞争型决策分析与博弈论

11.1.1　竞争型决策分析与博弈论介绍

前面研究的决策现象基本上都是由决策主体面对市场作出自己的最优决策，但在现实生活中经常会遇到一些具有竞争性质的决策问题。例如，在经济领域各公司为了争夺市场份额要展开竞争，在政治领域各个政党为了取得政权而进行竞争；在军事领域敌对双方为了取得战争胜利不仅要拼实力还要采取一些策略。在这些竞争中是存在竞争对手的，每个决策主体的行为后果都要受到对手的影响，并且这些决策者之间的利益是相互冲突的，这类特殊的决策问题就是竞争型决策。

博弈论是研究理性的决策者之间的冲突与合作的理论，具体讲就是研究当决策主体的行为在发生直接的相互作用时，人们如何进行决策以及这种决策的均衡问题。博弈论研究的是竞争型决策问题，它不是仅仅局限于站在某个决策方的立场上去找针对其他方的决策，而是从广义的角度分析在决策过程中决策主体之间相互制约、相互作用的规律用以指导各决策方的合理决策。此外，博弈论研究的决策问题是包括开始过程和结果的整个决策过程也是广义上的竞争型决策分析。在博弈论中，也将该过程称为“博弈”。博弈即一些个人、团队或其他组织面对一定的环境条件，在一定的规则约束下，依据所掌握的信息，同时或先后，一次或多次从各自允许选择的行为或策略进行选择并加以实施，并从中各自取得相应结果或收益的过程。

11.1.2　博弈现象

为了让大家对博弈有一些更清晰的理解和认识，先介绍两个典型的博弈问题实例，并对它们作初步的分析。其实博弈本身就如这些实例一样，并不像人们通常理解的那样深奥、复杂。博弈现象是普遍存在的，小到下棋打牌，大到企业之间的市场竞争、国家之间贸易的倾销、反倾销等，都可以归结为博弈问题。

1. 囚徒困境

“囚徒困境”博弈是博弈理论中的典型实例。它讲的是警方拘捕两个同案犯罪嫌疑人（囚徒）后，为防止其相互间串供，而将两人分别拘押、隔离审问时两疑犯所面临的认罪策略选择的问题。

摆在两疑犯面前的选择有两种：坦白或不坦白。按照通常的政策，坦白从宽，抗拒从严。若两人均坦白，则可从轻处理，分别判刑 5 年；若两人中有一人坦白而另一人拒不坦白，则坦白者可免于处罚，而拒不坦白者，将从重惩处被判 10 年；当然，若两人均不交代，而警方手中又无足够的证据可以指控犯罪嫌疑人，那么他们只可能被按妨碍公务罪被判 1 年。

如果用 -1、-5、-10 分别表示犯罪嫌疑人被判刑 1 年、5 年、10 年，用 0 表示犯罪嫌疑人被释放（免于处理），则可以用一个特殊的矩阵将该博弈问题表示出来，如图11 -1所示。

		囚徒2	
		坦白	不坦白
囚徒1	坦白	-5，-5	0，-10
	不坦白	-10，0	-1，-1

图 11 -1　“囚徒困境”博弈

图 11 -1 中囚徒 1 和囚徒 2 代表博弈中的两个博弈参与者，他们各自都有坦白和不坦白两种可选择的策略，因为这两个囚徒被隔离开，其中任何一人在选择策略时都不可能知

道另一人的选择，因此不管他们的决策在时间上是否相同，都可以把他们的决策看作是同时进行的。矩阵中的每个元素都是由两个数字组成的数组，表示在所处行列代表的两个博弈方所选策略的组合下双方各自的收益，其中第一个数字为囚徒 1 的收益，第二个数字为囚徒 2 的收益。这是一个两博弈方各有两种相同的可选策略，策略和收益都对称的两博弈方之间的博弈。对两个博弈方来讲，各自都有两种可选择的策略，但各方的收益不仅取决于自己的策略选择，也取决于另一方的对应选择。因此，各博弈方虽然无法知道另一方的选择，但是他必须先权衡对方的不同策略选择对自己利益的不同影响，然后，作出自己的最佳选择。

以下简单地分析这个问题：对于囚徒 1 来讲，囚徒 2 有"坦白"和"不坦白"两种可能的选择。如果囚徒 2 选择坦白，则囚徒 1 坦白收益为 -5，不坦白收益为 -10，他应选择坦白；如果囚徒 2 选择不坦白，则囚徒 1 坦白收益为 0，不坦白收益为 -1，他还应选择坦白。因此，对于追求自身利益最大化的囚徒 1 来讲，无论囚徒 2 选择哪种策略，他的最佳选择都是坦白。同样，对于囚徒 2 来讲，它的最佳选择也是坦白。所以，该博弈问题的最终结果必然是两博弈方都选择坦白，收益均为 -5。当然这里有个前提，即两人均没有条件串供，否则无论是对这两个囚徒总体来讲，还是对他们个人来讲，最佳的结果都不是同时坦白得到 -5，而是都不坦白所得到的 -1。

可以看出：两个囚徒决策时都以自己的最大利益为目标结果是无法实现最大利益甚至较大利益。因此囚徒困境反映了一个很深刻的问题，即个体理性与集体理性之间的矛盾，即从个体利益出发的行为往往不能实现集体的最大利益；同时它也揭示了个体理性本身的内在矛盾，即从个体利益出发的行为最终也不一定能真正实现个体的最大利益。用经济学的术语讲，该博弈中存在帕累托改进的机会，而个体理性选择的结果并非帕累托最优，不符合集体理性的要求，因此囚徒陷入了理性的困境。该问题在社会经济活动中具有很大的普遍性。比如在市场经济体制下，每个人或组织仅考虑自身利益最大化的结果不一定是资源配置效果的帕累托最优，存在着参与者利益都改进的可能性却无法利用，通常称这种情况为"市场失灵"。

2. 齐威王与田忌赛马

"齐威王与田忌赛马"是一个巧用计谋取胜的广为流传的典故，它主要是讲田忌的谋士孙膑如何运用计谋帮助田忌以弱胜强战胜齐威王。如果对这个故事中的比赛规则稍加限制，就可以引出一个很好的博弈问题。

春秋战国时期齐威王经常约手下大将田忌与他赛马。赛马的规则是这样的：每次双方各出三匹马，一对一比赛三场，每一场的败者要输一千金给胜者。齐威王的三匹马和田忌的三匹马按实力都可分为上、中、下三等。由于齐威王的上、中、下三匹马都分别比田忌的上、中、下三匹马略胜一筹，因此田忌每次都是连输三场，要输掉三千金。实际上，田忌的上马虽不如齐威王的上马，却比齐威王的中马和下马都要好，同样，田忌的中马则比齐威王的下马要好些，田忌每次都连输三场是有些冤枉的。后来田忌的谋士孙膑知道这一情况后，给田忌出了个主意，即让田忌不要用自己的上马去对抗齐威王的上马，而是用下马去对抗齐威王的上马，上马则去对抗齐威王的中马，中马去对抗齐威王的下马。这样，虽然第一场田忌必败无疑，但后两场田忌却都能取胜，二胜一负，田忌反而能赢齐威王一千金。

这个故事生动地告诉我们，巧妙地运用策略是多么的重要。在实力、条件一定的情况下，对己方力量和有利条件的巧妙调度与运用常会起到意想不到的效果。

但是，如果该故事到这里就结束了，那它还只是一个单方面运用策略的较为简单的问题，因为在赛马的齐威王和田忌两方中，只有田忌一方意识到策略的重要性，在安排马的出场次序方面运用策略而齐威王一方却没有充分运用策略来应对田忌的策略，显然还构不成一个双人博弈的问题。为说明问题，不妨假设齐威王发觉田忌在使用计谋，明白了自己为什么输金的原因而及时地调整了自己的对策。这样，齐威王与田忌的赛马也就成了一个具有策略依存特征的决策较量，构成了一个典型的博弈问题。这个重新设定的齐威王与田忌赛马的博弈问题可以用以下博弈术语表示。

（1）该博弈中有两个博弈参与者，即齐威王和田忌。

（2）两个博弈参与者可选择的策略即各自马的出场次序，因为三匹马的排列次序共有 6 种，因此双方各有 6 种可选择的策略，如图 11 -2 所示。

		田忌					
		上中下	上下中	中上下	中下上	下上中	中上下
齐威王	上中下	3，-3	1，-1	1，-1	1，-1	-1，1	1，-1
	上下中	1，-1	3，-3	1，-1	1，-1	1，-1	-1，1
	中上下	1，-1	-1，1	3，-3	1，-1	1，-1	1，-1
	中下上	-1，1	1，-1	1，-1	3，-3	1，-1	1，-1
	下上中	1，-1	1，-1	1，-1	-1，1	3，-3	1，-1
	中上下	1，-1	1，-1	-1，1	1，-1	1，-1	3，-3

图 11 -2　齐威王与田忌赛马博弈

（3）根据前面的讨论，假设双方在决策之前都不能预先知道对方的决策，因此可以看作是同时选择策略的并且决策选择没有先后次序的关系。

（4）如果把赢一千金记成收益为 1，输一千金记成收益为 -1，则两个博弈参与者在各种策略组合下的收益如图 11 -2 中数组元素所示，每个数组表示两博弈参与者在对应行列代表的双方策略下各自的收益，其中前一个数字表示齐威王的收益，后一个数字表示田忌的收益。

由图 11 -2 可以看到，如果按照严格的博弈问题的假设来重新安排这一游戏，齐威王只要把从策略集合中选择策略的顺序不断改动（随机产生选择），不让田忌掌握策略规律，齐威王的胜率（统计事件）显然要高于田忌。

11.1.3　博弈的要素

从 11.1.2 节两个博弈可以看出，一个正式的博弈包括以下几个要素：博弈的参与者、各博弈方可选择的全部行为或策略的集合、博弈方的支付、博弈方的信息、博弈的次序、结果和均衡等。其中参与者、策略和支付是博弈必不可少的三个基本要素。

1. 博弈的参与者

博弈的参与者又称博弈方或局中人，是指博弈中独立决策、独立承担结果的决策主体，他们可能是自然人，也可能是各种社会组织，如企业、政府、国家，甚至由某些国家组成的联合国等。参与者的划分标准是看他们是否统一决策、统一行动、统一承担结果等，即通常将利益一致的参与者作为一个博弈方，而不是看数量的多寡抑或规模的大小。一般地，记博弈方为 i，$N=\{1, 2, \cdots, n\}$，即共有 n 个博弈方。

2. 博弈方可选择的全部行为或策略的集合

这是指每个博弈方在进行决策时（同时或先后，一次或多次）可以选择的方法、做法等。策略有纯策略和混合策略之分。

纯策略是策略的一个最直接的概念，是指每个博弈方在博弈中可以选择采用的行动方案。记博弈方 i 的策略为 s_i，S_i 为博弈方 i 可选择的策略组成的策略集合，又称策略空间，则 $s_i \in S_i$。如“囚徒困境”中，两博弈方的策略空间均为 $S_1=S_2=$(坦白，不坦白)。n 个局中人各选择一个策略形成的向量 $\boldsymbol{s}=(s_1, \cdots, s_n)$，称为策略组合，如“囚徒困境”中 $\boldsymbol{s}=$(坦白，坦白）为囚徒 1、2 的一个策略组合。

策略的另一种概念为在纯策略基础上形成的混合策略，它是在纯策略空间上的一种概率分布，表示博弈方实际博弈时根据这种概率分布在纯策略空间随机选择并加以实施的策略。

3. 博弈方的支付

博弈方的支付即每个博弈方从各种策略组合中获得的收益或效用，它是策略组合 $\boldsymbol{s}$ 的函数，所以也被称为支付函数，记博弈方 i 的支付函数为 $u_i(\boldsymbol{s})$。如“囚徒困境”中囚徒 1、2 对应 $\boldsymbol{s}=$(坦白，坦白）的支付为 $u_1=u_2=-5$。

4. 博弈方的信息

信息是博弈方有关博弈的知识，如有关其他博弈方的策略、收益等知识。博弈中博弈方掌握信息的多少是影响其策略选择的一个重要因素，直接关系到决策的准确性。博弈方应尽可能多地收集有关博弈的信息，从而在采取策略进行决策时掌握主动。

5. 博弈的次序

在现实的各种决策活动中，当存在多个独立决策方进行决策时，有时候这些博弈方必须同时作出选择，因为这样能保证公平合理。而很多时候各博弈方的决策又必须有先后之分，并且，在一些博弈中每个博弈方还要作出不止一次的决策选择，这就免不了有一个次序问题。因此，规定一个博弈就必须规定其中的次序，不同的次序必然是不同的博弈，即使其他方面都相同。

6. 结果和均衡

结果指博弈中博弈方的行动所产生的每一种可能情形；而均衡是指所有博弈方的最优策略的组合，记为 $s^*=(s_1^*, s_2^*, \cdots, s_i^*, \cdots, s_n^*)$，其中，$s_i^*$ 为第 i 个博弈方在均衡情况下的最优策略，即第 i 个博弈方在考虑其他博弈方策略选择的情况下，有针对性地选择最大化自己支付的策略。“囚徒困境”中有四种可能的结果，如（坦白，不坦白）（坦白，坦白）等，而均衡只有一个，$s^*=$(坦白，坦白)。

11.1.4 博弈的分类

为了便于分析博弈问题，结合博弈的构成要素，可以对博弈进行分类。

1. 单人博弈、两人博弈和多人博弈

根据博弈中参与人数目的多少，可以分为单人博弈、两人博弈和多人博弈。

（1）单人博弈即只存在一个博弈方的博弈。由于不存在与其他博弈方之间的作用与反作用，这种博弈的求解其实是前面几章所讲的最优化问题，因此不再将其列为博弈论研究的对象。

（2）两人博弈就是存在两个各自独立决策，但策略和利益具有相互依存与制约关系的博弈方的决策问题。两人博弈是博弈问题中最常见、也是研究得最多的博弈类型。11.1.2 节介绍的“囚徒的困境”、齐威王与田忌赛马都是两人博弈问题。日常生活中的棋牌、球类比赛，以及经济活动中两个厂商之间的竞争谈判、兼并收购、劳资纠纷等都是两人博弈问题。对于两人博弈应注意以下问题。

①两人博弈中的两个博弈方之间并不总是相互对抗的，有时候也会出现两博弈方利益一致的情形。如一家生产电视机的公司和一家生产放像机的公司在采用制式问题上的博弈就是一种非对抗性的博弈。因为如果两家公司采用相同的制式，各自的机器可以相互匹配，就会给双方带来产品互补性的利益；而如果两公司采用的制式不同，则双方都无法享有这些利益。因此这两家公司在这种博弈关系中的利益是一致的而不是对立的。

②在两人博弈中，掌握信息较多并不能保证利益也一定较多。例如，信息较多的博弈方常常更清楚过度竞争的危险，因此为了避免不理智的恶性过度竞争，避免两败俱伤，只能采取较为保守的策略，从而也只能得到较少的利益；相反那些信息较少、对危险了解较少的博弈方却可能因为不会顾忌后果而掌握了主动，从而得到更多的利益。这与现实生活中的许多现象是非常吻合的。

③个人追求最大自身利益的行为，常常并不能导致实现社会的最大利益，也常常不能真正实现个人自身的最大利益。今后我们遇到的许多博弈也都能说明这一点。

实际上，以上几个特性都不仅是在两人博弈问题中存在，在两人以上的多人博弈中，这些结论一般也是成立的。

（3）多人博弈是指有三个或三个以上博弈方参加的博弈。多人博弈也是博弈方在意识到其他博弈方的存在，意识到其他博弈方对自己决策的反应和反作用存在的情况下，寻求自身最大利益的决策活动，只是现在其他博弈方不是一个，而是有两个或更多。因而，它们的基本性质和特征与两人博弈是相似的，我们常常可以用与研究两人博弈同样的思路和方法来研究它们，或将两人博弈分析中得到的结论直接推广到多人博弈。

当然，由于多人博弈中有比两人博弈更多的追求自身利益的独立决策者，因此多人博弈中策略和利益的相互依存关系也更为复杂，任一博弈方的决策及其所引起的反应比两人博弈中要复杂得多。

2. 有限博弈和无限博弈

根据各博弈方可选策略数量的多少，可以分为有限博弈和无限博弈。

（1）有限博弈是指各个博弈方的可选策略都是有限的博弈。如囚徒困境、齐威王与田忌赛马都是有限博弈。有限博弈只有有限种可能的结果，可用支付矩阵法、扩展型法或简单罗列的办法，将所有的策略结果及对应的支付列出。

（2）无限博弈是指至少有某些博弈方的策略是无限多个的博弈。这种博弈的全部策略、结果或支付一般只能用数集或函数加以表示。

3. 零和博弈、常和博弈和变和博弈

根据参加博弈的各个博弈方从博弈中所获得的利益的总和不同，可以分为零和博弈、常和博弈和变和博弈。

（1）零和博弈是所有博弈方的得益总和始终为0的博弈，是常见的博弈类型，同时也是被研究得最早、最多的博弈问题。在这种博弈问题中，博弈方之间的利益始终是对立的，一方的收益必定是另一方的损失，某些博弈方的赢肯定是来源于其他博弈方的输。如齐威王与田忌赛马就是这样的博弈。

（2）常和博弈是所有博弈方的得益总和始终为某一非零常数的博弈，也是很普遍的博弈类型。如在几个人或几个方面之间分配固定数额的奖金、财产或利润的讨价还价，就是这种博弈问题。常和博弈也是一类有特殊意义的博弈。常和博弈可以看作零和博弈的扩展，零和博弈则可以看作常和博弈的特例。与零和博弈一样，常和博弈中各博弈方之间利益关系也是对立的，博弈方之间的基本关系也是竞争关系。不过，由于常和博弈中利益的对立性体现在各自得到利益的多少，结果可能出现大家分得合理或满意的一份，因此也比较容易相互妥协。

（3）零和博弈和常和博弈以外的所有博弈都称为“变和博弈”。变和博弈在不同策略组合（结果）下各博弈方的利益之和往往是不相同的。如“囚徒困境”就是变和博弈。变和博弈是最一般的博弈类型，常和博弈和零和博弈都是它的特例。变和博弈的结果存在社会总得益大小方面的区别。这也就意味着在博弈方之间存在相互配合（不是指串通，是指各博弈方在利益驱动下各自自觉独立采取的合作态度和行为）争取较大社会总利益和个人利益的可能性。因此，这种博弈的结果可以从社会总得益的角度分为“有效率的”或“无效率的”“低效率的”，即可以站在社会利益的立场上对它们作效率方面的评价。

4. 静态博弈和动态博弈

根据参与人行动的先后顺序不同，可以分为静态博弈和动态博弈。

（1）静态博弈是指所有博弈方同时或可看作同时选择策略的博弈。即各博弈方是同时决策的，或者虽然各博弈方决策的时间不一定真正一致，但在他们作出选择之前不允许知道其他博弈方的策略，在知道其他博弈方的策略之后则不能改变自己的选择，从而各博弈方的选择仍然可以看作是同时作出的。“囚徒困境”、齐威王与田忌赛马均为静态博弈。

（2）动态博弈指的是参与人的行动有先后顺序，而且后行动者能够观察到先行动者所选择的行动的博弈。除了各博弈方同时决策的静态博弈以外，也有大量现实决策活动构成的博弈中，各博弈方的选择和行动不仅有先后次序，而且后选择后行动的博弈方在自己选择或行动之前可以看到其他博弈方的选择和行动，甚至还包括自己的选择和行动。这种博弈无论在哪种意义上都无法看作是同时决策的静态博弈，我们把这种博弈称为“动态博弈”，也称“多阶段博弈”。经济活动中有大量的动态博弈问题，如经常见到的商业大战，因为常常是各家轮流出新招，所以也是动态博弈问题；还有如各种商业谈判、讨价还价，也常常是双方或者多方之间你来我往很多回合的较量，因此也属于动态博弈问题。

5. 完全信息博弈和不完全信息博弈

根据参与人所掌握的信息不同，可以分为完全信息博弈和不完全信息博弈。

（1）完全信息博弈是指每个参与人对其他参与人的策略空间及支付函数有准确认识的博弈。如“囚徒困境”中每个囚徒都很清楚双方的支付组合，是完全信息博弈。

（2）不完全信息博弈是指至少部分博弈方不完全了解其他博弈方支付情况的博弈。现实生活中很多博弈就属于这种博弈类型，因为很多竞争对手都想方设法隐藏自己的行为，以防止其对手针对自己的策略选择采取相应的竞争策略而取胜，如投标、拍卖活动等。

6. 混合划分

把参与人行动顺序和掌握的信息结合起来划分，可以得到四种类型的博弈，即完全信息静态博弈、完全信息动态博弈、不完全信息静态博弈和不完全信息动态博弈。与它们相对应的四种均衡是：纳什均衡、子博弈完美纳什均衡、贝叶期纳什均衡和完美贝叶斯纳什均衡。四种均衡如表 11－1 所示。

表 11－1　　　　博弈的综合分类及对应的均衡

信息	同时	先后
完全信息	完全信息静态博弈	完全信息动态博弈
	纳什均衡	子博弈完美纳什均衡
不完全信息	不完全信息静态博弈	不完全信息动态博弈
	贝叶斯纳什均衡	完美贝叶斯纳什均衡

需要指出，这四种综合的博弈类型属于非合作性质的博弈，即决策主体完全根据自己的利益来决定自己的选择，违背自己利益的任何表示都是不可信的，例如“如果你与我合作，我将把收益的一半分给你”。类似这样的许诺在非合作博弈中是没有效力的，原因是没有任何机制保证博弈结束后局中人会按照自己的承诺支付自己收益的一半给对方。而在合作博弈中，决策主体间达成了可强制执行的合作协议，也就是说合作是必然成立的，合作者总会从整体的利益出发选择使收益之和最大的策略组合，然后按照协议进行利益分配。因此，可将合作博弈的多个博弈方看成具有单一利益的决策主体，这时合作博弈也就成了决策论研究的内容，用前几章介绍的方法就可以解决。因此，本章主要结合四种综合的博弈类型分析非合作博弈的求解方法，对于合作博弈不再涉及。

11.2　完全信息静态博弈

11.2.1　博弈的标准式表述

完全信息静态博弈是非合作博弈最基本的类型，它是指各博弈方同时决策且所有博弈方对各方支付都了解的博弈。在 11.1 节分析的“囚徒困境”、齐威王与田忌赛马两个博弈问题属于这类博弈。

为了对各种各样的博弈现象进行规范的分析，就必须从中抽象出最基本的组成要素，构成有利于分析的简单模型，然后再逐步加入更复杂的要素，使模型更能反映现实，分析结论更具有现实意义。

在博弈论中，从静态博弈中抽象出的最基本要素构成的模型描述就是标准型在博弈的标准式表述，一般包括以下基本要素：①博弈的参与者；②博弈方可选择的全部行为或策略的集合；③针对所有参与者可能选择的策略组合，每一个参与者获得的收益。为了便于分析，通常要对各博弈方从 1 到 n 排序，设其中任一个参与者的序号为 i，令 S_i 代表参与者 i 的策略空间，其中任一个特定的策略记为 s_i，则 $s_i \in S_i$。令 $s=(s_1, \cdots, s_n)$ 表示每一个参与者选定一个策略形成的策略组合，令 u_i 表示第 i 个参与者的收益函数，$u_i(s_1, \cdots, s_n)$ 表示参与者选择策略 $(s_1, \cdots, s_n)$ 时第 i 个参与者的收益。将上述内容综合起来可以对博弈进行以下定义。

定义 11 -1 在一个 n 人博弈的标准式表述中，参与者的策略空间分别为 $S_1, \cdots, S_n$，收益函数分别为 $u_1, \cdots, u_n$，则 $G=\{S_1, \cdots, S_n; u_1, \cdots, u_n\}$ 表示该博弈。

标准式表述的静态博弈常常利用矩阵形式作为一种清晰的表现手段，如“囚徒困境”“齐威王与田忌赛马”都转化为矩阵形式以便于分析。借用“囚徒困境”博弈问题来说明矩阵形式的表示方法。该博弈问题可用图 11 -1 所示的双变量矩阵来表示，双变量指的是在两个参与者的博弈中，每一个单元格有两个数字分别表示参与者的收益。此博弈的两个囚徒及其可选策略的表示如图 11 -3 所示。在一组特定的策略组合被选定后，两人的收益由图 11 -1 双变量矩阵中相应单元格的数据表示。习惯上，行代表的参与者（此例为囚徒 1）的收益在两个数字中放前面，列代表的参与者（此例为囚徒 2）的收益置于其后。

需要说明的是，矩阵形式能够很清晰地表示在只有两个博弈方且每个博弈方可选策略数目不多的博弈局势中，有时也用来表示 3 个局中人策略有限的后势。但它不能表示局中人可选策略数目无限的情形，也很少用于表示有 4 个或更多局中人的情形。在不易使用矩阵形式表示的情况下，只能用语言表述或使用数学公式进行描述。

在对博弈问题进行简化之后，下面就来分析博弈的求解问题，这就要用到非合作博弈理论的核心解概念——纳什均衡。

11.2.2 纳什均衡

纳什（Nash，1950）提出了后来被称为“纳什均衡”的概念。纳什均衡概念是现代博弈论中的核心内容和重要基础，许多理论研究和应用都是围绕这一基本概念展开或与此密切相关的。所以，要想很好地理解和掌握博弈均衡思想和理论体系，必须以纳什均衡为起点。

纳什均衡的思想很简单，博弈的理性结局是这样一种策略组合，其中每一个博弈方均不能因为单方面改变自己的策略而获利，即每个博弈方选择的策略是对其他博弈方所选策略的最佳反应。假设有 n 个人参与博弈，在给定其他人策略的条件下，每个人选择自己的最优策略（个人最优策略可能依赖于也可能不依赖于其他人的策略），所有参与人选择的策略一起构成一个策略组合。纳什均衡指的是由所有参与人的最优策略组成，也就是说，在给定别人策略的情况下，没有任何单个参与人有积极性选择其他策略，从而没有任何人有积极性打破这种均衡。

定义 11 -2 在博弈中 $G=\{S_1, \cdots, S_n; u_1, \cdots, u_n\}$，如果策略组合 $(s_1^*, \cdots, s_n^*)$ 中任一博弈方 i 的策略 s_i^* 都是对其余博弈方的策略组合 $(s_1^*, \cdots, s_{i-1}^*, s_{i+1}^*, \cdots, s_n^*)$ 的最佳对策，即

$$u_i(s_1^*, \cdots, s_{i-1}^*, s_i^*, s_{i+1}^*, \cdots, s_n^*) \geqslant u_i(s_1^*, \cdots, s_{i-1}^*, s_{ij}, s_{i+1}^*, \cdots, s_n^*)$$

对任意 $s_{ij} \in S_i$ 都成立，则称为 $(s_1^*, \cdots, s_n^*)$ 为 G 的一个“纳什均衡”。

纳什均衡有强弱之分，以上是弱纳什均衡，也是最常用的纳什均衡概念。强纳什均衡是指每个博弈方对于对手的策略有唯一的最佳反应，即 s_i^* 为严格纳什均衡，当且仅当对所有 i 所有其他 $s_{ij} \in S_i$，均有

$$u_i(s_1^*, \cdots, s_{i-1}^*, s_i^*, s_{i+1}^*, \cdots, s_n^*) > u_i(s_1^*, \cdots, s_{i-1}^*, s_{ij}, s_{i+1}^*, \cdots, s_n^*)$$

原则上，强纳什均衡是一个更具有说服力的均衡概念，它具有稳定性，即使收益中出现微小的扰动，强纳什均衡仍保持不变。而且由于博弈方改变策略会使其利益受损，所以博弈方有维持均衡策略的动力，而弱纳什均衡中可能存在博弈方认为均衡策略与其他策略之间是无差异的，所以弱纳什均衡并不能保证傅弈方一定会选择均衡策略。强纳什均衡的弱点是，即使在混合策略的意义下也不能保证存在性，相当多的博弈局势中没有强纳什均衡。

纳什均衡的意义在于它是关于博弈结局的一致性预测，如果所有博弈方预测一个特定的纳什均衡会出现，那么这种均衡就会出现，预测之间没有矛盾，不会因为有博弈方认为不符合自己的利益要求而失败。只有纳什均衡才能使每个博弈方均认可这种结局，并且他们均知道其他博弈方也认可这种结局，而非纳什均衡的结局并非一致性预测。如果博弈方预测会出现非纳什均衡，那么或者是博弈方的预测相互不统一，或者是博弈方在估计别人策略选择或极大化自己收益时犯了错误。

11.2.3　两人有限零和博弈

1. 两人有限零和博弈模型

在完全信息静态博弈中，研究最早、最成熟的是两人有限零和博弈。两人有限零和博弈是一种最简单、最常见的博弈现象，它只有两个局中人，每个局中人都有有限个可选择的策略，而且在任一局势中两个局中人得失之和总是等于零。

如果用 α 和 β 表示两人有限零和博弈的两个局中人，并设他们的策略集分别为 $S_\alpha = \{\alpha_1, \alpha_2, \cdots, \alpha_m\}$，$S_\beta = \{\beta_1, \beta_2, \cdots, \beta_m\}$。由于在任一局势中两个局中人得失之和总是等于零，也就是说如果对于局势（α_i，β_j），局中人 α 的收入为 α_{ij}，则局中人 β 的收入为 $-\alpha_{ij}$，局中人 α 的支付矩阵可记作

$$\boldsymbol{A} = \begin{bmatrix} \alpha_{11} & \cdots & \alpha_{1n} \\ \vdots & \cdots & \vdots \\ \alpha_{m1} & \cdots & \alpha_{mn} \end{bmatrix}$$

根据局中人 α 的支付矩阵 $\boldsymbol{A}$，结合博弈的一般式表述 $G = \{S_1, \cdots, S_n; u_1, \cdots, u_n\}$，可将这种博弈记作 $G = \{S_\alpha, S_\beta; \boldsymbol{A}\}$。

2. 最优纯策略与纳什均衡

【例 11-1】（零和博弈）　设有两人有限零和博弈 $G = \{S_\alpha, S_\beta; \boldsymbol{A}\}$，其中局中人 α 的支付如表 11-2 所示。

从表 11-2 上看，α 的最大收入是 8，但是如果 α 采取策略 α_2，而 β 采取 β_1，则 α 非但没有得到 8，反而损失 5。同理，如果 β 为得到最大收入而采取 β_1，则 α 会采取 α_3，而 β 损失 3。所以局中人必须考虑每个策略对应的最坏结局，从中选择最有利的策略。对局中人 α 来讲，（α_1，α_2，α_3）对应的最坏收入分别是（0，-5，1），这些最坏收入中最好

收入是1。同理，局中人β的各个策略（β_1，β_2，β_3，β_4）对应的最坏结果就是表11－2中每列的最大元素（3，8，4，1），其中β的最好收入是－1。

表11－2　　支付表

策略	β_1	β_2	β_3	β_4
α_1	0	2	1	0
α_2	－5	8	－3	－2
α_3	3	5	4	1

这局博弈中两个局中人最坏情况下最好的结果的绝对值相等，（α_3，β_4）分别是α和β的最优纯策略，称局势（α_3，β_4）为$G=\{S_\alpha, S_\beta; \boldsymbol{A}\}$的鞍点。

定义11－3　对于博弈$G=\{S_\alpha, S_\beta; \boldsymbol{A}\}$，如果

$$\max_i \min_j \{\alpha_{ij}\} = \min_j \max_i \{\alpha_{ij}\} = \alpha_{i^*j^*} = v$$

则称支付元素$\alpha_{i^*j^*}$对应的α_{i^*}，β_{j^*}，分别为局中人α和β的最优纯策略，称局势（α_{i^*}，β_{j^*}）为博弈G的鞍点，称v为博弈G的博弈值。

不难验证鞍点（α_{i^*}，β_{j^*}）是博弈$G=\{S_\alpha, S_\beta; \boldsymbol{A}\}$的纳什均衡，鞍点又称纯策略纳什均衡。

当然并不是所有的两人有限零和博弈都有鞍点，比如齐王与田忌赛马就没有鞍点。两人有限零和博弈存在鞍点的充要条件是支付矩阵中存在一个元素$\alpha_{i^*j^*}$，使对于一切$i=1, 2, \cdots, m$；$j=1, 2, \cdots, n$，总有

$$\alpha_{ij^*} \leqslant \alpha_{i^*j^*} \leqslant \alpha_{i^*j}$$

该结论说明，若能在支付表$\boldsymbol{A}$中找到一个元素$\alpha_{i^*j^*}$，它既是所在行最小元素，又是所在列最大元素，则（α_{i^*}，β_{j^*}）就是博弈G的鞍点，α_{i^*}，β_{j^*}分别为局中人α和β的最优纯策略。

例如，博弈$G=\{S_\alpha, S_\beta; \boldsymbol{A}\}$，其中$\boldsymbol{A}=\begin{bmatrix} 5 & 2 & -3 \\ 6 & 5 & 7 \\ -7 & 4 & 0 \end{bmatrix}$。由于$\alpha_{22}=5$既是所在行最小元素又是所在列最大元素，因此博弈的鞍点即纳什均衡为（α_2，β_2），α_2和β_2分别是局中人α和β的最优纯策略。

3. 最优混合策略与纳什均衡

通过以上分析知道并不是所有的博弈都存在鞍点，在很多情况下局中人只能以一定的概率在其策略集中随机选择每种策略，称这种在纯策略空间上的概率分布为混合策略。

设博弈$G=\{S_\alpha, S_\beta; \boldsymbol{A}\}$，$S_\alpha=\{\alpha_1, \alpha_2, \cdots, \alpha_m\}$，$S_\beta=\{\beta_1, \beta_2, \cdots, \beta_n\}$，令$x_i$，$y_i$分别为局中人$\alpha$和$\beta$在各自的策略集$S_\alpha$和$S_\beta$中选择策略$\alpha_i$和$\beta_j$的概率，则称

$$x = (x_1, \cdots, x_m) \sum_{i=1}^{m} x_i = 1 \text{ 且 } x_i \geqslant 0$$

$$y = (y_1, \cdots, y_n) \sum_{j=1}^{n} y_i = 1 \text{ 且 } y_j \geqslant 0$$

分别为局中人 α 和 β 的一种混合策略。称 $E(xy) = \sum_{i=1}^{m}\sum_{j=1}^{n}\alpha_{ij}x_iy_j$ 为局中人 α 的期望所得，$-E(xy)$ 为 β 的期望所得，而（x，y）为博弈的混合局势。

又记

$$S_m = \{x \mid x = (x_1, \cdots, x_m),\ x_i \geqslant 0,\ i = 1, 2, \cdots, m,\ \sum_{i=1}^{m} x_i = 1\}$$

$$S_y = \{y \mid y = (y_1, \cdots, y_n),\ y_j \geqslant 0,\ j = 1, 2, \cdots, n,\ \sum_{j=1}^{n} y_j = 1\}$$

分别为局中人 α 和 β 的混合策略集合。

定义 11－4　如果 $\max_{x\in S_m}\min_{y\in S_n}E(xy) = \min_{y\in S_n}\max_{x\in S_m}E(xy) = E(x^*, y^* =)\boldsymbol{v}$，则称 x^*，y^*，分别为局中人 α 和 β 的最优混合策略，（x^*，y^*）为 G 的最优混合局势，称 $\boldsymbol{v}$ 为博弈方 α 的期望所得。

最优混合局势（x^*，y^*）构成了混合意义上的纳什均衡，任何一方单独背离该局势，则它的期望所得将不会优于最优混合局势下的所得。

4. 最优混合策略的求解方法

博弈 $G = \{S_\alpha, S_\beta; \boldsymbol{A}\}$ 有混合意义下的解的充要条件是：存在 $x^* \in S_m$，$y^* \in S_n$ 及数 $\boldsymbol{v}$ 满足以下两个不等式组：

$$(1)\begin{cases}\sum_{i=1}^{m}\alpha_{ij}x_i \geqslant \boldsymbol{v} & j = 1, 2, \cdots, n\\ \sum x_i = 1 & \\ x_i \geqslant 0 & i = 1, 2, \cdots, m\end{cases}$$

$$(2)\begin{cases}\sum_{j=1}^{n}\alpha_{ij}y_j \geqslant \boldsymbol{v} & i = 1, 2, \cdots, m\\ \sum y_j = 1 & \\ y_j \geqslant 0 & j = 1, 2, \cdots, n\end{cases}$$

为了求解以上不等式组，可将它们变为线性规划而求出博弈 G 的最优混合策略。不妨设 $\boldsymbol{v} > 0$（否则令 $\alpha'_{ij} = \alpha_{ij} + d$，则 $\boldsymbol{v}$ 一定可大于零）。令 $x'_i = \frac{x_i}{\boldsymbol{v}}$，则不等式组（1）等价于以下线性规划：

$$\max S = \sum_{i=1}^{m} x'_i$$

$$(3)\begin{cases}\sum_{i=1}^{m}\alpha_{ij}x'_i \geqslant 1 & j = 1, 2, \cdots, n\\ x'_i \geqslant 0 & i = 1, 2, \cdots, m\end{cases}$$

同理，令 $y'_j = \frac{y_j}{\boldsymbol{v}}$，问题（2）就变为线性规划（4）：

$$\max S' = \sum_{j=1}^{n} y'_j$$

(4) $\begin{cases}\sum_{j=1}^{n} \alpha_{ij}y_j' \leqslant 1 & i=1,\ 2,\ \cdots,\ m \\ y_j' \geqslant 0 & j=1,\ 2,\ \cdots,\ n\end{cases}$

下面举例说明最优混合策略的求解方法。

【例 11－2】（市场竞争问题） 假设某产品市场有两家超级公司相互竞争，超级公司 A 有三种广告策略，超级公司 B 也有三种广告策略。已知当双方采取不同的广告策略时，A 公司所占市场份额增加的百分数如表 11－3 所示。

表 11－3　　　　A 公司所占市场份额增加的百分数

策略		B		
		B_1	B_2	B_3
A	A_1	3	0	2
	A_2	0	2	0
	A_3	2	－1	4

由于该产品市场上只有两家公司，因此 A 公司增加的份额即 B 公司减少的份额，这是一个两人有限零和博弈，由于 $\max_i \min_j \{\alpha_{ij}\}=0$，$\min_j \max_i \{\alpha_{ij}\}=2$，知该模型不存在最优纯策略，因此把该问题表示成线性规划模型，并用单纯形法求解。先求 B 的最优策略，设 B 的策略为（y_1'，y_2'，y_3'），博弈值为 v，令

$$y_1=y_1'/v,\ y_2=y_2'/v,\ y_3=y_3'/v$$

则 B 问题的线性规划模型为

$$\max\ Z_0=y_1+y_2+y_3$$

$$\begin{cases}3y_1 + 2y_3 \leqslant 1 \\ 2y_2 \leqslant 1 \\ 2y_1 - y_2 + 4y_3 \leqslant 1 \\ y_1,\ y_2,\ y_3 \geqslant 0\end{cases}$$

加入松弛变量 y_4，y_5，y_6，用单纯形法求解得到最优单纯形表如表 11－4 所示。

表 11－4　　　　单纯形表

C			1	1	1	0	0	0
C_B	Y_B	$B^{-1}b$	y_1	y_2	y_3	y_4	y_5	y_6
1	y_1	1/8	1	0	0	1/2	－1/8	1/4
1	y_2	1/2	0	1	0	0	1/2	0
1	y_3	5/16	0	0	1	－1/4	3/16	3/8
σ			0	0	0	－1/4	－9/16	－1/8

$$Z_0=\frac{1}{v}=y_1+y_2+y_3=\frac{1}{8}+\frac{1}{2}+\frac{5}{16},\ v=\frac{16}{15}$$

因此，局中人 B 的最优混合策略为

$$(y_1^*,\ y_2^*,\ y_3^*)=\frac{16}{15}\left(\frac{1}{8},\ \frac{1}{2},\ \frac{5}{16}\right)=\left(\frac{2}{15},\ \frac{8}{15},\ \frac{5}{15}\right)$$

因为局中人 A 最优混合策略与局中人 B 的最优混合策略互相为对偶变量，所以从表 11－4 可得 $(x_1,\ x_2,\ x_3)=\left(\frac{1}{4},\ \frac{9}{16},\ \frac{1}{8}\right)$，局中人 A 的最优混合策略为 $(x_1^*,\ x_2^*,\ x_3^*)=v\left(\frac{1}{4},\ \frac{9}{16},\ \frac{1}{8}\right)=\left(\frac{4}{19},\ \frac{9}{15},\ \frac{2}{15}\right)$。

11.2.4　应用举例

【例 11－3】（市场进入阻挠博弈）　一种市场上存在一个垄断企业，另一个企业希望进入这一市场，垄断者为了保持自己的地位需要对进入者进行阻挠。在这种博弈中，进入者有两种策略可以选择："进入"与"不进入"；垄断者也有两种策略："容忍"与"反击"。他们的支付函数用以下双变量矩阵表示，如图 11－3 所示。

		垄断者	
		容忍	反击
进入者	进入	1，1	−1，−1
	不进入	0，2	0，2

图 11－3　市场进入阻挠博弈

显然这不是一个两人有限零和博弈，不能利用鞍点存在准则进行求解。但根据纳什均衡的定义，可以很容易判断出，该博弈有两个纯策略纳什均衡点，即（进入，容忍）与（不进入，反击）。

在很多博弈局势中，局中人可以选择的策略是连续变量，尤其在经济学模型中这种情况最为常见。下面就通过博弈论中一个例子来表现这种博弈局势以及其中纳什均衡的求解方法。

【例 11－4】（产量决策的古诺模型）　古诺模型是博弈论中最经典的例子。古诺首先提出了这一模型。由于他采用了分析企业各自的最优反应函数从而形成均衡的思路，与纳什均衡非常相似，因此纳什均衡也称古诺—纳什均衡。它描述的是所谓厂商进行数量竞争的形势，以下是最常见的一种较为简化的版本。

生产同质产品的两个企业同时选择各自的产量 q_i（$i=1,\ 2$），单位成本均为常数 c。市场需求决定价格 $p=a-(q_1+q_2)$。为了求解其中的纳什均衡，需要求得每个局中人对另一个局中人策略的最优反应。对于局中人 1 而言，他的利润为

$$b_1=q_1(a-q_1-q_2-c)$$

对 q_1 求导可得利润最大化的一阶条件为

$$q_1=\frac{a-c-q_2}{2}$$

该函数决定了面对局中人 2 的每种策略 q_2 时局中人 1 的最优反应，称之为局中人 1 的

最优反应函数。类似地，可得到局中人 2 利润最大化的一阶条件（局中人 2 的最优反应函数）为

$$q_2 = \frac{a - c - q_1}{2}$$

联立两式，求解得纳什均衡

$$q_1^* = q_2^* = \frac{a-c}{3},\ b_1^* = b_2^* = \frac{(a-c)^2}{9},\ p^* = c + \frac{a-c}{3}$$

通过简单的计算可知，如果市场上只有一个垄断厂商，则他的产量是 $(a-c)/2$，利润为 $(a-c)^2/4$。这里的双人古诺竞争中总利润为 $2(a-c)^2/9$，显然小于垄断利润。因此，对这两个厂商而言，存在着帕累托改进的可能。事实上，如果每个厂商都自我约束，降低产量到 $(a-c)/4$，则每个人都可以得到更好的结局平分垄断利润，各自得到 $(a-c)^2/8$。但这一结局之所以不是纳什均衡，是因为双方都会有单方面改变策略的动机（任一局中人针对对方 $(a-c)/4$ 的最优反应是 $3(a-c)/8$，即增加产量会获利），两厂商都这样想也就出现了纳什均衡的结局。因此，古诺竞争模型和“囚徒困境”一样，也存在着个体理性和集体理性的矛盾，这也说明囚徒困境表现的理性困境具有广泛的存在性。

这一双人模型可以扩展为 n 人博弈，求解纳什均衡也是通过最优反应函数进行。如果市场上存在 n 个厂商，每个厂商的单位成本都是常数 c，市场需求为 $p = a - \sum q_i$，那么通过同样推理可知，局中人 i 对其他中人策略组合的最优反应函数可表示为

$$q_i = \frac{a - c - \sum_{j \neq i} q_j}{2},\ i = 1,\ 2,\ \cdots,\ n$$

对 n 个最优反应数联立求解就可以得到纳什均衡。对 $i = 1,\ 2,\ \cdots,\ n$，有

$$q_i^* = \frac{a-c}{n+1},\ b_i^* = \frac{(a-c)^2}{(n+1)^2},\ p_i^* = c + \frac{a-c}{n+1}$$

【例 11-5】（公共地悲剧模型） 假设有 n 个人共同拥有一个公共牧场，每个人要决定自己放牧羊的数目 q_i，因此总的羊数为 $Q = \sum q_i$。购买和照看 1 只羊的成本为常数 c。设每只羊的价值为 $v = f(Q)$，随着羊的增加，草地就会越来越拥挤，食物也会更紧张，因此会造成羊的价值下降。另外，羊的供给增加也会造成羊的价值下降，所以有 $f' < 0$。

在这种设定下，局中人 i 的利润函数为

$$\pi_i = q_i(f(Q) - c)$$

最优化的一阶条件为

$$f + q_i f' - c = 0$$

由此可以得到局中人 i 的最优反应函数，联立求解可以得到纳什均衡。将所有最优反应函数全加起来可以得到纳什均衡总羊数 Q^* 需要满足的条件为

$$f(Q^*) + \frac{Q^*}{n} f'(Q^*) - c = 0$$

然而，社会最优的放牧水平 Q^{**} 为使总利润 $Q(f(Q) - c)$ 最大的羊数，满足

$$f(Q^{**}) + Q^{**} f'(Q^{**}) - c = 0$$

为了便于比较，不妨设：总共有 50 个牧羊人；每只羊的成本 $c = 20$（元）；每只羊的

价值 $f(Q)=100-\frac{Q}{100}$。

由

$$f(Q^*)+\frac{Q^*}{n}f'(Q^*)-c=0$$

即

$$100-\frac{Q^*}{100}+\frac{Q^*}{50}\times\left(-\frac{1}{100}\right)-20=0$$

得

$Q^*=7843$（只）

每只羊的利润

$100-\frac{7843}{100}-20=1.57$（元）

同理，由

$$f(Q^{**})+Q^{**}f'(Q^{**})-c=0$$

即

$$100-\frac{Q^{**}}{100}+Q^{**}\times\left(-\frac{1}{100}\right)-20=0$$

得

$Q^{**}=4000$（只）

每只羊的利润

$100-\frac{4000}{100}-20=40$（元）

显然，纳什均衡放牧总数 Q^* 远远超过社会最优放牧总数 Q^{**}，而且每只羊可获得利润几乎为零。草地过度放牧不仅浪费了资源，农民也没获得好的收益。如果各农户能将养羊数限制在 $\frac{4000}{50}=80$（只），则他们都能得到更多的利益。但他们面临的问题与“囚徒困境”的局面一样，很难实现这种理想的结果。

在公共资源利用方面经常会出现以上悲剧，原因是每个可利用公共资源的人都有加大利用资源的企图，如果自己加大利用而别人不加大利用则自己得利，最终使所有人都加大利用资源，直至达到纳什均衡水平，而该水平肯定比实现资源最佳利用的水平要高。

在环境保护公共设施利用等方面都经常会发生公共资源利用的悲剧。这些公共资源博弈的结果说明，政府的组织协调和制约在公共资源利用、公共设施提供方面是十分必要的。

11.3 完全信息动态博弈

11.3.1 博弈的扩展式表述

在静态博弈中，所有参与人同时行动（行动虽有先后，但没有人在自己行动之前观测到别人的行动)；在动态博弈中，参与人的行动有先后顺序，且后行动者在自己行动之前能观测到先行动者的行动且对各博弈方的策略空间及支付有充分的了解，我们称这种博弈为完全信息动态博弈。动态博弈有不同于静态博弈的特征，习惯于用扩展式来描述和分析动态博弈。博弈的扩展式表述所“扩展”的主要是参与人的策略空间。策略式表述简单地给出参与人有什么策略可以选择，而扩展式表述要给出每种策略的动态描述：谁在什么时候行动，每次行动时有什么具体行动可供选择，以及知道些什么。在扩展式表述中，策略对应于参与人的相机行动规则，即什么情况下选择什么行动，而不是简单的、与环境无关的行动选择。

博弈的扩展式表述包括以下要素。

（1）参与人集合。

（2）行动次序，即参与人参与行动的次序。

（3）收益，即参与人所采取行动的函数。

（4）行动，即轮到次序的参与人的选择。

（5）信息集，它表示参与人在每次行动时所知道的信息。

（6）每一个外生事件的概率分布。

11.3.2 多阶段可观察行动博弈与子博弈完美纳什均衡

在完全信息动态博弈中，主要介绍扩展式博弈的一种特殊类型即多阶段可观察行动博弈。这种博弈有多个“阶段”，通常记为 k，行动的历史通常记为 h^k，从而

（1）在每一个阶段 k，每一个参与人都知道所有行为情况，包括自然的行为以及过去各阶段所有参与人的行为 h^k。

（2）在任一给定阶段中，每一个参与人最多只能行动一次。

（3）阶段 k 的信息集不会提供有关这一阶段的任何信息。

由于这种博弈存在多个阶段，它与只有一个阶段的完全信息博弈有本质的区别，因此如果仍用纳什均衡思想分析这种博弈问题就难免存在局限性。泽尔滕（Selten，1965）提出了子博弈完美纳什均衡的思想。

子博弈是由一个多阶段可观察行动博弈的第一阶段以外的某阶段开始的后续博弈阶段构成的，有初始信息集和进行博弈所需要的全部信息，能够自成一个博弈的原博弈的一部分。

泽尔滕子博弈完美纳什均衡是指在一个多阶段可观察的博弈中，由各博弈方的策略构成的一个策略组合，该策略组合满足在整个动态博弈及它的所有子博弈中都构成纳什均衡。

11.3.3 完美信息博弈与逆向归纳法

在多阶段可观察行动博弈中，如果对条件（2）稍加限制，即在任一给定阶段中，每一个参与人最多只能行动一次而且只有一个参与人采取行动，就得到完美信息博弈。对于完美信息博弈，它的每一个阶段 k 以及历史 h^k 只有一个参与人具有非常简单的选择集，

且选择集里的元素大于 1，同时其他参与人都只有一个单元素集，即“不采取任何行动”的选择集。例如，在经典的斯坦克尔伯格（Stackelberg）竞争模型中，只有两个局中人即两个选择产量的企业，而且每个阶段只有一个企业行动，后行动的企业能够看到先行动企业的行动。因此称该博弈为两阶段的完美信息博弈。

由于多阶段可观察行动博弈中引入了子博弈完美纳什均衡的概念，借助这种概念的思想，多阶段可观察行动博弈通常采用逆向归纳法。逆向归纳法这一思路是通过逆向归纳的方法，先解决参与人在面临任何可能情况下的最终行为策略，然后逐步向前推导计算前一步最优选择。逆向归纳法可以在任何完美信息下的多阶段博弈中应用，该方法从最终阶段 k 在每一历史情况 h^k 下最优选择开始，即在给定历史情况 h^k 条件下，通过最大化参与人在面临历史情况 h^k 条件的收益确定其最优行动，从而向前推算到阶段 $k-1$，并确定这一阶段中采取行动的参与人的最优行为，只要给定阶段 k 中采取行动的参与人在历中情况 h^k 下将采取之前推导出来的最优行动即可。用这一方法不断地向前推算下去，直至初始阶段，就可以建立一个策略组合。可证明该组合是一个子博弈完美纳什均衡。下面就用逆向归纳法求解斯坦克尔伯格竞争模型。

【例 11－6】（斯坦克尔伯格竞争）　斯坦克尔伯格竞争是古诺竞争的一种变形，它引入了行动的先后次序，也是连续的扩展型博弈的经典例子。生产同质产品的两个企业选择各自的产量 q_i（$i=1, 2$），单位成本均为常数 c，企业的利润，$b_i=(a-q_1-q_2-c)q_i$，（$i=1, 2$）。市场需求决定价格 $p=a-q_1-q_2$。不过现在假设局中人 1 先行动，局中人 2 观察到 1 的产量再决定自己的选择。为了求得子博弈完美均衡，采用逆推归纳法，从局中人 1 选定任何一种产量后开始的子博弈中唯一的局中人是局中人 2，因此纳什均衡就退化为局中人 2 此时的最优选择，实际上就是古诺竞争中局中人 2 的最优反应函数，即

$$q_2=\frac{1}{2}(a-q_1-c)$$

将这一结果倒推回去，得到局中人 1 需要考虑的是最大化问题，即

$$\max\ b_1=q_1\left(a-q_1-\frac{a-c-q_1}{2}-c\right)$$

此时最优策略显然是 $q_1^*=\frac{1}{2}(a-c)$，由此得到局中人 2 的最优选择 $q_2^*=\frac{1}{4}(a-c)$，这就是子博弈完美均衡。相应的均衡支付为 $b_1^*=\frac{(a-c)^2}{8}$，$b_2^*=\frac{(a-c)^2}{16}$，局中人获得了比古诺竞争中更高的利润，这完全是由于先行动带来的好处，也就是先行优势。

要注意的是，这里古诺竞争结局 $q_1=q_2=(a-c)/3$ 仍然是一个纳什均衡，但不是子博弈完美均衡。它有赖于局中人 2 的一种威胁：“无论我观察到你选择哪种产量，我都选择（$a-c$）/3”。面对这种威胁策略，局中人 1 的最优反应是古诺策略（$a-c$）/3，在策略型博弈中这两种策略互为最优反应，是一个纳什均衡。但它却不是一个子博弈完美均衡。当局中人 1 选择（$a-c$）/2 而不是（$a-c$）/3 成为既成事实摆在局中人 2 面前时，局中人 2 的最优反应是（$a-c$）/4，坚持自己的（$a-c$）/3 威胁对他自己不利，因此这就是典型的空洞威胁。从例 11－6 可看出子博弈完美均衡是比纳什均衡更稳定的均衡概念。

值得说明的是，逆向归纳法只适用于完美信息下的博弈，它能稍微扩展到更广泛的多阶段博弈类型。在一个多阶段博弈中，如果所有参与人在最后一个阶段都有一个优势策

略，则可以用该优势策略代替其最终阶段的策略，然后考虑前一个阶段应用同样的推导方法，依次递推下去。

【例 11－7】（双寡头策略投资模型） 企业 1 和企业 2 当前的单位成本都是 2。企业 1 可以装备一种新的技术，从而使得其单位成本为 0。装备该技术需要花费 f。企业 2 可以观察到企业 1 是否投资于该项新技术。一旦新技术的投资被观察到之后，这两个企业就会像在古诺竞争中一样同时选择它们的产出水平 q_1 和 q_2。因此，这是一个两阶段不完美信息博弈。

为了定义收益函数，假设需求为 $p(q)=14-q$，并且每一个企业的目标都是使扣除成本之后的净收入最大化。企业 1 如果不投资，则它的收益是 $[12-(q_1+q_2)]q_1$，但若它投资于新技术，则它的收益为 $[14-(q_1+q_2)]q_1-f$；企业 2 的收益是 $[12-(q_1+q_2)]q_1$。

为了解出子博弈完美均衡，应用逆向归纳法由后往前推算。如果企业 1 不投于新技术，则两个企业的单位成本都是 2，从而它们的反应函数为 $q_i(q_j)=6-q_j/2$。反应函数相交于点（4，4），每一参与人的收益都是 16。如企业 1 投资新技术，则它的反应函数变为 $\bar{q}_1(q_2)=7-q_2/2$。在第二阶段的均衡则为（16/3，10/3），企业 1 的总收益是 $256/9-f$，企业 2 的总收益是 100/9。因此，如果 $256/9-f$ 即 $f<112/9$，则企业 1 就会进行技术投资。

11.4　不完全信息静态博弈

11.4.1　概念

如果在一个博弈中，某些参与人不知道其他参与人的收益，就说该博弈是不完全信息博弈。很多我们感兴趣的博弈都在一定程度上存在信息不完全问题，虽然有时候完全知识假设是一个简单而又恰当的近似。

首先来看一个包括两个企业的行业博弈，这个例子虽然非常简单，却很能说明不完全信息造成的影响。假定这个行业有一个在位者（参与人 1）和一个潜在的进入者（参与人 2）。参与人 1 决定是否建立一个新工厂，同时参与人 2 决定是否进入该行业。假定参与人 2 不知道参与人 1 建厂的成本是 3 还是 1，但参与人 1 自己知道。该博弈的收益如图 11－4 所示。参与人 2 的收益取决于参与人 1 是否建厂，而不是直接取决于参与人 1 的成本。当且仅当参与人 1 不建厂时，参与人 2 进入才是有利可图的。此外，值得注意的是在该博弈中，参与人 1 有一种优势策略：成本低，“建厂”；成本高，不“建厂”。

	进入	不进入
建厂	0，-1	2，0
不建厂	2，1	3，0

（a）参与人1的建厂成本高时的支付

	进入	不进入
建厂	3，-1	5，0
不建厂	2，1	3，0

（b）参与人1的建厂成本低时的支付

图 11－4　博弈的收益

令 p_1 代表参与人 2 认为参与人 1 为高成本的先验概率。因为当且仅当参与人 1 为低成本时他才会建厂，因此只要 $p_1 > \frac{1}{2}$，参与人 2 就会进入；而当 $p_1 < \frac{1}{2}$时，参与人 2 会选择不进入。这样，就可以用重复剔除劣策略方法来求解图 11－4 所示的博弈。

如果将收益改变一下，该博弈的分析就要稍微复杂些。如图 11－5 所示，在这个新的博弈中，当参与人 1 的建厂成本高时，不建厂仍是参与人 1 的优势策略。但如果参与人 1 的建厂成本低，那么参与人 1 的最优策略就取决于他对参与人 2 是否进入的概率估计，记参与人 2 进入的概率为 y：“建”优于“不建”。

如果

$$1.5y + 3.5(1-y) > 2y + 3(1-y)$$

即

$$y < \frac{1}{2}$$

这样，参与人 1 就必须根据对参与人 2 行动的判断来选择自己的行动，但参与人 2 不能仅从他对参与人 1 的收益的了解来推断参与人 1 的行动。

	进入	不进入
建厂	0，-1	2，0
不建厂	2，1	3，0

（a）参与人1的建厂成本高时的支付

	进入	不进入
建厂	1.5，-1	3.5，0
不建厂	2，1	3，0

（b）参与人1的建厂成本低时的支付

图 11－5　博弈的收益

海萨尼（Harsanyi，1967—1968）首先给出了一种模拟和处理这一类不完全信息博弈的方法，即引入一个虚拟参与人——“自然”，“自然”首先选择参与人 1 的类型（这里是他的成本）。在该转换博弈中，参与人 2 关于参与人 1 成本的不完全信息就变成了关于“自然”的行动的不完全信息，从而该转换博弈可以用标准的技术来分析。

从不完全信息博弈到不完美信息博弈的转换如图 11－6 所示，该图最先由海萨尼给出。N 代表“自然”，“自然”选择参与人 1 的类型。图 11－6 中括号内的数字代表自然行动的概率。图 11－6 还包含一个隐含的标准假设，即所有参与人对自然行动的概率分布具有一致的判断（尽管这是一个标准假设，在自然的行动代表公共事件诸如天气等时，该假设比自然的行动代表诸如参与人的收益等个人特征来得更为合理）。一旦采用该假设，就得到一个标准博弈，从而可以使用纳什均衡的概念。海萨尼的贝叶斯均衡（或贝叶斯纳什均衡）正是指不完美信息博弈的纳什均衡。

在图 11－5（或图 11－6）所示的例子中，令 x 代表当参与人 1 为低成本时的建厂概率（参与人 1 在高成本时肯定不会建厂），令 y 代表参与人 2 的进入概率。参与人 2 的最优策略是：

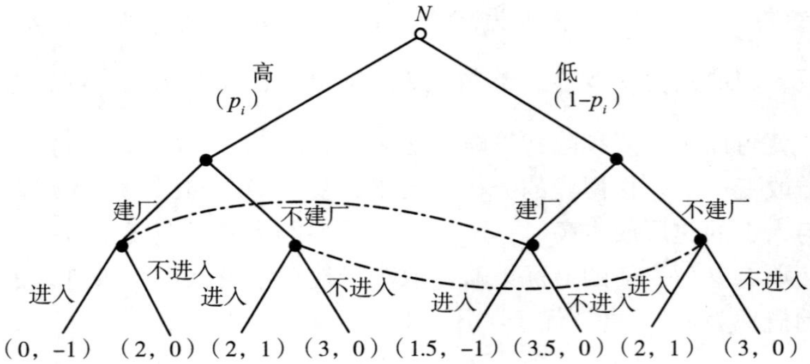

图 11-6　从不完全信息博弈到不完美信息博弈的转换

当参与人 2 选择进入时期望所得为

$$y[1\times p-x(1-p)+(1-x)(1-p)]=y[1-2x(1-p)]$$

当参与人 2 选择不进入时期望所得为 0。所以当 $[1-2x(1-p)]>0$，即 $x<1/[2(1-p_1)]$ 时，参与人 2 选择进入，即 $y=1$；$x>1/[2(1-p_1)]$ 时，参与人 2 选择不进入，即 $y=0$。同理，低成本参与人 1 的最优反应是：当 $y<\frac{1}{2}$ 时，选择 $x=1$（即建厂）；当 $y>\frac{1}{2}$ 时，选择 $x=0$（即不建厂）。求解贝叶斯均衡就是找到这样一组（x，y），使得 x 是低成本参与人 1 的最优策略；同时，给定参与人 2 关于参与人 1 的判断 p_1 及参与人 1 的策略，y 是参与人 2 的最优策略。例如，对于任何 p_1，策略组合（$x=0$，$y=1$）是一个均衡（即参与人 1 不建厂，参与人 2 进入）；当且仅当 $p_1\leqslant\frac{1}{2}$ 时，策略组合（$x=1$，$y=0$）构成一个均衡（即低成本参与人 1 建厂，参与人 2 不进入）。

11.4.2　策略和类型

在 11.4.1 节的例子中，参与人的“类型”——他的私人信息就是他的成本。在通常情况下，一个参与人的类型可能包括与其决策相关的任何私人信息（准确地说，是指不属于所有参与人共同知识的任何信息）。除了参与人的收益函数外，它可能还包括他对其他参与人的收益函数的判断，他对其他参与人对他的收益函数的判断的判断，等等。

参与人的收益函数就相当于它的类型。下面来讨论一个双方裁军谈判博弈。在这个例子中，参与人的类型包含更多的私人信息，而不仅仅是收益函数。假定参与人 2 的目标函数是共同知识，参与人 1 不知道参与人 2 是否知道他（参与人 1）的目标数。假定参与人 1 有两种类型，即“强硬派”和“软弱派”。“强硬派”宁可达不成协议也不愿作大的让步；“软弱派”则希望能达成协议，即使作出较大的让步。假定参与人 1 为“强硬派”的概率为 P_1。假定参与人 2 有两种类型：“知情”，即知道参与人 1 的类型：“不知情”，即不知道参与人 1 的类型。参与人 2 是知情者的概率是 P_2，参与人不知道参与人 2 的类型。

很容易构造这一类博弈中更复杂的例子，比如参与人 1 关于参与人 2 类型的先验判断可以是 p_2 或 p_2'，但参与人 2 不知道是哪一个。不过，如果参与人的类型过于复杂，模型就可能很难处理。在实际运用中，通常假定参与人关于对手的判断完全由他自己的收益函数决定。

海萨尼考虑了更一般的情形。假定参与人的类型 $\{\theta_i\}_{i=1}^{I}$ 取自某一客观概率分布 $p(\theta_1, \cdots, \theta_I)$，这里 θ_i 属于某一空间 Θ_i。为简单起见，假定 Θ_i 存在有限个元素。θ_i 只能被参与人 i 观察到。令 $p(\theta_{-i}|\theta_i)$ 代表给定 θ_i 是参与人 i 关于其他参与人类型的 $\theta_{-i}=(\theta_1, \cdots, \theta_{i-1}, \theta_{i+1}, \cdots, \theta_I)$ 条件概率。假定对于每一个 $\theta_i \in \Theta_i$，边际分布 $p_i(\theta_i)$ 是严格正的。

为了完整地描述贝叶斯博弈，还必须说明每一个参与人 θ_i 的纯策略空间 S_i（纯策略，$s_i \in S_i$ 混合策略 $\sigma_i \in \sum_i$）和收益函数 $u_i(s_1, \cdots, s_I, \theta_1, \cdots, \theta_I)$。通常把博弈的外生因素，如策略空间、收益函数可能类型、先验分布等视为共同知识（即每一个参与人知道，每一个参与人知道其他参与人知道等）。换而言之，参与人拥有的任何私人信息都包括在他的类型中。

一般来说，这些策略空间都比较抽象，有些还包括如扩展式博弈中的相机行动策略。但在这里，为简单起见假定策略空间 S_i 是参与人 i 的（非相机）行动集。按照惯例，首先讨论纳什均衡的解概念和严格剔除优势均衡。值得指出的是，尽管在静态博弈中严格剔除优势均衡是一个非常强且合理的预测，但在动态博弈中这一均衡概念就显得太弱而缺乏可信度。

由于每个参与人的策略选择只取决于他的类型，可以用 $\sigma_i(\theta_i)$ 代表类型为 θ_i 的参与人 i 的策略选择（可能是混合策略）。如果参与人 i 知道其他参与人的策略 $\{\sigma_j(\cdot)\}j \neq i$ 是其相应类型的函数，参与人 1 就可以用条件概率 $p(\theta_{-i}|\theta_i)$ 来计算对应于每一个选择的期望效用从而找出最优反应策略 $\sigma_i(\theta_i)$，奥曼（Aumann，1964）指出，如果是连续分布，上述策略描述方法可能存在技术性问题（可测度性）。

11.4.3　贝叶斯均衡

定义 11－5　在一个不完全信息博弈中，如果每一参与人 i 的类型 θ_i 有限，且参与人类型的先验分布为 p，相应纯策略空间为 S_i，则该博弈的一个贝叶斯均衡是其“展开博弈”的一个纳什均衡。在这个“展开博弈”中，每一个参与人 i 的纯策略空间是由从 Θ_i 到 S_i 的映射构成的集合 $S_i^{\Theta_i}$。

给定策略组合 $s(\cdot)$ 和 $s'(\cdot) \in S_i^{\Theta_i}$，令 $(s'(\cdot), s_{-i}(\cdot))$ 代表参与人 i 选择 $s'(\cdot)$ 而其他人选择 $s(\cdot)$，且令

$$(s_i'(\theta_i), s_{-i}(\theta_{-i})) = (s_1(\theta_1), \cdots, s_{i-1}(\theta_{i-1}), s_i'(\theta_i), s_{i+1}(\theta_{i+1}), s_I(\theta_I))$$

代表策略组合在 $\theta=(\theta_i, \theta_{-i})$ 的值，那么策略组合 $s(\cdot)$ 是一个（纯战略）贝叶斯均衡，如果对于每一个参与人 i 均有

$$s(\cdot) \in \arg\max_{s'(\cdot) \in S_i^{\Theta_i}} \sum_{\theta_i} \sum_{\theta_{-i}} p(\theta_i, \theta_{-i}) u_i(s_i'(\theta_i), s_{-i}(\theta_{-i}), (\theta_i, \theta_{-i}))$$

贝叶斯均衡的存在性可由纳什均衡的存在性立即得到（与纳什均衡一样，贝叶斯均衡实际上是一个一致性检验，参与人关于其他参与人的判断并不包含在均衡定义中，所涉及的只是每一个参与人对类型分布及其对手的类型相依策略的判断。只有当参与人考虑参与

各方的行动构成贝叶斯均衡的可能性以及均衡精炼时，对判断的判断、对判断的判断的判断等才变得重要。）

11.4.4 贝叶斯均衡的举例

【例 11-8】（不完全信息下的古诺模型） 考虑双寡头垄断古诺模型（产量竞争）。假定企业的利润 $u_i = q_i(\theta_i - q_i - q_j)$，这里 θ_i 是线性需求函数的截距与企业 i 的不变单位成本之差（$i=1, 2$），q_i 是企业选择的产量 $s_i = q_i$。企业 1 的类 $\theta_1 = 1$ 是共同知识（即企业 2 完全知道关于企业 1 的信息，或者说企业 1 只有一种可能类型）。但企业 2 拥有关于其单位成本的私人信息。企业 1 认为 $\theta_2 = \frac{3}{4}$的概率是$\frac{1}{2}$，$\theta_2 = \frac{5}{4}$概率也是$\frac{1}{2}$，而且企业 1 的判断是共同知识。这样，企业 2 有两种可能类型，分别将其称为“低成本型”$\left(\theta_2 = \frac{5}{4}\right)$和“高成本型”$\left(\theta_2 = \frac{3}{4}\right)$。两个企业同时选择产量。

下面来看该博弈的纯策略均衡。即企业 1 的产量为 q_1，企业 2 在 $\theta_2 = \frac{5}{4}$时的产量为 q_2^L，在 $\theta_2 = \frac{3}{4}$时的产量为 q_2^H。企业 2 的均衡产量必须满足

$$q_2(\theta_2) \in \arg\max_{q_2} \{q_2(\theta_2 - q_1 - q_2)\} \Rightarrow q_2(\theta_2) = \frac{\theta_2 - q_1}{2}$$

企业 1 不知道企业 2 是哪种类型，因此它的收益只能是对企业 2 的类型取期望值

$$q_1 \in \arg\max_{q_1} \left\{\left(\frac{1}{2}\right) q_1(1 - q_1 - q_2^H) + \left(\frac{1}{2}\right) q_1(1 - q_1 - q_2^L)\right\} \Rightarrow q_1 = \frac{2 - q_2^H - q_2^L}{4}$$

将 $\theta_2 = \frac{5}{4}$和 $\theta_2 \ \frac{3}{4}$代入 $q_2(\theta_2)$ 中，得到贝叶斯纳什均衡$\left(q_1 = \frac{1}{3}, \ q_2^L = \frac{11}{24}, \ q_2^H = \frac{5}{24}\right)$（事实上，这也是唯一的均衡）。

11.5 不完全信息动态博弈

不完全信息动态博弈与不完全信息静态博弈在不完全信息这个根本特征上是一致的，因此动态贝叶斯博弈与静态贝叶斯博弈在许多方面是相似的，都可以通过海萨尼转换成完全但不完美信息动态博弈，两者的差别是动态贝叶斯博弈转化的不是两阶段有同时选择的不完美信息动态博弈，而是更一般的不完美信息动态博弈。

11.5.1 不完全信息动态博弈问题

为了对不完全信息动态博弈及其特征有更深入的了解，先介绍信号博弈模型。

信号博弈的基本特征是博弈方分为信号发出方和信号接收方两类，先行为的信号发出方的行为对后行为的信号接收方来说具有传递信息的作用。信号博弈其实是一类具有

信息传递机制的动态贝叶斯博弈的总称。许多博弈或信息经济学问题都可以归结为信号博弈。

信号博弈是具有信息传递作用的一般博弈模型，在这种博弈中有两个参与人，参与人 S 是领头者（也称发送方，因为他发送一个信号），参与人 R 是追随者（或接收方）。S 具有在 Θ 中的类型 θ 的信息，由于信号博弈也是动态贝叶斯博弈，因此可以转换成完全但不完美信息动态博弈。设有一个博弈方 O，先按一定概率从信号发出方的类型空间中为 S 随机选一个类型，并将该类型告诉 S；然后 S 在自己的行为空间 A_1 选择一个行为 a_1（也称发一个信号）；R 观察到 a_1 后选择自己的行为 $a_2 \in A_2$。

如果用 $T = \{t_1, \cdots, t_I\}$ 表示发出方的类型空间，用 A_1，A_2 分别表示发送方与接收方的行为空间，博弈开始前接收方关于发送方选择类型的概率分布为 $\{p(t_1), \cdots, p(t_I)\}$，则一个信号博弈可表示为：

（1）博弈方 O 以概率 $p(t_I)$ 为信号 S 选择类型 t_i。

（2）S 选择行为 $a_1 \in A_1$。

（3）R 看到 a_1 后选择行为 $a_2 \in A_2$。

（4）双方得益 u_1 和 u_2 都取决于 t_i，a_1 和 a_2。

注意：博弈方 O 选择各类型的概率都大于 0 且总和等于 1；R 虽然不知 S 的类型是 t_i，但却知道 $p(t_i)$。

这样信号博弈已经表示为完全但不完美动态博弈的形式，根据信号博弈的特点，其完美贝叶斯均衡具有以下条件。

（1）R 在观察到 S 的信号后 a_1，必须有关于 S 的类型判断，即发送方选择行为 a_1 时，S 是类型 t_i 的后验概率，即

$$p(t_i \mid a_1) \geqslant 0, \quad \sum_{t_i} p(t_i \mid a_1) = 1$$

（2）对于 S 给出的信号 a_1 和对 S 类型判断即后验概率 $p(t_i \mid a_i)$，R 选择的行动 a_2 必须是接收方收益最大，即

$$\max_{a_2} \sum_{t_i} p(t_i \mid a_1) u_R(t_i, a_1, a_2)$$

（3）给定 R 的策略 a_2 时，S 的选择 a_1 必须使 S 的收益最大，即 a_1 是最大化问题 $\max\limits_{a_1} u_s[t_i, a_1, a_2]$ 的解。

满足上述要求的双方策略和接收方判断构成信号博弈的完美贝叶斯均衡。

11.5.2　类型和海萨尼转换

在静态贝叶斯博弈中处理不完全信息的方法，是将博弈方得益的不同可能理解为博弈方有不同的类型，并引进一个为博弈方选择类型的虚拟博弈方，从而把不完全信息博弈转化成完全但不完美信息动态博弈，这样的处理方法称为海萨尼转换。实际上这种处理方法同样适用于动态贝叶斯博弈，并且因为动态贝叶斯博弈本身就是动态博弈，大多数都不存在同时选择的问题，因此通过海萨尼转换转化成的完全但不完美信息动态博弈，与完全但不完美信息动态博弈没有多大差别。

既然通过海萨尼转换可以很容易地将动态贝叶斯博弈转化为完全但不完美信息动态博

弈，那么动态贝叶斯博弈分析就可以主要利用贝叶斯均衡、合并均衡和分开均衡等概念及相应的分析方法。这也意味着本节不需要再作许多理论准备，就可以直接对具体的博弈模型进行分析。

11.5.3 完美贝叶斯均衡

与静态贝叶斯博弈一样，在动态贝叶斯博弈中子博弈完美均衡概念的思路也不适用。由于将不完全信息处理为在博弈开始时自然根据特定概率选择的一种或然行动，所以动态贝叶斯博弈只有自身一个子博弈，因此子博弈完美均衡起不到改进均衡的效果。不过，其中可以借鉴子博弈完美均衡的思想，结合贝叶斯均衡的概念，就形成了完美贝叶斯均衡的概念。

在不完全信息动态博弈中，局中人可以在有限信息的条件下，利用前面博弈的结果来修正自己关于其他局中人类型的信念从而更好地把握博弈局势。局中人的行动选择与其私有信息有关，选择的是与类型有关的行动，在他之后行动的局中人就可以通过对行动历史的观察推断他的类型，即使不能完全消除不确定性，也可以得到概率分布上的改进。这也就是从先验分布到后验分布的贝叶斯推断过程。

子博弈完美均衡精炼的思路是要求均衡策略不仅在整个博弈上构成纳什均衡，而且在从任何信息集开始的子博弈上也形成纳什均衡。类似地，完美贝叶斯均衡的思路就是：将每个信息集开始的博弈的剩余部分称为后续博弈，由于后续博弈之前的行动历史使得局中人可以修正自己对其他局中人类型分布的信念，所以在进行后续博弈时，局中人依据修正后的后验信念进行策略选择。后续博弈与相应的后验信息相结合就构成了后续的贝叶斯博弈。完美贝叶斯均衡要求在所有的后续贝叶斯博弈上也达成贝叶斯均衡。其基本意义是：均衡不仅要考虑初始的不完全信息使得局中人只能依赖于先验信念开始博弈，而且要考虑到这种先验信念在博弈进行中会随着局中人的行动而发生变化，通过贝叶斯推断过程不断形成新的后验信念，包含了这种信念过程的均衡才是可信的。信念的修正需借助于贝叶斯法则。如果 $p(y)>0$，则后验概率为 $p(x|y)=\dfrac{p(x|y)p(x)}{p(y)}$；如果 $p(y)=0$，则后验概率任意取值。

总的来说，完美贝叶斯均衡具有以下要求。

（1）在每个信息集上，局中人必须有一个定义在属于该信息集的所有节点上的概率分布，这就是局中人的信念，信息集包含了局中人类型的信息，这一信念也相当于在该信息集上对其他局中人类型的概率判断。

（2）给定该信息集上的信念和其他局中人的后续策略，局中人的后续策略必须是最优的。

（3）局中人根据贝叶斯法则和均衡策略修正后验信念。

设有 n 个局中人，局中人 i 的类型为 $\theta_i\in\Theta_i$，$p_i(\theta_{-i}|\theta_i)$ 为局中人 i 关于其他局中人类型的先验信念（即先验概率）。局中人 i 的纯策略为 $s_i\in S_i$，a^h_{-i}为信息集 h 上局中人 i 观测到的其他局中人的行动组合，为由 s_{-i}限定的对应行动组合，$\tilde{p}_i(\theta_{-i}|a^h_{-i})$ 为观测到 a^h_{-i} 时形成的对其他局中人类型的后验信念（后验概率），$u_i(s_i, s_{-i}, \theta_i)$ 即局中人 i 为类型

θ_i 时得到的支付。在这些符号的基础上，就可以定义完美贝叶斯均衡。

定义 11－6　完美贝叶斯均衡是一种策略组合 $s^*(\theta)=(s_1^*(\theta_1),\ \cdots,\ s_n^*(\theta_n))$ 与一种后验概率组合 $\tilde{p}=(\tilde{p}_1,\ \cdots,\ \tilde{p}_n)$，满足：对于所有的局中人 i，在每个信息集 h，$s_i^*(s_{-i},\ \theta_i)\in\max\limits_{s_i}\sum\limits_{\theta_{-I}}\tilde{p}_i(\theta_{-i}\mid a_{-i}^h)u_i(s_i,\ s_{-i},\ \theta_i)$；$\tilde{p}_i(\theta_{-i}\mid a_{-i}^h)$ 由先验概率 $p_i(\theta_{-i}\mid\theta_i)$、所观测的 a_{-i}^h 和最优策略 $s_{-i}^*(\cdot)$ 通过贝叶斯法则形成。

尽管完美贝叶斯均衡与子博弈完美均衡相类似，但逆向归纳法在完美贝叶斯均衡中不适用，这是由于不知道局中人行动历史时无法形成后验信念，所以只能采用前向法进行推导。

11.5.4　举例

首先讨论一类特殊的不完全信息动态博弈模型称为“声明博弈”。这种博弈模型主要研究在有私人信息、信息不对称的情况下，人们通过口头或书面的声明传递信息的问题。在经济活动中，拥有信息的一方如何将信息传递给缺乏信息的一方，或者反过来缺乏信息的一方如何从拥有信息的一方外获得所需要的信息，以弥补信息不完全的不足，提高经济决策的准确性和效率，也是博弈论和信息经济学研究的重要问题。因为声明也是一种行为，会对接受声明者的行为和各方的利益产生影响，因此声明和对声明的反应确实可以构成一种动态博弈关系。美国联邦储备委员会发表一项关于未来货币政策、通胀率控制的声明，企业界作出相应的反应就是这种动态博弈的一个例子。由于声明者声明内容的真实性通常是接受声明者无法完全确定的，因此接受声明者很难完全清楚声明者的实际利益。所以声明博弈一般是不完全信息博弈，也就是动态贝叶斯博弈。

发布声明是社会经济活动中常见的行为。小到一个消费者表明自己的消费偏好，大到一个企业表达对有关事件的观点立场，以及国家之间在经济纠纷中的威胁恐吓，都是他们各自发布的声明。声明本身虽然不会对事物的发展方向、相关各方的利益产生直接影响，但声明往往能够影响接受声明者的行为，通过接受声明者的行为对各方利益产生间接的影响。因此，声明是可能对事物产生影响的，在实践中究竟能否产生影响，能够产生多大的影响、怎样的影响，则取决于接受者如何理解这些声明，是否相信这些声明，以及会采取怎样的反应等。

由于声明本身并没有成本，或者说几乎没有成本，因此只要对声明者自己有利，声明者可以发布任何声明，声明内容的真实性显然是没有保证的，因此，接受者不会轻易相信声明者的声明。即使接受者相信声明者的声明，也不一定会采取有利于声明者的行为，因为接受者和声明者的利益可能是不一致的，而这又反过来使得声明者不愿意作诚实的声明。所以，接受者是否应该相信声明者的声明，在什么情况下可以相信，声明究竟能否有效地传递信息，都是值得好好研究的问题。

通常来说，当声明者和接受声明者利益一致或至少没有什么冲突时，声明的内容会使接受者相信。例如，房客声明不喜欢暖气太足，房东肯定会相信，因为少供暖气完全符合房东的利益；工人提出自己有恐高症不适合高空作业，雇主也会相信，因为一旦出事雇主要负很大的责任；顾客喜欢甜或咸的声明，饭店的厨师也会相信，因为顾客对口味的偏好与厨师的利益没有冲突。但许多情况下双方利益是不一致的，这时的口头声明就不容易让对方相信。例如，通常所有的工人都会声明自己是高素质的，因为高素质的工人更容易被雇用并得到高工资。但雇主并不会轻易相信工人的声明，因为轻信这种声明、盲目雇用工人和付给高工资可能会导致劳动力成本上升而工作效率下降，与他的利益是不一致的。

1. 2×2 声明博弈

以下用几个 2×2 博弈的例子来进一步说明，声明能够被相信、能够有效传递信息的条件。在下面的讨论中，称声明博弈中发布声明的博弈方为“声明方”，接受声明的博弈方为“行为方”，因为前者只是作一个声明，而后者则采取一个实质性的行为。

首先设博弈中的声明方有两种可能的类型，即 θ_1、θ_2，行为方有两种可能的行为，即 a_1、a_2，并且已知对于两种不同类型的声明方，行为方采取两种不同行为时双方的得益如图 11-7 所示（注意其中声明的类型是真实类型而非声明类型）。其中得益数组中第一个数字为声明方的得益，第二个数字为行为方的得益。

		行动方行为	
		a_1	a_2
声明方类型	θ_1	2，1	1，0
	θ_2	1，0	2，1

图 11-7　能传递信息的 2×2 声明博弈

从双方的得益可以看出：①θ_1 类型的声明方和 θ_2 类型的声明方偏好行为方的不同行为。θ_1 类型的偏好 a_1，θ_2 类型的偏好 a_2。②行为方在声明方是 θ_1 类型和 θ_2 类型时也分别偏好 a_1 和 a_2。因此两个博弈方的偏好具有完全的一致性。这种偏好的一致性非常重要，这使得声明方愿意让行为方了解自己的真实类型，因此声明能充分反映声明方的真实类型，也就是能有效传递信息，而行为方则可以完全相信声明方的声明。在这种情况下，口头声明也是有效的信息传递机制。

但是，如果模型中的得益情况发生某种变化，例如变成图 11-8 所示的情况，则声明的信息传递功能就会完全消失。

		行动方行为	
		a_1	a_2
声明方类型	θ_1	2，1	1，0
	θ_2	1，0	1，1

图 11-8　不能传递信息的 2×2 声明博弈

在图 11-8 的得益情况下，显然两种类型的声明方都希望行为方采用 a_1，而行为方只有在声明方的类型是 θ_1 时才偏好 a_1，所以为了使行为方采取有利于自己的行为，两种类型的声明方必然都会声明自己的类型是 θ_1，即使事实上并不是如此。因此在这种情况下，行为方就不可能相信声明方的声明。换句话说，在不同类型声明方的偏好相同，而行为方在声明方的类型不同时偏好不同的博弈中，声明是不可能有效传递信息的。

如果得益如图 11－9 所示的情况声明的信息传递作用也不会存在。当得益矩阵如图 11－10 所示情况时，行为方不管声明方是哪种类型，都会选择 a_1 以对自己有利，声明方的类型声明对行为方而言完全是无关紧要的，这时候声明的信息传递作用当然也就无从谈起了。

声明方类型 \ 行动方行为	a_1	a_2
θ_1	2，1	1，0
θ_2	1，1	2，0

图 11－9　不能传递信息（行为方对声明方类型无差异）

最后还有一种情况是图 11－10 所示得益矩阵的情况。在这种情况下，虽然声明方与行为方各自对声明方的不同类型都有对行为方行为的不同偏好，但他们的偏好正好是相反的。这时候声明方说实话对自己显然是不利的，因此他肯定不愿意实话实说，而且事实上即使他说了实话，行为方也不敢轻易相信他。所以这时候声明的信息传递机制作用也不可能存在。

声明方类型 \ 行动方行为	a_1	a_2
θ_1	2，0	1，1
θ_2	1，1	2，0

图 11－10　不能传递信息（行为方对声明方类型无差异）

通过对以上几个例子的分析，可以得到在 2×2 声明博弈中声明能有效传递信息的几个必要条件。

（1）不同类型的声明方必须偏好行为方的不同行为。如果所有类型的声明方都偏好行为方同样的行为，声明方就不可能作不同的声明，声明就不可能有效传递信息。只有当不同类型的声明方偏好不同的行为方行为时，声明方的声明才可能有信息传递作用。

（2）对应声明方的不同类型，行为方必须偏好不同的行为。如果这一点不成立，就意味着声明人的类型对行为方而言是无差异的，这时行为方会完全忽视声明方的声明，因此声明也不可能传递任何信息。

（3）行为方的偏好必须与声明方的偏好具有一致性。如果这一点不成立，那么声明方所作的声明同样也不可能有效传递信息。因为这时不管声明方作了什么声明，行为方都会怀疑其真实性。

2. 离散型声明博弈模型

当然，对于声明方类型和行为方的行为不是只有两种情形，通常声明方和行为方在偏好和利益上并不是只有完全一致、完全相反和无关这三种情况，而是既有某种程度的一致性，也有一定的差异，因此声明会有一定的信息传递作用，信息传递的程度和效率取决于双方偏好和利益一致程度的高低。事实上，声明博弈研究的关键问题就是声明方和行为方偏好利益的一致程度问题。

如果声明博弈中的声明方为有限种（设为 I 种）可能的类型，行为方为有限种（设为 K 种）可能的行为，那么这样的声明博弈称为离散型声明博弈。这种博弈模型可以用以下方式描述。

（1）自然抽取声明方的类型 θ_i，抽取的方法是从类型集合 $\Theta_i = \{\theta_1, \cdots, \theta_I\}$ 中以概率分布 $p(\theta_1), \cdots, p(\theta_I)$ 随机抽取，其中 $\sum_{i=1}^{I} p(\theta_i) = 1$ 。

（2）声明方了解到自己的 θ_1 以后，从 Θ 中选择 θ_j，作为自己声明的类型。当然 θ_j 可以与 θ_i 相同（说真话），也可以与 θ_i 不同（说假话）。

（3）行为方在听到声明方的声明 θ_j 后，在可选择的行为集合 $A = (a_1, \cdots, a_k)$ 中选择行为 a_k。

（4）声明方的得益为 $u_s(\theta_i, a_k)$，行为方的得益为 $u_R(\theta_i, a_k)$。

不难看出，这种类型的声明博弈与一般不完美信息动态博弈是很相似的，差别只是声明方的行为比较特殊，只是一种对双方得益无直接影响的口头声明，但分析方法与一般的不完美信息动态博弈基本上是相同的，就是进行完美贝叶斯均衡分析。

以图 11－7 得益矩阵 2×2 所示的声明博弈为例，虽然行为方不能完全知道声明方的真实类型，但双方对声明方的不同类型和行为方不同行为下的双方得益都是清楚的。根据前面的分析可知，由于双方的偏好和利益完全一致，因此两种类型的声明方都愿意声明自己的真实类型，而行为方则会相信声明方的声明。即给定声明方的类型是 θ_i，声明方将声明 $\theta_j = \theta_i$，此时行为方判断声明方的真实类型是 θ_i 的条件概率为 $p(\theta_i | \theta_j = \theta_i) = p(\theta_i | \theta_j) = 1$，即相信声明方的真实类型就是 θ_i，并因此采取行为 $a_k = a_i$ 双方的上述策略构成的策略组合，以及行为方对声明方类型的判断，构成一个分开均衡的纯策略完美贝叶斯均衡。

在图 11－9 和图 11－10 得益矩阵对应的博弈中，该模型都有合并的完美贝叶斯均衡，也就是不同类型的声明方会作同样的声明。这意味着在这两种情况下声明都是完全没有信息传递作用的。

由于离散型声明博弈模型很难得出一般意义的结论，因此这里对离散型声明博弈不再多作讨论。

11.6 Excel 应用分析

【例 11－9】（市场竞争模型） 此处直接引用例 11－2 市场竞争模型。假设某产品市场有两家超级公司相互竞争，超级公司 A 有三种广告策略，超级公司 B 也有三种广告策略。已知当双方采取不同的广告策略时，A 公司所占市场份额增加的百分数如表 11－5 所示。

表 11 -5　　A 公司所占市场份额增加的百分数

策略		B		
		B1	B2	B3
A	A1	3	0	2
	A2	0	2	0
	A3	2	-1	4

Excel 应用包括以下步骤。

第一步，工具菜单添加【规划求解】，加载【宏】|【规划求解】并单击【确定】按钮。

第二步，建立适合模型的工作表。具体做法为在 Excel 中建立正常的工作表单，如图 11 -11 所示。

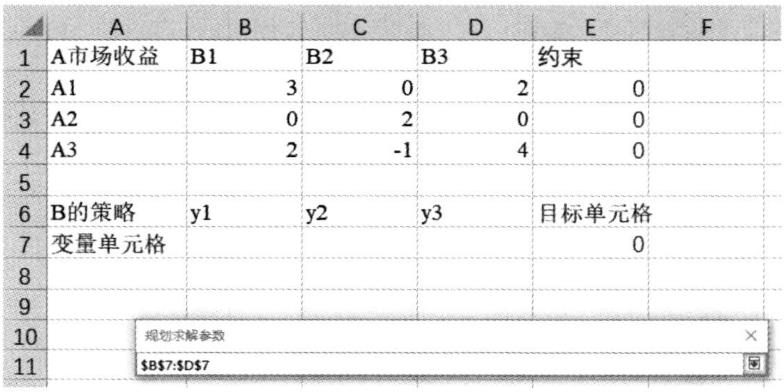

图 11 -11　市场竞争模型工作

调用 SUMPRODUCT 函数（返回相应的数组或区域乘积的和），如图 11 -12 所示。

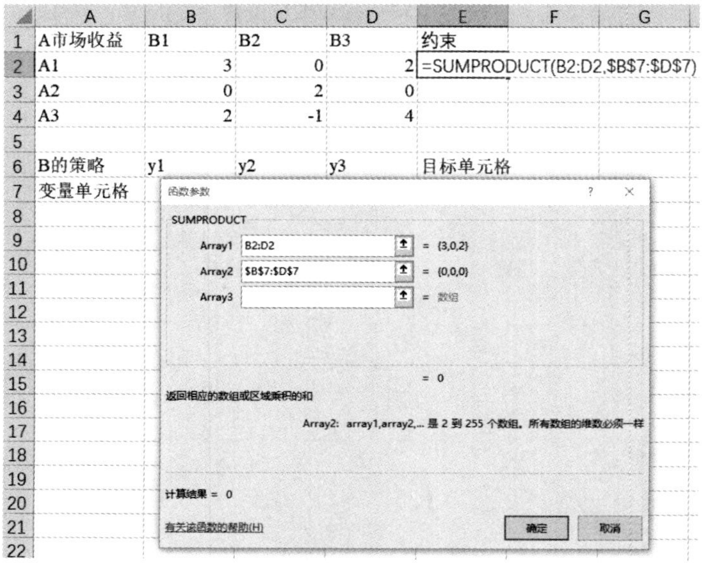

图 11 -12　套用函数设置约束

第三步，利用规划求解模型。选择【工具】|【规划求解】，单击【确定】按钮；设置目标函数，在【规划求解参数】中选择目标函数所在的单元格，放入最终目标函数值。选择【最大值】设置决策变量。制定【可变单元格】为决策变量所在的单元格区域。输入变量，存放求解输出变量值；设置约束条件，选择【添加】|【添加约束】，选中约束条件并逐个添加如图 11－13 所示。

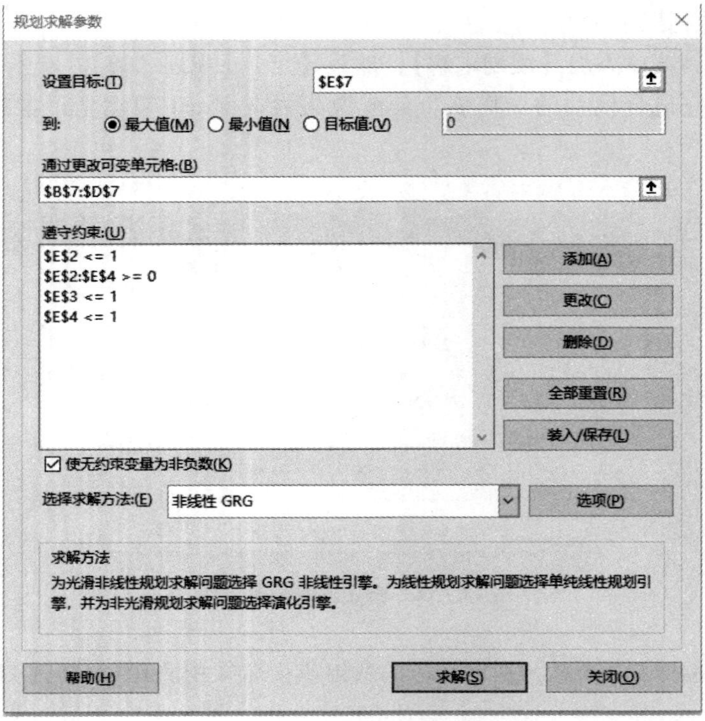

图 11－13　规划求解设置

第四步，求解并输出报告。如图 11－13 所示，单击【求解】按钮，可以得到规划求解结果如图 11－14 所示。

	A	B	C	D	E
1	A市场收益	B1	B2	B3	约束
2	A1	3	0	2	1
3	A2	0	2	0	1
4	A3	2	-1	4	1
5					
6	B的策略	y1	y2	y3	目标单元格
7	变量单元格	0.125	0.5	0.3125	0.9375

图 11－14　规划求解结果

得到规划求解的混合策略为（y_1^*，y_2^*，y_3^*）=（0.125，0.5，0.3125）。于是，$Z_0 = \frac{1}{v} = y_1 + y_2 + y_3 = \frac{1}{8} + \frac{1}{2} + \frac{5}{16}$，$v = \frac{16}{15}$。因此，局中人B的最优混合策略为

$$(y_1^*,\ y_2^*,\ y_3^*) = \frac{16}{15}\left(\frac{1}{8},\ \frac{1}{2},\ \frac{5}{16}\right) = \left(\frac{2}{15},\ \frac{8}{15},\ \frac{5}{15}\right)$$

同理，可以求解局中人A的最优混合策略为（x_1^*，x_2^*，x_3^*）$= \left(\frac{4}{15},\ \frac{9}{15},\ \frac{2}{15}\right)$。

习　　题

1. 博弈方1和博弈方2就如何分配10000元钱进行讨价还价。假设确定了以下规则：双方同时提出要求的数额 s_1 和 s_2，$0 \leqslant s_1$，$s_2 \leqslant 10000$。如果 $s_1 + s_2 = 10000$，则两博弈方的要求都得到满足，即分别得 s_1 和 s_2，但如果 $s_1 + s_2 > 10000$，则该笔钱就被没收。问该博弈的纯策略纳什均衡是什么？如果你是其中的一个博弈方，则会选择什么数额，为什么？

2. 若有人拍卖价值100元的金币，拍卖规则如下：无底价，竞拍者可无限制地轮流叫价，每次加价幅度为1元以上，最后出价最高者获得金币，但出价高者也要上交自己所报的金额且什么都得不到。这种拍卖规则是苏必克（Subik）设计的。如果你参加了以上拍卖，你会怎样叫价？这种拍卖问题有什么理论意义和现实意义？

3. 两人参加一次暗标拍卖，他们的估计都是（0，1）上的标准分布。如果两竞拍者的效用函数都是自己的真实估价减去中标价格，再乘一个反映风险态度的参数 α（$\alpha > 1$、$\alpha = 1$ 和 $\alpha < 1$ 分别表示风险偏好、风险中性和风险厌恶）。

（1）分析在线性策略均衡中，竞拍者的出价与他们的风险态度有什么关系？

（2）如果改为两竞拍者的效用是估价先乘参数 α 以后再减去中标价格（表明竞拍者主要担心的是估价的风险），在线性策略均衡中他们的出价与风险态度有什么关系？

4. 在一个声明博弈中，假设声明方有三种可能的类型，而且出现的可能性相等。在假设声明方的各种类型和行为方的各种行为组合时双方得益矩阵如图11－15所示，其中每个数组的第一个数字为声明方得益，第二个数字为行为方得益。求该博弈的纯策略完美贝叶斯均衡。

		行为方行为		
		α_1	α_2	α_3
声明方类型	θ_1	0，1	1，0	0，0
	θ_2	0，0	1，2	0，0
	θ_3	0，0	1，0	2，1

图11－15　双方得益矩阵

参考文献

[1] 肖永波. 运筹学：原理、工具及应用［M］. 北京：机械工业出版社，2021.

[2] 运筹学教材编写组. 运筹学［M］. 4版. 北京：清华大学出版社，2013.

[3] 曹卫华，郭正. 最优化技术方法及MATLAB的实现［M］. 北京：化学工业出版社，2005.

[4] 郭立夫，郭文强，李北伟. 决策理论与方法［M］. 2版. 北京：高等教育出版社，2015.

[5] 王延章，郭崇慧，叶鑫. 管理决策方法：问题、模型与决策［M］. 北京：清华大学出版社，2010.

[6] 芮廷先. 管理决策分析［M］. 北京：清华大学出版社，2016.

[7] 金玉兰，沈元蕊. 管理决策模型与方法［M］. 北京：清华大学出版社，2019.

[8]［美］费雷德里克·S. 希利尔，马克·S. 希利尔. 数据、模型与决策：基于电子表格的建模与案例研究方法［M］. 原书第5版. 李勇建，等译. 北京：机械工业出版社，2020.

[9] 王国华，梁樑. 决策理论与方法［M］. 2版. 合肥：中国科技大学出版社，2014.

[10] 罗党，王淑英. 决策理论与方法［M］. 北京：机械工业出版社，2010.

[11] 陶长琪，盛积良. 决策理论与方法［M］. 北京：高等教育出版社，2016.

[12] 张强. 决策理论与方法［M］. 大连：东北财经大学出版社，2009.

[13] 刘宏志. 数据、模型与决策［M］. 北京：机械工业出版社，2019.

[14] 白思俊. 现代项目管理：升级版［M］. 北京：机械工业出版社，2010.

[15] 苗敬毅，等. 预测技术与方法［M］. 北京：清华大学出版社，2019.

[16] 陈华友，等. 统计预测与决策［M］. 北京：科学出版社，2018.

[17] 韩伯棠. 管理运筹学［M］. 4版. 北京：高等教育出版社，2010.

[18] 彭勇行. 管理决策分析［M］. 北京：科学出版社，2000.

[19] 徐南荣，仲伟俊. 科学决策理论与方法［M］. 南京：东南大学出版社，1995.

[20] 刘梓修，郑培根. 决策方法及其应用［M］. 南昌：江西科学技术出版社，1997.

[21] 谢识予. 经济博弈论［M］. 4版. 上海：复旦大学出版社，2017.

[22] 李华，胡奇英. 预测与决策教程［M］. 北京：机械工业出版社，2012.